日本の政策金融

I 高成長経済と日本開発銀行

宇沢弘文／武田晴人 [編]

東京大学出版会

POLICY-BASED FINANCE IN JAPAN I
The High-growth Economy and the Japan Development Bank
Hirofumi UZAWA and Haruhito TAKEDA, Editors
University of Tokyo Press, 2009
ISBN 978-4-13-040241-5

はしがき

　本書は，2002年3月に刊行された日本開発銀行のいわば正史ともいうべき『日本開発銀行史』の啓蒙版である．

　開銀は，1951年4月，復興金融金庫の後を受けて，その業務を引き継ぐかたちで発足し，1999年10月，その使命を終えて，北海道東北開発公庫とともに，日本政策投資銀行として新しい地平を切り拓くことになった．開銀は，この半世紀に及ぶ日本経済の激動期を通じて，政府系金融機関の要として，重要な役割を果たしてきた．戦後日本の復興と，経済社会の発展・高度化，さらに国民生活の改善の面で果たした開銀の役割は大きかった．

　この開銀の足跡と総合政策金融機関としての経験を集大成して，後世に残すべく，小粥正巳総裁の発意の下に，丹治誠副総裁を委員長とする日本開発銀行史編纂委員会が設置されたのが1999年1月のことであった．編纂委員会はもっぱら外部の学識経験者が中心となって，『日本開発銀行史』を単なる社史を超えて，政策金融という視点からとらえた戦後日本経済史ともいうべき，高い学術的価値を兼ね備えたものとするために，大きな努力が積み重ねられた．とくに，実際に執筆の労を執られる方々として，日本経済史，日本経済論などの分野における日本での最高の専門家の方々にお願いした．ここに，全6章にわたる本文の執筆を担当された方々のお名前を記して，記録に留めておきたい．武田晴人教授（東京大学）が総括・第5章を担当して，岡崎哲二教授（東京大学：第1章担当），日高千景教授（武蔵大学，現首都大学東京：第2章・第3章担当），橋本寿朗教授（東京大学，のちに法政大学，2002年1月逝去：第4章担当），堀内行蔵教授（法政大学：第6章担当）の方々である．なお，プロローグとエピローグはそれぞれ，貝塚啓明教授（東京大学名誉教授，現日本学士院会員），堀内行蔵教授が執筆された．

　このようにして，『日本開発銀行史』は3年4ヵ月の歳月を経て完成した．

はしがき

その本文の全6章のタイトルは、つぎの通りである.

  第1章 日本開発銀行の設立と初期の政策金融
  第2章 高度経済成長の基盤整備と融資活動の拡大
  第3章 成長経済の課題と融資活動の多様化
  第4章 2つの石油危機と資源エネルギー融資
  第5章 バブルの発生・崩壊と出融資活動の拡充
  第6章 行政改革と日本開発銀行の改革

　各章ごとにそれぞれの時代における日本経済の動きと政策の変遷をくわしく分析するとともに、開銀自体の業務の展開、組織の変化についてもくわしく記述し、さらに政策金融機関としての経営の成果に対する評価・分析も加えられている.

　『日本開発銀行史』は、開銀が果たしてきた歴史的役割とその時代的背景を知るために貴重な資料としてだけでなく、新しい政策課題を担うべき政策金融のあり方について重要な示唆を与えるものとなっている. そして、何よりも、戦後の激動期における日本経済史に対するすぐれた入門書としての価値も大きい.

　しかし、『日本開発銀行史』はあまりにも大部である. 図書館で読むにしても、簡単には読めない. まして、手元に置いて熟読することは考えられない. そこで、このたび、『日本開発銀行史』のエッセンスを凝縮して『日本の政策金融』として東京大学出版会から刊行していただくことになった. 執筆者は若干の例外を除いては、『日本開発銀行史』の執筆を担当された方々である.

　『日本の政策金融』は、次の2分冊から構成される.

  第Ⅰ巻『高成長経済と日本開発銀行』
  第Ⅱ巻『石油危機後の日本開発銀行』

　この2冊の書物を通じて、戦後の混乱期に始まって、高度経済成長の時代,

2つの石油危機，さらにはバブルの発生と崩壊，長期にわたる経済停滞など，21世紀初頭にいたるまでの日本経済の流れを理解するとともに，政策金融の手段を通じて，調和的，安定的な経済発展の途を求めて，力を尽くしてきた数多くの先人たちの志と苦悩に思いを馳せていただきたい．

2009年3月

日本学士院会員
宇沢弘文

目　次

はしがき ……………………………………………………… 宇沢弘文 *i*

プロローグ ………………………………………………… 武田晴人 *1*

第1部　日本開発銀行の設立と初期の政策金融　　　岡崎哲二

第1章　前史：復興金融金庫の役割 ……………………………… *15*
 1.　復興金融金庫の設立 …………………………………………… *15*
  （1）　戦後の経済危機と「傾斜生産」 *15*　（2）　初期の復興融資構想 *18*
  （3）　日本興業銀行復興金融部の設置 *20*　（4）　復興金融部の機能 *22*
  （5）　復興金融金庫法の制定 *24*
 2.　組織と人事 ………………………………………………………… *25*
  （1）　設立時の組織 *25*　（2）　組織改革 *27*
  （3）　職員の採用と配置 *31*
 3.　融資決定の仕組み ……………………………………………… *32*
  （1）　初期の融資手続き *32*　（2）　復興金融委員会幹事会の設置 *35*
  （3）　復金の自主性と責任の所在 *36*　（4）　復金改革をめぐる論議 *37*
  （5）　1949年2月の制度改革 *42*
 4.　経済復興と政策金融 …………………………………………… *44*
  （1）　1946年度融資計画 *44*　（2）　1947年度融資計画 *47*
  （3）　1948年度融資計画 *50*　（4）　赤字融資の停止 *52*
 5.　政策金融の効果と経営実績 …………………………………… *55*
  （1）　復金資金の配分 *55*　（2）　石炭鉱業 *57*
  （3）　電力業 *58*　（4）　肥料工業 *58*
  （5）　復金の経営収支 *59*

（6）「復金インフレ」とモラル・ハザード　64

第2章　日本開発銀行の設立　67

　1.　市場経済への移行と新しい政策金融機構の模索　67
　　　（1）インフレ収束と市場経済への移行　67
　　　（2）資金フローの転換と産業合理化の要請　68
　　　（3）朝鮮戦争ブームと産業合理化政策　69
　　　（4）高度経済成長への離陸と設備投資　71
　　　（5）見返資金の運用　74
　　　（6）日本開発銀行の構想　76
　　　（7）日本開発銀行法案の作成　77
　　　（8）日本開発銀行法の制定　79
　2.　1952・1953年開銀法改正と業務の承継・分離　82
　　　（1）「日本開発銀行の使命と運営について」　82
　　　（2）開銀法の改正　85
　　　（3）復興金融金庫の承継　87
　　　（4）見返資金の承継と中小企業・農林業関係業務の分離　90

第3章　初期の政策金融　93

　1.　開銀の組織と人事　93
　　　（1）設立準備と職員の採用　93　（2）設立時の組織構造　94
　　　（3）復金の承継と組織改革　96
　2.　融資決定の仕組み　98
　　　（1）融資決定手続きの概要　98　（2）運用基本方針と融資推薦　99
　　　（3）受付と審査　101　（4）審査部の組織と人材形成　104
　　　（5）事後監査　105
　3.　融資方針と融資実績　106
　　　（1）1951年度基本計画　106　（2）1952年度基本計画　107
　　　（3）1953年度運用基本方針　111　（4）1954年度運用基本方針　112
　　　（5）1955年度運用基本方針　114
　4.　政策金融の効果と経営実績　117
　　　（1）開銀資金の配分　117　（2）電力業　117
　　　（3）海運業　121　（4）石炭鉱業　123

　　　　（5）　鉄鋼業　*124*　（6）　合成繊維工業　*126*
　　　　（7）　外貨関係融資　*127*　（8）　開銀の経営収支　*128*
　［第1部］　参考文献　*132*

第2部　高度経済成長の進展と政策金融の展開　　　　　　　日 高 千 景

第4章　質的補完への転換 …………………………………………………… *137*
　1．開銀融資への批判と存在意義の確認 …………………………………… *137*
　　　（1）　開銀融資への批判　*138*
　　　（2）　「開発銀行のあり方について」　*140*
　2．開銀融資の概観 …………………………………………………………… *147*
　　　（1）　財政投融資と開銀融資の概観　*147*　（2）　原資の概観　*149*
　　　（3）　資金運用基本方針と融資分野　*152*　（4）　融資の特徴　*156*
　　　（5）　貸付金利　*157*　（6）　償還期限　*160*
　　　（7）　開銀法の改正　*162*

第5章　業務体制の整備拡充 ……………………………………………… *165*
　1．業務体制の改編 …………………………………………………………… *166*
　　　（1）　1958年5月の機構改革——融資分野多様化への対応　*166*
　　　（2）　1961年3月の機構改革——地方開発局の設置　*167*
　　　（3）　企画室の設置と海外駐在事務所の開設　*169*
　2．業務プロセスの変更 ……………………………………………………… *170*
　3．研究調査活動の拡充——独自の能力構築の模索 ……………………… *172*
　　　（1）　調査活動の展開と設備投資計画調査　*172*
　　　（2）　設備投資研究所の設立　*173*

第6章　融資活動の展開 …………………………………………………… *177*
　1．産業基盤の充実・強化 …………………………………………………… *177*
　　　（1）　電　力　*177*　（2）　海　運——船腹増強と業界再編　*184*
　　　（3）　石　炭　*201*　（4）　鉄　鋼　*212*
　　　（5）　産業関連施設　*219*
　2．産業体質の改善と国際競争力の強化 …………………………………… *220*

目　次

　　　　（1）特定機械　*220*　（2）電子工業　*238*
　　　　（3）電子計算機　*243*　（4）石油化学　*246*
　　　　（5）合成ゴム　*252*　（6）国産技術の開発（新技術工業化）　*255*
　　　　（7）硫　安　*257*　（8）造　船　*263*
　　3. 地域間の均衡ある発展 ……………………………………………… *265*
　　4. 国際観光施設・私鉄・ガスなど ………………………………… *276*
　　　　（1）国際観光開発　*276*　（2）私　鉄　*277*
　　　　（3）ガ　ス　*278*　（4）繊　維（合成繊維）　*278*
　　5. 外貨貸付および外貨保証 ………………………………………… *280*
　　　　（1）世銀借款の概観　*280*　（2）世銀借款と電力業　*284*
　　　　（3）世銀借款と鉄鋼業　*286*　（4）外貨債務保証　*288*

第7章　経営の成果 ……………………………………………………… *291*

　　［第2部］参考文献　*298*

第3部　成長経済の課題と融資活動の多様化　　　　　日　高　千　景

第8章　多様化する政策課題と開銀融資 ……………………………… *303*
　　1. 多様化する政策課題と開銀の認識 ……………………………… *303*
　　2. 開銀融資の概観 …………………………………………………… *309*
　　　　（1）財政投融資と開銀融資の概観　*309*
　　　　（2）資金運用と原資の概観　*311*
　　　　（3）資金運用基本方針と融資分野　*312*
　　　　（4）融資の特徴　*315*
　　　　（5）貸付金利と償還期限　*316*

第9章　業務体制の効率化と能力構築 ………………………………… *321*
　　1. 業務体制の改編――効率化の追求と変化への適応能力の向上 …… *321*
　　　　（1）1966年4月の機構改革　*321*
　　　　（2）1969年4月の機構整備　*324*
　　2. 独自の能力構築の模索 …………………………………………… *325*
　　　　（1）コンピュータの導入　*325*

（2）　調査・研究活動の充実と経営研究室の発足　*327*
　　　（3）　シミュレーション・モデルの開発と財務データの活用　*327*

第10章　多様化する融資活動 ……………………………………………… *329*
　1.　産業基盤の拡充強化 ………………………………………………………… *329*
　　　（1）　総合エネルギー対策の概要　*329*　（2）　電　力　*331*
　　　（3）　石　油　*336*　（4）石　炭　*341*
　　　（5）　海　運　*346*
　2.　国際競争力強化と技術開発の推進 ………………………………………… *353*
　　　（1）　体制整備　*353*　（2）　特定機械　*370*
　　　（3）　電子工業　*374*　（4）　技術開発の推進　*377*
　3.　地域間の均衡ある発展 ……………………………………………………… *383*
　4.　大都市再開発と流通近代化 ………………………………………………… *389*
　5.　公害対策およびその他の融資 ……………………………………………… *401*
　　　（1）　公害対策　*401*　（2）　ガ　ス　*403*
　6.　外貨貸付および外貨保証 …………………………………………………… *404*
　　　（1）　世銀借款　*404*　（2）　外貨債務保証　*408*

第11章　経営の成果 ………………………………………………………… *411*
　　　（1）　延滞および債権償却　*411*　（2）　損益・財政状況　*411*
　　［第3部］参考文献　*418*

編著者紹介　*420*

目　次

【II巻】

第4部　2つの石油危機と資源エネルギー融資　　橋本寿郎

第12章　2つの石油危機と経済構造の転換
1. 高度成長から安定成長へ
2. 財政投融資資金計画と政策金融——日本開発銀行の役割の変化

第13章　日本開発銀行法改正と資源エネルギー融資への傾斜
1. 日本開発銀行法改正と融資活動方針　　2. 予算要求と融資計画・実績
3. 組織改革　　4. 新たな経営方針の模索

第14章　資源エネルギー融資への傾斜——政策課題別融資活動の推移
1. 政策項目別出融資実績の変化　　2. 資源エネルギー
3. 国民生活改善　　4. 都市開発
5. 地方開発　　6. 海　運
7. 技術振興　　8. 「その他」の開発融資
9. 外貨借入に対する債務保証

第15章　経営の成果
1. 政策金融の効果と融資の産業別構成　　2. 延滞状況
3. 資金運用と原資　　4. 財政状態の変化
5. 損益状況の変化——収益率と自己資本比率の低下

第5部　バブルの発生・崩壊と出融資活動の拡充　　武田晴人

第16章　プラザ合意とバブル経済
1. 円高の進行と対外経済摩擦　　2. 内需拡大と規制緩和
3. バブルの崩壊

第17章　経営方針と資金運用の基本方針
1. 政府の経済運営の課題　　2. 財政投融資計画と政策金融
3. 出融資計画の基本方針　　4. 日本開発銀行法の改正と出融資手段の拡充
5. 業務体制の整備

第18章　多様化し細分化する政策金融
1. 政策項目別出融資実績の推移　　2. 資源エネルギー融資の推移
3. 生活・都市基盤整備　　4. 地方開発
5. 社会資本整備の促進　　6. 基幹交通体系整備
7. 産業技術振興および情報・通信基盤整備

8. 対外経済摩擦への対応と産業構造改革の推進

第19章　経営の成果
　　　1. 出融資の動向と政策金融の効果　　2. 資金調達
　　　3. 収支状況と金利差の縮小

第6部　日本政策投資銀行の設立　　堀内行蔵

第20章　新保守主義の台頭と制度改革
　　　1. レーガンの改革　　2. サッチャーの改革
　　　3. 日本での行財政改革

第21章　1990年代の財政投融資制度の改革
　　　1. 郵貯の改革　　2. 預託金利の改革
　　　3. 特殊法人の再編成　　4. 財政投融資の抜本的改革
　　　5. 資金運用部資金法の改正

第22章　新たな投融資活動の展開
　　　1. 1990年代後半の景気低迷と経済対策　　2. 経済対策と投融資活動の展開
　　　3. 阪神・淡路大震災対策融資　　4. 不況下の貸し渋り対策
　　　5. 新しい出融資制度の創設　　6. 情報発信機能の充実

第23章　日本開発銀行の改革
　　　1. 日本開発銀行に関する改組・改革論の展開　　2. 日本開発銀行の対応

第24章　日本政策投資銀行の設立
　　　1. 新銀行の内容　　2. 日本経済の推移と経済政策（1999〜2004年度）
　　　3. 財政投融資制度の改革と政策銀行　　4. 業務体制の整備
　　　5. 投融資実績　　6. 経営の成果
　　　7. まとめ

エピローグ　**貝塚啓明**

索　引

編著者紹介

―――――――――― 凡　例 ――――――――――

- 法人名は原則として，当時の社名を用い，社名変更があった法人には現社名を括弧で併記した．なお，株式会社は㈱と略記した．
- 日本開発銀行の表記は「開銀」とした．
- 計数の単位未満は，原則として四捨五入処理によった．そのため，計表・統計の数字が合計と一致しないことがある．
- 計表・統計に用いた記号は次のとおりである．
「　　」(空欄)……該当なし　「―」……ゼロ　「0」……単位未満の数値
- 開銀の政策項目を本文中で明示する場合，政策項目名に以下の記号を付した．
［　］……政策大項目　《　》……政策中項目　〈　〉……政策小項目
開銀の政策項目を図示する場合は原則以下のとおり．
【　】……政策大項目　▨……政策中項目　□……政策小項目
- 出所が付記されていない図表は，『日本開発銀行史』からの引用または日本開発銀行資料より作成したものである．

プロローグ

武 田 晴 人

　戦後日本の経済発展を論じるとき，産業政策を中心とした政府の役割が焦点の1つとなる．本書は，日本開発銀行という政策金融機関の歴史的分析を通して，この問題にかかわる実証的な研究の手掛かりを与えることを課題とする．

政策選択と政策金融

　日本開発銀行が展開した政策金融とは何か，を問うことは，経済政策とは何かと問いかけることに等しい．政策金融は経済政策の実施に際して採用され得る手段の1つであり，政策目的がその都度の経済状況や政策課題に応じて重点を移すにつれて，これに寄り添うようにしてその内容を変えていくものだからである．言い換えると，金融的な手段によって，特定の「選択された」政策目的を実現するという機能を果たすという限りでは，政策金融は，その成り立ちから言って「特定の目的」が固定的に定められるものではない．

　言うまでもなく，経済政策が対象とする領域は広く，市場経済の成長軌道からの逸脱への臨機の対応が求められたり，市場メカニズムの不完全さが介入的なコーディネーションを必要とする場合もあり，競争的なメカニズムを維持するために必要な規制と，競争の結果として生じる著しい不平等に対する分配の補正などなど，経済政策が視野に収めるべき問題領域は広く，その優先順位は政治的な選択の問題となってきた[1]．

---

1)　日本開発銀行融資の意義については，「カウベル効果」を提唱した日向野幹也『金融機関の審査能力』（東京大学出版会，1986年）などをはじめ多くの研究があるが，これらについての包括的なレビューを含めた分析として，花崎正晴・蜂須賀一世「開銀融資と企業の設備投資」浅子和美・大瀧雅之『現代マクロ経済学』（東京大学出版会，1997年），花崎正晴『企業金融とコーポレート・ガバナンス』（東京大学出版会，2008年）第2章を参照されたい．

プロローグ

開銀政策金融の制度的原則

このような政策課題の広がりに対して，政策金融機関としての日本開発銀行が果たしうる機能は，政策選択によって大枠が定められることになる．当たり前のことだが，政策金融が，例示された政策課題のすべてに対応しうるわけではない．このような限定に加えて，日本開発銀行は，その設立の趣旨に従って，いくつかの重要な制度的な原則が課せられており，それが関与しうる政策分野を限定させていた．

その第1は，「収支相償」の原則である．一般的に政策金融機関と称されるもののなかには，継続的な財政補助金によって機関の存続が財務的に保証されうるものもある．これに対して，復興金融金庫の融資によって生じたさまざまな問題点に鑑み[2]，日本開発銀行は，その金融活動において「収支相償」を求められることになった．補助金給付とは異なる政策行為であるが故に，そこには金融という経済行為としてしたがうべきルールがあったということであろう．

もちろん個別的なプロジェクトにおいて完全に収支が相償うことは容易に実現されることではないが，年々の財政投融資計画に基づいて実行される融資は，確実に金利が支払われ元本が返済されることが見込まれる案件に限られていた（償還確実性の原則）．そのため，融資案件の選択は，政策課題に即して選別されると同時に，市中の金融では資金調達ができないとしても，金利や返済完了までの期間についての配慮が図られれば十分に返済可能であることが要件であった．そうした案件が選択され続けたことが「開銀の審査能力」として評価され，民間銀行の融資に対してシグナルを送りうる効果（誘導効果）をもった基盤でもあった．実際，その存続期間を通して日本開発銀行の融資は，初期の復興金融金庫からの承継案件を除くと[3]，その延滞率は

---

[2] 復興金融金庫融資に関する反省から生まれた運営上の特徴として，「政治」からの自立も指摘する必要がある．本文でも指摘したように，政策金融機関は，政治的選択を通して課題を設定されるものであるから，このような自律性は奇異に映るかも知れないが，それは，政治家の口利きなどの関与を排除するという意味では，きわめて重要な意義を持った．そのような危険性に曝されていたことに，開銀の設立時期以降の日本の政治社会の問題点があり，これを排除し得たことが，開銀に対する市場の高い評価につながったという意味で，軽視すべきことではない．

[3] 復興金融金庫融資の承継案件については，宮崎忠恒「1950年代前半における日本開発銀

きわめて低く，この条件を確実に満たしていたのである[4].

　第2は，「質的補完機能」である．設立初期の量的な補完が必要であった短い期間を除いて，開銀融資は民間金融機関の融資が及びがたい分野への補完的な資金供給が基本的な機能とされ，しかも，そのような資金の性格から，その存続の終期に近い10年余りの期間を除くと設備資金供給に限られていた[5].

　「民間金融が及びがたい」という条件は，第1の要件の実現をより狭い範囲で実現するという厳しさを開銀融資に求めることになったが，それは政策金融の趣旨から言えば当然と受け止められていた．もっともこの境界はあいまいであり，長期の回収に依存しなければならない設備資金の供給について，政策金融による長期・低利の資金供給が民間金融機関の回収の安全性を高めるという点に実質的な意味がおかれた側面が強いと言うべきであろう．それが開発銀行の審査能力とメインバンクシステムと称される第二次世界大戦後日本の金融システムの骨格を作り出したということができる．

　というのは，政策金融によって長期資金を供給するという考え方は，それ自体としては民間金融機関の協調融資とセットとして実現される以外には選択肢がないというわけではないからである．十分に機能しなかったとはいえ，20世紀初頭に構想された「銀行分業体制」は工業向け長期資金については日本興業銀行，不動産金融については日本勧業銀行などの特殊銀行を設置し，民間金融機関は短期資金供給を担う商業金融業務に徹するという考え方に基づいていた[6]．そして，リスクを伴う資金調達については直接金融である株式による資金調達に多くを依存する体制がとられていた．

　　　行と承継債権—福岡支店取扱借入申込案件の分析—」東京大学経営教育研究センター MMRC-57 2005年10月　も参照されたい．
　4)　この点については，本書各章を参照されたい．
　5)　より正確には，このような原則の例外をなしたのは，出資業務と研究開発資金等への融資であり，これらはそれぞれ1985年以降に政策金融方式に組み入れられた．
　6)　明治期の銀行分業体制は松方正義の構想によるものといわれているが，これらについてはとりあえず明治財政史編纂会編『明治財政史』(第13-14巻，1905年，丸善)，及び加藤俊彦『本邦銀行史論』(東京大学出版会，1957年)を参照されたい．なお，付言すれば，戦後の経済民主化政策による証券民主化を前提としつつ制定された長期信用銀行法に示された構想も，この銀行分業体制に近いものであった．そして，戦後の金融システムは実際には，この構想とは異なる展開を見せたというべきものであった．

これと対比したとき，戦後の金融システムは，しばしば指摘されているように2つの点で特徴があった．1つは，民間金融機関が長期資金の供給に対して積極的に関与していること，もう1つは，その反面として証券市場の発達が未熟で企業金融における自己資本の役割が小さいことであった[7]．

もちろん，このような通説的な理解については，それぞれに修正すべき点があり，企業によっては短期貸付の借換えの繰返しによって資金供給が実質的に長期化していたという戦前の銀行・企業間の取引関係を軽視すべきではなく[8]，同時に戦後の設備資金調達において，内部留保が資金源泉としては極めて大きいウエイトを示していたことを無視することは適切でない[9]．

その点を留保した上で，「質的補完機能」に求められたのは，株式市場などで投資家が追うべきリスクを超えるような投資案件に対する資金供給ではなく，民間金融機関が負担しうる範囲内に融資案件のリスクを逓減するための補完的機能であった．民間金融機関が著しい資金不足から脱却して余裕資金の運用先を探し求めようとして要求したのは，その運用先を安全に拡大する条件を整備することであった．したがって，政策金融は「量的補完機能を停止し，質的補完に徹すべきだ」との提言の先に展開したのは，長期資金を開銀と関係民間金融機関が供給するとともに，これに関連する運転資金を民間金融機関が責任を負うという構図であった[10]．しかも，設備資金について

---

7) 証券市場の未熟さは，政策的に作り出された側面があることには留意する必要がある．その限りでは，間接金融体制は，民間金融機関の利害に沿って，官民の共同によって築かれたというべきであった．これに関連して日高千景「間接金融体制成立期に関する覚書」『武蔵大学論集』41巻5・6合併号，1994年を参照されたい．

8) たとえば前掲加藤俊彦『本邦銀行史論』が提示した「機関銀行論」は，このような融資関係の特質を表現したものであった．

9) 内部資金の重要性については，とりあえず鈴木良隆・大東英祐・武田晴人『ビジネスの歴史』（有斐閣，2004年，第20章・武田執筆），及び武田晴人編『日本経済の戦後復興』（有斐閣，2007年，第4章武田執筆）を参照されたい．なお関連して，直接金融か間接金融かに関わる最近の成果として，「ワークショップ「戦前期日本の直接金融と間接金融：戦前日本の金融システムは銀行中心であったか」日本銀行金融研究所『金融研究』25巻1号，2006年3月を参照されたい．

10) 企業金融のあり方にかかわるこの提言は，資金需要者である産業企業の要望に基づいたものではなく，政策金融機関と競合しうる可能性を持つ都市銀行などの有力金融機関の要求に基づいていたことは，見逃すべきではないだろう．これは「民間金融機関との競合回避」という資金の供給側の利害に沿ったシステムの変更であったから，設備資金供給にかかわるこの構図に対して，産業企業はそれほど高い忠誠心を示すことはなかったのである．

は，開銀の融資比率を政策案件ごとに定めることによって，民間金融機関主体の企業金融の仕組みに，長期・低利の資金を組み込むことを想定するものであった．だからこそ，民間金融機関は積極的に設備資金市場に参入し得たのである．

この構図は，開銀の側からみても，その制度設計において開銀融資が設備資金に限定され，これに対する融資比率が制限されたことから考えれば当然の帰結でもあった．というのは，より多くの政策ニーズに対応して限られた資金を有効に使おうとすれば，1件当たりの融資金額を限定することは合理的であった．しかも，設備資金融資の実現可能性を判断するために開銀は，当該融資先企業の関係銀行に対して，残余の設備資金の供給と運転資金供給が十分に行われることを確認する必要があり，それを融資実行の前提とせざるを得なかったからである．日本開発銀行は，政策金融の実行にあたって，それぞれ所管官庁等との協議を通して政策課題との適合性について判断を求められると同時に，金融的な判断については，対象企業の財務状態とともに，当該企業の関係銀行との情報交換に基づく判断を求められた．

こうして政策金融によって長期・低利融資が実行され，民間金融機関が直面する融資案件のリスクの高さや期間の長さを補完し，あるいは償還確実性を担保しうるような収益面での支えが提供され，案件選択に際してのシグナルが示されることで融資先企業の信用力が保証されるなど，多様な機能を通して日本開発銀行の融資が戦後の経済発展に重要な意義を持ち続けた．

内在した問題点

もっとも，このような政策金融体制には，いくつかの考慮すべき問題点もあった．その1つは，融資規模が拡大するとともに，個々の融資案件に対する審査の精度に劣化が生じざるを得ない危険を伴っていたことであった．これほどの融資額の増加を実現しながらも，その人員数でみた規模の変化に乏しかった金融機関はまれであろうと考えられるほど，開発銀行の人員数は，政府関係機関であるということもあって設立期から一貫して変わらなかった．それ故，政策案件が増加し，あるいは融資案件が小口化すると案件ごとに費やされる審査工数は削減されざるを得なくなった．

プロローグ

　1950年代後半からの機械工業振興臨時措置法に伴う融資制度，そしてその後の地方開発融資などを起点にこのような問題が生じた．これに対して開発銀行は，融資制度の見直しを通してかなり柔軟に対応したことは，本書で詳しく論じられている．しかし，それは審査を通した開銀の情報生産機能を弱める危険があった[11]．そしてこの危険を低減する方策の1つとして，電力会社などの大口の既融資先に対しては取引関係の継続が求められた．大口融資先は，「収支相償」の原則によって求められた回収の確実性をも保証しうるものであったから，重要な意味を持ち続けた．のちに開銀融資が大企業融資ではないかとの批判を浴びる理由の一端がこうした取引関係の継続にあった[12]．

　それだけでなく，第2に，このような関係の形成は，案件ごとの償還確実性を問題にすべき審査において，実質的には企業審査という性格を強めた．それは，民間金融機関との協調的な関係のもとでも促されたが，それだけではなかった．高成長経済が持続して大企業に豊富な内部資金が形成されていくなかで，金融機関が関心を持ったのは，当該企業のトータルな資金繰りであって，個々の投資案件の成否ではなくなった．案件ごとの審査という建前はともかく，内部補填の可能性が高い限り，その企業は償還確実な融資先と考えられるようになったのである．このような金融機関の企業に対する関心の重点のあり方は，開発銀行にも影響を与えたようである．そこには，のちに企業審査ではなくプロジェクト審査の能力が改めて問題にされる要素が隠されていた．

　第3に，政策金融の社会的ニーズの変化に対して，開発銀行の企業向け設備資金融資という枠組みの持つ限定性は，その活動の幅を制約する要因となる可能性をはらむものであった．広い意味で産業発展が中心的な課題であっ

---

11) もちろん審査の簡略化が一部の案件について生じ，審査制度の改革が実施された背景には，行員が経験を積み学習を重ねることによって営業の前線を含めて審査能力が向上したという側面もあった．

12) やや極端にいえば，融資総額の規模が時代とともに拡大していくと，「収支相償」という原則を遵守するためには，ある程度安全性の高い融資先の確保が必要であり，その分だけ新規融資先の拡張を制約する可能性があったということになる．もちろん，そうした制約の中で，開銀融資は既存融資先が抱える投資案件のなかで民間金融だけでは実現しがたい案件の成立を促すような誘導効果を持つ活動を続けていたことは強調されてよいだろう．

た時代には，このような問題は顕在化しなかったが，政策課題がより広く経済社会の発展を視野に入れるようになると，政策金融によって資金提供を求められる分野は，新規の設備投資には限らなかったし，融資という形態がもっと適切であるとも限らなかった．他方で，とりうる手段の多様性を日本開発銀行が追求することは，その設立時の任務の完了を示すものとして，組織そのものの廃止論などが登場する根拠ともなったのである．

政策執行機関としての性格

　以上のような問題を潜在的には抱え込みながら，日本開発銀行は政策金融の実施にあたってきた．それは原則として，設備資金供給が主たる任務であるということから，中長期の日本経済発展に必要な構造的な対応を求めるものであった．もちろん，1997年の金融危機の際に同行が「貸し渋り対策」のために多額の資金供給を担うなど，景気の循環的な局面に即応した臨時的な対応を求められる場合も例外的にはあったが，融資業務の中核をなしたのは，その時代の日本経済が直面する構造的な課題に対処することであった．

　このような政策金融の特質に対して，日本開発銀行はその執行機関に徹することが求められた．そして，この執行機関としての性格は，開発銀行の業務に新しい側面を時代とともに切り開いた．繰り返しになるが，政策課題の選択と政策金融の創造的なプロセスは立法と行政に委ねられていたから，執行機関に徹することが求められていたのは当然のことであった．しかし，高成長経済へとスパートする時期に，産業発展のボトルネックがどこにあり，その解決手段として何が求められているかが誰にでも比較的判断しやすかった時代であればともかく，経済発展が進むとともに政策課題の所在は次第に不鮮明となった．高成長経済の時代と石油危機後の安定成長経済の時代とでは，政策の焦点も異なっていたことを想起すれば，このような事情は容易に理解されるだろう．

　このような状況は，執行機関としての性格に変化をもたらすことになった．もともと，産業政策の幅広さを考えるならば，どのような政策ニーズがあり，これにどのような対応をとるべきかという政策決定の過程そのものに，産業の現場からフィードバックが不可欠であった．業界団体と政策官庁との

プロローグ

情報の交換はこれに大きな意味を持ったことが知られており，たとえば通産省の原局が業界団体の利害を代弁しうる地位にあると評されたこともあった．そうした政策決定過程のなかで，現実に政策金融を担い，政策対象となる現場に近い開発銀行の持つ情報も有用な意味を持つことになった．

政策金融の重要な役割として，その情報生産活動が「エージェンシープロブレム」を緩和していると論じられているが，情報の経済学の発達に基盤を持つこのような考え方は，既存の融資の枠組みの理解に有用であり，政策金融の果たしてきた機能の一面を的確に捉えているということができる．それに加えて，ここで強調しておきたいことは，このような情報生産の機能は，金融機関の重要な資産を形作るようになったことである．

「探索と創造」に向けた歩み

こうして政策執行に伴って培われた金融技術とノウハウ，融資先にかかわる豊富な情報という無形の資産は，日本開発銀行に対して金融機関としての自律的な「探索と創造」の可能性を拓くものであった．このような試みを通して開発銀行は，実質的に，融資活動を通した政策立案へのフィードバックを行うようになったのである．執行機関である限り，政策金融の「黒子」に徹することが制度的に求められていたとはいえ，その金融的な判断，つまりどこにどれだけ貸すかという最終的な決定は，開発銀行に委ねられていた．だからこそ，開発銀行には，その任務に関わる政策形成過程に創造的に参加することが可能になった．これが時代の変化に柔軟に対応し得た基本的な要因であった．

このような変化の背景にはニーズのあり方とともに，金融的な手段の多様性が確実に増加してきたという金融市場の歴史的変化があった．つまり，金融市場の発達が多様な金融技術を発展させることによって，政策金融の関与しうる境界が広がったのである．金融の専門性の増大は，設備投資資金供給を主たる任務とし，経済発展の先端的な技術開発と投資活動の最前線にいた日本開発銀行に対して，その能力を発揮しうる可能性を閉ざすものではなく，その活動のフロンティアを広げるものだった．

本書の執筆者のひとりである橋本寿朗は，その遺作となった『戦後日本経

済の成長構造——企業システムと産業政策の分析』において，戦後の厳しい「制約条件」に対して日本企業とともに，政府も創造的な革新を実現するような対応によって問題の解決を図ってきたことを強調した[13]．シュンペータによって提起された経済発展の原動力としての企業家的革新の担い手に，民間企業だけでなく政府機関も視野に入れた分析が必要であるというのであった．政府機関も市場のプレーヤーとして需要な役割を果たしうることを考えればきわめて妥当な問題提起であった．この見方にしたがえば，政府機関を含めた各経済主体は，その与えられた権限と，裁量的な配分が認められている資源の範囲内で，経済発展に必要とされる創造的革新の過程に参加しているのである．

　この点を経済発展がもたらす市場経済活動の拡大という点から素描しておこう．一般的に言って，経済発展には企業活動を制約している条件を克服し，その活動のフロンティアを拡大することが求められるが，それは2つの異なる場合を含んでいる．1つは，既存の市場と組織，あるいは企業と政府との境界の変更であり，もう1つは，新しい商品やサービスの創造である．前者は，市場経済の機能が発展しその多様な手段が充実するとともに，それまで「市場の失敗」の故に政府に委ねられていた経済活動が民間企業の活動分野に組み込まれていく可能性が増大することである．官民の境界区分の変更を示す出来事は，日本開発銀行が担うべき「質的補完機能」に即して見ると，「民間金融機関との競合」がどのような条件のもとで発生するかが流動的であることを意味する．他方で，後者は典型的な創造的破壊とでも呼ぶべき企業家活動であるが，そこには革新的であるが故に伴うリスクが存在するが故に，シュンペータが強調したように，これを担いうる資金提供者の存在が不可欠である．リスクをいとわない社会的資金が形成され，これが市場を介して供給されるような条件が整っていれば，そうした制約も小さいかもしれないが，そうした条件の整備が欠けている場合には，革新的行動は強く制約されるから，潤沢な自己資金を持ち得ないような起業投資活動に資金を提供す

---

13) 橋本寿朗『戦後日本経済の成長構造　企業システムと産業政策の分析』有斐閣，2001年参照．橋本は，同書において，この視点に沿って日本開発銀行の融資業務についても1章を割き，計画造船など海運業向け融資について検討しているので参照されたい．

ることは，政策金融機関が担いうる余地を残す分野ということになる．

　繰り返しなるが，このような市場のフロンティアの変化には，解決すべき問題の性格を見極める「問題の発見の能力」と，これに対する「解決策の探索」が重要な意味を持つことになる．そして，その過程で繰り返される探索や創造的な発見は，その組織にかけがえのない資産を追加していくことになる．市場経済が機能しうる範囲が着実に拡大しつつある現代の経済社会のなかで，専門性の高い金融機関の創造力が果たしうる場面は狭まることはなかった．そのことを日本開発銀行の後半期の歴史は示しているといってもよいだろう．そして，その延長線上に，政策金融という視点を失わずに創造的な金融活動の新しい時代が開かれようとしている．本書は，その新しい幕開けまでの，日本開発銀行の政策金融を跡づけ，未来に継承すべき資産がどのように形成されてきたのかを物語る．

　最後に，本書の構成と執筆分担についてふれておこう．「はしがき」にもあるように，本書は日本開発銀行全史として2002年に編纂・刊行された『日本開発銀行史』を基礎としており，本書の執筆もこれに関わった5人の執筆者によるものである．具体的には，第1部を岡崎哲二，第2部及び第3部を日高千景，第4部を橋本寿朗，第5部を武田晴人，第6部を堀内行蔵が担当した．なお，執筆者のうち橋本寿朗は，2002年1月に急逝したため，本書に収録した原稿は，橋本が『日本開発銀行史』のために執筆したオリジナルの原稿を参照しながら，その意図のあるところをできるだけ生かすことを念頭において，武田が加筆修正をした．

　『日本開発銀行史』では，社史としての性格を持たせるために必要な事項についてもかなりの紙幅を割いて記述しているが，本書では政策金融の実施に焦点を合わせるために，記述を整理することとした．そのために融資制度の変遷についての詳細な説明やこれらか関わる図などを省略した．また，大きな論旨には変更はないが，『日本開発銀行史』刊行から7年が経過し，その後の政策投資銀行を経て2008年10月の完全民営化と大きな変化も生じているので，この時期についての概観を堀内が新たに稿を起こして追加することにした．このほか，政策評価などについては，『日本開発銀行史』とは異

なる学術出版とするという趣旨に沿い，各著者の独自の考え方を示すように記述を改めた箇所もある．いうまでもなく，本書は5人の著者がそれぞれの責任において執筆したものであり，その内容について日本政策投資銀行の公式見解とは異なる点を含んでいる．

なお，全6部を1冊の書物とするのは大部になりすぎるということもあり，2分冊としてまとめることにした．その上で，刊行の意図をより明確に示すためにメインタイトルを『日本の政策金融』とし，それぞれ副題を付し，1分冊目を「高成長経済と日本開発銀行」，2分冊目を「石油危機後の日本開発銀行」とした[14]．日本開発銀行の社史が，二十五年史では産業発展と開発銀行というかたちでとりまとめられていること象徴されるように，「高成長経済」の時代の開銀の政策金融は，産業別に整理しうる融資活動の時代であった．これに対して石油危機後になると，短期的にはエネルギー関連の政策金融が重視されたとはいえ，中期的に見れば，政策課題の多様性への対応を求められる時代となった．成長率は同時代的な表現にしたがえば安定成長から，ゼロ成長といわれる時代を含み，景況の進展と構造的な課題の推移がめまぐるしく，これへのきめの細かい対応が求められた時代ということになろう．

末尾になったが，このような出版の機会を与えられ，これに全面的な協力を惜しまなかった日本政策投資銀行，とりわけ山本直人同行常務執行役員，花崎正晴同行設備投資研究所長，内山勝久同行設備投資研究所主任研究員には，言葉では表しきれないほど感謝している．また，『日本開発銀行史』の編纂過程で多くの開銀関係者にヒアリング応じていただいた．原稿を挟んで繰り返した議論では開銀スタッフの質の高さを思い知らされ，そのタフな議論を楽しみ有益な時間を過ごすことができた．これらの関係者の皆様に，執筆陣の事情で本書の刊行が遅れたことをお詫びするとともに，心からの謝意を表したい．

---

14) 「高成長経済」というのは，まだ耳慣れない言葉であるかもしれないが，日本の高度経済成長期を含めて資本主義経済諸国が第二次世界大戦後に経験した，高い経済成長率と大衆消費社会の形成という共通性に着目した時代を表す言葉として採用したものである．

第 1 部

日本開発銀行の設立と初期の政策金融

岡崎 哲二

第 1 章

前史：復興金融金庫の役割

1. 復興金融金庫の設立

（1） 戦後の経済危機と「傾斜生産」

　日本開発銀行の前身にあたる戦後の政策金融機関として 1947 年に設立された復興金融金庫（復金）がある．復金設立の背景には，第二次世界大戦直後に日本が直面した深刻な経済危機があった．日中戦争が勃発した 1937 年以降，戦争末期の 1944 年までほぼ一定の水準を維持していた日本の実質 GNP は，1946 年度に一挙に 1944 年の 56％ に縮小した（表 1-1）．需要サイドで軍需が消滅したことも大きなショックであったが，生産が激減した基本的な原因は供給サイドにあった．占領当局の厳しい貿易管理のため，1946 年度の実質輸入額は，すでに海上封鎖によって戦前より大幅に低下していた 1944 年のさらに 5 分の 1 近くまで減少した．このことは輸入原材料に多くを依存してきた日本経済に深刻な影響を与えた．しかも，国産の主要なエネルギー資源であった石炭も，戦時中にその生産が外国人労働者に依存して行われていたため，彼らの離職によって大幅な減産を記録した．1946 年の石炭生産は 1944 年の 39.1％ にすぎなかった．

　供給サイドで生じた問題は，このような単なる物資不足にとどまらず，経済を支える制度・組織面にも及んだ．戦時中，政府は軍需調達を通じて巨額の債務を企業に負った．終戦当初，日本政府は，これら債務の支払いを経済復興のてことすることを考えたが，この構想はアメリカ占領当局によって否認された．1946 年 7 月，1946 年度の GNP の 17％ に相当する政府債務の支払いが，戦時補償特別税の徴収によって事実上打ち切られたのである．この

表1-1 経済復興期のマクロ経済

単位:百万円（1934～36年価格）

年　度	実　質 GNP	個人消費	政府経常支出	総資本形成			輸出と海外からの所得	輸入と海外への所得(控除)
				合　計	政　府	民　間		
1934-36平均	16,736	10,962	2,594	3,176	534	2,642	4,066	4,062
1944	20,634	7,006	7,301	6,462	1,053	5,409	2,310	2,445
1946	11,594	6,826	1,123	4,077	1,024	3,053	102	534
1947	12,573	7,410	828	4,845	1,974	2,871	247	757
1948	14,211	8,391	1,360	4,987	1,732	3,255	362	889
1949	14,524	9,297	1,619	4,041	1,478	2,563	753	1,186
1950	16,115	10,077	1,838	3,893	748	3,145	1,614	1,307
1951	18,207	11,040	2,022	4,715	1,166	3,549	2,187	1,757
1952	20,238	12,927	2,395	4,824	1,362	3,462	2,354	2,262
1953	21,654	14,060	2,481	5,530	1,794	3,736	2,759	3,173
1954	22,456	14,662	2,645	4,992	1,693	3,299	3,057	2,900
1955	24,967	15,901	2,796	6,104	2,099	4,005	3,372	3,206

出所）経済企画庁［1963］.

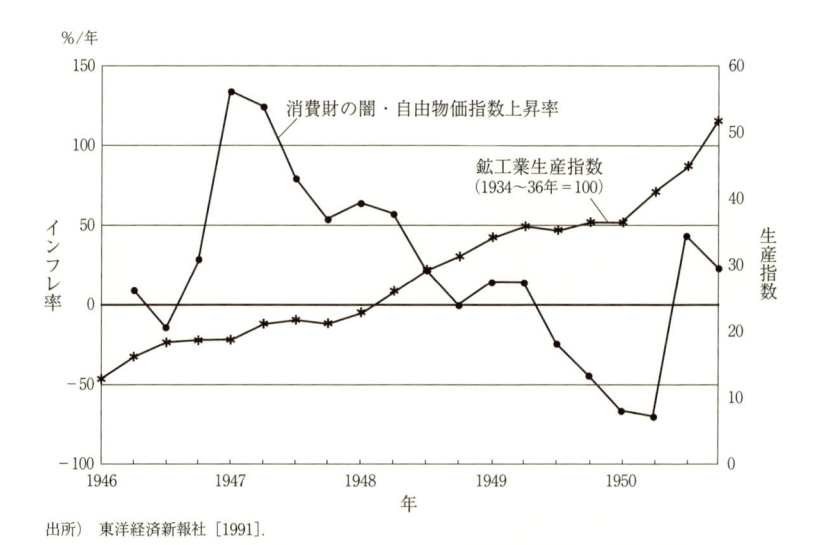

出所）東洋経済新報社［1991］.

図1-1 戦後のインフレーションと鉱工業生産の推移

措置は，政府に対する債権を持っていた企業，および軍需会社指定金融機関制度の下でこれら企業に対して多額の融資を行っていた金融機関のバランスシートを著しく毀損し，対策として1946年8月に会社経理応急措置法・企業再建整備法，金融機関経理応急措置法・金融機関再建整備法という一連の法律が制定された．主要な企業と金融機関が財務再構築のプロセスに置かれたのである．

しかも，その間に，低い生産水準の下で，急速なインフレーションが進行した．インフレは，1946年2月の金融緊急措置令による預金封鎖と同年3月の物価統制令に基づく新しい公定価格体系（「3.3物価体系」）の設定以後，一時鈍化する兆しを示したが，1946年秋頃から再び昂進し始めた．鉱工業生産もほぼ同じ頃，それまでの回復基調から停滞・減少に向かった（図1-1）．これらの事態は政府に強い危機感を与えた．その打開策として立案されたのがいわゆる「傾斜生産方式」である．当面の生産隘路と見られた石炭の増産にまず全力を傾注して1947年度に3,000万トンの石炭生産を達成し，それをてこに経済復興を軌道に乗せるという構想であった．石炭増産の手段としては，鉄鋼を炭坑へ重点的に投入して，戦時期の酷使によって荒廃した炭鉱設備を回復・増強することが強調された．

傾斜生産を実行に移すための仕組みの整備は，1946年8月前後から進められた．1946年8月に新しい官庁として経済安定本部が新設され，経済安定化政策に関する強い企画・調整機能を掌握した．次いで1946年10月に，国家総動員法に代わる戦後物資統制の根拠法として臨時物資需給調整法が制定された．同法によって主務大臣は，経済安定本部総裁が定める方針に基づいて，物資の生産・配給・消費に対して統制を加える権限を与えられた．一方，経済安定本部は四半期毎に個々の主要物資に関する需給計画（物資需給計画）を作成した．物資需給計画が臨時物資需給調整法に基づく経済統制を通じて実施されるという仕組みであった．また，民間金融機関についても，金融機関資金融通準則，およびその別表である産業資金貸出優先順位表が1947年3月に制定され，その資金運用に政府による統制が加えられた．復興金融金庫は，計画と統制に基づいて経済復興を目指した，これら一連の政策の一環として設立されたのである．

（2） 初期の復興融資構想

復興金融金庫の構想は，金融制度調査会における審議とその答申に始まる（大蔵省財政史室編［1976］p.624）．金融制度調査会は，1945年12月，「終戦後の事態に鑑み，金融制度全般にわたり再検討を加え，整備改善を行う」ことを目的として大蔵省の下に設置された機関である．調査会には5つの部会が置かれ，その第二部会が日本銀行以外の特別銀行・金庫等を審議対象とした（日本銀行金融研究所編［1989］p.2）．同調査会での審議にあたり，大蔵省は試案として「金融制度整備改善概要（幹事試案）」（1945年12月20日）を作成，その中で代替案の1つとして「戦後復興を担当せしむる為特別の金融機関を設置すること」を提起した（同上，p.8）．その後，大蔵省はこの案をより具体化した「復興金融会社設立案要綱（試案）」（1946年1月13日）を同調査会第二部会の企業金融分科会に提出した（同上，pp.65-71）．

1945年12月の案において大蔵省は，民需生産の復興を阻害している原因として，賠償の見通し難，貿易の見通し難等とともに「金融機関は企業の将来の見透に不安を抱くこと及び金融機関自体が不安定なる資産を未整理の儘保有し居ることに因り企業に対する新なる金融に困難を感ずること」をあげた．復興金融会社は，これらの諸原因を取り除く総合的対策の一環として，特に金融面の問題を解決する手段として立案されたものである．

復興金融会社は，全額政府出資によって設立され，原則として設立後5年で解散するとされた．その目的は，①国民生活の維持，日本経済の民主的再建，日本経済の国際経済への復帰のために必要な資金で，経済事情が不安定な過渡期において他の金融機関から供給することが困難なものを供給すること，および，②債権債務整理のため必要な債権の肩替りまたは資金供給を行うことであった．すなわち，復興金融会社は，①復興金融と，②軍需融資整理の2つの機能を持ち，それぞれをその復興部と整理部が担当することとされた[1]．また，大蔵省は，復興金融会社の設立は，GHQの承認と議会の協賛の関係上早くても1946年7月以降になると見て，緊急を要する復興部については，母胎となる会社をまず設立する，日本興業銀行（興銀）およびその

---

1) 金融制度調査会「企業金融分科会（第2回）軍需金融小委員会（第1回）議事記録」1946年1月15日（日本銀行金融研究所編［1989］pp.72-73）．

他既存金融機関を利用する，あるいは GHQ の諒解を得て命令融資を用いる等の暫定的措置が必要であると考えていた．

　大蔵省案に対して金融制度調査会分科会では，産業界代表の委員から，産業界は復興金融会社の設立まで待てないほど切迫した状態にあるので，むしろ暫定的措置の方が重要であることが指摘された．一方，復興金融会社に復興金融と軍需融資整理の2つの機能を併せ持たせる点については，日本銀行理事（川北禎一）から，軍需会社の事業転換の見通しが立たないうちに軍需融資を整理することは適当ではない，融資を特定機関にプールすることによって企業と銀行の従来からの関係を切り離すことは，回収能率の観点から適当ではない等とする反対意見が提起された（日本銀行金融研究所編［1989］pp. 73-79）．

　大蔵省は分科会での議論をふまえて「復興金融会社設立要綱（試案）」の改訂版（1946年1月22日）（同上，pp. 660-661）と「企業金融分科会答申」案を作成，後者を1946年1月31日の金融制度調査会第二分科会に提出して了承を得た．その復興金融会社に関する部分は次の通りである[2]．

　　民需生産の再開は目下の急務なるか経済界の前途未た見透し付かさる現段階に於ては通常の方法に依り他の金融機関より資金の供給を受くることは能はさるものに対し特殊の金融の途を拓く要あるを以て此の際復興金融会社の如き政府出資による特殊機関を設置此の種特別の融資のみを取扱はしむることを必要と認む．但し右機関の設置に至る経過期間に於ては日本興業銀行をして別勘定を以て之を行はしむることとし右機関設立の上之を同機関に引継かしむるものとす

　軍需融資整理は，上記の日銀意見の通り，復興金融会社から切り離され，別の「軍需融資小委員会答申」の中で「今後の推移に応し要すれば軍需融資整理の為め特別の機関を設置し又は別途復興金融会社設置せられたる場合には之をして一括処理せしむることをも考慮するものとす」という扱いになっ

　2）「企業金融分科会答申」1946年1月31日（日本銀行金融研究所編［1989］p. 97）．

た[3]．

　特別の復興金融会社を設置するとともに，それまでの経過措置として興銀に復興金融機能を持たせるという，後に現実となった構想が，1946年1月末にほぼでき上がったといえる．同時に，分科会での説明の中で分科会主査が「復興金融会社は普通銀行の融資し得さるものを取扱ふ経過的機関にして一般金融機関の補完作用を使命とし一般金融機関と競争すへきものにあらす」と述べ[4]，後に日本開発銀行の政策金融のキーワードとなった「補完」の考えを示した点も注目される．

（3）　日本興業銀行復興金融部の設置

　1946年5月に第1次吉田内閣が成立すると，復興金融の実施に向けた動きが急速に進み，6月25日には「戦後産業再建のための応急的金融対策」が閣議決定された（日本銀行金融研究所編［1989］pp. 662-663）．大蔵省の下に復興金融委員会を設け，その認定にしたがって興銀に経済復興のための「特別融資」を行わせるという方針を定めたものである．復興金融委員会は第一部と第二部から成り，前者は関係官庁（大蔵・商工・農林・運輸），金融界，産業界，政党代表の委員，後者は大蔵省と金融界代表の委員が構成するとされた．興銀が企業から特別融資の申込を受けた際，まず第二部でそれが民間金融機関では融資できないかどうかについて判定し，そこで融資できないと判定された案件について第一部が融資の必要性・金額・条件を決定するという仕組みであった．したがってこの案では，興銀は融資判断に関与しない単なる実行機関とされていたことになる．また，1946年1月の金融制度調査会答申と同様に，興銀による特別融資は復興金融機関設置までの経過措置であり，設置後は復興金融機関に継承するとされていた．一方，設置されるべき復興金融機関は，6月の閣議決定では独立の法人ではなく政府の特別会計（「復興金融資金特別会計」）となっていたが，GHQとの交渉を通じて，1946年7月に独立の法人とする案に変更された（大蔵省財政史室編［1976］p.625）．同

　3）　軍需融資の整理は，1946年8月以降，企業再建整備・金融機関再建整備を通じて行われた．
　4）　「金融制度調査会第二部会議事録（第4回）」1946年1月31日（日本銀行金融研究所編［1989］）．

月，大蔵省は「復興金融金庫（仮称）法案要綱」を作成するとともに，7月27日に大蔵省銀行局から「復興金融金庫（仮称）設立に至るまでの暫定措置」に関する通牒を興銀総裁と日銀総裁に対してそれぞれ発出した[5]．

興銀総裁宛の通牒は，復興金融金庫（復金）設立までの暫定措置として，8月1日以降，次のような方法で特別融資を行うことを委託したものである．特別融資は「日本経済の復興を促進し又は国民生活の安定を確保する為必要な資金であって，他の金融機関等より供給を受けることが困難であるものを融通する」ことを目的とした．特別融資の決定は，6月25日の閣議決定とは異なって興銀の責任において行うこととされた．ただし，他の金融機関から融資を受けることが困難かどうかの認定は各地の日銀支店長（本店においては資金調整局長）の意見に従い，個々の融資の適否については復興金融委員会が決定する資金運用計画と融資方針に従うこととされていた．また，重要ないし異例の案件については復興金融委員会の議を経て融資を決定することとされた．特別融資の回収については，復金が設立時に復金から債務者に対して債務残額と同額の融資をし，その資金で返済を受けることを予定していた．特別融資の申込は，企業が取引金融機関を経由して日銀の本支店に対して行い，日銀は取引金融機関からの副申書に基づいて一般金融機関が融資困難かどうかを審査したうえ，困難と認定した案件のみを興銀に回付することとされた．

一方，日銀総裁に対して大蔵省銀行局は，興銀に資金が不足する場合に円滑に供給すること，興銀への回付について審査する際に「極力他の金融機関に融資の斡旋をなして，一般の金融機関の活発な融資を助長するやう指導し，苟も特別融資の濫用せらるるが如きことなきを期」すよう求めた．興銀総裁宛通牒にある復興金融委員会は，通牒と同じ7月27日に設置された．大蔵次官を委員長とし，関係官庁の部局長，日銀・興銀の役員・部局長，あわせて14名が構成した．他に非公式の機関として各地に復興金融諮問委員会が

---

[5] 大蔵省銀行局「復興金融金庫（仮称）設立に至るまでの暫定措置に関する興銀総裁宛通牒」1946年7月27日（日本銀行金融研究所編［1989］pp.664-665）大蔵省銀行局「復興金融金庫（仮称）設立に至るまでの暫定措置に関する日銀総裁宛通牒」1946年7月27日（同上，p.665）．

設置され，大蔵省財務局理財部長，興銀・金融機関の代表者を委員として，一般の金融機関の融資可能性に関して日銀本支店長の諮問に応じた（大蔵省財政史室編［1976］pp. 627-628）[6]．

（4） 復興金融部の機能

以上をふまえて1946年7月31日，大蔵省は，議会に復興金融金庫法案（仮称）を提出すること，および暫定措置として翌8月1日から興銀が復興金融を開始することを発表した．発表の中で「特別融資は日本興業銀行の責任において行ふものであつて融資の適否の決定は日本興業銀行の調査に基づいてなされる」ことがあらためて確認された[7]．一方，興銀は，特別融資に対応するため，既存の8支店，1出張所の他に，新たに高松・新潟・函館・秋田・松本・静岡・岡山・松江・熊本・鹿児島の10都市に駐在員事務所を開設するとともに，勧銀・北海道拓殖銀行・商工組合中央金庫と代理店契約を結び，これら3行の店舗101ヵ所を加えて，計120ヵ所で業務を開始する体制を整えた．8月1日，興銀に復興金融部が設置され，業務を開始した（大蔵省財政史室編［1976］p. 628；日本興業銀行［1957］pp. 718-719）．

復興金融委員会が決定した興銀復興金融部の融資方針の骨子は次の通りである．第1に，復興金融の基本的な目的とされた「日本経済の復興を促進し国民生活の安定を確保する」の具体的な意味は，「生産基礎資材，其他肥料，見返物資，生必物資等，広く現下緊要物資の生産の増強，配給機構の整備等に関連して，必要なる資金」であり，融資にあたっては経済安定本部など中央官庁の経済計画に即応することが求められた．第2に，「一般の金融機関から金融を期待し得ない」の意味は，「融資を必要とする企業が経理内容等の諸事情の為め，金融機関が自己の危険負担で融資することが困難な場合」と規定された．ただし，「当初から回収が全然不可能と見られる様な事業者には融通しない」ことが確認された[8]．

---

6) この仕組みは，後述する復興金融金庫の地方融資懇談会に継承された．
7) 大蔵省「復興金融開始に関する大蔵省発表」1946年7月31日（日本銀行金融研究所編［1989］p. 666）．
8) 「復興資金融通取扱方針」（日本銀行金融研究所編［1989］『日本金融史資料』昭和続編，第19巻，p. 667）．

表1-2 興銀復興金融部の融資実績

単位:百万円, %

	残　高			増加額		
	A 興銀復興 金融部	B 全国銀行	C =A/B	D 興銀復興 金融部	E 全国銀行	F =D/E
1946年8月	42	118,176	0.0	42	1,755	2.4
9月	489	124,835	0.4	447	6,659	6.7
10月	1,223	130,078	0.9	734	5,243	14.0
11月	1,872	137,145	1.4	649	7,067	9.2
12月	3,425	146,406	2.3	1,553	9,261	16.8
1947年1月	4,118	145,173	2.8	693	−1,233	−
合　計				4,118	28,752	14.3

出所）日本興業銀行［1957］，大蔵省財政史室編［1978］．

　興銀復興金融部は1946年8月1日から，復興金融金庫にその機能が継承された1947年1月24日までの約6ヵ月間活動した．その融資増加額は全国銀行のそれの約14%を占めた（表1-2）．合計額で見ても必ずしも無視できない規模といえよう．しかも，興銀復興金融部のより重要な役割は，資金配分の面にあった．興銀復興金融部の1947年1月24日の融資残高のうち，42.1%を鉱業，18.3%を化学工業が占め，両者を合わせると構成比は60.4%に達した．また，鉱業の42.1%のうち30.4%は石炭鉱業に対する赤字融資であった（表1-3）．赤字融資とは，政府の補助金が企業に支払われるまでの資金繰りのための融資を意味する．他方，1947年9月末のデータであるが，全国銀行の業種別融資残高を見ると，鉱業と化学工業の構成比はそれぞれ2.9%，7.9%にすぎない[9]．石炭を中心とする鉱業と肥料を中心とする化学工業は経済復興のための戦略産業と位置づけられていたが，反面でそのためにむしろ公定価格が低く抑えられ，収益性が悪化していた．すなわち，これら産業の企業に対する融資は，文字通り，復興を促進するために必要で

---

9) 1947年9月末にはすでに復興金融金庫が活動していた点を割り引く必要がある．反面で1947年3月に金融機関資金融通準則が施行され，民間金融機関が産業資金貸出優先順位表に基づく融資規制に服するようになった．最優先の「甲の1」にランクされた業種は石炭・鉄鋼・化学肥料であったから（大蔵省財政史室編［1976］pp.201-203），民間融資の規制は1947年9月末における全国銀行の鉱業と化学工業に対する融資比率を1月末よりむしろ引き上げる方向に作用したと考えられる．

表 1-3　興銀復興金融部業種別融資残高（1947年1月24日現在）

単位：件，百万円，％

	件　数	金　額	構成比	参　考 （全国銀行貸出残高 構成比1947年9月末）
鉱　業	264	1,732	42.1	2.9
石炭赤字融資	n.a.	1,251	30.4	n.a.
化学工業	162	755	18.3	7.3
機械器具鉱業	209	513	12.5	11.1
水産業	48	208	5.0	3.9
金属工業	43	93	2.3	3.2
電気ガス業	1	40	1.0	2.9
交通業	23	37	0.9	3.7
窯　業	9	30	0.7	1.5
食料品工業	22	21	0.5	2.9
紡績業	16	21	0.5	3.4
その他	111	667	16.2	57.1
住宅営団	n.a.	200	4.9	n.a.
産業設備営団	n.a.	30	0.7	n.a.
合　計	908	4,118	100.0	100.0

出所）日本興業銀行［1957］，大蔵省財政史室編［1978］．

あるが，一般の金融機関によっては融資が難しい分野であった．興銀復興金融部は，前述の融資方針にしたがってこのような分野に重点的に資金を供給したことになる．

（5）　復興金融金庫法の制定

興銀復興金融部の活動と並行して，復興金融金庫の設立準備が進められ，1946年10月7日に復興金融金庫法が公布された（大蔵省財政史室編［1976］pp.865-870）．同法は復金の目的について，「復興金融金庫は，経済の復興を促進するため必要な資金で他の金融機関等から供給を受けることが困難なものを供給すること」と規定した（第1条）．資本金は全額政府出資の100億円であり，そのうち40億円が設立当初に払い込まれた（第4条）．復興金融金庫には役員として，理事長（1名），副理事長（1名）と理事，監事が置かれ，役員は復興金融委員会の推薦に基づいて政府が任命した（第10～12条）．ここでの復興金融委員会は，7月に設置された同名の委員会に代えて1946年10月29日，新たに官制によって設置されたものであり，大蔵大臣を会長と

し，経済安定本部長官，商工大臣，農林大臣，日銀総裁および金融界，産業界，学識経験者の代表，計12名から構成された（復興金融金庫[1950] p.182).

復金は，上記の目的を達成するため，①資金の融通，②債務の引受又は保証，③社債の応募又は引受，④前各号の業務に付帯する業務，⑤その他，目的達成のために復興金融委員会が承認した業務を行った（第15条）．復金の活動期間は一応3年とされたが，復興金融委員会の承認によってその期間を変更することができた

表1-4　設立時の復金役員

役職	氏名
理事長	伊藤謙二
副理事長	川北禎一
理事	伊達宗彰
同	畠中大輔
同	藤井乙恵
同	二宮善基
同	毛利凱児
同	森寛造
同	黒川清雄
監事	殖田俊吉

出所）参議院大蔵委員会『復興金融金庫の機構及び業務内容に関する調査報告書』．

（第17条）．復金は，政府による払込資本金のほか，復興金融委員会の承認を得て，未払込資本金額の範囲内で債券（復興金融金庫債券）を発行することができた（第18条）．

1947年1月23日，復興金融委員会の推薦に基づいて理事長以下の役員が任命された（表1-4）．理事長には興銀総裁（伊藤謙二），副理事長には日銀理事（川北禎一）がそれぞれ現職のまま就任した．7名の理事の前職は，興銀2名と大蔵省・商工省・日銀・勧銀・日本証券取引所各1名であったが，黒川清雄が日銀株式証券局長から日本証券取引所理事に転じたことを考慮すれば，日銀出身者は2名となる．翌1月24日に，第1回の政府出資として40億円が払い込まれ，主務大臣による設立認可と設立登記が行われた（大蔵省財政史室編［1976］pp.631-632).

2. 組織と人事

（1） 設立時の組織

設立時の復金の組織は，5つの部とその下の13の課および独立した2つの課から構成された[10]．総務部・審査部・融資部の各課についてその所管事

---

10) 「復興金融金庫職制」1947年2月1日決裁『復興金融委員会通牒綴』(1).

項を示せば，次の通りである．

総務部
　総務課
　　定款内規令達及び契約に関する事項，官庁との連絡に関する事項，渉外関係事務の連絡に関する事項，復興金融委員会との連絡に関する事項，東京融資懇談会（後述）との連絡に関する事項，本所・支所及び本所各部間の連絡統一に関する事項，業務関係の情報発表に関する事項
　地方課
　　支所・出張所及び代理店の統括に関する事項，地方融資懇談会（後述）との連絡に関する事項
　庶務課
　　本所及び支所の経費に関する事項，物品調度に関する事項，不動産及び営繕に関する事項，福利保健及び厚生に関する事項，文書の受理及び発送に関する事項，文書・計表及び帳簿類の保管又は処理に関する事項，訴訟・登記公告その他法律手続に関する事項，内部の規律取締に関する事項
審査部
　審査課
　　取引申込に関する調査及び事業の審査に関する事項，担保物件の鑑定に関する事項
　調査課
　　一般経済調査及び各種事業の基本的調査に関する事項，法律の研究に関する事項，その他役員の命じたる事項に関する調査，統計及び図書資料の整備に関する事項
　企画課
　　業務関係の企画立案に関する事項
融資部
　融資課

中小事業者以外についての，融資の立案及び手続に関する事項，社債
　　　の応募引受に関する事項，支所の融資申請の審査及び認可に関する事
　　　項
　　管理課
　　　中小事業者以外についての，取引先の業況考査に関する事項，債権の
　　　取立整理に関する事項

　以上の本所組織のほか，復金は，大阪・名古屋・神戸・福岡・仙台・札幌・広島，高松の8ヵ所の支所と10ヵ所の出張所を持ち，さらに興銀・勧銀・北拓銀・商工中金と代理店契約を結んで，あわせて全国に102の店舗を配置した（日本興業銀行［1957］p.722）．

　上記4行を代理店とした理由について復金は，「各地域に於いての特殊事情並に長年月に亘る各地所在金融機関と事業者との特殊な関連性も相当考慮する必要性を認めらるるから全国各地に営業網を有し，その業歴を誇る金融機関を活用しこれらとの関連を緊密にする」ことにあると説明している[11]．代理店契約の内容は次の通りである．すなわち復金は代理店に対して，申込先の審査，1件50万円以内の貸付の決定，資金の融通および回収に関する諸手続き，融資後における資金の使途および事業監査，その他一切の貸付業務を委託した．ただし，復金が必要と認めた場合は，委託業務のうち，審査，貸付決定，融資後における資金使途と事業の監査等を代理店と共同ないし復金単独で行うことができた．復金は請求に応じて代理貸付資金を代理店に回送する一方，代理店は償還された元利金を復金ないし復金の指定した先に回送した．復金は代理店に対して取扱手数料を支払い，代理店から委託業務に関する定期および臨時の報告を受けた．代理店は代理業務に関して，復興金融金庫法と復金の定款を遵守する義務を負った[12]．

（2）　組織改革

　その後，1949年4月に復金が新規融資を原則として停止するまでの間に，

---

11)　復興金融金庫「業務取扱の委託の件」1947年2月13日決裁『復興金融委員会通牒綴』(1)．
12)　「代理店取扱要領」「代理貸付業務委託契約書」『復興金融委員会通牒綴』(1)．

復金の組織は5回にわたって変更された．1947年3月8日の変更では，融資部融資課を融資第一課と融資第二課に分割し，融資課の所管事項のうち融資の立案及び手続きに関する事項を融資第二課の所管，その他の融資課所管事項と融資の申込の受付に関する事項を融資第一課の所管とした[13]．融資課の事務が繁忙となったため，これを緩和して事務処理能率を向上させることを意図したものである[14]．

1947年5月31日の変更では公団金融部が新設された．戦後経済統制のため各種の公団が設立され，その運営資金を復金が融資することになったことに対応したものである．公団は，GHQが民間産業団体による配給統制に否定的であったことから，それに代わるものとして政府が設立した公的な配給統制機関であり，1947年5月から1948年3月にかけて石油・配炭・肥料・食糧・食料品等，15の分野に設置された．復金はそのうち貿易関係の4公団を除く11の公団に対する融資を担当した（経済企画庁 [1993] p.22; 復興金融金庫 [1950] p.173）．公団金融部は，公団融資について，融資申込に関する審査及び考査に関する事項，融資の立案及び手続きに関する事項，債権の管理その他公団に対する融資に関連する事項を所管した[15]．

1947年8月7日の組織変更は比較的大規模なものであった．第1に，審査部が従来の審査課，調査課，企画課の3課体制から第一課，第二課，第三課，調査課の4課体制に変わった．第一～第三課は産業別の組織となり，それぞれ鉱業・金属工業・電気瓦斯業・交通業，機械器具工業，化学工業・繊維工業・窯業・農林水産業・その他産業の審査と担保物件の鑑定を所管した．第2に，融資部が融資第一課，融資第二課，管理課の3課体制から，総務課，第一課，第二課，第三課，管理課の5課体制に変わった．総務課は融資及び債務の引受又は保証の総括的立案に関する事項，申込の受付に関する事項，

---

13) 復興金融委員会会長「復興金融金庫職制改正及出張所設置承認通知に関する件」1947年3月8日『復興金融委員会通牒綴』(1)．

14) 復興金融金庫「本金庫職制中一部改正の件」1947年3月6日決裁『復興金融委員会通牒綴』(1)．

15) 復興金融金庫理事長「復興金融金庫職制改正に関する件」1947年5月29日『復興金融委員会通牒綴』(1); 復興金融委員会会長「復興金融金庫職制及旅費規程の一部改正承認の通知に関する件」1947年5月30日，同上．

資料の整備及び他部課との連絡に関する事項,社債の応募引受に関する事項を所管した.第一〜第三課は審査部と同様に産業別の組織となり,それぞれ審査部の第一〜第三課に対応する産業について,融資の立案及び手続き並びに支所出張所代理店よりの融資申請の承認に関する事項を所管した.第3に資金の融通,債務の引受又は保証,社債の応募又は引受の実行後における取引先の監査並びに業況考査に関する事項を所管する監査部が新設された.第4に中小事業部が審査課,融資課,管理課,指導課の4課体制となった.第5に経理部の経理課が計理課と名称変更された[16].

1947年11月6日の変更では,「政府の石炭増産対策に対処して石炭鉱業(亜炭を含む)」に対する審査,融資,監査を一元的に行い円滑適切な金融を行うため,石炭金融部が新設された.石炭金融部は課を持たず,石炭鉱業融資について,融資の申込受付並びに融資の立案及び手続きに関する事項,融資の申込につき審査並びに担保物件の鑑定に関する事項,支所出張所代理店よりの融資申請に対する承認に関する事項,取引先の監査並びに業況考査に関する事項,債権の取立整理に関する事項,調査に関する事項を一括して所管した.石炭金融部の新設にともなって,審査部,融資部,中小事業部,監査部の所管事項から石炭鉱業に関するものが削除された[17].

1948年6月10日の変更も比較的大規模なものであった.第1に,管理部が新設された.管理部は債権の管理回収を行うとともに,融資部・中小事業部から管理回収に重点を置く必要がある取引先の移管を受け,これら取引先について,業況考査に関する事項,融資に関する事項を所管した.その際,「管理部は必要に応じ貸増に関し審査部にその審査を依頼し又その取引先の監査を監査部に依頼することができる」とされた[18].第2に,融資部を融資第一部,融資第二部,融資第三部に分割し,それぞれに第一課,第二課,管

---

[16] 復興金融委員会会長「復興金融金庫職制中一部改正を承認する件の通知について」1947年8月7日『復興金融委員会通牒綴』(1);復興金融金庫理事長「復興金融金庫職制改正に関する件」1947年8月1日,同上.

[17] 復興金融委員会会長「復興金融金庫職制中一部改正を承認する件の通知について」1947年8月7日『復興金融委員会通牒綴』(1);復興金融金庫理事長「復興金融金庫職制改正に関する件」1947年8月1日,同上.

[18] 管理部は1948年7月26日に,融資各部から22件,中小事業部から13件,計35件(約450万円)の引き継ぎを受けた(『復金週報』第18号).

理課を置いた．融資関係の各課は産業別に組織され，融資第一部第一課は鉱業（石炭及び亜炭を除く）・金属工業，同第二課は電気業・瓦斯業・交通業，融資第二部第一課は機械器具工業，同第二課は繊維工業，融資第三部第一課は化学工業，同第二課は農林業，水産業，その他産業を所管した．第3に，審査部の調査課を総務部に移管するとともに，第四課を新設した．これにともなって第一課〜第三課の所管産業も次のように再編成された．すなわち，第一課は鉱業（石炭及び亜炭を除く）・金属工業・電気業・瓦斯業・窯業，第二課は機械器具工業，第三課は化学工業・繊維工業，第四課は交通業・農林業・水産業・その他産業を所管した．

第4に，それまで課を持たなかった石炭金融部に総務課，審査課，融資課を設けた．総務課は他部課との連絡に関する事項，調査に関する事項，統計及び資料の整備に関する事項を，審査課は融資の申込につき審査並びに担保物件の鑑定に関する事項，取引先の業況考査に関する事項を，融資課は融資申込の受付並びに立案及び手続きに関する事項，支所・出張所・代理店よりの融資申請に対する承認に関する事項，債権の管理回収に関する事項を，それぞれ所管した．第5に，同じく課を持たなかった公団金融部に，所管する公団別に第一課と第二課が設置された．第6に，検査課が代理店に対する業務検査を行うこととした．

1948年6月10日改正後の復金の組織をあらためて整理しておくと次のようになる．総務部（総務課，地方課，調査課，庶務課），審査部（第一課，第二課，第三課，第四課），融資第一部（第一課，第二課，管理課），融資第二部（第一課，第二課，管理課），融資第三部（第一課，第二課，管理課），石炭金融部（総務課，審査課，融資課），公団金融部（第一課，第二課），中小事業部（審査課，融資課，管理課，指導課），管理部，監査部，経理部（計理課，資金課），検査課，秘書課[19]．

以上の復金の組織について，次項で述べる融資決定方式との関連で注目されるのは次の点である．第1に，復金は一貫して独立した審査部を有してい

---

19) 復興金融委員会会長「復興金融金庫職制改正の承認を通知する件」1948年6月10日『復興金融委員会通牒綴』(1); 復興金融金庫理事長「復興金融金庫職制改正に関する件」1948年6月7日，同上．

表1-5 復興金融金庫設立時の出身機関別職員構成

	日銀	興銀	勧銀	都銀	旧特	復金プロパー	不明	その他	合計
総務部	1	7	1		6	1	5		21
審査部	1	19	1		2	1	2		26
融資部		12	1	2	4	4	5		28
中小事業部		5	6	1	4	1	1	1	19
経理部	2	2			3	2	2		11
検査課					1	3	1		5
秘書課		3							3
合計	4	48	9	3	20	12	16	1	113
構成比	3.5%	42.5%	8.0%	2.7%	17.7%	10.6%	14.2%	0.9%	100.0%

た．すなわち営業部門の決定を審査部門が別の観点から再チェックするという仕組みが組織の上で，一応整えられていた．しかし第2に，1947年5月と11月の組織変更で公団融資と石炭融資について，その審査が審査部から分離され，それぞれの営業部門に統合された．後述するように，公団融資と石炭融資は量的なウエイトが大きかっただけに，この改正が復金の審査機能を低下させた可能性がある．

(3) 職員の採用と配置

復金設立時の職員構成を，本店総合職について示すと表1-5の通りである．復金設立時に新規採用された職員は10.6%で，不明の者を除くと，残りは他の金融機関出身者であった．中でも興銀出身者が42.5%と最大の比率を占め，単体では勧銀の8.0%がこれに次いだ．ほかに，満州中央銀行・台湾銀行・朝鮮銀行・南方開発金庫などの在外特殊銀行の出身者が17.7%採用された．興銀出身者が多かったことは，1つには，復金が興銀復興金融部を継承して設立されたという経緯を反映している．しかし，興銀出身者の比率の高さの理由はそれだけではないと考えられる．部門別に見ると，興銀出身者の比率は審査部において特に高く，67.9%に達した．このことは，興銀出身者の大量採用の背景に，長期金融に関する審査能力の蓄積が興銀に偏在していたという事情があったことを示唆している．

3. 融資決定の仕組み

（1） 初期の融資手続き

復興金融委員会は，復金の業務開始に当たり，融資の決定方法を規定した「復興金融金庫融資準則」「復興金融金庫融資取扱規則」および「地方融資懇談会規則」を，いずれも1947年1月25日付で復金理事長に通牒した[20]．

「復興金融金庫融資準則」は，まず復金融資の基本的な考え方を「復興金融金庫は，日本経済の復興を促進するのに必要であり且つ他の金融機関では供給困難と認められるものに限り融資するが，本金庫が我国経済復興の為め国家資金を以て運営せらるるに鑑み特に国家資金を以て援助するを適当とする企業に就て金融的見地よりも充分検討の上迅速に資金を供給するものとする」と規定した．経済復興のために必要であるが，一般の金融機関が融資できない場合としては，①事業の見透しが困難，②経理状態が安定を欠く，③適当な担保がない，④回収が長期に亘る，⑤事業の育成に相当の時日を要する，⑥其他特別の事情がある，ケースが想定されていた．他方，①当初から資金の回収が全然不可能と認められる場合，②旧債返済の場合（金庫の貸出手続きの完了するまでの期間，予め金庫の承認を受けてなした一般金融機関の貸出を肩替りする場合を除く），③整理企業の単なる救済となる場合（その企業が経済の復興に必要であり且つ再建の見込みのある場合を除く），④娯楽施設等であって産業の復興に直接関係のない場合については融資が禁じられた．

復金は，あらかじめ経済安定本部が作成する産業別資金割当計画に基づいて，年間および四半期の産業別資金運用計画を作成し，常にそれを参照して資金を運用することが求められた．復金の運用計画は「最重要産業」については業種別・企業別に，「重要産業」については業種別に作成することとされた．また，「個々の案件の審査に当たっては特に産業の復興，平和産業への転換，生産の増強に意を用ふることとし，設備資金については臨時資金調整法の定める事業資金調整標準，運転資金については別に定める産業緊要度標準に依り其の上順位のものを優先的に取扱ふ」こと，「資金運用は設備資

---

[20] 『復興金融委員会通牒綴』(1)．

金に重点を置き運転資金に就ては出来るかぎり普通金融に回付すること」が求められた．返済期限は原則として5年以内，例外として15年程度まで認められ，金利は市中金利を標準として復興金融委員会の承認した最高最低利率の範囲内で定めることとされた．担保は原則として徴求するが，やむを得ない場合は例外が認められた．

次に「復興金融金庫融資取扱規則」は，融資申込の取り扱い方法について規定したものである．融資の申込は，申込者が復金の本支所，出張所ないし代理店に対して直接行うことを原則としたが，一般金融機関が融資申込を受け，貸出困難と認めたものについては，その金融機関が申込の取り次ぎを行うことができた．申込書は2通復金に提出され，うち1通は日銀に回付された．復金が申込を受けた時は，1件100万円未満であれば[21]，原則として復金限りで融資を決定し，日銀に事後報告した．ただし，「異例に属するもの又は融資準則に照らすも判定困難なもの」，および復金が他の金融機関で融資可能と判断したものは日銀に回付し，後者については日銀に融資斡旋を依頼した．

一方，1件100万円以上のものについては，復金は日銀支店長ないし本店管内では資金調整局長の意見を求めた．日銀では，地方融資懇談会（後述）の意見を聴いたうえ，「経済復興の促進となり且つ他の金融機関からは融資を受け得ないと認めたとき」ないし「経済復興の促進とならず融資の必要なしと認められたとき」はそれぞれその旨を金庫に通知し，「他の金融機関で融資出来ると認めたとき」は他の金融機関に融資斡旋を行った．

日銀から意見の通知を受けて融資することになった案件について，復金は次のように取り扱うこととされた[22]．

---

21) ここでの1件は，当該取引先に対する貸出額の合計を意味する．
22) 大阪，名古屋，神戸，福岡支所の融資専行権限は1947年4月5日に他の支所と同じく500万円に変更された．これは1946年8月の会社経理応急措置令施行以来の経済界の混乱が鎮静したこと，および融資に慎重を期する必要があるという復金の認識によるものであった（復興金融金庫理事長「支所長の融資専行権限変更に関する件」1947年3月28日『復興金融委員会通牒綴』(1)；「復興金融金庫融資取扱規則の一部改正を通知する件」1947年4月5日，同上）．

① その地区の金庫本支所限りで融資し得るもの
　東　京　　　　　　　　1件5,000万円未満
　大　阪　　　　　　　　1件2,000万円未満
　名古屋・神戸・福岡　　1件1,000万円未満
　その他　　　　　　　　1件500万円未満
② その地区の金庫支所が本所の承認を得た後融資し得るもの
　大　阪　　　　　　　　1件2,000万円以上
　名古屋・神戸・福岡　　1件1,000万円以上
　その他　　　　　　　　1件500万円以上
③ 金庫が復興金融委員会の承認を受けた後融資し得るもの
　　　　　　　　　　　　1件5,000万円以上

　復金は，日銀から意見の通知があった案件について，金額・条件等が不適当と認めた場合は変更を加え，さらに融資不適当と認めた場合は融資を拒絶することができた．これらの場合，復金は日銀に事後報告した．

　最後に「地方融資懇談会規則」は，地方融資懇談会の役割を次のように規定した．地方融資懇談会は「復興金融金庫の融資に関し，日本銀行支店長（本店にては資金調整局長）の諮問機関として，日本銀行本支店所在地に之を置く」ものであり，日本銀行支店長ないし資金調整局長（委員長），大蔵省・商工省・地方商工局関係官，郡・道・府・県庁関係官，復金職員，主要金融機関代表者，その他委員長の委嘱する者によって構成された．懇談会は，①「提出された案件が経済復興の促進に必要と認められるか否か，及び他の金融機関から融資を受け得ないか否か」，②「金庫から融資することを適当と認めたものの中特に必要があるときはその融資金額，期限返済方法等で適当であるか否か」を審議し，結果を復金に通知した．懇談会が他の金融機関で融資できると認めた場合は，日銀が他の金融機関に融資を斡旋した．すなわち，地方融資懇談会は，ある案件に復金融資が必要とされるかどうかを事前にスクリーニングする機能を有していた．

　復金内部の融資決定手続きについては，必ずしも明らかではないが，次の点は指摘できる．組織に関連して先に述べたように，復金は営業部門と独立

の審査部を有していたが，1947年5月と11月の組織変更の結果，公団融資と石炭融資について，審査機能が営業部門に統合された．また，第3章で述べるように，開銀では審査部の審査結果が役員会に諮られたが，復金では審査部が作成した審査調書は役員会を経由せずに融資部に回付され，融資部が審査調書を見て貸付稟議書を書くという手続きが採られていた[23]．これらの点で，復金の融資決定における審査部門の役割は，後の開銀に比べれば相対的に小さかったといえる．

（2） 復興金融委員会幹事会の設置

(1)で述べた融資手続きには，1947年11月に復興金融委員会幹事会が設置されたことに伴って，若干の変更が加えられた．復興金融委員会幹事会は同委員会の幹事によって組織され，大蔵省銀行局長が議長を務めた．議長は毎週定期的に幹事会を召集し，議長が必要と認めた場合は，関係官庁官吏，日銀・復金職員の出席を求めて意見を聴くことができた[24]．幹事会の設置に対応して新たに「復興金融金庫暫定融資取扱規則」が復興金融委員会によって制定された[25]．これまでの方式から変更された点は，第1に，東京地方融資懇談会を廃止するとともに（復興金融金庫［1950］p.183），復金本所が申込を受けた案件で，1件あたり300万円以上のものについて，審査のうえ復興金融委員会幹事会に回付することになったことである[26]．すなわち，復金本所が取り扱う案件については，外部機関によるスクリーニングが事前から事後に変更された．復金は幹事会に付議する案件について事前に日銀と協議した．

幹事会は，回付された案件について，①当該申込が経済復興の促進になるか否か，②当該申込が一般の金融機関で融資が困難であって金庫の融資又は債務保証を要するか否かについて認定し，結果を復金に通知した．幹事会は，復金が融資ないし債務保証をすることが適当と認めた案件について，必

---

23) 『開銀史ヒアリング』I.
24) 「復興金融委員会幹事会規則」1947年11月25日『復興金融委員会通牒綴』(1)
25) 『復興金融委員会通牒綴』(1).
26) 異例なもの，融資準則によって判定困難なものは金額によらず幹事会に回付し，認定を受けた．また復金は事情によって審査前に幹事会の認定を受けることができた．

要な場合，金額，期限ないし返済方法について意見を付けることができた．ただし，「幹事会の認定に拘わらず金庫本所が，融資又は債務保証を拒絶し，又はその実行を延期し若くは金額を削減する必要があると認めたものは，その旨幹事会に報告する」ことができた．

　第2に，幹事会が融資ないし債務保証を適当と認定した案件のうち，1件5,000万円を超えるもの，および重要且つ異例なものについては復興金融委員会の承認を受けた．第3に，復金は申込受付の状況及び幹事会決定事項の処理状況を定期的に幹事会に報告した．第4に，幹事会の役割とは関係のない変更であるが，日銀は復金から申込を回付された際，一般金融機関の融資可能性を直ちに審査し，可能と認めた場合は融資斡旋を行うことになった．日銀は，融資にあたって復金の保証が必要な場合はその旨を復金に通知し，保証なしで一般金融機関が融資可能な場合はその旨を復金に通知して申込を取り下げさせた．

（3）　復金の自主性と責任の所在

　以上のような復興金融金庫の融資決定方法の特徴として次の点が指摘できる．第1に，経済安定本部，地方融資懇談会，復興金融委員会，同幹事会など，外部の機関が復金の融資決定に関与する機会が大きく開かれていた．そしてこのことが融資決定の責任を復金とこれら外部機関の間に分散させる結果をもたらしていた．一方で第2に，少なくとも規則上は金融判断に関する復金の自主性は認められていた．すなわち，上記の外部機関の関与はもっぱら，その融資が経済復興という目的に適合しているか否か，あるいは一般の金融機関が融資可能か否かという点の判断に限定され，復金が融資するかどうかに関する最終的な金融判断の権限は，少なくとも規則上は復金に留保されていた．しかも復金は，この金融判断の権限を裏付ける条件として，前項で述べたような限界があったとはいえ独立した審査部を備え，そこに興銀から人材とノウハウの提供を受けていた．

　しかし，実際には復金の金融判断の自主性は十分には発揮されなかった．この点について復金自身が，新規融資停止直後に，「復金は国家資金を国家が緊要と認める産業に融資するという使命を与えられた政府機関としての性

格と，自らの責任において融資を実行する金融機関としての性格と，2つの性格を併せ持つものである．この二重人格的な性格のために，政府機関いわば政策代行機関としての性格が前面に強く押し出され，金融機関としての性格が希薄になったことは否めない．更に民主的且つ公正な運営のため設けられている復興金融委員会，同幹事会及び地方融資懇談会の存在と，これらの活動は復金の自主性を失わしめる結果となった」（復興金融金庫［1950］pp. 183-184）と評価している．また，日銀も後に，復興金融委員会や地方融資懇談会の存在のために「復興金融金庫の自主性は失われ，融資についての責任の所在がかえって不明確となり，不正融資事件まで引き起こす結果となった．また自主性の喪失は，金融機関としての本来の性格をゆがめ，いわば政府の政策代行機関としての性格を前面に強く押し出すこととなり，この面からも各種の弊害を招くことになった」と評価している[27]．さらに，第5節で述べるように，あらためてデータを分析しても，復金融資が必ずしも効率的に配分されていなかったという結果が得られる．第2章で述べるように，融資に関する責任の所在のあいまいさがもたらした問題点に関する反省は，日本開発銀行の制度設計に生かされることになる．

（4） 復金改革をめぐる論議

1948年中頃以降，インフレ終息と市場経済への移行が政策目標として意識されようになると，復興金融金庫の改革，特にその融資決定方式の改革が重要な課題とされた．復金改革について政策当局が早い時期に作成した文書として，大蔵省銀行局復興金融課長（谷村裕）による「復金関係当面の諸問題（メモ）」（1948年4月12日）がある[28]．同文書は「当面の諸問題」を「復金自体の機構問題」「復金監督機構の問題」「一般金融問題」の3つに分けて包括的に論じている．「復金自体の機構問題」としては，「融資各部及び審査部の人員不足は金庫業務の敏速を妨げつつある現状を至急改善する要あると共に，更に進んで監査，管理事務の適確を期し，又豊富な産業金融に関する資

---

27) 日本銀行調査局「復興金融金庫について」1962年11月16日（日本銀行金融研究局編［1981］p. 383）．
28) 復興金融金庫総務部総務課『機構改革関係綴』．

料の整理，統計，調査を充実する為の人員」が必要とされること，「復金の自主性の問題」として，「復金の融資について，必ずしも復金自身の判断によって行われているとはいへない現状である．復金融資の責任は何人に在りやといふ質問が行はれる所以である」ことなどが挙げられている．

「復金監督機構の問題」としては，まず，復興金融委員会の本来の役割である，①許認可行政を行う行政官庁，②復金融資の方針について行政官庁に外から助言する機関，③行政官庁の行政処分の外部チェック機関という3つの役割のうち，現状ではほとんどもっぱら③，特に大口融資の融資の審議にその機能が限定され，重要な②の機能が閑却されていることが指摘されている．第2に，復興金融委員会幹事会の3つの機能（①復金委員会案件の下審査，②復金本所処理案件に関する認定，③地方融資懇談会の認定事務の統一）のうち，②と③を復金内部に移す案が提起された．関連して，地方融資懇談会についても，その事前認定を廃止するとともに，認定機能自体を復金内部に移す必要があるとされた．また，経済安定本部が作成する復金の資金計画について，「個々の企業の資金計画を積上げて資金計画を策定する結果資金計画に織込まれた企業は，融資を約束されたようなことになる」等の批判があることが指摘された[29]．

1948年6月に明るみに出た昭和電工事件[30]が復金改革の動きを加速させ，7月以降，復金内部および復金委員会幹事の間で融資方式の改革に関する検討が行われるようになった．10月4日の「赤字融資及び金庫運営に関する小幹事会」では，昭和電工事件を契機として国会等との関係でも復金運営の改革が遷延を許されない状況になったとして，各幹事が私案を大蔵省に提出して，それをもとに討議することが決定された[31]．これを受けて10月10日と14日の「機構改革小幹事会」に，大蔵省，商工省，経済安定本部等の官

---

29) 当時経済安定本部の財政金融局産業資金課に在職した担当者も，安本の四半期別復金資金配分計画は，企業の説明を聞き，所管官庁と打ち合わせて会社別に積み上げて作成されたと後に述べている（『開銀史ヒアリング』I）．
30) 昭和電工への復金融資をめぐる贈収賄事件．1948年に贈賄側として昭和電工の日野原節三社長，収賄側として芦田均前総理，西尾末広前副総理，栗栖赳夫経済安定本部長官，復金前理事の二宮善基興銀総裁等が逮捕された（『朝日年鑑』1950年版，p.257，p.305，p.426）．
31) 『復金週報』第28号．

庁と数人の幹事が作成した案が提出された．これら官庁は10月下旬に意見の改訂版を「機構改革小幹事会」に提出しているので，ここでは改訂版に基づいて各官庁の意見を見ることにする．

大蔵省は，まず「復興金融金庫の融資決定の責任の帰属を明らかにするため専ら復興金融金庫理事長の責任において個々の融資の決定を行ふように改めること，此のため復興金融金庫理事者の拡充強化をはかると共に全般的に同金庫職員等の充実を行ふこと」を強調した．具体的な提案は次の通りである．第1に，復金委員会は，必要と認める場合に意見を述べることができるが，個々の融資に関与せず，もっぱら復金運営の大綱と融資方針の決定，融資管理の監督と監査を行う．第2に，復金の正副理事長を復金委員会に参加させる[32]．第3に，幹事は委員会議案の下審査を行うが，幹事会規則による幹事会は廃止する．第4に，地方融資懇談会を復金理事長の諮問機関に改める．第5に，責任制の確立に対応して復金の地方機構を整備するため，とりあえず重要地点に駐在理事を置く．第6に，責任制の確立に対応して，産業行政との調整は復金と各産業所管官庁との連絡協議会において行う[33]．以上である．

経済安定本部も「復金融資の責任の所在を明確にすること」を強調し，復金委員会・幹事会，および産業業政との調整について大蔵省とほぼ同様の案を示した．その他の点に関する安本案は次の通りである．第1に，理事会を拡充強化し，産業界・金融界等を代表する参与理事制を設けて理事会に参加させる．第2に，地方融資懇談会を廃止して，あらたに地方金融連絡協議会を日銀支店所在地に設置し，融資斡旋との関連で復興融資の対象としての適格性に関する認定を行う．第3に，重要地点に独立の支所と専任の支所長を置く，以上である[34]．

このように大蔵省と安本がほぼ共通の考えを持っていたのに対して，商工省の意見は異なっていた．商工省は意見の前文において次のように述べてい

---

32) ただし，復金の監督等に関する事項については議決権を制限する．
33) 大蔵省「復興金融制度の暫定的改組に関する件（案）」1948年10月28日，前掲『機構改革関係綴』．
34) 経済安定本部財政金融局「復金制度暫定措置について」1948年10月30日，前掲『機構改革関係綴』．

る.「復金運営に関する暫定措置として,世論に鑑み,復興金融金庫に自主性を有たせること,即ち,復興金融金庫の融資の責任の所在を明確にし,その責任を金庫に有たせ,従って,復興金融委員会は復金運営の大綱及融資方針の決定をなすことが唱へられている.然し,復興金融金庫の如き,膨大な国家資金をもって,経済の復興を大きく左右し,産業政策の死命を制するような融資機関が,産業官庁,産業界その他広く一般国民の意思とかけ離れた金庫当事者のみによって行われることは首肯できない.ところが最近の世論にも拘はらず従来の金庫は,石炭,電力等の特殊の融資を除いては,概ね自主性を有ち,自ら融資申込に対し,それを選択し,審査し,又融資先の監査を実施し委員会は寧ろ形式的な意志決定をなしていたに過ぎないのである.従って,委員会は,本来の使命に忠実でなかった責を負うべきであると同時に不当な非難を蒙っているというべきである」.すなわち,商工省は,復金の自主性の強化を求める大蔵省・安本の意見に正面から反論した.

こうした商工省の意見は次のような同省の具体案に反映されている.すなわち商工省は,復金は「金融機関本来の性格に鑑み,自主性を有つ」とする一方,金庫の使命の重大性と多額の国家資金を運用することに鑑み,「その自主性を機動的にチェックするとともに,広く各方面の意見を参酌する組織として,金庫理事長の諮問委員会を中央及地方に設け」ることを提案した.同委員会は関係官庁・産業界・金融界・労働界・言論界の関係者によって組織し,主務大臣の監督に属する.同委員会は個々の融資の決定について,復金融資の対象であるか,復金委員会の意見を徴する必要があるか等を審議し,後者について復金委員会の意見を徴することになった場合は,復金理事長は理由を付けて復金委員会に付議しなければならないとされた.また,理事を拡充し,兼任者を含めて産業界代表を参加させることを求めた[35].

復金自身は商工省の意見に批判的であった.「商工省の復金改善案(昭和23年10月22日)に対する意見」(1948年10月)[36]の中で復金は,まず商工省案の前文に書かれた認識に対して,「石炭,電力等の特殊な融資を除いては

---

35) 商工省「復金運営に関する暫定措置について(案)」1948年10月22日,前掲『機構改革関係綴』.
36) 前掲『機構改革関係綴』.

従来も金庫が概ね自主性を持ち自ら融資申込の選択，審査及び融資先の監査を実施し委員会は寧ろ形式的意思決定をなしていたとは必ずしも云ひ得ない．幹事会は委員会の一部でありその下部機構として融資決定に相当の発言力を有っていたことは事実である」と反論した．また，「中央及び地方に於ける諮問委員会はその必要性を認めない」とし，復金融資の対象であるかどうかを審議するという諮問委員会の役割については「明らかに幹事会，委員会の再現であり金庫の自主性が制約されることは必至であり」，「労働界，言論界の代表を諮問委員会に加えることは有害無益である．労働界代表は個々の融資に参与すべき立場ではない」と批判した．さらに産業界代表を理事に加え兼任を認める点についても「妥当でない」とした．

復金自身による機構改革案は1948年11月2日にまとめられた[37]．その骨子は次の通りである．第1に，「融資決定の責任を金庫におき金庫の自主性と責任の所在を明確にする」一方，「産業界，金融界を代表する人員を以て構成する諮問機関を設置する（参与理事は設けない）」．上記のように復金は諮問機関の設置に批判的であったから，後段は参与理事を排除し，諮問機関から官庁と労働・言論界の代表を除くという条件を付けたうえで，ある程度の妥協をした結果といえよう．第2に，復金委員会は，特に重要，異例な案件については意見を述べることができるが，原則として個々の融資には関与せず，金庫運営の大綱と融資方針を決定する．第3に，幹事会は委員会議案の下審査機構として残置する．第4に，地方融資懇談会は復金の諮問機関とし，日銀支店所在地ではなく復金の支所・出張所所在地に設置する．第5に，産業行政および資金量との調整を図るため，必要に応じて大蔵省，安本，事業主管官庁，日銀との連絡協議を行う．第6に，概ね現在の支所・出張所所在地に独立の店舗を設置し，駐在理事制については必要に応じて考慮する．第7に，金庫の勘定を普通融資勘定と特別融資勘定に区分し，特定の行政方針に則して例外的取り扱いを要する融資は後者で取り扱う，以上である．

---

37) 復興金融金庫「復興金融金庫暫定的改組に関する意見」1948年11月2日，前掲『機構改革関係綴』．

(5) 1949年2月の制度改革

これらの諸案を11月4日の復金委員会で検討した結果,「大体の空気として大蔵省案が妥当なところと認められ」,委員会における意見の最大公約数をとった案を大蔵省がまとめることになった[38]. 大蔵省銀行局は,一方でGHQ経済科学局財政課金融係のR.フィリップスに日本側での検討経過を報告した[39]. これに対し,機構改革に関する点としてフィリップスは,諮問機関の設置に反対であること,復金の理事と職員の拡充については慎重に検討すべきことを指摘した. すなわち,GHQは復金の自主性を重視する一方で[40],民間銀行を活用する立場から,復金組織の拡大には消極的であった.

11月16日に復金理事長(北代誠彌)等は,フィリップスと復金の機構改革について懇談したが,その際,フィリップスは「暫定的改組に関する金庫の案は概ね妥当であるので大体この線で上司に上申したい」と述べる一方,次のような意見を付け加えた. ①「理事長の諮問機関を設けることはさなきだに複雑な機構を更に複雑にするので反対である」,②「委員会は特に重要異例な案件については意見を述べることができるとの案は昭電事件に鑑みるも極めて危険な条項である」,③「幹事会は委員会の書記的機関でよい. 昭電事件は未経験な官僚が幹事会において権威を振って惹起した面白からざる事態である」,④「産業行政との調整については各関係官庁は一般的政策にのみ限定されるべきである」「特別融資勘定の設置については尚若干考慮の要がある. 又『運転資金は市中に受け持たして金庫は一定限度保証する』との1項を附加すべきだ」[41].

1949年に入ると,GHQ経済科学局長は,1月26日までに復金機構改革に関する日本側の案をGHQに提出するよう大蔵次官に求めた[42]. そこで大蔵

---

38) 『復金週報』第32号.
39) 大蔵省銀行局「復金制度の暫定改組の件」1948年11月13日,前掲『機構改革関係綴』. フィリップスの所属については大蔵省財政史室編[1976] p.735による.
40) この点は,11月16日にフィリップスが復金理事長(北代誠彌)等と懇談した際にも表明された.
41) 『復金週報』第34号. 11月26日に大蔵省・安本・日銀・復金当局者とフィリップスとの協議の際,フィリップスは「特別融資勘定は特定の融資につき政策的圧力が加わる可能性があるからむしろ反対である」と述べた(『復金週報』第35号).
42) 大蔵省銀行局「復金融資の機構及び運営に関する『フィリップス』氏意見」1949年1月20日(日本銀行金融研究所編[1989] p.676).

省では，それまでの議論をふまえ，あらためて「復金融資の機構及び運営の刷新案」(1949年1月24日)を作成して復金委員会に諮った．この案は上述した大蔵省の10月28日案と大筋で同様のものであった．機構改革に関する相違は，理事の拡充強化と職員等の充実となっていた部分を「復金の陣容を整備する」と改めて，組織の拡大という印象を与えないようにした点，復金委員会に参加する復金役員を理事長のみとした点であった．この案を審議した1月24日の復金委員会では，「経済復興五カ年計画その他の基本計画と，綜合的により高い立場に於て調整さるべし」という意見，その他少数の技術的な点について調整を求める意見が出されたのみで，原則的に委員の全員が了承した[43]．これを受けて2月3日の復興金融委員会で，復金の融資方式を規定してきた，復興金融金庫融資取扱規則（1947年1月25日復興金融委員会通牒），復興金融金庫暫定融資取扱規則（1947年11月26日復興金融委員会通牒），地方融資懇談会規則（1947年1月25日復興金融委員会通牒），復興金融委員会幹事会規則（1947年11月26日復興金融委員会通牒）を翌2月4日からすべて廃止することが決定された[44]．

これらの規則に代わって，新たに「復興金融金庫融資取扱規程」「地方融資懇談会規程」「融資連絡に関する件」が理事長決裁による復金の内部規程として2月4日から実施された[45]．従来の融資決定方式との相違は次のようにまとめられる．第1に，復金による申込受付後，債務保証なしで一般金融機関による融資が可能かどうかを日銀がただちに判定して復金に通知し，可能という通知を受けた場合は申込を撤回させるという方式が，東京だけでなく地方についても適用されるようになった．第2に，地方融資懇談会を日銀支店長ではなく復金の諮問機関とした[46]．第3に，復金は1件あたり200万円を超える案件，その他必要と認めるものについて地方融資懇談会に付議し，懇談会が復金の融資対象として適当であるかどうかを審議したが，付議する

---

43) 大蔵省「復金融資の機構及び運営の刷新案」1949年1月24日（日本銀行金融研究所編［1989］p.677）．
44) 『復金週報』第45号．
45) 復興金融金庫総務部総務課「融資取扱手続に関する件」1949年2月23日決裁『諸規程同関係取扱要領』．
46) ただし，設置場所は従来通り日銀支店所在地とされ，議長は日銀支店次長に委嘱された．

時点は復金の審査終了後となった．すなわち，付議案件の最低額が引き上げられるとともに，地方についても懇談会によるスクリーニングが事前から事後に変更された[47]．第4に，融資の決定にあたっては原則として理事会に付議することになった．第5に，復金と関係官庁・日本銀行との連絡のために融資連絡会が復金内に設けられた[48]．復金は1件1,000万円以上の申込のうち，①毎四半期融資方針に照らし疑義あるもの，ないし②当該業種或は当該企業に対する所管官庁の行政方針の適用を明確にする必要あるもの，③その他復金が必要と認めるものについて融資連絡会の意見を求めた．すなわち，従来の幹事会と比較して，融資連絡会の関与は融資方針・行政方針の明確化に限定され，関与する案件の最低額も引き上げられた．

以上のように，新しい融資決定方式では，従来の方式に比べて復金の自主性は著しく強化された．しかし，後述のように，新しい融資決定方式が実施された後，2ヵ月たらずで，いわゆるドッジ・ラインの一環として復金の新規融資が原則として停止されたため，新方式はその機能を十分に発揮することはなかった．

4. 経済復興と政策金融

(1) 1946年度融資計画

1947年1月25日，復興金融委員会は復金の1946年度事業計画を承認した．その骨子は次の通りである[49]．

①運用資金総額
　一応，金庫の資本金額100億円とする
②資金運用計画

---

47) ただし，事情によって復金は審査前に付議することができた．
48) 出席者は次の通り．経済安定本部財政金融局産業金融課長，大蔵省銀行局復興金融課長，商工省総務局財務課長，中小企業庁振興局金融課長，農林省総務局農林金融課長，運輸省海運総局海運監督第二課長，日本銀行資金局復興金融課長，日本銀行融資斡旋部次長，市中金融機関職員（融資斡旋委員会の推薦する者），復興金融金庫役職員．
49) 復興金融金庫『復興資金年度別融資方針に関する資料』pp. 6-9.

「経済安定本部で作成する産業資金計画に基き左の区分に従い第三四半期及び第四四半期の計画を樹立し常に之と睨み合せて資金の運用を計るものとする」

ⅰ）　最重要産業

石炭と肥料．企業別に計画を定める

ⅱ）　その他の重要産業

差当り鉄鋼・繊維・電力・鉄道車両・自動車・船舶・重要機械・瓦斯とし，業種別に計画を定める

ⅲ）　その他産業

一括して計画を定める

ⅳ）　本支所別限度

ⅱ），ⅲ）については本支所別に限度を定める

「右の資金計画は各産業の業種別計画の具体化するに従って随時変更し得るものとし，且つ所要資金の増加を予定して予備資金を留保し置くものとする」

③資金調達方法

設立当初に政府の第1回払込金40億円の払込を受ける．そのほか，「本金庫は未払込資本金額から本金庫が引き受け又は保証した債務の現存額を差引いた金額を限り復興金融債券を発行するものとする」

事業計画の前提となったと考えられるのは，復金が作成した「昭和21年度第4四半期資金計画」（1947年1月15日）である（表1-6）[50]．融資計画の総額は40億円で，これは，上記の事業計画の中で言及されている政府からの第1回払込金額に一致する．とりあえず，払込資本金の範囲で融資計画が立てられたといえよう．表には示していないが，石炭と肥料は1946年度第4四半期資金計画において「最重要産業」と位置づけられ，それぞれ，計画全体の30％，10％の資金が配分された．このほか，鉄鋼と機械も高い比率を占めた．石炭・肥料・鉄鋼は，傾斜生産方式において特に重点が置かれた産業であり，

---

50)　復興金融金庫『復興資金年度別融資方針に関する資料』，pp. 10–11.

表1-6 復興金融金庫資金配分計画

単位:百万円,%

	年 度	1946	1947				1948			
	四半期	4	1	2	3	4	1	2	3	4
実数	鉱 業	1,350	4,010	5,645	4,330	7,585	7,830	10,670	10,600	6,350
	石 炭	1,200	3,710	5,100	―	―	―	―	―	―
	繊 維	50	550	280	440	630	770	750	1,000	1,080
	金 属	850	550	660	470	1,190	690	755	770	1,550
	鉄 鋼	550	550	630	―	―	―	―	―	―
	機械器具	550	480	640	680	1,205	1,435	1,300	1,300	480
	窯 業	0	80	40	80	80	215	160	180	50
	化 学	450	800	1,410	1,450	2,195	2,565	2,090	2,635	1,410
	肥 料	400	750	1,000	―	―	―	―	―	―
	電 気	200	300	400	1,590	1,600	3,590	4,360	5,580	5,500
	農林水産	300	300	650	1,080	660	870	1,115	3,650	1,990
	交 通	80	600	300	630	1,005	1,475	1,580	1,520	920
	公 団	0	1,205	9,630	7,523	7,793	2,354	2,687	2,329	2,300
	その他	170	125	355	700	500	400	930	1,250	650
	合 計	4,000	9,000	20,090	18,973	24,443	22,194	26,397	30,814	22,280
構成比	鉱 業	33.8	44.6	28.1	22.8	31.0	35.3	40.4	34.4	28.5
	石 炭	30.0	41.2	25.4	―	―	―	―	―	―
	繊 維	1.3	6.1	1.4	2.3	2.6	3.5	2.8	3.2	4.8
	金 属	21.3	6.1	3.3	2.5	4.9	3.1	2.9	2.5	7.0
	鉄 鋼	13.8	6.1	3.1	―	―	―	―	―	―
	機械器具	13.8	5.3	3.2	3.6	4.9	6.5	4.9	4.2	2.2
	窯 業	0.0	0.9	0.2	0.4	0.3	1.0	0.6	0.6	0.2
	化 学	11.3	8.9	7.0	7.6	9.0	11.6	7.9	8.6	6.3
	肥 料	10.0	8.3	5.0	―	―	―	―	―	―
	電 気	5.0	3.3	2.0	8.4	6.5	16.2	16.5	18.1	24.7
	農林水産	7.5	3.3	3.2	5.7	2.7	3.9	4.2	11.8	8.9
	交 通	2.0	6.7	1.5	3.3	4.1	6.6	6.0	4.9	4.1
	公 団	0.0	13.4	47.9	39.7	31.9	10.6	10.2	7.6	10.3
	その他	4.3	1.4	1.8	3.7	2.0	1.8	3.5	4.1	2.9
	合 計	100.0	100.0	100.0	100.0	100.0	100.0	100.0	100.0	100.0

注) 1948年度第4四半期は,ほかに支払保証が1,000百万円ある。
出所) 復興金融金庫『融資方針(含資金計画)関係綴』(1947年度第2四半期),同『復興資金年度別融資方針に関する資料』(その他)。

表 1-7　復金融資計画の内訳（1947年度）

単位：百万円

	第1四半期				第2四半期			
	合計	設備	運転	赤字補填	合計	設備	運転	赤字補填
鉱業	4,010	1,190	350	2,470	5,645	3,470	1,275	900
石炭	3,710	1,000	350	2,360	5,100	3,150	1,050	900
繊維	550	300	0	0	280	280	0	0
金属	550	50	300	200	660	60	450	150
鉄鋼	550	50	300	200	630	30	450	150
機械器具	480	100	300	80	640	170	470	0
窯業	80	30	0	50	40	20	20	0
化学	800	800	0	0	1,410	610	800	0
肥料	750	750	0	0	1,000	400	600	0
電気	300	200	0	100	400	400	0	0
農林水産	300	300	0	0	650	650	0	0
交通	600	500	0	100	300	285	0	0
公団	1,205	0	1,205	0	9,630	852	8,778	0
その他	125	375	0	0	435	450	0	0
合計	9,000	3,845	2,155	3,000	20,090	7,247	11,793	1,050

出所）　復興金融金庫『復興資金年度別融資方針に関する資料』，同『融資方針（含資金計画）関係綴』．

　その点で1946年度第4四半期の復金資金計画は傾斜生産を反映していた．1947年度第1四半期の融資計画は資金の種類別に作成された（表1-7）．この表で注目されるのは，赤字補填融資のウエイトの大きさである．赤字補填融資ないし赤字融資とは，「一定期間内における企業の損失を補填し，その企業の運営を維持せしめるための融資」であり，賃金の上昇，資材費等の諸経費の上昇，資材割当不足・電力制限等による生産減，低物価政策のための公定価格の抑制，価格改定時期のずれ等による企業の不足運転資金を補う役割を果たした（復興金融金庫［1950］p.180）．この期には計画において赤字融資が3分の1を占め，その大部分は石炭鉱業に対するものであった．

（2）　1947年度融資計画

　次いで，1947年3月，復金委員会は，復金の1947年度事業計画を承認した．その骨子は次の通りである．

①運用資金総額

一応180億円とする
②資金運用計画
「経済安定本部で策定する産業資金配分計画に基き，左の区分に従い毎四半期計画を樹立し，常に之と睨み合せて資金の運用を計るものとする」
ⅰ）「超重点産業」は石炭・亜炭・鉄鋼・肥料とし，企業別に計画を定める
ⅱ）その他の重要産業については，経済安定本部の産業資金貸出優先順位表に定める重要度に従って業種別に計画を定める
ⅲ）中小企業の育成に十分努力する
③資金調達方法
資本金250億円のうち，前年度中の払込金40億円と復金債発行額30億円を控除した180億円の調達枠があるが，そのうち60億円は払込を受け，120億円は復金債の発行とする
④融資先に対する検査
「融資に当っては事前の審査を励行することは勿論であるが融資の実行後においても本金庫から融資した資金が適正に使用せられているか否かにつき政府の行う検査に協力して強力な検査を実施する」

②にある産業資金配分計画の第1四半期に関するものは経済安定本部が1947年5月26日に作成した．そこでは復金融資額は90億円とされていた．事業計画の融資枠180億円の半分がすでに第1四半期の計画に組み込まれたことになる．事業計画では，1946年度第4四半期融資計画と同様に，石炭，鉄鋼，肥料を「超重点」とすることが謳われたが，第1四半期計画には若干異なった様相が見られる．すなわち石炭については，さらに構成比が引き上げられたが，鉄鋼と肥料については構成比が低下した．鉄鋼と肥料の構成比低下は，石炭への集中と公団融資の開始を反映している（同上，p.173）．公団融資のために復金融資計画の13%が割り当てられ，その分，産業に対する融資枠が圧迫された．そのほか，繊維工業の構成比が上昇したことが目立つが，これは，1947年2月にGHQが綿紡績の中間設備能力の承認を発表した（同上，p.110）ことを反映している．

公団融資の影響は，第2四半期以降，さらに大きくなった．6月25日，大蔵省銀行局長は復金に対して「昭和22年度復興金融金庫の融資方針に関する件」を通牒し，その中で，第2四半期は相当額の資金を公団に供給する必要が生じる一方，復興金融金庫債（復金債）の消化状況が非常に悪いことから，「同金庫の融資方針は今後一層厳格に扱い，我が国経済復興の為に真に必要な事業の所要資金であって一般金融機関からは到底供給を困難とするものに限ってこれが融通に応ずる」ことを指示した[51]．8月下旬に決定された第2四半期の復金融資計画は，総額が前期の2倍以上の201億円に急増したが，そのうち半分近い96億円が公団融資に配分され，公団以外の一般産業枠は小幅な増加にとどまった（表1-6）．公団の構成比上昇に対応して，他の部門は，石炭を含めて全般的に構成比が低下した．資金の種類別内訳を見ると，前期より大幅に減少したがなお赤字融資が残っており，また公団融資の増加にともなって運転資金の構成比が上昇したことがわかる．

　融資計画総額の急増は第2四半期で終わり，以後その増加は，物価上昇を考慮すると，比較的緩やかなものに抑えられた．とくに第3四半期は前期より名目でも減少した．第3・4四半期の産業別配分を第2四半期と比較すると，公団の構成比が若干低下する一方，電力・交通・農林水産の構成比が上昇するなど，変化の兆候が見られるようになった．融資枠の抑制に対応して復金は，第3四半期に次のような融資方針を採用した[52]．

① 実際融資に当っては安定本部資金計画算定の基礎となった個々の企業体に拘束されない旨関係方面と諒解済みであって各企業体の枠乃至主務官庁の枠の如きものは存在しない
② 融資方針によって融資の対象となるものについても出来得る限り普通融資によることとし已むを得ないものについては損失保証乃至支払保証を考慮する
③ 企業の赤字資金については原則として採り上げないこととし，新物価体

51）　復興金融金庫『復興資金年度別融資方針に関する資料』pp.6-9.
52）　復興金融金庫総務部「復興金融金庫第3四半期融資方針並融資事前協議の件」1947年11月20日，復興金融金庫『融資方針（含融資計画）関係綴』.

系の公価の範囲において経営の成立ち得る如く指導する．従って新物価の基礎たる標準賃金を上回る賃金支払（賃金の繰上払の場合を含む）によって生ずる赤字資金についても原則として採り上げない

④財政の繋ぎ資金は官庁支払の遅延によるもの及価格差補給金見合のものいずれも原則として採り上げない

⑤企業の整備に関する退職金融資は目下関係当局と打合せ中であるが整備遂行上已むを得ないもので金融的見地から採り上げ得ると認められるものについては原則として考慮し得ること

民間金融機関の活用を重視し，融資に対する政府の干渉や赤字融資を排除する姿勢が見られるようになったことが注目される．

（3）　1948年度融資計画

1948年度の復金事業計画は，1948年3月30日に復興金融委員会によって承認された[53]．その骨子は次の通りである．

①運用資金総額

第1四半期は資本金の範囲内で一応180億円とし，第2四半期以降については情勢に応じて決定する

②資金運用計画

「経済安定本部の策定する産業資金配分計画に基き毎四半期毎に融資方針を決定し，これにより資金の運用をなすが，

　 i ）政府の施策に対応し，石炭，鉄鋼，肥料，電力の諸部門に対しては最も重点的に資金を運用する

　ii ）その他の産業については産業資金貸出優先順位表に定める重要度を勘案する

　iii）中小事業の育成，輸出産業の振興，引揚者事業金融融通については充分努力し，でき得る限り資金を供給する

---

[53]　前掲『復興金融委員会通牒綴』(1)．

ⅳ）公団の所要資金については公団認証手形制度の活用により極力一般金融機関の資金によることとするが公団事業計画により金庫の融資を必要とするものについては金庫より資金を供給し公団制度の円滑な運用を期する」

③資金調達方法

　第1四半期の運用資金は復金債の発行によって調達（発行額見込み180億円）し，既発行債券の償還期限到来分は政府払込金により償還（80億円）する．第2四半期以降も政府払込金により期限到来分の復金債を償還し，償還分を含めて資本金に対して40％程度の払込を受ける．その他の資金は復金債の新規発行によって調達するが，これについては極力市中消化に努力する

④融資先に対する監査並びに既融資の回収

　「融資に当って事前審査を厳格に実施することは勿論であるが，融資実行後においても金庫の融通資金が適正に使用せられているか否かについて綿密な監査を行い国家資金による融資の効率化を図ると共に債権の保全を期する．又既融資の回収を促進する為担保物件の徴求並びに売上代金の代理受領を実施する外官庁支払の促進を求め融通金の増減或は社債引当分については極力之が実行を期すると共に状況により転換社債の発行を勧奨する等の方法を考慮する」

　公団融資を抑制し，石炭・鉄鋼・肥料という傾斜生産の対象産業のほかに電力を最重点産業に加えた点で，1948年度事業計画は，前年度第3四半期以降の資金配分計画に現れた傾向を継承したものとなっている．また，1947年度事業計画でも指摘された融資先に対する事後監査に加えて，既往融資の回収が強調された．これを反映して1948年度第1四半期の復金資金配分計画は前期の計画から大きく変化し，総枠が前期より減少する中で，公団の構成比が大幅に低下するとともに，新たに最重点産業と位置づけられた電力の構成比が上昇した（表1-6）．

(4) 赤字融資の停止

上述のように，1947年度後半から，赤字融資・公団融資の抑制や産業別資金配分の修正などの点で，復金の融資方針に変化が生じつつあった．こうした変化は1948年度第2四半期以降，より明確なものとなった．その背景は，インフレ収束をめざした経済政策の変化と昭和電工事件を契機とした復金改革の動きであった．1948年7月12日，政府は「価格補正に伴う当面の産業金融対策」を閣議決定した．その中で，復金に直接関係する項目として，「価格補正によって企業採算の基礎は確立せられることとなるので，価格補正後においては赤字融資はこれを行わない」，「今後産業金融は極力市中金融機関の活動に俟つと共に復興金融金庫よりの融資は真に緊要な設備資金に限り，運転資金はこれを融資しない」ことが定められた[54]．また，前項で述べた復金改革に関する議論の中でも，赤字融資の停止は日本の政府各省，復金，GHQのほぼ一致した見解となっていた[55]．

復金の赤字融資と運転資金融資を原則として停止するという上の閣議決定の趣旨は，8月10日に大蔵省が発表した「昭和23年度第2四半期復興金融金庫資金計画に関する件」にそのまま採り入れられた[56]．第3四半期についても，復金は「赤字補填資金は融資の対象としない」ことを明確にするとともに，生産増加にともなう増加運転資金についても市中融資を原則とするという方針を採用した[57]．第2四半期の復金資金配分計画は第1四半期の計画とほぼ同様であったが，第3・4四半期計画では石炭の構成比が低下する一方，電力の構成比がさらに上昇し，繊維・農林水産の構成比も上昇するなど，傾斜生産を反映する初期の資金配分計画からの変化がより明確になった（表1-6）．

以上のような資金配分計画と融資方針の推移は，復金の融資実績に反映されている．まず復金貸出残高の増加額は，1947年度第1四半期の75億円か

---

54) 大蔵省財政史室編［1976］pp. 258-259.
55) 復興金融金庫「復金制度暫定的改組に関する幹事の非公式審議経過」1948年10月14日，前掲『機構改革関係綴』; 前掲「復金運営方法の改善に関する『フィリップス』氏の意見」．
56) 復興金融金庫『復興資金年度別融資方針に関する資料』pp. 74-75.
57) 復興金融金庫「第3四半期融資方針」1948年11月26日，前掲『融資方針（含融資計画）関係綴』．

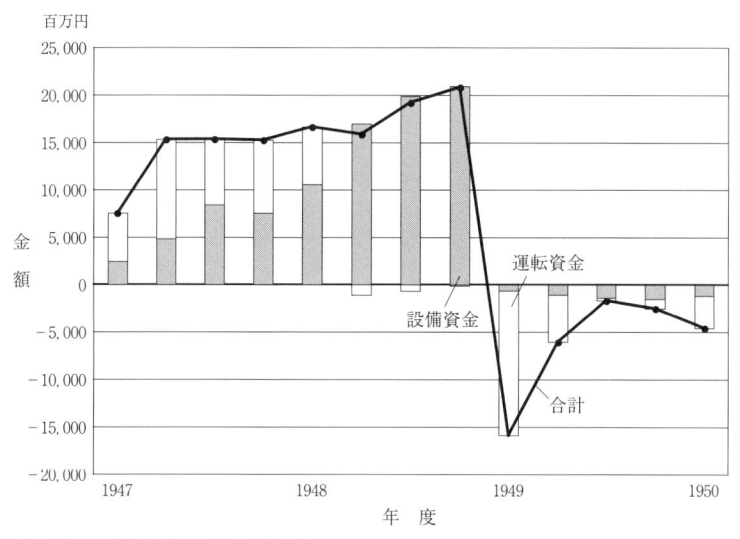

第 1 章　前史：復興金融金庫の役割

図 1-2　復興金融金庫貸出残高増減の要因分解

出所）大蔵省財政史室編［1978］より作成.

ら第 2 四半期に 153 億円に増加した後，1948 年度第 2 四半期まで 150〜160 億円で推移した．その後 1948 年度第 4 四半期の 208 億円まで緩やかに増加したが，1949 年 4 月の新規融資停止のために，1949 年度に入ると大幅な減少に転じた（図1-2）．同じ図において，資金の種類を設備資金と，赤字融資を含む広い意味での運転資金に分解すると，計画との対応がより明確になる．1947 年度第 1・第 2 四半期は貸出残高増加額の過半を運転資金が占めた．1947 年度第 3 四半期に，民間金融機関の活用と赤字融資の抑制が重視されるようになると，運転資金貸出残高増加額は減少に転じ，設備資金の比率が上昇した．さらに，「価格補正に伴う当面の産業金融対策」が閣議決定された 1948 年度第 2 四半期以降になると，運転資金貸出残高は減少に転じ，復金貸出残高増加額のすべてを設備資金が占めるようになった．

　産業別の資金配分実績はほぼ計画に沿って推移した（表1-8）．1947 年度第 1 四半期には，傾斜生産の対象である石炭・金属（鉄鋼）・化学（肥料）の 3 業種で貸出残高増加額の 75％ 近く，石炭だけで過半を占めた．第 2 四半期には公団の構成比が急増し，石炭と公団で貸出残高増加額の 80％ 弱を占

53

表1-8 復興金融金庫融資残高増減

単位:億円, %

年　度		1947				1948			
四半期		4-6	7-9	10-12	1-3	4-6	7-9	10-12	1-3
残　高	鉱　業	40,441	47,203	63,164	52,708	91,776	88,714	54,168	60,776
	繊　維	537	2,242	1,672	2,212	6,555	9,254	11,351	15,566
	金　属	6,969	5,998	-128	4,895	1,125	2,997	3,759	14,788
	機械器具	4,815	3,978	3,841	7,082	8,391	5,060	12,966	10,732
	窯　業	504	254	214	207	600	892	789	503
	化　学	8,729	11,170	7,068	12,355	9,345	12,154	13,096	14,453
	電　気	2,425	1,000	5,210	16,409	40,088	44,642	56,469	54,728
	ガ　ス	301	-24	-41	-45	-97	-22	7	6
	水　産	4,600	6,770	6,620	5,486	4,945	8,548	7,980	3,156
	交　通	1,616	4,444	5,477	3,909	9,087	15,534	7,960	9,064
	その他	1,085	-2,171	1,232	339	2,464	3,094	4,593	3,141
	公　団	3,251	72,449	59,322	46,975	-8,033	-32,238	18,944	21,147
	合　計	75,272	153,312	153,650	152,532	166,246	158,630	192,081	208,061
構成比	鉱　業	53.7	30.8	41.1	34.6	55.2	55.9	28.2	29.2
	繊　維	0.7	1.5	1.1	1.5	3.9	5.8	5.9	7.5
	金　属	9.3	3.9	-0.1	3.2	0.7	1.9	2.0	7.1
	機械器具	6.4	2.6	2.5	4.6	5.0	3.2	6.8	5.2
	窯　業	0.7	0.2	0.1	0.1	0.4	0.6	0.4	0.2
	化　学	11.6	7.3	4.6	8.1	5.6	7.7	6.8	6.9
	電　気	3.2	0.7	3.4	10.8	24.1	28.1	29.4	26.3
	ガ　ス	0.4	0.0	0.0	0.0	-0.1	0.0	0.0	0.0
	水　産	6.1	4.4	4.3	3.6	3.0	5.4	4.2	1.5
	交　通	2.1	2.9	3.6	2.6	5.5	9.8	4.1	4.4
	その他	1.4	-1.4	0.8	0.2	1.5	2.0	2.4	1.5
	公　団	4.3	47.3	38.6	30.8	-4.8	-20.3	9.9	10.2
	合　計	100.0	100.0	100.0	100.0	100.0	100.0	100.0	100.0

出所) 日本銀行資金局『復興金融統計資料』1949年3月.

める状態となった．その後，第3・4四半期には公団の構成比が低下し，代わって電力等の構成比が上昇し始めた．この傾向は1948年度に入るとより明確になった．すなわち，公団に対する貸出残高が減少に転じるとともに，電力の構成比が20％以上に達し，繊維の構成比も上昇した．さらに1948年度第3四半期以降は，石炭の構成比が顕著に低下してほぼ電力と同等の水準となり，繊維・機械器具等の構成比が上昇するなど，復金資金の配分先が多様化した．

表1-9 復金融資と民間銀行融資の比較

単位：百万円, %

		復金貸出残高			全国銀行貸出残高		
		1947年9月	1948年9月	1949年3月	1947年9月	1948年9月	1949年3月
金　額		28,845	91,951	131,965	79,463	291,190	408,246
構成比	鉱　業	35.9	43.5	39.0	2.9	6.1	5.8
	繊　維	1.1	2.5	3.8	15.8	16.6	15.6
	金　属	5.7	2.8	3.3	3.2	5.7	5.9
	機械器具	5.9	4.5	4.9	11.1	14.5	14.7
	窯　業	0.4	0.3	0.3	1.5	1.8	2.0
	化　学	11.1	7.9	7.6	7.3	11.1	11.3
	電　気	2.2	12.3	17.0	2.7	1.5	0.7
	水　産	5.6	4.6	4.0	3.9	3.0	2.4
	交　通	2.5	4.5	4.4	3.7	3.0	4.0
	その他	3.1	1.7	1.8	47.8	36.6	37.5
	公　団	26.2	15.4	13.8	0.0	0.0	0.0
	合　計	100.0	100.0	100.0	100.0	100.0	100.0

出所）　大蔵省財政史室編［1978］．

5. 政策金融の効果と経営実績

（1）　復金資金の配分

　復金の資金配分と民間金融機関の資金配分を比較すると表1-9のようになる．一見して明らかなように，両者の間には大きな相違があった．復金が重点的に資金を配分した鉱業・公団・化学・電力は，化学を除いて全国銀行の貸出残高の中でわずかなウエイトしか占めていない．全国銀行の貸出残高の中で構成比が高かったのは，繊維・機械器具，およびその他，特にその中の商業であった．

　1948年度末については，より詳細な比較を行うことができる（表1-10）．設備資金と運転資金の供給比率は，復金と全国銀行の間には対照的ともいえる大きな相違があった．復金は，前述した1947年度下期以降の融資方針変更の影響もあって，設備資金が貸出残高合計の71.4%を占めた．これに対して全国銀行の同じ比率は7.0%にすぎなかった．そのため，復金の金融機関貸出残高に対するシェアは設備資金・運転資金合計については24.4%にとどまったが，設備資金に限定すると76.7%に達した．このことは，金融

表 1-10 復金融資と民間銀行融資 (1949年3月末)

単位：百万円, %

		貸出計			設備資金			運転資金		
		計	復金	全国銀行	計	復金	全国銀行	計	復金	全国銀行
金額		540,211	131,965	408,246	123,062	94,342	28,720	417,149	37,623	379,526
構成比	鉱業	13.9	39.0	5.8	29.3	37.4	2.5	9.4	43.0	6.1
	石炭	12.5	36.0	4.9	27.0	34.8	1.6	8.2	39.1	5.1
	繊維	12.7	3.8	15.6	8.9	5.3	20.8	13.9	0.1	15.2
	生糸	2.0	0.8	2.4	0.9	1.1	0.4	2.3	0.0	2.6
	綿糸	3.4	1.1	4.1	3.3	1.6	9.2	3.4	0.0	3.7
	金属	5.3	3.3	5.9	2.9	2.6	3.6	6.0	5.0	6.1
	鉄鋼	4.0	2.7	4.4	2.2	2.1	2.6	4.5	4.2	4.6
	非鉄	0.8	0.5	1.0	0.5	0.4	0.8	1.0	0.7	1.0
	機械器具	12.3	4.9	14.7	4.6	2.5	11.5	14.6	11.1	15.0
	窯業	1.6	0.3	2.0	0.7	0.4	1.7	1.8	0.3	2.0
	化学	10.4	7.6	11.3	9.4	8.7	11.9	10.7	5.0	11.2
	肥料	2.8	4.6	2.2	4.9	4.7	5.5	2.1	4.2	1.9
	製材	2.5	0.3	3.3	0.4	0.3	0.6	3.2	0.3	3.5
	電気	4.7	17.0	0.7	16.7	20.3	5.0	1.2	8.7	0.4
	土木建築	2.6	0.2	3.3	0.1	0.0	0.2	3.3	0.5	3.6
	農林	1.6	0.2	2.0	0.3	0.2	0.7	1.9	0.1	2.1
	水産	2.8	4.0	2.4	5.7	5.6	5.9	2.0	0.1	2.2
	交通	4.1	4.4	4.0	9.4	6.1	20.0	2.6	0.2	2.8
	海運	2.2	3.6	1.8	5.8	5.0	8.6	1.2	0.1	1.3
	公団	3.4	13.8	0.0	7.1	9.2	0.0	2.3	25.1	0.0
	その他	22.1	1.2	28.9	4.7	1.4	15.6	27.3	0.5	29.9
合計		100.0	100.0	100.0	100.0	100.0	100.0	100.0	100.0	100.0

出所）日本銀行資金局『復興金融統計資料』，大蔵省財政史室編 [1978].

機関の設備資金貸出全体に対して復金が大きな影響を与えたことを意味する．石炭と電力は復金の設備資金貸出残高において55.1％を占めた反面，民間金融機関の設備資金貸出残高における構成比は6.6％にすぎなかった．しかし復金の設備資金供給における地位が大きかったことから，これら2業種は，金融機関の設備資金貸出残高全体においても43.7％を占めた．復金融資は経済復興初期の設備資金貸出において中心的な役割を担い，そしてその資金配分が政府の計画に沿って行われたことによって，設備資金の配分に産業政策を反映させる役割を果たしたということができよう．

（2） 石炭鉱業

復金融資と産業の復興との関係を，いくつかの重点産業について見ておこう．まず，一貫してもっとも重点的に資金が配分された石炭については，復金は当初，運転資金を相対的に多く融資し，1948年度にかけて設備資金にウエイトを移していった（表1-11）．1948年末については貸出残高の内訳に関するデータが利用できる（表1-12）．このうち，一般設備資金は坑道の掘進，機械設備の改良補修等，炭坑の維持改善のための資金である[58]．戦時中の濫掘によって終戦時の日本の炭坑の設備は荒廃していた．傾斜生産方式の核心の1つは，そうした炭坑設備の改良・補修のために鋼材を投入することにあったが，復金の一般設備資金はその資金面の裏付となった．炭坑労務者住宅建築資金は，文字通り，炭坑労働者のための住宅を建設する目的で融資された資金である．終戦直後の石炭生産低下の直接的な原因は，戦時中に中心的な役割を担った外国人労働者の流出であった．炭坑に労働者を集めるためには，まず住宅の整備が必要とされ，そのために多額の復金資金が投入されたのである．この資金によって1949年2月までに5万戸の新築，1万8,000戸の移改築と5万1,000戸の補修が行われた（日本開発銀行［1963］p.473）．

表1-11 復金の石炭産業融資

単位：百万円

	1947年3月	1948年3月	1949年3月
設備資金	495	11,716	33,424
運転資金	542	8,159	13,904
合 計	1,037	19,874	47,328

出所）復興金融金庫［1950］p.45, 大蔵省財政史室編［1978］．

表1-12 復金石炭融資の内訳（1948年末）

単位：百万円

	金 額
設備資金	27,025
一般設備資金	13,976
労務者住宅建設資金	13,048
運転資金	13,978
経常運転資金	1,017
増産準備金*	506
生産奨励金*	2,110
特別運転資金*	5,076
増産前貸金	1,258
賃上資金*	4,872
機械修理費	99
23年度第1四半期運転資金	39
坑木資金	838
合 計	41,840

注）＊は赤字融資．
出所）参議院大蔵委員会『復興金融金庫の機構及び業務内容に関する調査報告書』pp.83-84, 復興金融金庫［1950］p.194.

---

58) 参議院大蔵委員会『復興金融金庫の機構及び業務内容に関する調査報告書』1949年5月，p.85.

運転資金はさまざまな名目で融資されているが，その多くは赤字融資であった．復金は設立直後の 1947 年 2～3 月に 3 億円の赤字融資を石炭鉱業に対して行った．これは，政府からの補給金によって完済された．続いて 1947 年度には「炭価改訂前赤字」「物価改訂による増加運転資金」等の名目で 104.9 億円，1948 年度にも 66.8 億円の赤字融資を行った．以上，1946～48 年度における石炭鉱業向けの赤字融資，計 172.6 億円のうち，1948 年 12 月末に 125.7 億円が残っており，これは同じ時点の石炭鉱業に対する復金の運転資金貸出残高の 89.8% を占めた．多額の赤字融資が行われた直接的な理由は，急速にインフレが進行する中で石炭の公定価格改訂が速やかに行われなかったことにある．本来は公定価格の改訂によって石炭使用者が負担し，あるいは補助金の増額によって財政が負担すべき部分を，復金の赤字融資が補って，石炭生産の継続を支えたことになる（復興金融金庫［1950］p. 48）．

（3） 電力業

電力業については，1949 年初めまでに復金が行った融資の内訳に関するデータがある（表 1-13）．1948 年度から，政府は 5 ヵ年計画で電力設備の補強・拡充を行うこととした．一般設備資金はそのための資金である．1948 年度第 2 四半期には設備補修のうち特に緊急を要する工事については，3 ヵ年計画で行うことになり，その資金の 57% を復金が特別改修工事資金として融資した．機器設備資金というのは，電力需給の調整と消費の公正化を図る目的で，計器および電流制限器の購入費に対する融資を 1948 年度第 2 四半期から行ったものである．これらの資金によって，発・送電設備の大部分を集中していた日本発送電㈱は，水力 10 万 8,000 kW，火力 5 万 4,000 kW の設備を新設するとともに，火力 72 万 6,000 kW の設備を復旧した（日本開発銀行［1963］pp. 473-474）．運転資金は，労働争議による不足人件費，低料金による不足運転資金等を供給したもので，石炭の場合と同じく，その大部分（75.4%）は赤字融資であった（同上，p. 64，pp. 194-195）．

（4） 肥料工業

肥料工業の復興は食糧確保のため緊急を要したため，終戦直後から肥料の

表1-13　復金電力融資の内訳（1949年3月末）

単位：百万円

	計	日本発送電㈱	配電9社 （関東配電㈱など）
設備資金	19,781	12,267	7,514
一般設備	13,992	10,386	3,606
特別改修	4,068	1,881	2,187
機器設備	1,721	0	1,721
運転資金	3,543	1,485	2,058
合　計	23,323	13,752	9,572

(出所)　復興金融金庫［1950］pp.64-65.

配給統制会社であった日本肥料を通じて農林中金の資金が各肥料会社に融資された．1947年3月に日本肥料が閉鎖機関に指定されたことから，日銀の斡旋により興銀を幹事とする協調融資団が組織された．しかし，協調融資団が融資の対象としたのは，比較的戦災の被害が少なかった日新化学・日産化学・三菱化成・旭化成・宇部興産等の企業に限られ，復興が遅れていた昭和電工・東洋高圧・日本水素・東北肥料・別府化学等の企業は資金を全面的に復金に依存した（復興金融金庫［1950］pp.89-90）．復金は肥料工業に対しては当初から，設備資金を中心に融資を行った（表1-14）．肥料工業の1949年3月末における資金調達残高64.7億円のうち，復金からの借入金は38.8億円（59.9％）を占めた（表1-15）．復金による設備資金融資は肥料工業設備の復興に寄与した．肥料設備は石灰窒素を除いて大きな戦争被害を受け，1947年3月末の生産能力は硫安が1941年末の60％，過燐酸石炭が47％に縮小していた．その後，復金資金が投入された2年間に生産能力が順調に増加し，1949年3月末には，それぞれ91％，71％まで回復した（表1-16）．

（5）　復金の経営収支

復金を1つの企業として見た場合，そのパフォーマンスは次のように評価することができる．設立から解散に至るまでの復金の貸借対照表は表1-17の通りである．復金は，前述のように資本金100億円（全額政府出資），うち払込資本金40億円で設立された．その後，復金の新規融資が停止された1948年度末までに1,450億円に増資されたが，資本金の多くは未払込であり，

表 1-14　復金の肥料工業融資

単位：百万円

年　度	1946	1947	1948	1949
設備資金	523	2,612	4,466	5,367
運転資金	37	1,139	1,564	1,276
合　計	561	3,751	6,030	6,644

出所）　大蔵省財政史室編［1976］p.653.

表 1-15　肥料工業調達資金残高（1949年3月末）

単位：百万円

	合　計	硫　安	石灰窒素	過燐酸石灰
復　金	3,875	2,878	735	261
日本肥料	1,258	1,107	143	8
民間銀行	1,321	1,052	166	103
自己資金	16	16	0	1
合　計	6,470	5,053	1,045	373

出所）　復興金融金庫［1950］p.92.

表 1-16　肥料設備能力の復興

単位：千トン

		1947年3月	1948年3月	1949年3月
設備能力	硫　安	1,099	1,335	1,649
	石灰窒素	348	417	547
	過燐酸石灰	1,106	1,336	1,676
指　数	硫　安	60.4	73.4	90.7
（1941年末基準）	石灰窒素	108.4	129.9	170.4
	過燐酸石灰	47.0	56.8	71.2

出所）　復興金融金庫［1950］，大蔵省財政史室編［1978］.

1948年度末の払込資本金は250億円にとどまった．そのため，この間における復金の資金調達の大部分は復金債の発行に依存した．1948年度末における未払込資本金を除いた復金の負債額のうち復金債発行高は73.7％，払込資本金は16.9％であった．

復金の負債構成は1949年度に大きく変化した．1948年度末の復金債発行残高1,091億円すべてを，1949年度中に政府による払込（1,174億6,700万円，うち一般会計550億円，見返資金[59] 624億6,700万円）と自己資金によって償還し，

59）　第2章第1節参照.

第1章 前史:復興金融金庫の役割

表1-17 復興金融金庫貸借対照表

単位:百万円

		1947.1.25	1947.3.31	1948.3.31	1949.3.31	1950.3.31	1951.3.31	1952.1.16
資産	払込未済資本金	6,000	6,000	63,000	120,000	2,533	2,533	0
	超過納付金	0	0	0	0	3,398	3,398	905
	未経過債権割引料	0	122	1,741	4,394	0	0	0
	貸出金	0	5,987	59,464	131,965	105,906	86,869	78,743
	債権保全立替金	0	0	0	0	0	0	8
	支払承諾見返	0	100	3,004	7,552	2,006	774	236
	国　債	0	838	2,285	797	5,196	7,877	9,459
	地方債	0	0	0	0	9	8	8
	社　債	0	0	0	2,090	1,800	0	0
	当座預け金	250	107	1,001	1,145	674	854	58
	別段預け金	3,750	0	0	0	8,146	3	2
	代理店基金	0	36	0	15	13	23	1
	営業用土地建物	0	0	5	18	18	21	22
	仮払金	0	2	4	6	3	10	0
	訴訟費	0	0	0	0	0	0	2
	供託金	0	0	0	0	0	0	6
	本支所向未達金	0	0	40	127	0	0	0
	国庫納付金	0	0	0	0	5,192	5,509	2,437
	現　金	0	0	0	0	2	0	0
	合　計	10,000	13,103	130,544	268,110	134,896	107,878	91,887
負債	資本金	10,000	10,000	70,000	145,000	115,000	95,463	85,220
	積立金	0	0	0	0	3,730	3,730	1,237
	前年度繰越金	0	0	21	486	3	0	110
	債券発行高	0	3,000	55,900	109,100	0	0	0
	貸出受入高	0	20	776	1,737	1,170	271	259
	支払承諾	0	10	3,004	7,552	2,006	774	236
	代理店基金	0	0	1	0	0	0	0
	受入税金	0	0	0	0	2	1	0
	未払利息その他	0	0	11	72	0	0	0
	未経過割引料その他	0	33	356	903	0	0	0
	未払納付金	0	0	0	0	7,090	0	0
	仮受金	0	4	7	13	21	14	5
	本支所向未達金	0	15	0	0	0	0	0
	退職手当引当金	0	0	2	0	0	0	0
	本年度益金	0	21	465	3,247	5,875	7,626	4,819
	合　計	10,000	13,103	130,544	268,110	134,896	107,878	91,887

出所) 大蔵省銀行局「復興金融金庫設立から解散までの経理状況」。

表1-18　復興金融金庫損益計算書

単位：百万円

	年　度	1946	1947	1948	1949	1950	1951
利益	貸出金利息	72	2,227	8,926	10,144	7,785	5,691
	有価証券利息	0	0	138	117	63	78
	受入雑利息	2	0	0	1	0	0
	有価証券益	1	52	107	507	218	91
	受入手数料	0	4	22	18	4	1
	雑益	0	0	3	153	136	40
	未払利息その他受入益	0	0	11	72	0	0
	計	75	2,283	9,207	11,012	8,207	5,901
損失	支払雑利息	0	4	44	65	40	7
	債券割引料	9	1,313	4,390	4,394	0	0
	支払手数料	3	43	142	269	0	170
	債券費	1	35	146	100	0	0
	事業役務費	0	0	0	0	302	95
	事務経費	8	63	295	308	229	250
	債権保全費	0	0	0	0	0	14
	動産不動産価額償却	0	0	2	0	0	0
	滞貸金償却	0	0	25	0	0	0
	償却積立金繰入損	0	0	0	0	0	520
	有価証券損	0	0	0	0	11	26
	雑損	0	4	12	0	0	0
	未経過割引料その他組入損	33	356	903	0	0	0
	本年度利益	21	465	3,247	5,875	7,626	4,819
	計	75	2,283	9,207	11,012	8,207	5,901

出所）　大蔵省銀行局「復興金融金庫設立から解散までの経理状況」．

年度末の復金債発行高をゼロとした．一方，1949年度には300億円の減資が行われた．その結果，復金の資本金は1,150億円となり，そのほとんど（1,124億6,700万円）が払込済となった．わずかな未払込資本金を除いた復金の負債額のうち，払込資本金の構成比は85.0％に達した．1950年度以降は，回収金を国庫に納付した場合，その金額を減資することになり，また「船舶公団の共有持分の処理に関する法律」によって1950年9月末における復金の船舶公団に対する債権69億3,700万円が減資にあてられたため，復金の資本金は徐々に減少して行った[60]．一方，復金の資産は，未払込資本金を除き，

---

60)　復興金融金庫「業務概況」1951年3月末現在，pp.2-3，付表．

表1-19 復金の収益構造

単位：%/年

年　度	1947	1948	1949	1950	1951
自己資本利益率	1.2	3.0	4.4	6.9	6.4
貸出金平均利率	6.8	9.3	8.5	8.1	8.6
債券平均利率	4.5	5.3	8.1	—	—

注) 1951年度は1年間に換算した．
出所) 貸借対照表，損益計算書より作成．

一貫して80〜90％が貸出金に充てられた．すなわち，復金の貸借対照表の基本的な構造は，債券発行によって調達した資金（1948年度まで）ないし払込資本金（1949年度以降）を貸出に運用するというものであった．

損益計算書の構造はこれに対応している（表1-18）．1948年度まで各期利益を除く損失項目合計の80〜90％を債券割引料が占め，利益項目については一貫して貸出金利息が全体の95％前後を占めた．1949年度以降は前述した債券の償還によって割引料がなくなり，損失項目はごく少額となった．したがって，復金の収益性は復金債の利率（割引率）と貸出金の利率の関係によってほぼ決定された．損益計算書と貸借対照表からそれぞれの平均を算出すると表1-19のようになる．期間が2ヵ月間だけであった1946年度を除いて1948年度までかなりの利鞘が確保されていた．また1949年度以降は，外部負債なしで自己資本を7〜10％の利率で貸し付ける状態となった．その結果，復金は一貫して正の自己資本利益率を計上し，しかも1949年度以降その水準が5〜7％上昇した．もっとも，復金の債権の一部は開銀に承継された後で償却されたから，復金の収益性を評価するためには，この部分を考慮する必要がある．開銀は1951年度〜1971年度に31億2,800万円の復金債権を償却した[61]．一方，1946年度〜1951年度の復金の利益累計は220億5,300万円だったから，償却額は利益の14.2％程度である．したがって開銀による償却を考慮した場合でも，復金は少なくとも収支相償の条件は満たしていたといえる．

---

61) 『開銀統計』．

表1-20　復金債の発行・消化状況

単位：百万円，％

年度	四半期	復金債発行高	復金債現在高	うち日銀所有高	同比率	日銀所有高増減	同対日銀券発行高増減比率
1946	4	3,000	3,000	2,545	84.8	2,545	12.4
1947	1	8,000	11,000	9,927	90.2	7,382	36.7
	2	14,900	25,900	23,367	90.2	13,440	21.4
	3	15,000	40,900	32,336	79.1	8,970	—
	4	18,000	55,900	42,475	76.0	10,139	85.8
1948	1	15,100	63,000	51,416	81.6	8,941	28.4
	2	20,900	69,000	51,725	75.0	-347	-0.4
	3	33,100	87,100	30,000	34.4	-21,725	50.8
	4	44,000	109,100	70,304	64.4	40,304	—

注）「—」はその期に日銀券発行高が減少したことを示す．
出所）日本銀行資金局『復興金融統計資料』，大蔵省財政史室編［1978］．

（6）「復金インフレ」とモラル・ハザード

　以上のように，復金融資は，石炭・電力・肥料など，産業政策において経済復興の鍵となる産業と位置づけられながら民間金融機関から資金供給を受けることが難しかった産業に重点的に配分され，これら産業の復興に寄与した．また，企業としても復金は収支相償の原則を充足していた．しかし，その反面で復金融資がさまざまな望ましくない問題を引き起こしたことも事実である．第1は，しばしば指摘されるように，復金の活動がインフレーションの原因となったことである．前述のように，復金の資金は大部分復金債の発行によって調達された．復金債発行残高は急速に増加し，1947年度末に559億円，1948年度末には1,091億円に達した．当時の金融市場の状況では，復金債の民間による消化は難しく，1948年度第2四半期まで残高の70～90％が日銀所有となっていた（表1-20）．日銀券発行高増加額に対する復金債日銀所有高増加額の寄与率は，1947年度には42.4％に達した．少なくとも1947年度については復金の活動はマネーサプライ増加の主要な要因であった．

　第2に，復金融資，特にその赤字融資は，非効率な企業の存続を助長し，結果として企業の効率性向上に対するインセンティブを失わせた，いいかえればモラル・ハザードを引き起こした可能性がある．復金借入と企業のパフォーマンスの関係をミクロ・データを用いて分析した研究によると，

1948年度末における各企業の復金からの借入比率は，同年度における各企業の利益と負に相関する．また1949年度における各企業の利益ないし売上高は，前年度末の復金からの借入比率と負に相関する（Okazaki and Ueda [1995]）．これらの結果は，復金融資がモラル・ハザードの原因となったという仮説を支持するものである．

第2章

日本開発銀行の設立

1. 市場経済への移行と新しい政策金融機構の模索

(1) インフレ収束と市場経済への移行

　東西冷戦の開始に伴って，アメリカ政府の対日占領政策は改革から経済復興に重点を移して行った．1948年10月，国家安全保障会議（NSC）は「アメリカの対日政策に関する勧告」（NSC13/2）を採択し，政策転換を最終的に確定した．日本経済を復興するための前提としてアメリカ政府が重視したのはインフレーションを早期に収束することであった．アメリカ政府は，①総合予算の均衡，②徴税の強化，③融資の制限，④賃金安定計画の確立，⑤価格統制の強化，⑥貿易・外国為替管理の日本政府移管，⑦輸出拡大のための割当配給制度の改善，⑧生産の増強，⑨食糧供出の効率化を骨子とする「経済安定9原則」をGHQを介して日本政府に指示し，あわせてGHQに対して安定計画実施後3ヵ月以内に単一為替レートを設定することを求めた（通商産業省・通商産業調査会編［1994］pp.202-203）．

　「経済安定9原則」に盛り込まれた経済安定化政策を実行に移すため，アメリカ政府は1949年2月，デトロイト銀行頭取のジョセフ・ドッジを公使として日本に派遣した．ドッジは，インフレを速やかに収束させると同時に，戦時期以来，政府の計画・統制の下に置かれてきた日本経済を市場経済に移行させるという明確な方針を有していた．「ドッジ・ライン」と呼ばれた市場経済移行のための一連の政策の骨子は，総合予算の均衡，経済統制の廃止，単一為替レート（1ドル＝360円）の設置の3点にまとめることができる．さらにその核となるのが総合予算の均衡，すなわち一般会計だけでなく，特別

会計と政府関係機関を含めて政府予算を均衡させて，財政面からのインフレ要因を解消することであった．その際，政府関係機関としてもっとも重視されたのが復興金融金庫であった．

ドッジの政策は1949年度初めから実行に移された．ドッジの指導の下で編成された1949年度予算は，一般会計・特別会計・政府関係機関合計で1,567億円の黒字を計上した．これは1949年度GNPの4.6％に相当する．1948年度の総合予算は1,419億円，同年度GNP比5.3％の赤字であったから，急激な財政政策の引き締めが行われたことになる．1ドル＝360円の単一為替レートは1949年4月に設定され，これを通じて，それまで複数為替レートによって国際価格から遮断されていた日本の国内価格が国際価格にリンクされた（同上，p.204）．

これら一連の政策はインフレを劇的に収束させる効果をもたらした．消費財の闇・自由物価指数上昇率は1948年後半からすでにかなり低下していたが，1949年5月から連続してマイナスを記録した（図1-1）．闇価格の低下は，闇価格と公定価格の格差を解消し，価格・配給統制の必要性を失わせた．これをうけて1949年以降，価格・配給統制の撤廃が急速に進展した．日本経済は日中戦争開始以来，十数年間にわたって継続された計画・統制経済から市場経済へ移行したのである．

（2） 資金フローの転換と産業合理化の要請

1949年度予算編成にあたり，復金の活動について，①復金の収支予算は国会の承認を受ける，②復金債の新規発行は認められない，③新規融資は，既往融資の回収予定額75億円の範囲内とし，50億円と予定する，④利息収入予定額95億円から必要な事務及び事業経費，税金等を控除した残額85億9,000万円は国庫へ納付する，⑤既発行の復金債1,091億円は総て当年度中に償還するという方針が採られた（復興金融金庫［1950］pp.29-30）．復金の新規融資を事実上停止したうえ，日銀がその大部分を所有していた既発行の復金債を年度内に全額償還したことによって，民間から多額の資金の引揚げ超過が生じたことになる．この点で，ドッジ・ラインはそれまでの資金フローの構造を根本的に変更する政策であった．

第1章でも述べたように，復金償還の財源として，復金回収金と一般会計資金のほかに見返資金特別会計の資金が用いられた．見返資金特別会計は，ドッジ・ラインの一環として1949年4月に設置されたものである．1940年代後半の日本経済は多額の米国対日援助によって支えられていたが，1948年度までは援助物資の払い下げ代金は，貿易特別会計を通じて事実上の輸出入補助金として民間に支出されていた．すなわち，資金フローの観点から見ると，援助物資の払い下げによる政府の資金吸収は事実上の輸出入補助金の支払いを通じた資金放出によって相殺され，資金の揚げ超要因とはなっていなかった．他方，見返資金特別会計の設置によって，援助物資の払い下げ代金を積み立てることになった結果，援助物資払い下げはその分，資金の揚げ超をもたらすことになった（大蔵省理財局見返資金課編［1952］pp. 6-8）．さらに，前述のように復金融資は一部の戦略産業に重点的に配分されていたから，復金新規融資の事実上の停止の影響は，これら戦略産業にとって，マクロ的な資金フローの変化をはるかに上回るものであった．以上に加えて，郵便貯金・簡易保険が急速に増加したことも重要な財政による揚げ超要因であった．

　一方で，ドッジ・ラインは日本の産業に合理化を強く促した．戦時期以来経済統制の下で国内外の競争から隔離され，また技術の国際的な水準から大きな遅れをとっていた日本の産業が，急激に国際競争に直面したためである．1949年5月に設置された通産省は産業合理化を同省の主要な政策課題に掲げ，同年9月，政府は「産業合理化に関する件」を閣議決定した．政府から民間に向かっていた資金フローが逆転する中で，民間に合理化投資のための資金需要が生じたことが，1940年代末〜1950年代初めの産業金融に関するマクロ的問題の核心であった．

（3）　朝鮮戦争ブームと産業合理化政策

　ドッジ・ラインはインフレを収束させた反面，実体経済の復興スピードを減退させた．1947〜1948年度に10%内外の高い水準にあった経済成長率は1949年度に2.2%に低下した．「安定恐慌」と呼ばれた深刻な不況から日本経済を脱出させたのは，1950年6月に勃発した朝鮮戦争にともなうアメリ

表 2-1 経済成長率の寄与度分解

単位:%/年

年度	実質GNP	個人消費	政府経常支出	総資本形成 合計	政府	民間	輸出と海外からの所得	輸入と海外への所得(控除)
1947	8.4	5.0	-2.5	6.6	8.2	-1.6	1.3	1.9
1948	13.0	7.8	4.2	1.1	-1.9	3.1	0.9	1.1
1949	2.2	6.4	1.8	-6.7	-1.8	-4.9	2.8	2.1
1950	11.0	5.4	1.5	-1.0	-5.0	4.0	5.9	0.8
1951	13.0	6.0	1.1	5.1	2.6	2.5	3.6	2.8
1952	11.2	10.4	2.1	0.6	1.1	-0.5	0.9	2.8
1953	7.0	5.6	0.4	3.5	2.1	1.4	2.0	4.5
1954	3.7	2.8	0.8	-2.5	-0.5	-2.0	1.4	-1.3
1955	11.2	5.5	0.7	5.0	1.8	3.1	1.4	1.4

出所) 経済企画庁 [1963].

カ軍からの需要,すなわち特需であった.朝鮮戦争ブームの中で,1950年度の経済成長率はふたたび10%を超え,同年度に実質GNPがほぼ戦前(1934～36年平均)の水準まで回復,翌1951年度にはそれを大幅に上回った(表1-1, 2-1).1950年代初めに,日本経済は,マクロ的な意味での戦後復興を一応終えたといえる.

しかし日本経済は依然として多くの課題に直面していた.中でも,当時,最大の問題と認識されていたのは,米国への依存であった.1950年に日本の経常収支はGNP比4.3%の大幅な黒字となっていたが,その背後には,それぞれGNP比3.9%, 4.3%に達する,アメリカの対日援助と朝鮮戦争特需があった.すなわち,援助と特需を別にすれば,日本の経常収支は大幅な赤字であった.援助への依存から脱却することは,「自立」という言葉で終戦直後から日本政府にとっての課題とされてきた.援助は1951年から減少したが,特需がこれに代わる役割を果たした.1950年代には,援助と特需なしで日本経済を持続的な経済成長の軌道に乗せることがあらためて「自立」の課題として設定されたのである.1950年代前半に策定された政府の長期経済計画,すなわち「自立経済審議会報告書」(1951年1月答申)(経済企画庁 [1992] pp.525-555;総合研究開発機構戦後経済政策資料研究会編 [1994] pp.507-548),「経済自立5カ年計画」(1955年12月閣議決定)がいずれも「自立」を謳っているのはそのためである.

一方，通産省の下で，1951年2月，産業合理化審議会が「わが国産業の合理化方策について」を答申した（通商産業省編［1972］pp.66-70）．産業合理化審議会は答申の中で，産業設備の合理化・近代化，運輸・通信設備の整備，エネルギー価格の引き下げ，生産技術水準の向上，労働力の合理的使用等の諸施策をあげ，これらの実施を通じて日本経済の自立を達成するという方針を示した．特に「重点的施策」として「電源開発及び新造船の拡充強化並びに造船工業，石炭鉱業及び鉄鋼業の合理化が凡ゆる産業合理化の基礎となる実情に鑑み，これらについて所要資金の確保等に関し，特に一定期間重点的施策を実施すべきである」ことが強調された．経済自立を達成するために，電力・海運・石炭・鉄鋼という後に4重点産業と呼ばれるようになる4つの産業の合理化とこれに必要な資金を確保することが産業政策の中心的な課題とされたのである．

（4） 高度経済成長への離陸と設備投資

今日から振り返ってみると，1955年度の時点で，日本経済はほぼ自立の課題を達成した．この年，日本経済は10%を超える高い成長率を記録したが，経済の急速な拡大にもかかわらず，経常収支は黒字を続けており，しかも，援助・特需を除いてもほぼ経常収支のバランスは保たれていた（表2-2）．さらに1955年度はその後20年近く持続する高度経済成長の第1年目の年でもあった．朝鮮戦争の勃発から高度経済成長への離陸にいたる過程は，いくつかの局面に分けることができる．経済成長率に注目すると，1950〜1952年度の10%を超える高成長期と1953〜1954年度の成長減速期に区分され，前者はさらに輸出・民間投資に主導された1950〜1951年度と消費に主導された1952年度に分けられる（表2-1）．朝鮮戦争の勃発にともなう輸出の急増が企業収益の改善をもたらし，企業収益の改善は後述する政府の施策と相まって民間設備投資の増加をもたらした．10%以上の高成長が3年目に入った1952年度には，所得の増加を反映して爆発的な消費の増大が生じた．長期にわたる経済拡大の結果，1953年度に入ると経常収支が赤字となり，これをうけて1953年8月に日銀は金融政策を引き締めに転換した．さらに財政面でも，1954年度予算は緊縮方針に基づいて編成された．金融・財政両面からの景気抑制政策の結果，1953〜1954年度に消費，次いで投資の減

表 2-2 経常収支

単位：百万ドル

年	経常収支	貿易収支	貿易外収支	贈 与	特 需
1946	− 78.1(−1.2)	−238	159.9	194.5(2.9)	0(0.0)
1947	46.4(0.5)	−267.4	313.8	404.8(4.7)	0(0.0)
1948	74.8(0.8)	−284.3	359.1	461.6(4.9)	0(0.0)
1949	207.1(2.2)	−194.8	401.9	513.5(5.5)	0(0.0)
1950	476.3(4.3)	34.4	441.9	429.4(3.9)	90.6(0.8)
1951	329.4(2.2)	−291.7	621.1	170.9(1.1)	341.6(2.3)
1952	224.7(1.3)	−412.6	637.3	34.4(0.2)	457.3(2.7)
1953	−205.1(−1.0)	−791.8	586.7	21.0(0.1)	594.6(3.0)
1954	− 50.9(−0.2)	−429.2	378.3	29.2(0.1)	453.7(2.2)
1955	226.5(1.0)	− 54.4	280.9	21.5(0.1)	345.4(1.5)

注) （ ）内は対 GNP 比（％）．円・ドル換算率は，円建輸出入金額/ドル建輸出入金額によって算出した．
出所) 大蔵省財政史室編［1978］．

表 2-3 総需要の構成

単位：％

年 度	個人消費	政府経常支出	総資本形成				輸出と海外からの所得	輸入と海外への所得（控除）
			合 計	政 府	民 間	設 備		
1946	70.3	11.6	22.2	6.3	16.0	7.8	1.0	5.1
1947	69.9	7.8	26.4	11.2	15.2	7.2	2.1	6.2
1948	65.3	10.6	28.2	9.7	18.5	7.9	3.0	7.1
1949	67.0	11.7	24.6	8.8	15.8	8.6	6.4	9.7
1950	60.7	11.1	25.5	4.8	20.7	9.9	11.9	9.2
1951	55.4	10.2	30.6	7.6	23.0	11.2	16.7	12.8
1952	60.1	11.1	27.4	7.7	19.7	11.6	13.6	12.3
1953	61.4	10.8	27.9	9.1	18.8	11.3	12.9	13.1
1954	63.5	11.3	23.4	7.9	15.5	10.2	12.9	11.1
1955	62.2	10.8	25.3	8.7	16.7	9.4	13.3	11.5

出所) 経済企画庁編［1963］．

速によって経済成長率は大幅に低下，この間に経常収支が改善に向かった．

以上のように1950年代前半に民間投資は大きく変動し，景気循環の主因の1つとなったが，変動したのは主に在庫投資であり，設備投資は高い水準で持続された．すなわち，民間設備投資のGNP比は1951年度に10％を超えた後，1954年度までその水準を維持した（表2-3）．別の推計によって設備投資の産業別内訳を見ると表2-4の通りである．電力・鉄鋼・海運・石炭の

表2-4 民間設備投資内訳

単位:億円,％

年　度	設備投資額					構　成　比				
	1951	1952	1953	1954	1955	1951	1952	1953	1954	1955
4重点産業	1,770	2,250	2,528	2,129	2,285	40.3	45.4	41.0	40.1	38.2
電　力	553	1,054	1,461	1,422	1,483	12.6	21.3	23.7	26.8	24.8
鉄　鋼	369	379	396	257	269	8.4	7.6	6.4	4.8	4.5
海　運	640	615	465	313	143	14.6	12.4	7.5	5.9	2.4
石　炭	208	202	206	137	143	4.7	4.1	3.3	2.6	2.4
その他産業	2,619	2,705	3,642	3,174	3,704	59.7	54.6	59.0	59.9	61.8
繊　維	594	235	411	385	409	13.5	4.7	6.7	7.3	6.8
化学・窯業	418	362	533	576	640	9.5	7.3	8.6	10.9	10.7
機　械	205	369	425	295	297	4.7	7.4	6.9	5.6	5.0
非　鉄	72	86	104	99	115	1.6	1.7	1.7	1.9	1.9
鉱　業	120	178	173	113	148	2.7	3.6	2.8	2.1	2.5
運　輸	255	220	449	332	287	5.8	4.4	7.3	6.3	4.8
ガ　ス	74	86	70	114	79	1.7	1.7	1.1	2.1	1.3
農林水産	441	556	668	627	803	10.1	11.2	10.8	11.8	13.4
その他	440	613	809	633	926	10.0	12.4	13.1	11.9	15.5
合　計	4,389	4,955	6,170	5,303	5,989	100.0	100.0	100.0	100.0	100.0

出所）　日本開発銀行［1963］.

表2-5 産業設備資金調達実績

単位:億円,％

年　度	資金調達内訳					構　成　比				
	1951	1952	1953	1954	1955	1951	1952	1953	1954	1955
証券市場	634	1,028	1,092	786	753	14.4	20.7	17.7	14.8	12.6
事業債	304	378	300	147	275	6.9	7.6	4.9	2.8	4.6
株　式	330	650	792	639	478	7.5	13.1	12.8	12.1	8.0
民間貸出	787	907	1,170	798	847	17.9	18.3	19.0	15.1	14.1
全国銀行	622	541	767	459	241	14.2	10.9	12.4	8.7	4.0
その他	165	366	403	339	606	3.8	7.4	6.5	6.4	10.1
政府資金	716	983	1,180	884	757	16.3	19.8	19.1	16.7	12.6
開　銀	202	314	550	361	167	4.6	6.3	8.9	6.8	2.8
復　金	−73	0	0	0	0	−1.7	0.0	0.0	0.0	0.0
見返資金	459	452	0	0	0	10.5	9.1	0.0	0.0	0.0
その他	128	217	630	523	590	2.9	4.4	10.2	9.9	9.9
外　資	4	47	55	149	169	0.1	0.9	0.9	2.8	2.8
内部資金	2,248	1,990	2,673	2,686	3,663	51.2	40.2	43.3	50.7	61.2
合　計	4,389	4,955	6,170	5,303	5,989	100.0	100.0	100.0	100.0	100.0

出所）　日本開発銀行［1963］.

4重点産業が一貫して設備投資総額の40%前後を占めた．中でも電力の構成比が高く，かつ次第に上昇した．初期には海運の構成比が高かった．その他産業の中では，初期には繊維の構成比が高く，後に機械・運輸の構成比が上昇した．1950年代前半の設備投資の特徴として，4重点産業の構成比の高さに加えて，政府資金への依存度が高かったことがあげられる（表2-5）．すなわち，開銀・見返資金等を中心とする政府資金が設備資金調達総額の15〜20%を占め，民間金融機関合計にほぼ匹敵する地位にあった．

（5） 見返資金の運用

復金の新規融資停止から開銀設立までの期間に，公的資金による民間設備資金供給の主力となったのは見返資金の私企業投資であった．すなわち見返資金特別会計に蓄積された資金を民間企業に融資することを通じて，前述した政府・民間の間の資金フローと産業合理化の要請の問題を解決し，同時にそれを政策的・重点的に行うことによって産業別資金配分上の問題も解決することが意図されたのである．見返資金の運用は，経済安定本部が毎年度作成する運営計画に基づいて，大蔵省が行った．その主な支出項目は，上記の私企業投資のほかに，債務償還・国債買入，公企業投資であった（表2-6）．

見返資金の公企業投資は，公共事業・国営事業・政府金融機関に配分され，電気通信事業特別会計・日本国有鉄道・国有林野事業からなる国営事業がその主要部分を占めた．私企業投資については，個々の案件まで細分化した案を政府が作成してGHQの承認を受けるという手続きがとられた．政府案の作成にあたっては，見返資金の私企業投資が金融業務であることに鑑み，日本銀行資金局が審査を行い，日銀の審査意見に基づいて政府が決定した．また，融資の実行と管理も日銀資金局が行った．これらは，見返資金の運用に復金を利用することが不適当とされたうえ，特別の金融機関を新設することも当面は困難と考えられたために採られた措置であった（大蔵省理財局見返資金課編［1952］pp.20-25, pp.52-67）．

復金新規融資が停止された状況下で，産業界の見返資金私企業投資に対する期待は大きかった．経済安定本部は，1949年7月に総額1,400億円，うち私企業投資を500億円とする1949年度運用計画を作成した．しかし，

表2-6 見返資金の収支実績

単位：百万円

年　度	1949	1950	1951	1952
収　入	129,329	162,971	54,267	42,970
見返資金特別会計より受入	127,867	130,851	45,527	2,261
運用利殖金	1,461	4,705	6,404	6,476
運用資金回収等	0	27,415	2,335	4,661
国債償還及び売却	0	0	0	29,557
支　出	114,070	79,956	122,508	59,053
債務償還・国債買入	62,467	0	49,418	0
公企業支出	27,000	38,185	23,286	25,018
私企業支出	24,604	33,800	48,322	33,281
電　力	10,093	10,000	23,200	19,800
海　運	8,343	12,872	21,469	11,953
石　炭	3,858	2,362	205	0
その他	2,310	8,566	3,448	1,528
収支尻	15,258	98,273	-68,242	-16,083

出所）　大蔵省財政史室編［1978］．

　GHQは見返資金の運用はインフレ抑制を主眼とし，設備資金は原則として民間の金融・資本市場から調達すべきであるという考えであった．そのため，1949年度の見返資金の過半は債務償還（復金債の償還）に運用され，ほかに153億円の余裕金を生み出した．私企業投資は，それまで復金融資に依存してきた電力・海運・石炭，特に前2者を中心に実行されたが，その規模は246億円，運用総額の21.6％にとどまった（日本開発銀行［1963］pp.494-495）．1950年度は500億円の債務償還が予算に計上されたが，これは未実行のまま繰り延べられ，結果として983億円の収入超過が生じた（大蔵省理財局見返資金課編［1952］pp.29-30）．収入超過のうち547億円は日銀に預託されたから，本年度も見返資金の運用はインフレ抑制的に行われたことになる．私企業投資は，引き続き電力と海運を中心に338億円実行された．

　しかし，見返資金の私企業投資は必ずしも十分なものではなかった．1949年度に復金からの設備資金供給がマイナスに転じる中で見返資金の私企業投資が開始されたが，その額は1948年度における復金の設備融資残高増加額683億円（大蔵省財政史室編［1978］）の約3分の1にあたる246億円にとどまった．1950年度に見返資金私企業投資はかなり増加したが，なおその額は

1948年度の復金設備資金増加額の半分以下であった．

（6）　日本開発銀行の構想

　このような状況を前提に，1949年から1950年にかけて，経済団体連合会（経団連）・日本産業協議会（日産協）・経済同友会・全国銀行協会連合会（全銀協）等の主要な経済団体から産業資金供給拡大に関する意見書が発表された．経団連の決議「財政金融政策に関するドッジ氏への要望」（1950年10月25日）は，見返資金による債務償還を中止するとともに公企業融資には預金部資金を充て，見返資金の私企業融資を拡大すること，復金の回収金をなんらかの方法で再度設備資金として活用すること等を求めた．経済同友会の「資本蓄積非常措置の要望」（1950年11月18日）は，経団連の意見書と同様に，見返資金・預金部資金および復金回収金を長期産業資金として活用することを求めるとともに，これら財政資金を一元的に運用する特殊な金融機関を設置することを要望した．さらに全銀協の「最近の財政金融情勢に関する意見書」（1950年10月23日）は，金融機関としてはこれ以上の「オーバーローン」には応じられないこと，対策として政府資金の放出が必要であり，その方法として預金部資金の民間への活用および，財政資金を運用するための新しい金融機関を民間業界人をスタッフとして設立すること等を主張した．上記の経済同友会・全銀協の意見書は，経済界において新しい政策金融機関の設置を求める意見が有力となっていたことを示している（日本開発銀行［1963］pp. 23-26）．

　一方，同じ頃，大蔵省も，「今後の財政金融政策についての一案」（1950年10月2日）の中で，援助の縮小による見返資金の漸減に伴って，長期低利の産業資金・零細資金を供給するために，新たに産業建設金融公庫・輸出金融公庫・農林漁業金融公庫を新設するという考えを示した．産業建設金融公庫は一般会計の出資により，見返資金私企業融資の機能を継承し，経済自立に必要な産業の建設ないし合理化のための資金を供給するものとされた．大蔵省はこうした案をもって，1950年10月から12月初めにかけて，来日したドッジと長期産業資金供給対策に関する折衝を続けた．その過程で，新しい政策金融機関の構想が次第に具体化されていったのである（同上，pp. 29-32，以下の記述も特に断らないかぎり同書による）．

日本開発銀行の設立に直接つながる構想が初めて公表されたのは，1951年1月11日に東京から大阪に向かう列車の中で行われた大蔵大臣（池田勇人）の談話においてであった．蔵相の車中談の骨子は次の通りである．

①政府は現在，日本開発銀行（仮称）設立の具体案を検討中であるが，できれば今国会で立法措置を講じたい
②日本開発銀行は全額政府出資の特殊法人（政府機関）とし，市中銀行の採算に乗らない長期金融の専門機関とする
③資金源は一定の政府出資のほか，見返資金・預金部資金・復金回収金を動員する
④その仕組みはだいたい日本輸出銀行に準ずるが，開発銀行には特に債券を発行させる．発行倍率は現在通常の長期金融機関に適用している20倍よりいくらか低く，資本金の数倍程度とする．債券引受は預金部を主とするが，市中引受も認める
⑤設立後は現在，興銀・勧銀が融資している貸付債権を肩替りし，興銀・勧銀は商業採算にあう長期金融だけを行うようにする．農林中金・商工中金はそれぞれ別個の専門分野の長期金融機関として存続させる
⑥融資方法は輸出銀行の場合と同様，市中銀行を窓口に利用し，協調融資の方式もとる
⑦復金の既融資債権の引継も場合によって考慮し，また見返資金の私企業投資も同資金の廃止に備えて受け入れられるよう配慮する
⑧設立は26年度内を目標とするが設立が遅れる場合は，預金部資金による興銀・勧銀債の引受にあたって，これを将来開銀債に乗り換えることを考慮する

（7）　日本開発銀行法案の作成

　蔵相の談話と前後して大蔵省は，次のような骨子の開銀法案を作成して，GHQに提出した[1]．

---

[1]　1951年1月に開銀法の大蔵省案がGHQに提出されたことは財務官渡辺武の日記（1951年1月24日）から確認できるが，案そのものは現在のところ知られていない（大蔵省財政

①「日本開発銀行は，経済の再建および産業の開発を促進するため，一般の金融機関が行う金融を補完し，または奨励することを目的とする」
②資本金100億円の全額政府出資による独立機関とする
③資本金の3倍の債券発行を認める
④開銀は次の業務を行う
　ⅰ）「銀行からの借入金を返済するため必要な資金を融通すること」
　ⅱ）「銀行からの借入金を返済するため必要な社債の応募または引受をすること」
　ⅲ）「第1号または前号の規定により資金を融通し，またはその社債を応募または引き受けたものに対し，第1号または前号の規定にかかわらず資金を融通すること」
⑤「日本開発銀行は，設立の日から5年を経過した後は新たに資金の融通および社債の応募または引受をすることができない」
⑥復金は新銀行設立と同時に解散し，新銀行に合併する

すでに仮称とはいえ「日本開発銀行」という名称が用いられており，全額政府出資の特殊法人として民間金融機関融資を「補完し，または奨励」するという，後に制定された開銀法の基本的な考え方も含まれている．他方，いくつかの重要な点で相違も見られる．債券発行を認めるとしていたこと，一応新規融資も認められていたが，既往民間融資の肩替りの付帯業務という位置づけであったこと，業務の期間が規定された時限的な機関とされていたことなどである．

以上のような大蔵省案には，GHQおよび国内関係者との折衝の過程で修正が加えられた．1951年3月に示されたGHQの意向は，①開銀に債券発行や借入金を認めると，予算の側面からのコントロールがしにくくなり，またマクロ的にもインフレ要因となるので望ましくない，②融資は肩替りに限定することが望ましい，というものであった．政府は，GHQの意向を3月13

史室編［1983b］p. 623; 大蔵省財政史室編［1983a］p. 129). 以下は，日本開発銀行［1963］p. 35にある大蔵省案の骨子に関する記述，および同書 pp. 36-38にある大蔵省案と最終案の相違に関する記述から推定したものである．

日の閣議で検討した結果，新規融資を可能にするとともにできれば開銀の資金枠を拡大すること，および債券発行を日本開発銀行法案に織り込んで将来発行する場合は資金運用部に消化させること，を実現するようGHQと交渉するという方針を確認した[2]．大蔵省当局とGHQとの交渉の結果，次の点に関してGHQの原則的了解を得た．

①資本金を100億円とし，全額見返資金から出資する
②復金の債券債務は開銀が引き継ぎ，その機構・構成人員を将来吸収する．ただし，復金の解散は開銀法ではなく別の法律で定める
③予算計上額をこえる復金回収金は，開銀の資本に繰り入れできるように「復金に対する政府出資金に関する法律」の改正措置を講ずる
④融資は協調融資・肩替り融資のほか，直接融資・新規融資もできることにし，融資条件など具体的な内容は業務方法書に規定する

当初GHQが反対していた新規融資が認められたわけである．一方，3月13日の閣議でその実現に努力することが確認されたいま1つの点，債券発行についてはGHQの反対姿勢が固く，結局日本政府は，その実現を断念した．

（8） 日本開発銀行法の制定

以上の経過をふまえて，大蔵省は3月20日の閣議に「日本開発銀行法案要綱」を提出した．一方，経済安定本部は同じ閣議に「日本開発銀行の運営は，政府において策定する総合的産業計画，および産業資金計画に準拠して行うものとする．なおこの計画は，経済安定本部において，関係各省と協議して策定するものとする」という内容の覚書，「日本開発銀行の運営について」を提出した．その背景には，大蔵省と産業政策を所管する経済安定本部・通産省・農林省・運輸省等との間の見解の相違があった．大蔵省は復金

---

2) 大蔵省財政史室編［1983a］p.145．新規融資を特に強く主張したのは通産省であった．前述のように大蔵省も新規融資より肩替りを重視していたが，このような考え方に対して通産省は企業局産業資金課を中心に強く反発した（『開銀史ヒアリング』I）．

の反省に立脚して，資金運用面における開銀の自主性を重視していた．これに対して，上の安本の覚書に見られるように，産業関連の省庁は，開銀融資に政府の産業政策を直接的に反映させることを求めた．例えば，通産省は，復金に対する反省はある程度共有し，したがって開銀の自主性を認めながらも，開銀融資を産業政策に沿って行うことを開銀法の条文に書き込むことを要求した[3]．これら2つの考え方が対立したため，同日の閣議では決着がつかず，結局3月22日の閣議において，次のような了解事項を付して大蔵省案の通り，開銀法案を決定した．

> 日本開発銀行の運営については，同行がわが国経済の自立，産業の開発など今後の重要経済施策を推進するため必要な産業資金供給上に占める重要性および政府金融機関としての使命を考え，政府の産業・交通および金融に関する総合的な政策およびこれに基づく基本計画に順応せしめるものとする．なお日本開発銀行の定款に以上の趣旨の規定をおかしめるように措置するものとする

　日本開発銀行法案は1951年3月27日に国会に提出され，3月31日に可決・成立，同日に公布・施行された．開銀法の骨子は次の通りである[4]．開銀の目的は，「長期資金の供給を行うことにより経済の再建及び産業の開発を促進するため，一般の金融機関が行う金融を補完し，又は奨励すること」と規定された（第1条）．肩替り融資ではなく，新規の産業資金供給を中心に置いたものである．対応して，当初案にあった業務の期間を5年間とする時限性の規定がなくなり，開銀は恒久的な機関とされた．第1条にある「長期資金」は償還期限1年以上の資金であり，開銀が供給するのはその中でも「開発資金」，すなわち「経済の再建及び産業の開発に寄与する設備（船舶及び車両を含む．）の取得，改良又は補修（補修にあっては，当該設備に価値の増加をもたらすものに限る．）に必要な資金」に限定された．

　第1条の「補完」は「足りないところを補い，それによって融資の一体化

---

3) 『開銀史ヒアリング』I．
4) 以下，主に日本開発銀行［1959］pp. 16–36による．

を図ること」,「奨励」は「いわば開銀の資金の供給を呼び水として,その部門に一般金融機関からの資金が,それがない場合より一層多く集まり,これによって経済の再建および産業の開発が促進される効果を期待する意味」とされている[5]．すなわち,「奨励」が後に誘導効果と呼ばれるようになる機能に相当する．民間融資の補完または奨励という開銀の機能から,開銀は「銀行その他の金融機関と競争してはならない」(第22条)とされた．

開銀の資本金は全額政府出資であり,見返資金特別会計からの出資100億円と復金承継後に生じた復金の債権回収額が予定された(第4条)．復金債がインフレの原因になったことの反省から,開銀は資金の借入を禁じられ(第37条),債券発行機能を持たなかった．役員は,総裁1名,副総裁1名,理事7名以内,監事2名以内と参与5名以内であった(第11条)．総裁・副総裁・監事は内閣総理大臣,理事と参与は総裁がそれぞれ任命した(第12条)．理事・参与の総裁による任命は,第3章で述べる融資決定の仕組みとともに開銀の自主性を示すものである．また開銀の供給する資金ないし開銀が補償する債務は,その償還ないし履行が確実であるものに限定すべきことが定められた(第18条)．この規定は,開銀資金が補助金としてではなく,金融判断に基づいて供給されるべきことを要求したものであり,開銀に「金庫」や「公庫」ではなく「銀行」という名称が用いられた背景ともなっている[6]．開銀法に体現された以上のような開銀の基本的な性格のうち,①政府から独立した金融機関とすること,②民間金融機関との競争禁止,③借入・債券発行の禁止は,開銀に先立って1950年12月に日本輸出銀行が設立された際の諸原則を継承していた[7]．

開銀法の公布施行を前提に,1951年4月3日に7名の設立委員が政府によって任命され,4月11日の第1回設立委員会で大蔵省の原案に基づいて開銀の定款が決定された．4月20日に第1回の政府出資金25億円が見返資金特別会計から払い込まれるとともに,内閣総理大臣から総裁(小林中,富国生命社長),副総裁(太田利三郎,日本銀行理事),監事(伊藤豊,広島銀行副頭

---

5) 同上, pp. 17-18.
6) 同上, pp. 33-34.
7) 日本開発銀行［1976］p. 43.

取）が任命された．小林は吉田首相から開銀総裁への就任を依頼された際に，「開発銀行は政府金融機関ですから，おそらく政党その他から多くの注文がくると思います．しかし私は，総裁になった以上，私の考えで自主的にやっていく心算でおりますから，一切そのような注文は受けつけません．たとえ吉田総理からのご注文でもお断りします」という条件を提示した．これに対して吉田首相が「それでもよいから総裁を引き受けて欲しい」と応えたといわれる[8]．小林総裁は，就任後，中村建城（元大蔵省主計局長），中山素平（日本興業銀行常務取締役），梅野友夫（日本銀行資金局長），矢田部章（日本勧業銀行日本橋支店長）を理事に任命した[9]．

2. 1952・1953 年開銀法改正と業務の承継・分離

（1）「日本開発銀行の使命と運営について」

前述したように開銀法は短期間に準備されたため，いくつかの不備な点を含んでいた．一方，産業の近代化投資の増大と長期資金の不足のため，開銀が設立されると融資申込が開銀に殺到した[10]．そこで，開銀法の不備を是正するとともに活動基盤を拡大する目的で，開銀は「日本開発銀行法改正案要綱」（1951 年 7 月 26 日）を作成，大蔵省に提示した．この時期に同要綱を提出したのは，明年度予算に改正点を織り込むことを期待したことによる．同要綱の主要な点は次の通りである．

①債券発行をなしうることとする．できれば借入金の禁止規定をも削除する．但しいずれもインフレ防止，市中銀行との競合等を考慮し，方法資金源について一定の制限を付する
②業務に「債務の引受又は保証」を加える
③会計に関する規定を根本的に改め，日本銀行法に準じたものとする
　i）毎事業年度の経費予算は，大蔵大臣の認可事項とする．予算に重

---

8) 日本開発銀行［1963］p.1, 小林中回想録，「初代総裁として」
9) 日本開発銀行［1963］pp.41-42.
10) 同上，p.44.

大なる変更を加えんとするときも同様とする

ⅱ） 毎事業年度に，財産目録，貸借対照表，及び損益計算書を作成し，これを毎事業年度，経過後2ヵ月以内に大蔵大臣に提出し，その承認を受ける

ⅲ） a 政府の払込済出資金に対し，一定の割合，例えば5.5％の納付金を納付することとし，この納付額に相当する金額は税法上の損金とする．又は

b 決算上の利益の内，納税に必要なる金額，損失補塡準備金として利益金の20分の1，主務大臣の認可をうけて目的を定めて積立てる準備金の合計金額を除いた残額を事業年度経過後，2ヵ月以内に政府に納付することとし，この納付金額は税法上の損金とする

一方，大蔵省も1951年9月末に，①業務に外国からの債務保証を加える，②日本開発債券の発行を認める，③利益金の20％を準備金とし残額を国庫納付する．又，非課税とし，政府借入金の利息は支払わない，④政府又は外国よりの資金借入を認める，を骨子とする開銀法改正案を作成した．大蔵省案に対して，開銀は①，②，④については賛成であるが，③は開銀が希望する予算拘束の緩和に逆行するものとして反発した．開銀は，これは全額利益留保を一定額の留保に改めることを要望した意図が誤解されたことによると見て，開銀の意図を明らかにするため「日本開発銀行の使命と運営について」（1951年10月3日）という文書を作成し，大蔵省，経済安定本部および国会方面に説明した[11]．「日本開発銀行の使命と運営について」は，①基本方針，②長期計画の構想，③資金の確保充実に関する措置，④合理的経営の徹底，⑤政府出資による特殊金融機関としての性格，の5項目から成り，開銀の基本的な性格と役割に関する開銀自身の考えを体系的に示した文書として重要な意味を持っている[12]．

11） 『業務概況』1951年度上期．
12） 当時の開銀幹部の1人は，「日本開発銀行の使命と運営について」が開銀の将来を決定づけたとして，次のようなエピソードをあげている．同文書を大蔵省に提出する際，開銀から

①では,「本行は政府資金による長期設備資金を一元的に供給する機関たらんとするものであるが,一般金融機関の活動に極力期待してあくまでも政府資金としての補完的立場を貫くと共に,償還確実なものに融資する健全金融の方針を堅持し,なお将来外資導入機関として,その一翼を担わんとするものである」とした.開銀法の理念を再確認するとともに,②以下の具体的な項目の背景にある考え方を示したものである.

②では,i)電力・海運を含む長期設備資金融資の一元化,ii)見返資金私企業融資の吸収,iii)市中金融機関健全化のための返済資金貸付,iv)中小企業金融の分離があげられている.i)とii)は,見返資金が行っていた電力・海運に対する新規融資と管理を開銀が承継することを通じて,政府資金による設備資金供給を開銀が一元的に担当することを求めたものである.あわせて,政府資金供給の一元化は外資導入の促進にも寄与することが指摘された.iv)では逆に,中小企業金融の特殊性に鑑み,これを専門的な機関に一任することが望ましいとして,復金の中小企業向け既往融資,および見返資金の中小企業向け既往・新規融資を開銀から分離して専門機関に移管することが要望された.

③は,i)債券発行・借入金・債務保証,ii)資本金・積立金の充実の2点である.i)では,開銀資金は政府出資・復金債権回収金・利益金からの準備金に限られているが,対日援助が打ち切られ,見返資金の新規積立が期待できない以上,政府出資には限界があるとして,資金運用部資金による債券発行と借入金を可能にすることが要望された.あわせて,債券発行・借入金・債務保証を可能にすることは外資導入の前提ともなることが指摘された.ii)では開銀が外資導入機関となるためには資本金・積立金が充実している必要があるとして,復金・見返資金の資本金を承継後,開銀の借入金ではなく資本金に振り替えること,利益金から一定額の国庫納付を行うようになった場合も,準備金ができるだけ多額になるようにすることが要望された.

④は,開銀の自主性を尊重するという開銀法の趣旨をさらに徹底させ,能

は総裁(小林中)と2人の理事ほか,大蔵省からは大臣(池田勇人),次官および各局長が出席した.開銀側で文書の内容を説明した後,総裁がもし異存があればここで聞かせてほしいと述べたのに対し,蔵相は「総裁は小林さんにお願いしているんだから,これについて何も異存はございません」と答えた.総裁は重ねて,次官・各局長に意見を求めたが,発言する者はだれもいなかった(『開銀史ヒアリング』II).

率的・機動的経営を図るために，i）出資に対して一定率の国庫納付をすること，ii）法人税を納付すること，iii）予算を大蔵大臣の認可事項とすること，iv）特殊金融機関としての地位を明確にすることが要望された．i）では，利益金を全額留保するという現行の仕組みは非常に優遇的であるが，「むしろ一定率の納付金を行うことによって，その採算を明らかにすることが金融機関として更に能率的，合理的な運営を促進することになる」，「出資に対し一定率を課することは絶対額としての目標を経営に与えることによって合理化をより促進する」ことが指摘された．ii）も同じ趣旨によるものである．iii）は経費予算が国会議決事項になっていることが能率的・機動的経営を妨げるおそれがあり，一方でi）・ii）のような会計制度の採用や，⑤（後述）のような監督を通じて経営の放漫化は抑止できるとして，経費予算を大蔵大臣の認可事項にとどめることを求めたものである．iv）では，予算制度の適用等において開銀がしばしば公団等の一般の政府機関と同様に取り扱われているとして，特殊金融機関としての地位の明確化が要望された．

⑤では，政府全額出資の特殊金融機関として政府と国会に責任を明らかにするため，国会に対して毎年度業務報告書を提出して業務全般を説明すること，業務状況を定期的に公表すること，開銀法に基づく政府の監督に服することが妥当であるという考えが示された．

（2） 開銀法の改正

開銀はあわせて，「日本開発銀行の一部を改正する法律案について」（1951年10月8日）を大蔵省に提出した．「今回の改正の諸点は早急を要するよりは，むしろ本行の今後の運営の方向を決定すべき根本的な改正と見られるので慎重を期することが望ましく，特に本行の希望についても充分な検討を加えられることを希望する」として，大蔵省案で差し支えないと考える点，修正ないし追加を希望する点を列挙したものであり，その内容は「日本開発銀行の使命と運営について」とほぼ一致している．開銀の働きかけによって，大蔵省は開銀法改正案の臨時国会提出を見送った[13]．

13）『業務概況』1951年度上期．

その後の大蔵省との折衝の経過を論点別にまとめると次の通りである[14]. ①復金の資本金を開銀の借入金ではなく資本金に振り替える点については, 1952年12月末までの政令で定める日に実施することになった. ②業務範囲について, 肩替りの方法に債権の譲受を加えること, 外国・および国内機関に対する債務保証業務を加えることについては開銀の主張通りとなった. ③債券発行は認められなかったが, 政府資金借入および外国からの外貨資金借入が可能になった. ④経費予算の認可を大蔵省限りとすること, および決算を年1回として国会の承認を求めることについては改正法案に盛り込まれなかった. ⑤経営合理化のための出資に対して一定率の国庫納付を行う点について, 大蔵省内の一部に賛成意見もあったが, 結局, 納付金は損益計算上の利益の20%とすることになった. ⑥開銀が求めた見返資金私企業貸付の移管と既往債権の承継のうち, 既往債権の承継が法案に盛り込まれ, 承継債権相当額を借入金として計上した後, 政令で定める日に振り替えることになった. 以上のほか, 開銀が要望した事項以外で, 増資の大蔵大臣認可事項から国会議決事項への変更, 開発資金関係業務委託先の大蔵大臣指定者への限定が行われた.

大蔵省では1952年3月初めに改正案をまとめ, 次官会議, 閣議を経て, 3月25日にはGHQの承諾を得た[15]. 国会提出案は上記の大蔵省と開銀との折衝の結果とほぼ同じである. 相違点として, 準備金積立額が利益金の20%または年度末貸付残高の1,000分の7のいずれか多い額となった点があげられる. 改正案は同月, 国会に上程され, 6月23日に原案通り可決, 7月1日に公布・施行された[16]. 今回の改正によって,「日本開発銀行の使命と運営について」に示された長期構想の相当部分が実現した. 第1に, 見返資金の既往債権の承継が決まり, 新規融資の移管については直接には定められなかったが, 1年程度のうちに実現する見通しとなった. 開銀は, 政府資金による長期設備資金供給を一元的に取り扱う機関に近づいたことになる.

---

14) 『業務概況』1951年度下期.
15) 同上.
16) 日本開発銀行 [1963] p.410. 参議院で改正案がいったん修正されたが, 衆議院が再度原案通り可決した.

第 2 に，業務範囲に開発資金債務の保証を加え，資金調達方法に外貨資金の借入を加えたことにより，開銀は外資導入機関としての性格を持つにいたった[17]．外資導入に関連して 1953 年 7 月にも開銀法の改正が行われた．これは関西電力・中部電力・九州電力に対する国際復興開発銀行（世界銀行）からの火力借款[18] に関連して，「国際復興開発銀行等からの外資受入に関する特別措置に関する法律」（1953 年 7 月 4 日）と「国際復興開発銀行からの外資受入について日本開発銀行または日本輸出入銀行が発行する債券の利子に対する所得税の免除に関する法律」（1953 年 7 月 31 日）に対応した改正である．前者の法律のうち開銀に関係するのは次の 3 点である．

①開銀および輸銀が借入を行う場合に政府が保証することができる
②借入契約に基づいて，必要ある時は開銀が債券を発行することができる
③開銀は認可を受けて外国為替業務を行うことができる

　①と②は世銀の要求に基づく．世銀は同種借款の供与に関して，常に相手国政府に保証を求めていた．また，世銀が開銀の債券発行を求めたのは，貸付金債券を流動化するためであった．すなわち，世銀は貸付契約に基づいて借入国から引渡を受けた債券を市場で売却して資金を調達することがあった．③は開銀が世銀から外貨借入をして，電力会社に外貨貸付をするようになったことに伴う措置である．③に対応して開銀法に，開銀を外国為替管理法上の銀行とみなすという 1 項が加えられた[19]．

（3）　復興金融金庫の承継

　開銀法の改正と並行して，他の政府金融機関との間で，業務の承継と分離が行われた．前述のように，制定時の開銀法は 1952 年 3 月末までに復金を解散して，その権利・義務を開銀に承継することを規定していたが，具体的な日時は政令に委ねていた．これを前提として，開銀はできるだけ早急に復

---

17)　『業務概況』1951 年度下期．
18)　第 3 章参照．
19)　日本開発銀行［1963］pp. 413–414，日本開発銀行［1976］pp. 552–553．

金の承継を実現することを希望した．設立後まもない1951年5月21日，開銀総裁は大蔵大臣に対して「復興金融金庫の権利義務の承継について」という文書を提出し，「本国会において予算措置を講ぜられ，承継が出来る限り早期に行はれる様特に御配慮を煩したいと存じます」と要望した．開銀が承継を急いだ理由は次の通りである[20]．

　第1に，開銀は設立時に資本金100億円のうち25億円の払込を受けたが，後述のように設立当初から開銀に対して融資申込が殺到し，それだけの資金では「極めて限られた範囲にしか融資を行えな」いことが明らかになった．一方，復金融資の回収は比較的順調に進み，回収金が蓄積される見通しであった．経済安定本部も1951年度の総合資金需給計画に復金回収金を開銀の原資として織り込んでいた．しかし，復金回収金を開銀が使用するためには，復金の権利義務を開銀が承継する必要があった．第2に，復金には融資・審査その他業務全般に関する資料が大量に蓄積されており，すでに開銀はそれらを利用していたが，より十全に利用するためには復金自体の吸収が望ましかった．第3に，開銀と復金が並存したため，新規貸出と回収が別々に行われるという状態となっていた．このことは単に非効率であるだけでなく，融資先の審査・監査にとっても望ましくなかった．第4に，開銀は地方機構を整備する必要があったが，そのためには復金の地方機構を承継することがもっとも効率的であった．

　復金の承継には，復金承継後の事業規模の拡大に対応して経費予算増額が必要とされるため，早くても1951年秋の臨時国会を待つ必要があった[21]．そこで，開銀と復金は，その間に承継のための準備を行うため，合同の引継準備委員会を設置することとした．委員には開銀側から中村建城理事はじめ3名，復金側から伊達宗彰理事はじめ3名が任命された．1951年8月から1952年1月の間に計13回の委員会が開催され，①復金の解散に関する政令に規定すべき事項，②引継事務の形式，③債権・債務の承継に対する法律的解釈と承継方法，④解散に伴う決算及び経理措置，⑤承継後の職制及び機構，

---

20) 日本開発銀行総裁「復興金融金庫の権利義務の承継について」1951年5月21日，『総務部回議綴』3．
21) 大蔵省財政史室編［1983a］pp. 168-169．

表2-7 復金権利・義務の承継

単位：百万円

権　　利		義　　務	
超過納付金	905	資本金	85,220
貸付金	78,742	積立金	1,241
債権保全立替金	8	引継剰余金	2,489
支払承諾見返	236	貸出受入金	259
有価証券	9,467	支払承諾	236
預け金	60	受入税金	0
代理店基金	1	仮受金	5
営業用土地建物什器	22		
仮払金	0		
訴訟費	2		
供託金	6		
現　金	0		
合　計	89,450	合　計	89,450

出所）　日本開発銀行『業務概況』1951年度下期.

⑥店舗及び庶務事項等が話し合われた．

　承継のための補正予算は1951年11月30日に成立した．「復興金融金庫の解散及び業務の引継に関する政令」も12月26日に公布され，翌1952年1月16日に承継が実施された．承継された権利・義務はそれぞれ894億5,000万円であり，その規模は承継時における開銀の払込資本金の35倍以上に達した（表2-7）．承継された権利・義務の主要な項目について見ると，権利の大部分は貸付金（787.4億円）が占めた．超過納付金（9.1億円）とは，復金が剰余金を国庫納付した際，剰余金の計算方法が復金と国庫会計の間で相違したために，復金が剰余金を超えて国庫納付した部分である．超過納付金については，大蔵省との折衝により，復金解散時にその利益金で一部を償却し，残額は開銀の初年度の利益で償却することになった．有価証券のほとんどは国債であり，1951年度国庫納付金予算額達成後の回収金・剰余金を運用したものであった．

　一方，義務の大部分は資本金（852.2億円）が占めた．復金の1950年度末における資本金954.6億円から，①未払込資本金（25.3億円），②前年度国庫納付金で減資に充当されなかった端数金（0.9億円），1951年度回収金国庫納付額（53.0億円），農林債券償還金（20.9億円），計102.4億円を差し引いた

額である[22]．復金の資本金について開銀は，前述した「日本開発銀行の使命と運営について」の中で，直接開銀の資本金に振り替えることを希望していた．しかし，ただちに開銀の資本金を巨額なものにすることは新設銀行として不自然であるという理由から，四半期毎に復金回収金相当額を法定出資として一般会計から開銀資本金に繰り入れるという方法が採られた[23]．

復金から承継した貸付金787.4億円は，1951年度末における開銀の貸付金960.6億円の大部分を占めた．そのため，復金の承継によって貸付金の管理回収が開銀の重要な業務となった．第1章で述べたように，新規融資の停止以降，すでに復金は管理回収を進めていた．しかし，復金と開銀の性格の基本的な相違，開銀は新規貸付と並行して管理回収を行う等の条件の違いを考慮して，開銀はあらためて管理回収方針を策定した．その中で復金の管理回収方針との相違として強調されたのは次の点である．第1に，復金による回収の場合，回収金は国庫納付され，しかも新規融資が行われなかったため，復金には回収を遅らせることで事実上の融資をするという観点があった．これに対して開銀の場合，回収された資金は新規融資の原資となるため，回収に復金のような融資の観点を加える必要はない．第2に，復金時代とは産業構造が変化していたため，復金時代に優遇されていた融資先がかならずしも開銀によって優遇されるわけではない．第3に，復金は企業体を育成するという観点に立っていたのに対して，開銀は設備を活用するという観点に立っていた[24]．

（4） 見返資金の承継と中小企業・農林業関係業務の分離

復金に続いて，復金新規融資停止後に政策金融の主要な担い手となった見返資金の承継が行われた．見返資金は米国対日援助の打ち切りにより原資が減少し，1951年度から活動規模を大幅に縮小していた．1951年3月に，それまで見返資金から資金を供給していた電気通信事業・国有鉄道・国有林野・住宅金融公庫等の分野を資金運用部ないし一般会計に譲り，同年4月の

---

22) 『業務概況』1951年度上期，1951年度下期．
23) 日本開発銀行［1963］p. 49.
24) 『業務概況』1951年度下期．

開銀設立にともなって電力・海運を除く一般産業の私企業融資を開銀に譲り渡した．その結果，開銀と見返資金が産業ごとに私企業に対する政策金融を分担することになったが，開銀はこの状態は効率性の観点から望ましくないとして，先にふれた「日本開発銀行の使命と運営について」の中でも，見返資金の私企業向け債権を早急に承継することを希望した[25]．

　見返資金の承継には開銀法の改正が必要とされたが，1952年7月の改正によって見返資金私企業向け債権を開銀へ承継することが定められた．これを受けて1952年7月，大蔵省・日銀・開銀の3者は見返資金開発銀行承継協議会を設置した．同協議会において開銀は，異質な融資を同じ機関で取り扱うのは望ましくないという観点から見返資金の債権のうち中小企業および農林業に対する部分は，開銀以外の専門機関を新設してそこに承継するべきであると主張した．これに対して日銀は専門機関の設置が翌年度にずれ込んだ場合，処理に窮するとして，とりあえず見返資金の債権を一括して開銀が承継することを主張した．結局，開銀が譲歩する形で，見返資金の全債権が開銀に承継されることになった．承継は，早期に可能な電力・一般産業，および海運・中小企業・農林業の2つのグループにわけて，それぞれ1952年9月14日と10月19日に実施された[26]．承継債権は総額で1,371.1億円に達した．その内訳は表2-8の通りである．金額ベースでは電力・海運の2分野が大部分を占めたが，取引先数・件数ベースでは中小企業のウエイトが大きかった．

　見返資金承継時に想定された，中小企業および農林業専門の政策金融機関として，中小企業金融公庫と農林漁業金融公庫がそれぞれ1953年8月，1953年4月に設立された．これをうけて開銀では，中小公庫に対して，1953年11月～1954年6月の間に4次にわたって中小事業関係債権119.8億円を移管した．また農林公庫に対しても1953年7月から1954年3月の間に3次にわたって農林漁業関係債権26.3億円を移管した．以上の業務の承継

---

25)　日本開発銀行［1963］pp.50-51，p.445．
26)　『業務概況』1952年度上期，1952年度下期；「見返資金引継委員会記録」第1回，1952年7月3日，『総務部回議綴』18;「第1回見返資金開発銀行承継協議会」1952年7月29日，同上．

第1部　日本開発銀行の設立と初期の政策金融

表2-8　見返資金私企業貸付承継額

単位：社，件，百万円

		取引先数	口　数	融資残高
第一次	電　力	9	158	63,595.4
	石　炭	29	83	5,726.9
	鉄　鋼	4	14	1,980.0
	化学肥料	6	10	383.8
	化学繊維	3	5	670.9
	化学薬品	12	13	854.0
	陸　運	1	1	258.5
	観　光	2	2	80.8
	輸入機械	3	3	69.1
	債権管理費	2	7	1.6
	合　計	71	296	73,621.0
第二次	海　運	69	394	59,383.0
	中　小	2,075	2,137	3,330.2
	農　林	194	200	813.2
	合　計	2,338	2,731	63,491.4
合　計		2,409	3,027	137,112.4

出所）　日本開発銀行『業務概況』1952年度下期．

と分離を通じて，大企業向けの政策金融を一元的に取り扱う政策金融機関としての開銀の地位が確立した[27]．

---

27)　日本開発銀行［1963］pp. 51-52.

第3章

初期の政策金融

1. 開銀の組織と人事

(1) 設立準備と職員の採用

　日本開発銀行設立の見通しが立った1951年3月ごろから，具体的な設立準備作業が開始された．日本銀行の応接室に設けられた非公式の開銀開設準備室に役員内定者が週1～2回集まり，大蔵省から開銀法・定款・業務方法書等に関する原案の説明を受けて種々の打ち合わせを行った．設立後の開銀の事務所については，日銀に準備を依頼し，日銀が引き取っていた不動貯蓄銀行の元室町支店の建物を借用することとした．

　続いて職員の採用が行われた．将来的に復金から承継する職員が量的に主力となるとしても，新銀行として復金出身者だけでは望ましくないという観点から，日銀・興銀・勧銀からも職員を採用する方針が採られた．これら各行から職員の採用にあたっては，開銀が恒久的機関であることに鑑み，出身行を退職することが原則とされた．復金・日銀・興銀・勧銀からの職員の採用は，それぞれの機関の推薦によって行われた[1]．

　1951年5月1日に発令された開銀の人員は，男子職員46名，女子職員26名，雇用員8名の計80名であった[2]．男子職員46名のうち19名が復金からの出向者であり，日銀・興銀・勧銀からそれぞれ8～9名の職員を採用した（表3-1）．設立時における開銀の組織と部課長人事は，表3-2の通りである．総務・審査・営業第一・営業第二・秘書の5つの部・室の下に7つの課が置

---

[1] 『開銀史ヒアリング』I；『業務概況』1951年度上期．
[2] 日本開発銀行［1963］p.42.

表3-1 開銀男子職員の出身機関別構成

単位：人

	1951年5月	1952年1月	1956年3月
日本銀行	8	10	5
日本興業銀行	9	15	7
日本勧業銀行	8	10	0
富国生命	1	1	0
大蔵省	0	0	2
通産省	1	1	3
復興金融金庫・開銀プロパー	19	277	410
合計	46	314	427

表3-2 設立時の開銀組織と部課長人事

部課名	部課長名	出向元
総務部	正宗猪早夫	興銀
総務課	岡田豊	通産省
庶務課	石崎恂	復金
審査部	竹俣高敏	興銀
審査課	佐々木菊丸	勧銀
営業第一部	高木良一	日銀
営業課	楢原章吾	興銀
管理課	同上（兼任）	同上
営業第二部	三沢勝	勧銀
営業課	川崎一臣	日銀
管理課	同上（兼任）	同上
秘書室	一瀬幸雄	富国生命

出所）大蔵省財政史室編［1983a］p.159.

かれた．5つの部・室長ポストのうち，2つを興銀出身者が，他の3つを日銀・勧銀・富国生命の出身者がそれぞれ占めた．また7つの課長ポストのうち，興銀と日銀が各2，勧銀・復金・通産省が各1を占めた．他金融機関出身者のうち，興銀・復金出身者の役割については融資決定方式との関連で，次節で述べることにしたい．

（2）　設立時の組織構造

1951年8月1日に開銀の最初の事務分掌規程が定められた．これによると，各部課の所管事項は次の通りであった[3]．営業第一部と同第二部の所管事項は産業によって区分されており，第一部は石炭・鉄鋼・非鉄金属・電力，第二部はその他の産業に関する下記の事項を所管した[4]．

総務部
　総務課
　　①本行の業務遂行上必要な諸計画の企画，立案
　　②法律，定款，諸規定，通達等に関する事項
　　③総裁決裁事項の審査

---
[3] 「日本開発銀行事務分掌規定」1951年8月1日決裁『総務部回議綴』2.
[4] 大蔵省財政史室編［1983a］p.159.

④内外一般調査及び各種事業の基本調査に関する事項

　　　⑤部及び室間の連絡調整に関する事項

　　　⑥官庁との連絡に関する事項

　　　⑦業務関係の情報発表に関する事項

　　　⑧渉外に関する事項

　　庶務課

　　　①経費に関する事項

　　　②物品，調度に関する事項

　　　③所有不動産及び営繕に関する事項

　　　④文書の受理，発送及び保存に関する事項

　　　⑤訴訟，登記公告その他法律手続に関する事項

　　　⑥福利，厚生に関する事項

　　　⑦他の部室の所管に属しない事項

営業第一部

　　営業課

　　　①貸付及び社債の応募に関する事項

　　管理課

　　　①債権の管理及び回収に関する事項

営業第二部

　　営業課

　　　①貸付及び社債の応募に関する事項

　　管理課

　　　①債権の管理及び回収に関する事項

審査部

　　審査第一課

　　　①借入申込の事前審査に関する事項

　　　②社債応募先の事前審査に関する事項

　　　③取引先の業況審査に関する事項

　　　④物件の評価に関する事項

　　審査第二課

(審査第一課に同じ)
経理部
 資金課
  ①余裕金の運用に関する事項
  ②現金，小切手，手形及び有価証券の出納及び保管に関する事項
 計理課
  ①予算及び決算に関する事項
  ②計算の整理に関する事項
  ③帳簿及び計表に関する事項
  ④統計及び資料に関する事項
検査部
 ①業務の検査に関する事項
 ②前号に必要な文書の検閲に関する事項
秘書室
 ①役員会に関する事項
 ②機密文書の取扱及び保管に関する事項
 ③行印及び役員の公印の保管に関する事項
 ④職員の人事及び給与に関する事項
 ⑤役員の命による諸般の調査

（3）　復金の承継と組織改革

1952年に行われた復金の承継は，開銀の組織と人事に大きな影響を及ぼした．承継当時の開銀職員が120名であったのに対して，復金は500名弱の職員を擁しており，また前述のように復金は開銀よりはるかに多額の債権を有していたからである．復金の債権・債務はあらかじめ全額を開銀が承継することが決まっていたが，人員については開銀に承継することが決まっていたわけではなく，建前上は復金の旧職員から開銀が新規採用を行うことになっていた．しかし，実際上は，開銀による選考は行われず，復金からの推薦名簿に基づき，原則として復金から開銀に移ることを希望する職員全員が1952年1月に開銀に承継された．承継者数は，男子行員197名，女子行員

134名，雇用員18名，嘱託20名の計369名であり，あらたに日銀・興銀・勧銀から採用された6名を加えて，承継日（1952年1月16日）現在の開銀職員数は495名となった[5]。

復金の承継にともなって，本店を旧不動貯蓄銀行室町支店ビルから丸ノ内の日本興業銀行ビルに移転するとともに，組織改革が行われた．本店については，1952年1月16日に，管理第一部～管理第四部が新設されたほか，庶務部と人事部がそれぞれ総務部と秘書室から独立した．管理第一部～管理第四部はそれぞれ復金の業務第一部～業務第三部と中小事業部を引き継いだものであり，従来所管していた貸付金の管理にあたった．また，復金の地方組織を承継して，大阪支店と名古屋・福岡・札幌・仙台・富山・神戸・広島・高松の8事務所が設置された．ただし，これらのうち新たな開発資金の貸付・管理を行い得るのは大阪支店のみであり，各事務所はもっぱら各地における復金承継債権の管理回収にあたった[6]。

上のような組織構造を反映して，同じ取引先について，復金承継債権と新たに開銀が融資した開発債権を，それぞれ管理各部と営業各部が別々に管理することになった．債権管理の効率化の観点から，共通の取引先については管理各部から営業各部に債権を移管することが検討されたが，性急な移管はかえって回収を妨げることが懸念されたためにこれを行わず，暫定的に，営業各部が新規融資の申込処理状況を逐次管理各部に連絡するなど，相互の連絡を密にすることになった[7]。

1952年4月1日に調査部が新設されたのに続いて，上の債権管理に関する問題を解決し，また見返資金承継にともなう業務の拡大に対応するため，同年9月1日に組織改革が行われた[8]．第1に，営業部を従来の2部制から3部制に拡大するとともに，従来の管理各部所管債権を，特に管理を要すると認められるものを除いて，営業各部に移管した[9]．第2に，管理第一部～管

---

5) 『開銀史ヒアリング』I; 『業務概況』1951年度下期．
6) 『業務概況』1951年度下期．
7) 同上．
8) 『業務概況』1952年度上期，「事務分掌規定の全文改正について」1952年8月27日決裁『総務部回議綴』10．
9) 営業第一部は金属工業・鉱業，営業第二部は，電気業・ガス業・化学工業・繊維工業，営

理第四部を単一の管理部に統合し,その業務を,中小企業以外に対する債権で特に管理を要するものの管理と復金から承継した保証債務の履行に限定した.第3に見返資金の中小企業向け融資の承継に対応して中小事業部を新設し,中小企業に対する融資業務全般の統轄,中小企業に対する新規融資,復金・見返資金から承継された中小企業向け債権の管理を行うこととした.第4に地方部を新設して,本店直轄代理店の統轄,および中小企業関係以外に関する支店・事務所・代理店の諸取引の審査及び申請の承認を所管した.

1954年3月20日の組織改革では,中小企業に関する業務の中小企業金融公庫への移管に対応して,中小事業部と仙台・富山・広島・高松・神戸の5事務所が廃止された.同時に営業部の2部への再統合,調査部資料課の新設等が行われた[10].

2. 融資決定の仕組み

(1) 融資決定手続きの概要

1950年代前半における開銀融資の決定手順を,大蔵省が1956年初めに参議院決算委員会に提出した資料を中心に整理すると次のようになる[11].第1段階として,各年度の初めに,「政府資金の産業設備に関する運用基本方針」が閣議了解され,大蔵省銀行局長から開銀に通牒された[12].この「運用基本方針」は「関係各省の意見を参酌して,経済企画庁が産業政策に基づく財政投融資の原案を作成し,閣議了解として決せられるもの」であった.ただし,本章第3節で各年度について具体的に見るように,運用基本方針は単に開銀に対して外から与えられるものではなく,その作成過程自体に開銀が

業第三部はその他の産業に関する融資と管理をそれぞれ所管した.
10) 『業務概況』1953年度.営業第一部は電気業・鉱業・金属工業・農林水産業・ガス業・その他産業に関する融資と管理,営業第二部は運輸業・化学工業・機械工業・繊維工業に関する融資と管理を所管した.
11) 日本開発銀行総務部総務課「参議院決算委員会の本行調査要綱に対し回答の件(其の1)」1956年3月10日『総務部回議綴』47.
12) 「運用基本方針」は1951・1952年度には「政府資金の融資の対象となるべき産業及び交通に関する基本計画」と呼ばれた.開銀の業務方法書第5条は,開銀は「政府の産業,交通及び金融に関する総合的な政策並にこれに基づく基本計画に順応するよう遺憾なきを期する」ことを規定していた.

参加した．第2に，通産省・運輸省等の産業を所管する各省は運用基本方針に基づいて，借入希望企業名・工事名・借入期待額を記載したリストを事務次官名で開銀に提出し，リストに記載されたプロジェクトを開銀に推薦した（融資推薦）．政府が行うのはこの段階までであり，第3に，各企業が開銀に対して借入の申込を行い，以後は開銀内部で手続きが行われた．すなわち第4に，開銀は，①運用基本方針に合致しているか，②金融的観点からみて融資することが妥当かの2つの視点からそれぞれの申込案件を評価し，申込を受け付けてよいかどうかを判断した．この判断は最終的には開銀の役員会において行われた．第5に，受け付けることが決まった申込案件は開銀内部で審査に回された．開銀の審査部門では，「申込企業の資産信用力・その業種一般の業況・対象工事計画の内容等につき，原則として実査を行い精密な検討を加えるのであるが，審査としては現実そのままの姿を把握するのを本来の建前とし，金融政策や貸付政策は加味しないで結論」をまとめた．審査部門の判断は役員会に報告され，これに基づいて役員会で貸付の可否と貸付方針の大綱が決定された．第6に，上の役員会で貸付を可とされた案件については，営業部門が具体的な貸付議案を作成してもう一度役員会に付議し，この役員会で最終的に貸付が決定された．すなわち，1つの融資案件の融資決定までに，開銀の内部で，受付，審査，融資決定の3つのプロセスを通り，しかも各プロセスごとに役員会に付議されるという慎重な決定手続きが採られていたことになる．

（2） 運用基本方針と融資推薦

以上の手続きのうち，運用基本方針，融資推薦，申込受付，および審査についてより詳しく見ることにしたい．まず運用基本方針は，「融資の一般的方針，業種別貸付計画および業種別の基本的運営要領」を示すという性格のものであり，各年度の運用基本方針にも明記されていたように，個々の対象事業の選定および融資金額の決定はすべて開銀の金融機関としての自主的な判断に委ねられていた[13]．各年度の運用基本方針の内容については次節で述

13） 日本開発銀行［1959］p.51.

べる．

　融資推薦は，どの業種のどのプロジェクトが各年度における政府の産業政策に合致し，財政資金による助成に適格であるかに関する情報を開銀に伝達する役割を持ち，開銀では「産業各省の推薦を重要な参考としつつ，これに金融的判断を加えて処理」を行った[14]．前述した参議院決算委員会提出資料では，「産業各省の推薦は法的には本行の貸付決定を何等制約するものではないが，本行としては事実上これを尊重して事務処理をしている．唯だ，従来の実情では，産業各省の推薦額のみでも政府の基本方針に基づく本行の貸付資金枠を大幅に上廻っていたので，勢い結果的には概ね推薦された企業に融資することとなっているわけであるが，推薦外の申込についても，若しそれが基本方針に適合するものであれば，主管産業省の意見を事実上聴取し，その取捨を決定することとしている」と説明されている．ここから，推薦を受けても融資を受けられないケースがあったこと，融資のほとんどは推薦を受けたプロジェクトに対して行われたこと，しかし推薦のない案件でも開銀で所管官庁の意見を聴取したうえ融資する場合があったことがわかる．企業は，所管官庁がどの程度の金額で推薦しているかを知っていて，それに近い額の融資を開銀に申し込むことが多かった．しかし，開銀は，独自の判断に基づいて，推薦額より減額する，推薦額より増額する，融資を拒絶するという選択肢をとることが可能であった．融資の拒絶は摩擦をともなったが，現実に行われたことがあり，それを可能にしたのは後述する開銀独自の審査であった[15]．

　融資推薦という仕組みのアイディアは，開銀設立以前に遡る．復金が新規融資を停止した後，通産省の企業局産業資金課では，産業資金供給を円滑化するための方策として，所管産業の個々の企業にアンケートを行い，どのような設備を作るためにどの程度の資金が必要かについての調査を行った．産業資金課は，その結果を日銀総裁（一万田尚登）に提示して融資斡旋を依頼するとともに，個々の民間銀行にも説明して融資を依頼し，相当な実績を収めた．一方，前述のように，開銀法制定時，経済安定本部と通産省は開銀融

---

14) 同上，p. 53.
15) 『開銀史ヒアリング』II.

資を産業政策に沿って行うことを法律に書き込むよう要求したが,大蔵省とGHQの反対のために実現しなかった.そこで,通産省はこれに代わる措置として,日銀と民間銀行に対してかつて行ったように,企業へのアンケートをもとに企業名・設備名をあげた融資すべき対象のリストを作って開銀に推薦することとしたのである[16].

(3) 受付と審査

申込を受け付けるまで事務は開銀の営業各部が担当した.営業各部は企業から申込を受けると,その企業から対象工事の内容,財務状況等に関する詳細な資料の提出を受けるとともに,その企業に対するヒアリングを実施した.ヒアリングの結果は聴取書にまとめられたが,最初に申込を受けてから聴取書の作成までに 1〜3 ヵ月を要した.聴取書作成から受け付け役員会の決定までに,さらに 1〜3 ヵ月を費やした[17].受付の段階で事実上第一次的な審査が行われていたということができる[18].

受付後の審査は審査部が担当した.審査は開銀の融資決定方式を特徴づけるプロセスと考えられるので,やや後の資料になるが,1958 年 9 月に開銀審査部が作成した「審査要領」に基づいて,その方式について詳しく述べることにしたい.「審査要領」によると,審査部の役割は「営業各部における融資可否決定の判断の資料を提供することにあり」,このため「審査は企業の実態をできるだけ客観的,科学的に判断すべきであって,安易な妥協,捉われた判断は厳に避けねばならない」.決定自体は営業各部の担当とされた.審査の目的は,①計画の合目的性に関する検討,②企業の内容の検討,③償還能力の検討の 3 点にあった.①の合目的性は,「借入申込の根底をなす事業計画が本行資金融通の根本方針に合致し,かつ申込先自身にとっても有意義なものであるかどうか」を意味する.②は,「実行する申込先がそれを担当する能力があるかどうかを判断するために,経営者,設備,収支,財政状

---

16) 日銀による融資斡旋については岡崎[1996]を参照.『開銀史ヒアリング』I.
17) 日本開発銀行検査部「貸付事務処理の改善について」1955 年 9 月 13 日『総務部回議綴』48.
18) 営業各部と審査部が検討する項目にかなり重複があり,当時開銀ではこれをダブル・チェック・システムと呼んでいた(『開銀史ヒアリング』II).

態等を検討する」ことである．③は，「本行資金は一般金融機関から供給を受けることが困難な資金を貸付ける建前上，償還能力については見通しが困難な場合も多い」が，「『金融』を建前とし開銀法第18条２項においても『回収が確実であると認められる場合に限る』と規定されているので，償還能力については収支状態を通じ，企業の体力，事業の素質，競争力（国内外）等あらゆる角度から総合してその将来性を十分検討する」という意味であった．

　審査は，①資料徴求，②実査，③調書作成，④問合せの手順で行われた．資料徴求は，後述する審査項目にしたがって申込先に対して行われた．実査は「徴求資料の検討並びに対象事業の大勢及び当該事業に対する政府の施策，方針等を十分のみ込んだ上で申込先の本社及び工場に出向き，経営者及び現場の人々から直接説明を求める」ものである．調書は営業各部が融資の可否を決定する判断資料として作成された．資料徴求と実査のほかに，審査部では審査にあたって関係する業界団体，学識経験者[19]，取引銀行，製品販売先，同業者の意見を求めた．

　審査調書は結論，審査概要，本論の３部から構成された．結論は，①経営者，②事業の素質，③事業の現況，④資産状態，⑤償還能力の各項目についてＡ，Ｂ，Ｃ，Ｄの４段階評価をしたうえ，最終的に融資の可否について述べるものである[20]．①経営者については，経営能力にどの程度期待ができるかという見込みに重点を置いて評価された．②事業の素質は「私経済的立場」と「国民経済的立場」の両面から当該企業の育成価値を評価した．③事業の現況では，見込みではなく現在における当該企業の事業の状態を評価した．④は資産の現状から「企業の体力」を測定するものである．⑤は収益に重点をおいて償還資源を検討し，償還能力を評価した．審査概要は，①借入申込要項，②取引要項，③会社要項，④申込金の使途，⑤担保から構成され，③以下は本論の要約である．

---

19) 開銀の職員はほとんどが事務系であったが，技術的な観点からプロジェクトを評価するために技術顧問を嘱託として雇用していた（前掲「参議院決算委員会の本行調査要綱に対し回答の件（其の１）」．
20) 1950年代前半の審査調書の結論は，このような項目によって整理されておらず，４段階評価も行っていない．

本論の標準的な項目は，①沿革・経営者・株主，②事業概観，③生産並びに販売状態，④収支並びに利益金処分状態，⑤財政状態，⑥申込金の使途，⑦償還能力，⑧担保及び保証人であった．いくつかの項目について説明を加えると，①は申込企業の経歴，個々の経営者の能力・経営者の相互関係・労働組合との関係などからなる経営陣全体としての能力，株式の安定性・増資能力を検討する項目である．②では，申込先の，主要製品，事業規模，設備の良否，立地条件の適否，業界事情，業界における地位が検討された．⑤は貸借対照表の検討を通じて，「資金面に表現された企業体の健全性及び耐久性を判断」するものである．その際，固定資産については取得価額，再評価および償却の実施状況等を総合して簿価の妥当性が検討された．また，借入金については「主要銀行別に長期，短期借入金，割引手形のわく並びに残高，更にこれら借入金と預金との割合，必要ある場合は，借入条件等を検討する外，出来るだけ主要取引銀行に行って直接担当役席から申込先の取引状況，信用状況等を聴取することが望ましい」とされた[21]．

　⑥申込金の使途は，対象工事についての，工事概要，工事内容，工事効果，資金計画を検討する項目であり，「開銀の性格からみて審査の中心的課題の一つ」と考えられていた．工事内容としては，「個々の工事が申込の趣旨，業界事情あるいは技術的見地からみて適当かつ緊要なものであるかどうか」，および予算について「他社の同種工事との比較，あるいは一般物価の動向等からみて妥当であるか」等が検討された．工事効果としては，「開銀融資の性格上，対象工事は国民経済的効果と同時に，私企業的効果をも伴うものでなければなら」ないという観点から，両面の効果が検討された．国民経済的効果は，製品価格の引き下げ，需給均衡，国際収支改善，技術水準向上，資源開発並びに高度利用，輸送効果，民生安定等であり，これらの効果の有無，および業界における地位・能力等から見て，申込先がその工事を遂行するのに適しているかどうかが検討された．私企業的効果は，増産，合理化（原価

---

[21]　ここでの「主要取引銀行」は，いわゆるメインバンクを指している．開銀融資が設備資金に限定されていることから，特に運転資金に関するメインバンクの意見が重視された．開銀が設備資金を融資すれば，運転資金についてはメインバンクが面倒をみるという趣旨の回答が多かったという．逆に運転資金に不安がある場合には，開銀審査部の評価は非常に低くなった（『開銀史ヒアリング』II）．

低減,品質向上等),新製品産出等であり,これらの効果がどの程度投資採算に結びつくかに注意が払われた.資金計画の検討は,対象工事に対して開銀がどの程度融資すればよいかの目安をつけることを目的とし,開銀融資の補完的性格を考慮して協調融資,増資,社債発行の可能性についても検討が加えられた.

⑦償還能力は,以上の各項目の締めくくりとして,「融資の可否を決定するポイント」と考えられていた.償還能力に関する評価の基礎としてまず収支予想が作成され,予想される収益を償還資源とした償還年数が,要返済長期債務/(償却前課税後利益-配当金-役員賞与)によって算出された[22].

(4) 審査部の組織と人材形成

以上の要領で行われる審査部による審査には,1件あたり通常3ヵ月程度の時間が費やされた.1954年度に審査を完了した268案件の平均所要日数は94日で,その分布は3ヵ月未満156件,3ヵ月以上4ヵ月未満63件,4ヵ月以上5ヵ月未満26件,5ヵ月以上23件となっていた[23].1955年4月〜9月に審査が完了した案件71件については,平均審査期間は85日であった.この85日の標準的な内訳は,資料の徴求と検討2週間,実査1週間,審査調書作成3週間,審査調書の審査部役席による検討10日程度となっていた[24].1955年4月時点における審査部所属の審査担当者は20名であり,業種別に担当者が配置されていた(電力4,鉱業6,化学4,機械4,鉄鋼2).また,1954年4月時点における審査担当者の審査経験年数の分布は,6ヵ月以下9名,6ヵ月以上1年未満1名,1年以上2年未満7名,2年以上2名であったが,1955年4月には2年以上の担当者が7名となった[25].

このような審査方式は日本興業銀行に始まり,そこから直接的に,あるいは復金を介して間接的に開銀に伝えられ,発展させられたものであった.興銀の審査方式を開銀に導入するという考えは,開銀の設立過程で固まった.

---

22) 増資等を考慮した場合の償還年数は参考として付加された.
23) 前掲「貸付事務処理の改善について」1955年9月13日.
24) 第3回事務運営協議会における審査部長の報告「第3回事務運営協議会議事録」1955年10月4日『総務部回議綴』48.
25) 「第2回事務運営審議会議事録」1955年9月20日『総務部回議綴』48.

前述したように開銀の小林総裁は開銀の自主性を強調したが，その際，自主性を支える基盤として審査を重視した．そのため，開銀の設立準備過程で，既存の銀行のうちどの銀行が，最も厳密な審査を行う習慣と豊富な審査ノウハウを持っているかが検討された．その結果，産業金融の長い経験を有する興銀が選ばれ，興銀の審査ノウハウを導入して，それに改良を加えていくという方針が定められた．そこで開銀の理事に内定していた興銀の中山素平の意見に基づいて，興銀の現役の審査部長（竹俣高敏）を開銀の初代審査部長として迎えることになった．初期の開銀審査部では部長以下，主力メンバーは興銀出身者が占めた．いわゆる開銀プロパーの職員あるいは復金プロパー経由で開銀に入行した職員は，初め興銀出身の中堅職員の下で実地に訓練を受け，5～10年後に開銀審査部の主力を担うようになった[26]．

（5） 事後監査

あるプロジェクトに対して融資を行うことが役員会で最終決定されると，開銀と融資先企業の間で貸付契約が締結され，これに基づいて資金が交付された．その際，資金の効率的使用を確保するために，ただちに全額を交付するのではなく，対象工事の進捗状況，協調融資の貸付状況，対象工事代金の支払状況，融資先の資金繰り等を考慮し，必要に応じてその都度分割して資金が交付された．さらに，交付された資金を融資目的通り使用させるために，「使途確約書」を融資先から徴求するとともに，その履行を監視するため，資金交付は取引銀行に開設した開銀貸付金のための特定預金口座に対して行い，同銀行に対して使途確約書の借入金使途明細書にある支払先に資金が支払われているかどうかのチェックを依頼した．さらに，融資先から毎月，生産高・販売高・財務状態等の報告を受けるとともに，増資計画・社債発行計画については事前に報告を受け，必要に応じて随時現地実査を行った[27]．

---

26) 『開銀史ヒアリング』I; 同II．
27) 日本開発銀行［1959］pp. 60-61; 総務部総務課「参議院決算委員会に対し資料提出の件」1956年3月23日『総務部回議綴』48．

3. 融資方針と融資実績

(1) 1951年度基本計画

1951年5月15日，1951年度の「政府資金による融資の基準となるべき産業及び交通に関する基本計画」が決定され，5月17日に開銀に通知された．1951年度「基本計画」は，「我が国民経済の合理的な循環と国民生活の漸進的向上とを確保し，併せて米国始め民主主義国家に対する経済協力体制の確立を推進するため生産力の増加と貿易の拡大を図ることを今後における経済施策の基本原則とする．かかる観点において最も基本的に実現を要するものは電力供給量の増大と外航船腹の拡充であり，次いでこの基礎の上に各重要産業及び交通規模の拡大と設備の合理化，近代化を図る必要がある」とした．こうした方針に基づいて「基本計画」は，政府資金の運用対象事業として電力，海運，石炭，鉄鋼，非鉄金属，化学，繊維，機械，港湾施設，農林水産・食品加工，新技術の工業化，輸出産業の助長，中小企業，その他の見返資金継続事業，その他の事業の15分野を列挙した[28]．

一方，開銀の融資計画は「基本計画」とは別に，開銀の予算編成の一環として決定された．開銀の1951年度予算は，設立に先だって1951年3月中旬から大蔵省を中心に編成され，3月26日に閣議決定，3月31日に国会で可決された．予算編成の際に，設立時の開銀の資本金100億円を前提として100億円の貸付計画が組まれ，貸付の対象として「本邦における重要産業会社」が予定された[29]．

その後，鉄鋼，石炭，自家発電，非鉄金属，化学工業等の資金需要が増大したことから，復金承継の決定を機として，12月に融資計画が150億円増額された．資金源には，一般会計からの出資70億円，復金の貸付回収金60億円と開銀の利益金20億円が予定された[30]．最終的な1951年度融資計画は，石炭32億円，鉄鋼39億円，自家発電43億円，肩替り32億円，一般産業

---

28) 大蔵省銀行局『銀行局金融年報』1952年版, pp.50-52.
29) 「日本開発銀行収入支出予算書」1951年4月1日,『総務部回議綴』5.
30) 「昭和26年度政府関係機関予算補正」『総務部回議綴』5.

91億円，計237億円となった[31]．「基本計画」では，政府資金の運用対象として電力と海運がもっとも重視されたが，第2章で述べたように，1951年度には海運と電力の主要部分はまだ見返資金の融資分野となっていたため，開銀は，海運については民間金融機関の返済資金貸付（肩替り融資）と見返資金融資の残額に対する融資，電力については自家発電に対する融資のみを行った．そのため，開銀の融資計画は1953年度以降ほど少数の産業に集中していなかった．

（2） 1952年度基本計画

1952年度の基本計画の作成作業は1951年夏から開始された[32]．8月11日，経済安定本部経済計画室が「昭和27年度国家資金による産業投資の基準について（試案）」を作成した．安本は政府投資の基本構想に取り上げるべき事項として，①経済基盤の拡充（電力・海運・産業補助施設），②国内資源の開発および自給度の向上（主要食糧，森林資源，鉱物資源，新興化学工業），③産業合理化（石炭，鉄鋼，機械，新技術の工業化，中小企業）をあげた．

この案を検討した開銀は，融資の重点化が必要であるとして，11月に「昭和27年度融資方針試案」を安本と大蔵省に提出した．その中で開銀は，融資対象を次のような基準に該当するものに限定するとともに，企業が開銀融資以外の方法で調達した設備資金を緊急工事に優先的に充当した後，なお不足する部分についてのみ融資を行うという方針を示した．開銀があげた基準は，①1951年度からの継続工事，②電力・石炭を中心とする動力源，海運を中心とする輸送施設及び通信施設の整備強化に資するもの，③生産財生産設備の合理化，近代化に資するものであって，しかもその合理化，近代化が広く工業全般の製品コスト引き下げ，品質の向上等に特に大きな効果をもたらすもの，④新技術の工業化，⑤国際経済協力の観点より緊急已むを得ないと認められるもの，⑥既往融資分の管理上必要と認められるもの，④市中設備融資の肩替りであった．

その後，安本では1951年12月，「27年度政府資金融資対象選定方針

31） 日本開発銀行［1959］p.69.
32） 以下の経過は，『業務概況』1952年度下期，pp.63-67による．

（案）」を作成した．同案は，運用方針として，①動力・燃料の需給を緩和するため電力及び石炭部門の増強をはかる，②輸送力の強化をはかるため外航適格船舶の新造等を促進する，③国内資源の自給度の向上をはかるため鉱物及び農林資源の開発と新興繊維及び化学工業の育成をはかる，④特定産業施設の合理化をはかることをあげ，融資対象をこれらの項目に関係するものに絞り込んだ．開銀による運用対象の重点化の要望を受けたものである．しかし，この後，「基本計画第1次試案」(1952年1月30日)，「基本計画第2次試案」(1952年3月1日)，閣議了解案（1952年3月14日）において融資対象が追加されていき，閣議了解案では，1951年度基本計画よりむしろ対象がかなり拡大した．1952年度基本計画は，「一般方針」として1951年12月案とほぼ同じ4項目[33]をあげ，「具体的要領」として，①電力の増強，②石炭の増産・合理化，③外航船の整備，④農林水産資源の開発，⑤中小企業の振興，⑥その他産業の育成，⑦継続事業および融資管理上必要な事業，⑧民間融資の肩替りをあげた．さらに「参考付表」として，鉱業，金属工業，化学工業，繊維工業，機械工業，海運業，陸運業，農林水産，新技術の工業化，熱処理の10部門を31業種（49細目）に分け，さらに各細目について融資対象事業を列挙した[34]．

一方，開銀の1952年度融資計画は，1951年12月末，予算編成の一環として大蔵省と開銀の間で，総額230億円とすることが合意された[35]．この資金枠で基本計画が列挙した多数の対象すべてを取り上げることは困難と考えられたため，開銀は「事業の緊要度，資金効率の大小等を参酌して極力重点化を指向する」等の方針を決定した[36]．その後，1952年9〜10月に，見返資金の承継にともなって融資計画が改訂された（表3-3, 3-4）．融資計画の合計は230億円から523億円に増額され，当初計画には含まれていなかった電力

---

33) ①動力，燃料の需給を緩和するため電力及び石炭部門の増強をはかること，②輸送力の強化，国際収支の改善等をはかるため外航適格船舶の新造を促進すること，③国際経済協力を促進し，または国内資源の自給度を向上するため特に必要な産業の育成をはかること，④産業の国際競争力を培養する等のため特定産業及び交通施設の合理化，近代化をはかること（大蔵省銀行局『銀行局金融年報』1952年版，pp.55-56)．
34) 大蔵省銀行局『銀行局金融年報』1952年版，pp.55-58.
35) 『業務概況』1951年度下期，p.41.
36) 『業務概況』1952年度上期，p.21.

第3章　初期の政策金融

表3-3　開銀の資金計画と実績（支出面）

単位：百万円

年　度	1952			1953		1954			1955		
	当初計画	改訂計画	実　績	当初計画	実　績	当初計画	改訂計画	実　績	当初計画	改訂計画	実　績
貸付金	23,000	52,300	59,149	86,000	82,866	65,000	59,000	59,465	59,500	46,500	48,169
電　力	0	12,000	14,520	40,000	40,000	35,000	32,500	32,463	28,000	22,000	22,000
海　運	0	9,500	8,149	22,000	21,969	18,500	17,000	16,957	16,000	16,000	16,003
石　炭	4,000	3,100	3,472	4,000	4,876			2,903			4,730
鉄　鋼	4,000	5,300	5,540	6,000	3,870			730	14,000**	8,500**	50
自家発電	6,000	6,000	3,325	3,000	3,474			1,550	0	0	
合成繊維	0	0	0	2,500	2,791	9,500*	8,500*	1,302			335
硫　安	0	0	0	0	0			1,000			320
機　械	0	0	0	0	0			1,360			624
一般産業	2,000	9,000	15,574	4,500	5,886	0	0	0	0	0	0
中小事業	0	2,500	3,596	0	0	0	0	0	0	0	0
肩替り	7,000	2,600	4,969	0	0	0	0	0	0	0	0
その他	0	0	0	0	0	0	1,000	1,200	0	0	4,107
予　備	0	2,300	0	4,000	0	0	0	0	1,500	0	0
保証履行等	0	0	72	0	74	0	0	1	0	0	0
経済援助資金貸付	0	0	0	0	0	0	0	705	0	0	2,655
電源会社出資	5,000	5,000	5,000	0	0	0	0		0	0	0
事務費等	790	919	1,075	1,239	1,031	643	642	633	864	864	656
雑支出	0	0	0	0	35	0	0	0	0	0	38
資本支出	0	0	117	0	83	0	0	103	0	0	141
借入金返済	0	2,574	2,574	0	0	0	0	0	733	733	734
経済援助資金返済	0	0	0	0	0	0	0	0	0	0	74
借入金利息	70	1,510	1,286	3,343	4,199	6,451	5,950	5,622	8,263	7,606	7,578
中小企業公庫未収	0	0	0	0	1,910	0	0	0	0	0	0
予備費	0	0	0	0	0	200	200	0	0	0	0
貸倒準備金引渡	0	0	0	0	0	0	0	0	1,755	1,755	1,755
国庫納付金	6,000	3,400	5,011	7,613	10,844	8,041	7,219	9,747	7,612	7,738	9,946
翌年度繰り越し	2,350	4,150	2,938	1,715	2,381	1,934	2,176	2,217	1,708	1,506	5,125
合　計	37,210	69,853	77,218	99,910	103,423	82,269	75,187	78,493	80,435	66,702	76,871

注）　＊は石炭，鉄鋼，自家発電，合成繊維，硫安，機械，その他の計．
　　＊＊は石炭，鉄鋼，合成繊維，硫安，機械，その他の計．
出所）　大蔵省銀行局『銀行局金融年報』各年版，日本開発銀行『業務概況』1954年度．

表3-4 開銀の資金計画と実績（収入面）

単位：百万円

年度	1952			1953			1954			1955		
	当初計画	改訂計画	実績	当初計画	改訂計画	実績	当初計画	改訂計画	実績	当初計画	改訂計画	実績
出資	13,000	13,000	13,000	—	—	—	—	—	—	—	—	—
政府借入金	4,000	24,050	24,800	60,000	—	55,700	35,000	31,500	32,705	30,500	15,500	15,500
見返資金	—	—	—	11,000	—	11,000	—	—	—	—	—	—
産業投資特別会計	—	—	—	35,000	—	30,700	—	7,500	7,500	6,000	0	0
資金運用部資金	—	—	—	14,000	—	14,000	—	24,000	24,500	24,500	15,500	15,500
経済援助資金	—	—	—	—	—	—	0	0	705	—	—	—
経済援助資金借入	—	—	—	—	—	—	—	—	—	0	0	2,675
外貨借入金	—	—	—	0	—	1,373	—	—	—	—	—	—
回収	8,400	12,809	19,089	19,000	—	22,387	24,000	21,035	20,688	22,011	24,030	29,636
開発資金	400	2,839	4,321	8,000	—	8,559	—	11,402	11,948	13,456	13,453	16,649
復金承継	8,000	8,570	11,072	8,500	—	10,456	—	7,671	6,498	6,132	5,375	7,044
見返承継	0	1,400	3,696	2,500	—	3,372	—	1,962	2,242	2,423	5,202	5,943
公庫貸付金回収	—	—	—	—	—	—	—	—	—	0	0	1
経済援助資金回収	—	—	—	—	—	—	—	—	—	0	0	54
利息	8,200	11,980	11,770	17,580	—	20,297	20,985	19,893	21,947	23,428	22,625	24,369
開発資金	2,700	2,656	2,814	6,066	—	7,193	—	9,149	10,148	12,244	11,487	12,025
復金承継	5,500	5,189	5,569	3,816	—	4,384	—	3,059	3,146	2,659	2,169	2,460
見返承継	0	4,135	3,387	7,698	—	8,668	—	7,087	8,083	7,635	8,162	9,156
経済援助資金	—	—	—	—	—	—	—	—	—	120	37	37
外貨貸付金	—	—	—	0	—	5	0	339	213	634	634	555
補給金利息	—	—	—	—	—	—	0	0	96	—	—	—
公庫貸付金	—	—	—	0	—	47	—	259	261	136	136	136
有価証券益他	110	423	951	392	—	353	536	378	283	369	420	501
雑収入その他	—	—	—	0	—	378	—	—	—	0	0	8
未収金	—	—	—	—	—	—	—	—	—	1,910	1,910	1,910
前年度繰越	3,500	7,591	7,608	2,938	—	2,935	1,748	2,381	2,381	2,217	22,117	2,217
過年度資金取下	—	—	—	—	—	—	0	0	489	—	—	—
合計	37,210	69,853	77,218	99,910	—	103,423	82,269	75,187	78,493	80,435	66,702	76,871

出所）大蔵省銀行局『銀行局金融年報』各年版，日本開発銀行『業務概況』1954年度．

と海運に対する融資が計上された．電力と海運で融資計画合計の 41.1%，自家発電を加えると 52.6% を占めた．電力・海運以外に個別産業として特掲されたのは石炭と鉄鋼であり，以上の特掲 4 産業，いわゆる 4 重点産業を合計するとその構成比は 68.6% に達した．見返資金の承継によって開銀融資の重点が明確化したことになる．

（3） 1953 年度運用基本方針

1953 年度については，国会解散で，予算が年度内に成立しなかったため，当初は基本計画は定められず，4 月 25 日に暫定措置として前年度の基本計画に準拠することを定めた「暫定基本計画」が閣議了解された．その後予算の成立にともなって 8 月に「昭和 28 年度政府資金の産業設備に関する運用基本方針」が閣議了解された．「一般方針」には前年度とほぼ同じ 4 項目が掲げられたが，石炭がエネルギー需給緩和の項目から除かれ，国際収支改善のための特定産業設備の合理化・近代化の中に一括された点に相違があった．「具体的要領」としては，次の項目があげられた．

①電力の増強
②外航船舶の整備
③特定産業設備の合理化，近代化及び育成
　ⅰ）　石炭鉱業の設備の合理化並びに整備
　ⅱ）　鉄鋼業の設備の合理化，近代化
　ⅲ）　その他産業の設備の合理化及び育成
④国内自給度向上のため資源開発及び増産
　ⅰ）　農林水産資源の開発
　ⅱ）　合成繊維の増産
⑤中小企業の振興及び安定

1953 年度については，前年度までと異なって，具体的な業種および設備の細目が「運用基本方針」に列挙されず，運用方針の大枠が示されるにとどまった．この変更は，開銀の自主性を尊重する趣旨によるとともに，従来の

表 3-5　業種別新規貸付高 (基本計画分類)

単位：百万円, %

年　度	貸付額					構成比				
	1951	1952	1953	1954	1955	1951	1952	1953	1954	1955
電　力	2,457	14,767	43,963	33,834	22,355	11.9	34.6	52.9	58.9	45.2
外航海運	4,707	5,740	21,460	16,277	15,936	22.9	13.4	25.8	28.3	32.2
石　炭	3,116	3,521	4,376	1,939	3,639	15.1	8.2	5.3	3.4	7.4
鉄　鋼	3,630	5,778	3,915	800	100	17.6	13.5	4.7	1.4	0.2
硫安・尿素	765	270	700	940	840	3.7	0.6	0.8	1.6	1.7
一般機械	978	3,530	686	678	1,152	4.7	8.3	0.8	1.2	2.3
国際観光	60	170	140	0	0	0.3	0.4	0.2	0.0	0.0
産業関連施設	675	583	375	0	0	3.3	1.4	0.5	0.0	0.0
合成繊維	250	925	2,038	1,828	250	1.2	2.2	2.5	3.2	0.5
内航海運	0	324	339	35	46	0.0	0.8	0.4	0.1	0.1
陸空運輸	0	475	309	100	510	0.0	1.1	0.4	0.2	1.0
鉱　業	865	473	712	170	356	4.2	1.1	0.9	0.3	0.7
化学工業	1,723	3,296	2,770	419	1,395	8.4	7.7	3.3	0.7	2.8
農林水産	670	1,599	962	225	263	3.3	3.7	1.2	0.4	0.5
その他	700	1,260	382	235	470	3.4	3.0	0.5	0.4	1.0
経済援助資金	0	0	0	0	2,110	0.0	0.0	0.0	0.0	4.3
合　計	20,596	42,711	83,127	57,480	49,422	100.0	100.0	100.0	100.0	100.0

出所）　日本開発銀行 [1963].

方式が，産業界に安易に開銀融資に依存しようとする傾向，および開銀融資が総花的になる傾向を生みやすいことを考慮したものであった[37]．

　1953年度運用基本方針は1953年8月10日に大蔵省銀行局から開銀に通知され，同時に予算編成の基礎となった開銀の融資計画も通知された．融資計画合計は前年度の改訂計画を大幅に上回る860億円となった（表3-5）．電力と海運の構成比は前年度よりさらに上昇し，あわせて72.1%，自家発電を加えると75.6%となった．ほかに特掲された石炭・鉄鋼・合成繊維を加えると，特掲5産業で融資計画全体の90.1%を占めた．前年度以上に融資を重点化する方針が採られたことになる．

（4）　1954年度運用基本方針

　1954年度の運用基本方針（1954年4月20日閣議了解）は，国際収支危機と

---

[37]　大蔵省銀行局『銀行局金融年報』1954年版, pp. 77-78.

それに対処するための財政・金融の引き締め政策の下で策定された．前年度までの「一般方針」にあたる部分では，「日本開発銀行による設備融資については①電源開発を促進し，我国産業の基礎を強化すること，②国際収支の均衡を速やかに回復すること，の2点に主眼を置き，速やかに顕著な効果が期待されることを目途として，効率的且つ重点的に資金の運用を図ることとし，いやしくも過剰設備を生ぜしめないよう，厳に留意するものとする」ことが指摘された．海運を除いて最重点産業を電力のみに限定するとともに，国際収支対策を前面に掲げたわけである．対象業種としては，①電力の増強，②外航船舶の整備，③特定産業の合理化及び育成，④その他があげられた．③には鉄鋼業，石炭鉱業，硫安工業，機械工業，合成繊維工業が含まれる．これら産業について「特に緊要と認められる」少数の工事をあげて，融資対象をそれらに限定することを求めた[38]．

運用基本方針とあわせて4月27日に大蔵省銀行局から開銀に通知された融資計画の規模は，前年度計画を24.4%下回る650億円であった（表3-3, 3-4）．収入面では，政府借入金が前年度の600億円から350億円に削減された．融資計画は簡略化されて，個別業種として特掲されるのは電力（350億円）と海運（185億円）のみとなり，ほかに機械・石炭・鉄鋼・合成繊維・硫安・自家発電を全体の枠として95億円，その他の対象と予備の枠として20億円が計上された．電力（自家発電を除く）と海運に融資を重点化する方針はさらに徹底され，それぞれの構成比は53.8%と28.5%，2業種計で82.3%に達した．

なお，融資計画の縮小に関連して，大蔵省銀行局の通達は，特に，「具体的な個々の融資にあたっては，各企業間の機械的な権衡には，必ずしも拘泥することなく，その効果が最も顕著に，且つ最も早期に実現できるような設備を対象とするように留意すべきこと」，「開発銀行の融資が市中金融の補完奨励を建前とすべき基本的性格にもかんがみ，その融資が過剰投資に堕さぬことはもとより，開発銀行の融資対象が広きに過ぎたため，かえって市中融資を誘い出す契機となる如きことのないよう留意すべきこと」，「従来ややも

---

[38] 大蔵省銀行局『銀行局金融年報』1955年版，pp. 78-80.

すれば，開発銀行が申込を受理し，又は審査を開始すると同時に，業者においては設備の調達に着手し，これが過剰投資を招来する原因となった事例が見られたが，昭和29年度においては，資金量がきわめて圧縮されたことでもあり，徒に業者に希望的観測を抱かせて，上記のような悪例が繰り返されることのないよう慎重を期せられたいこと」を指摘した[39]．

1954年度の貸付計画はさらに縮小された．まず，国会審議の過程で予算案に野党の意見に基づく修正が加えられた結果，上記の開銀の政府借入金350億円は335億円に削減された．さらに資金運用部の運用原資が当初見込みより減少することが明らかになったため，開銀に対する資金運用部からの貸付はさらに20億円減って，315億円とされた．また予定された回収240億円と利息収入210億円も過大であることが明らかになって，それぞれ210億円，205億円に減額された[40]．以上の減少額の合計は70億円となるが，1955年度への繰越額の10億円減額によってその一部を補い，貸付計画を650億円から590億円とすることが決定され，8月4日に大蔵省銀行局から開銀に通知された．この改訂の結果，電力と海運への融資計画の集中はわずかではあるがさらに明確になった（表3-5）．

（5） 1955年度運用基本方針

1955年度については，予算成立の遅れのため，暫定的に前年度の運用基本方針に準拠すべきことが，1955年4月27日，大蔵省銀行局から開銀に通達された．その後，予算の成立をうけて，8月2日に運用基本方針が閣議了解され，8月15日に開銀に通知された．開銀融資の一般的な方針としては「国際収支の改善および国内自給度の向上を目途とし，基礎産業の強化安定および輸出産業の合理化促進に主眼をおき，効率的かつ重点的に資金の運用を図ることとし，いやしくも過剰設備を生ぜしめぬよう厳に留意する」ことが指摘された．対象業種としては，電力，海運，石炭，鉄鋼，硫安，合成繊維，機械，その他業種が並列された．対象業種の掲示方式の変更は，「その

---

39) 同上，p.79.
40) 開銀は当初，総額1,000億円の貸付計画を立案した．回収額240億円と利息収入210億円は，この1,000億円の貸付計画を前提としたものであった（同上，p.77，p.80）．

他業種の重点度を必ずしも従来の特掲業種以下にみるものではないとの趣旨を明らかにしたもの」と説明されている[41].

　運用基本方針と同時に開銀に通知された融資計画合計は前年度改訂計画とほぼ同じ 595 億円であった．政府借入金は前年度改訂計画より少ない 305 億円とされた．しかし，その後，郵便貯金の不振，特殊物資納付金特別会計法案の不成立などの理由から資金運用部資金・産業投資特別会計の原資不足が明らかになり，開銀の政府借入金は 150 億円減額されて 155 億円となった．一方，郵貯不振の反面で民間金融機関の預金増加は順調で，金融緩和が進んだため，開銀が融資を予定していた対象の一部を民間金融機関に肩替りすることを前提に，「電力業に対する融資見込額については 60 億円を減額する」，「電力業，海運業以外の各業種については，極力民間資金に切替るものとし，その融資見込額については総額においておおむね 70 億円の減額を予定する」ことが 1955 年 11 月 21 日に閣議了解された．

　民間金融機関への肩替りを実施するため，全国銀行協会連合会の投融資委員会に総額 130 億円の肩替りの検討を依頼し，投融資委員会は債務者の同意のうえで計 132 億円（電力 60 億円，その他 72 億円）の肩替りを引き受けることを決定した．政府借入金の減少額 150 億円との差額については，海運を中心とする回収金の増額で補塡することが予定された[42]．改定後の融資計画合計は 465 億円となり，肩替りの対象とならなかった海運の構成比が再び上昇した（表 3-5）．

　開銀の融資実績は，ほぼ上記の融資計画に沿って推移した（表 3-6）．開銀の新規貸付高は 1951 年度から 1953 年度まで急増したあと，1955 年度にかけて減少した．融資が拡大する過程で，電力と外航海運，特に前者への融資の集中が進んだ．新規融資額がピークとなった 1953 年度には電力の構成比が 52.9%，外航海運を加えると 78.7% に達した．両産業の構成比は 1954 年度まで上昇したあと，1955 年度には若干低下した．電力・海運の構成比が上昇した反面で，初期に比較的多くの融資が行われていた石炭・鉄鋼・化学の構成比が低下した．こうした変化は，やや長期的に見ると，復金時代から継続した政府資金配分の変化の傾向に一致するが，それだけではなく，次節で述べるように，石炭・

41）　大蔵省銀行局『銀行局金融年報』1956 年版，pp. 80-82.
42）　同上，p. 82.

表 3-6 開銀融資と民間銀行融資（設備資金）

単位：億円，%

年　末	開　銀					全国銀行				
	1951	1952	1953	1954	1955	1951	1952	1953	1954	1955
融資残高	129	2,492	3,150	3,483	3,732	1,692	2,171	2,993	3,641	3,862
構成比										
製造業	44.7	17.1	14.1	10.1	7.5	41.4	32.8	29.0	28.2	29.5
食料品	0.7	0.7	0.4	0.1	0.1	2.1	1.6	1.9	1.4	1.4
繊維	2.3	2.5	2.1	1.7	1.4	14.0	6.9	4.4	4.1	3.9
紙・類似品	2.4	0.6	0.3	0.2	0.1	3.6	3.7	2.6	2.0	1.7
印刷・出版	0.0	0.0	0.0	0.0	0.0	0.6	0.6	0.9	0.9	0.9
化　学	6.4	4.2	3.2	2.3	1.7	6.1	4.8	3.8	4.2	4.9
石油・石炭製品	0.2	0.2	0.3	0.2	0.1	1.5	1.1	1.0	0.5	0.3
ゴム製品	0.4	0.1	0.1	0.0	0.0	0.9	0.7	0.5	0.5	0.4
ガラス・土石	2.3	0.6	0.4	0.2	0.1	2.4	2.2	2.1	2.0	2.5
鉄　鋼	20.5	4.9	5.3	4.3	3.3	5.1	6.5	6.2	7.0	7.4
非　鉄	3.8	0.7	0.5	0.2	0.1	0.8	0.9	0.6	0.6	0.5
機　械	0.3	0.4	0.2	0.1	0.1	0.9	0.7	0.6	0.5	0.5
電気機械	1.9	0.7	0.5	0.2	0.2	1.0	1.4	1.9	2.4	2.2
輸送用機械	3.5	0.9	0.7	0.3	0.3	1.3	0.9	1.1	1.2	1.8
精密機械	0.0	0.1	0.1	0.0	0.0	0.2	0.1	0.2	0.2	0.2
その他	0.0	0.4	0.2	0.1	0.2	1.1	0.7	1.0	0.9	1.1
農林水産業	4.0	2.6	1.9	1.1	0.7	2.9	2.1	1.9	2.0	2.3
鉱　業	25.0	16.4	12.7	10.9	9.7	5.5	5.9	5.9	5.3	5.2
石　炭	18.0	15.0	11.5	9.9	9.0	3.0	3.4	3.6	3.2	3.5
その他	6.7	1.1	1.0	0.8	0.6	2.5	2.5	2.3	2.2	1.7
建　設	0.0	0.0	0.0	0.0	0.0	0.3	0.3	0.2	0.2	0.2
卸・小売業	0.0	0.3	0.2	0.2	0.2	1.7	1.4	1.8	1.4	1.5
不動産業	0.0	0.0	0.0	0.0	0.0	2.2	2.2	1.6	1.7	1.6
運輸・通信	21.9	26.9	29.2	30.7	31.9	27.2	30.8	27.5	25.5	22.8
鉄道・軌道	0.0	0.2	0.1	0.1	0.1	4.3	3.2	2.5	2.8	3.1
道路運送	0.0	0.1	0.1	0.0	0.0	1.4	1.4	1.4	1.2	1.2
水　運	21.9	26.7	29.0	30.5	31.8	21.1	25.8	23.3	21.3	18.3
通　信	0.0	0.0	0.0	0.0	0.0	0.4	0.3	0.2	0.3	0.3
その他	1.6	0.6	0.5	0.3	0.3	0.0	0.0	0.0	0.0	0.0
公　益	4.5	35.7	41.1	46.5	49.5	12.5	18.8	25.1	27.9	28.3
電　力	2.9	35.2	40.6	46.2	49.2	9.3	16.2	24.0	26.4	26.7
ガ　ス	1.6	0.5	0.5	0.3	0.3	3.2	2.6	1.1	1.5	1.6
サービス	0.0	0.1	0.1	0.1	0.1	3.0	2.8	2.9	2.4	2.7
地方公共団体	0.0	0.0	0.0	0.0	0.0	1.2	1.1	2.4	3.8	4.4
その他	25.0	17.2	13.2	11.3	10.1	7.6	7.7	7.6	6.9	6.7

出所）大蔵省財政史室編 [1978]．

鉄鋼・化学等の産業で1950年代初めに合理化工事が集中的に行われたという事情をも反映している．合成繊維の構成比が1952〜53年度に上昇したのは，通産省の育成対策とそれに対応した企業の設備投資を反映したものである．

4. 政策金融の効果と経営実績

（1） 開銀資金の配分

　開銀融資の産業別配分を全国銀行融資のそれと比較すると表3-6のようになる．開銀の融資残高は運転資金を含めると全国銀行の10分の1強にすぎなかったが，設備資金に限定するとほぼ全国銀行の融資残高に匹敵した．第1章で述べた復金ほどではないにせよ，開銀融資は設備資金の配分に大きな影響を与えたことになる．残高で見ても新規融資の場合と同様に，開銀融資は電力と海運に集中していた．新規融資と異なって，石炭のウエイトが比較的高いが，これは復金の承継債権を反映している．全国銀行についても電力と海運の構成比は高いが，開銀に比べれば低く，製造業に対して相対的に多くの資金を配分した．開銀は，エネルギー部門（電力・石炭）と交通部門（海運）に対して政策的に設備資金を配分する役割を果たしたといえる．

（2） 電力業

　多額の開銀融資が配分された産業について，個々にその役割を検討しよう．開銀の設立とほぼ同じ頃，電力再編成が完了し，あらたに地域別の9電力会社が発足した．しかし，設立まもない9電力会社にとって経営環境は厳しいものがあった．認可制下で電気料金が低い水準に抑えられていた一方，電力不足は深刻であり，これに対処するために大規模な電源開発が要請されたからである．電力不足のために，1950年代にはほぼ恒常的に電力使用制限が実施された．1951年8月と1952年5月に相次いで電気料金の引き上げが行われたが，引き上げ幅は会社の申請より縮小され，電力会社の経営基盤は必ずしも確固としたものとならなかった[43]．

---

43) 通商産業省・通商産業調査会編［1991］pp. 427-431, p. 445.

表3-7 電力長期計画の推移

	(単位)	1952年11月計画	1953年10月計画	1954年12月計画
対象期間		1952-57年	1953-57年	1954-58年
目標年次需要量	億KWH	53,395	53,395	57,499
同実績	同上	68,224	38,224	71,248
増加出力	千KW	5,461	5,125	4,596
水力	同上	3,981	3,703	2,958
火力	同上	1,480	1,422	1,638
総工事資金	億円	8,528	8,072	7,773
年平均増加出力	千KW	910	1,025	919
年平均工事資金	億円	1,588	1,614	1,555

出所) 日本開発銀行［1963］p.172.

一方，1952年8月に電源開発促進法が公布・施行され，同法に基づいて，電源開発計画の立案および電源開発に関する利害の調整を目的とする電源開発調整審議会（電調審）と，大規模電源開発を目的とする電源開発㈱がそれぞれ8月と9月に設置された．さらに1952年8月には，それまで電気事業を所管していた公益事業委員会が廃止され，通産省がこれに代わった[44]．また，その少し後に，前述したように，開銀が見返資金の電力融資を承継した．こうして1952年半ば以降，新しい体制の下で電源開発が推進されることになったのである．

電調審は，1952年11月の「電力5ヵ年計画」を皮切りに，1954年まで毎年「電力5ヵ年計画」を策定した（表3-7）．いずれも毎年1,500～1,600億円の工事資金を投入して，年平均6～7％程度の出力増加をめざした計画である．長期計画に基づいて，電調審は毎年度，当該年度の電源開発に関する基本計画を策定した．各年度基本計画のうち9電力会社に関する資金調達計画は表3-8の通りである．1952年度以降，毎年度1,000～1,200億円程度の工事が予定された．開銀が見返資金の電力融資を承継した1953年度には，返済資金等を含む総調達額の26.7％が開銀に期待された．所管官庁として電調審の事務局を努めた通産省は，1953年度について「開発銀行資金は，電力会社資金調達計画の中核をなしており，しかもその貸付条件は他の金融機関の貸出条件とは全く異なる有利なものである」と記している[45]．その後，

---

44) 同上，pp. 439–441.
45) 通商産業省公益事業局開発計画課編『電源開発の現状』1953年版, p.93.

第3章 初期の政策金融

表3-8 9電力会社電源開発資金調達計画

単位：百万円，%

年　度		1951	1952	1953	1954	1955
資金計画	運　用	64,126	123,559	143,999	147,107	165,134
	工事資金	60,000	97,000	117,500	108,102	114,231
	返済資金	4,126	23,565	21,791	36,033	48,919
	その他	0	2,994	4,708	2,972	1,984
	調　達	64,126	123,559	143,999	147,107	165,134
	内部留保	21,210	15,991	18,512	27,323	31,812
	増　資	0	7,280	6,460	11,812	11,668
	社　債	9,400	11,280	11,280	12,350	13,160
	市中借入	8,205	31,002	37,247	33,572	47,068
	長信銀借入	0	12,800	25,000	18,871	21,266
	信託銀行借入	0	6,000	7,000	8,000	6,150
	生命保険	0	0	0	0	6,010
	その他	311	3,966	0	0	0
	見返資金	25,000	35,240	0	0	0
	日発承継	0	0	0	0	0
	開　銀	0	0	38,500	35,179	28,000
	世　銀	0	0	0	0	0
構成比	調　達	100.0	100.0	100.0	100.0	100.0
	内部留保	33.1	12.9	12.9	18.6	19.3
	増　資	0.0	5.9	4.5	8.0	7.1
	社　債	14.7	9.1	7.8	8.4	8.0
	市中借入	12.8	25.1	25.9	22.8	28.5
	長信銀借入	0.0	10.4	17.4	12.8	12.9
	信託銀行借入	0.0	4.9	4.9	5.4	3.7
	生命保険	0.0	0.0	0.0	0.0	3.6
	その他	0.5	3.2	0.0	0.0	0.0
	見返資金	39.0	28.5	0.0	0.0	0.0
	日発承継	0.0	0.0	0.0	0.0	0.0
	開　銀	0.0	0.0	26.7	23.9	17.0
	世　銀	0.0	0.0	0.0	0.0	0.0

出所）通商産業省公益事業局開発計画課編『電源開発の現状』1954年度版，1955・56年度版．

資金計画において開銀に期待される資金の構成比は徐々に低下した．代わって構成比を上げたのは内部留保と増資である．電力会社の資金調達能力の向上が期待されたわけである．

　一方，9電力会社の資金調達実績は表3-9の通りである．1952～1955年度にはほぼ計画通りの工事資金が確保された．開銀資金の構成比の動きも計画と同様である．開銀融資は，1953年度には資金調達総額の24.7%を占めた

119

表3-9　9電力会社電源開発資金調達実績

単位：百万円, %

年　度		1951	1952	1953	1954	1955
資金計画	運　用	61,694	137,531	163,283	156,403	174,590
	工事資金	47,430	99,240	130,689	116,382	118,762
	返済資金	14,264	32,113	27,418	37,300	51,514
	その他	0	6,179	5,176	2,721	4,314
	調　達	61,694	137,531	163,283	156,403	174,590
	内部留保	9,375	18,468	26,326	32,022	40,424
	増　資	0	13,247	13,254	11,569	1,742
	社　債	6,929	11,470	11,387	11,772	18,440
	市中借入	22,889	37,730	39,169	33,474	29,394
	長信銀借入	0	16,420	20,185	18,015	20,700
	信託銀行借入	0	3,790	7,740	4,385	8,672
	生命保険	0	0	0	4,220	6,090
	その他	0	152	3,515	2,914	21,065
	見返資金	19,850	0	0	0	0
	日発承継	2,652	0	0	0	0
	開　銀	0	36,254	40,334	32,194	22,402
	世　銀	0	0	1,373	5,837	5,661
構成比	調　達	100.0	100.0	100.0	100.0	100.0
	内部留保	15.2	13.4	16.1	20.5	23.2
	増　資	0.0	9.6	8.1	7.4	1.0
	社　債	11.2	8.3	7.0	7.5	10.6
	市中借入	37.1	27.4	24.0	21.4	16.8
	長信銀借入	0.0	11.9	12.4	11.5	11.9
	信託銀行借入	0.0	2.8	4.7	2.8	5.0
	生命保険	0.0	0.0	0.0	2.7	3.5
	その他	0.0	0.1	2.2	1.9	12.1
	見返資金	32.2	0.0	0.0	0.0	0.0
	日発承継	4.3	0.0	0.0	0.0	0.0
	開　銀	0.0	26.4	24.7	20.6	12.8
	世　銀	0.0	0.0	0.8	3.7	3.2

出所）　通商産業省公益事業局開発計画課編『電源開発の現状』1954年度版, 1955・56年度版.

後，1955年度の17.0%まで緩やかに構成比を下げていった．増資は，計画とは相違してむしろ構成比が低下したが，内部留保の大幅な増加がこれを補った．内部留保の増加は1954年に実施された料金改定と第3次資産再評価によるところが大きい．開銀融資は1954年料金改定と資産再評価以前の電力会社の内部資金が乏しかった期間において，特に大きな役割を果たしたといえる．

（3） 海運業

　朝鮮戦争時に好況を享受した海運業は，1952年初めから1954年中頃まで長期不況に直面した．長期不況の下で海運企業各社の収益性は悪化し，そのことが内部留保と増資を困難にした結果，海運企業は借入金への依存を深めていた．このような状況に対処するため，1952年11月，海運造船合理化審議会は，①船舶拡充（1953年以降の4年間に毎年30万総トン程度の新船を建造し1957年度までに340万総トンの外航船を確保する．そのために財政資金による融資比率を現行の40%から70%に引き上げるとともに，市中融資に対する利子補給と損失補償制度を導入する），②海運企業の経営力拡充強化（海運企業の金利負担を軽減するため，財政資金の金利を5%以下に引き下げる．船舶に対する固定資産税を独立税としてその税率を引き下げる），③建造船価の低減（造船用特殊規格鋼材の価格低下，関連工業の製品規格の統一，専門工場の育成，金融の円滑化）を骨子とする答申を提出した[46]．金利と船価の引き下げを通じて海運業の国際競争力を強化しつつ，不況下で船舶の拡充を継続するという方針である．

　開銀は，上の答申に基づく1953年度の第9次計画造船以降，見返資金に代わって審査から融資まで一貫して貸付を実施した．海運融資を開始するにあたって開銀は1953年1月，「外航船建造資金融資の取扱方針」を決定した．それによると，「融資対象の選定方法は，建前として一般融資の場合と同様とする．すなわち，建造希望船主の申込に応じて個々にその事業内容，計画の妥当性，償還能力等を検討の上日本開発銀行の責任において融資対象を選定する．但しさし当たり基本的な造船計画については，海運造船合理化審議会の議を経て運輸省が定めた大綱を尊重しつつ主として金融的観点から自主的に船主の決定を行う」とされた．より具体的には，政府は財政資金の海運融資枠を決定するとともにこれを前提として，①建造時期，②航路計画の緊要性，③船種及び船型，④トン数の概算，⑤所要資金・協調比率[47]・開銀分担額決定の具体的基準を定めた．一方，開銀は，①当該船主における建造計画の緊要性及び妥当性，②建造希望船主の総合収支・担保力より見た償還能力の程度，③開銀以外の資金調達の可否，④建造予定造船所の事情を基準と

---

46) 中川敬一郎［1992］pp. 95-98.
47) 開銀と民間金融機関の融資比率は各船を通じて一律とされた．

表3-10 計画造船の推移

単位：千総トン，億円，％

年度	次別	建造量			建造資金			財政資金融資比率
		合計	貨物船	油槽船	合計	政府資金	市中・自己資金	
1949	5	279	207	72	200	109	92	50
1950	6	243	218	25	209	132	76	50
1951	7	374	308	66	502	224	278	50
1952	8	291	199	92	425	135	290	40
1953	9	312	248	64	430	267	163	70
1954	10	154	154	0	177	159	18	80
1955	11	184	130	54	190	152	38	80

注）　1952, 1953年度の財政資金融資比率は貨物船に関するデータ．油槽船はそれぞれ20％，40％．
出所）　日本開発銀行［1959］p.118.

して金融的判断を行った[48]．見返資金によって行われた第8次計画造船までは，融資対象は実質的に海運行政を所管する運輸省の推薦によって決まっていた．これに対して，開銀は政府から独立に審査を行い，その結果，海運政策（運輸省）と金融（開銀）の二重の観点から融資対象の選択が行われるようになったのである[49]．

1955年度（第11次）までの計画造船の概要は表3-10の通りである．1953年度はほぼ前述した1952年11月の答申通り31万総トンの船舶が建造されたが，その後建造量は大幅に減少した．1954年度には前項で述べたように開銀の運用資金規模が削減された．一方，金融逼迫のため，民間金融機関の協調融資が難しく，開銀融資比率を80％に引き上げ，さらに10％を事後的に開銀が肩替りするという条件でようやく協調融資が成立した[50]．開銀資金枠の減少と融資比率の上昇の結果，建造量が抑えられたのである．1955年度には海運市況が回復したため，船主の応募，民間金融機関の協調融資ともに順調に進んだが，開銀の運用資金規模が引き続き抑制されたため，建造量は18万4,000総トンにとどまった．

開銀融資は計画造船の遂行にとって決定的な条件となった．開銀の融資比率は低いときでも40％，高いときには実質90％に達した．そして，民間金

48）　大蔵省銀行局『銀行局金融年報』1953年版，pp.87-88.
49）　加地照義・岡庭博・古川哲次郎監修［1961］p.256.
50）　日本開発銀行［1963］p.199.

表 3-11　海運業の復興

単位：千総トン, %

年　度	船腹保有量				積取比率	
	合　計	貨物船	油槽船	その他	輸　入	輸　出
1951	2,620	1,837	374	409	36	30
1952	3,062	2,224	448	390	45	32
1953	3,421	2,393	597	431	43	39
1954	3,710	2,557	683	470	50	40
1955	3,935	2,669	674	592	51	46

出所）日本開発銀行調査部編『統計要覧』1957年版.

融機関が協調融資の条件として開銀融資比率の引き上げをしばしば要求したことから明らかなように，開銀融資を民間金融機関の融資によって代替することは困難であった．計画造船の結果として日本の船腹保有量は順調に増加し，1955年には積取比率が50%に近づいた（表3-11）．開銀は終戦直後から重要な政策目標とされてきた商船隊の再建とそれによる国際収支の改善に寄与したといえる．ただし，これは計画造船を中心とした政府の海運政策を所与とした場合の評価であり，海運政策を含めた評価は異なったものとなる可能性がある．

（4）　石炭鉱業

傾斜生産方式の下でもっぱら量的拡大を追求してきた石炭鉱業は，市場経済への移行にともなって合理化を迫られることになった．石炭鉱業にとって状況をより困難なものとしたのは，石炭から石油へという世界的なエネルギー転換の流れであった．1951年以降，高炭価問題，すなわち石炭価格の国際的な割高が日本の産業の国際競争力を制約している問題が経済界で活発に論議されるようになった．通産省は一方で経団連等の要望を受け入れてある程度の原油輸入を容認しつつ，国内資源を重視する観点から炭坑の合理化によって炭価の引き下げを図るという方針を採った[51]．

通産省は，石炭鉱業合理化のための抜本的対策として1953年1月に「立坑開発5ヵ年計画」を策定した．1953年度以降，5年間で490億円を投入し

51）　通商産業省・通商産業調査会編［1991］pp. 333-336.

表 3-12　石炭鉱業開銀融資対象工事の内訳

単位：百万円

年　　度		1951	1952	1953	1954	1955
新坑開発	立　坑	0	0	0	53	0
	斜　坑	1,421	2,472	2,364	321	519
現有鉱坑内骨格構造改造	立　坑	936	1,319	2,007	1,705	1,728
	斜　坑	1,643	1,616	1,636	1,427	1,311
現有鉱設備合理化		1,843	1,182	1,067	454	476
その他合理化		29	72	183	269	84
石炭利用		600	0	338	55	1,585
合　　計		6,472	6,661	7,595	4,284	5,703

出所）日本開発銀行［1963］p.224.

て22の企業に79本の立坑を開発して抜本的な若返りを図り，対象炭坑の平均コストを4,752円/トンから3,069円/トンへ35％引き下げるという計画である[52]．これに対応して開銀融資に関する基本計画においても1953年度以降，立坑開発が重点対象として採り上げられるようになった．実績においては，新坑開発に対する融資はわずかであったが，現有鉱に立坑を開発して坑内構造を改造する工事に対する融資が，1953年度以降，増加した（表3-12）．

（5）　鉄鋼業

鉄鋼業の合理化計画は1950年6月20日の産業合理化審議会答申に始まる．産業合理化審議会は，1951～53年の3年間にわたって鉄鋼業に合理化資金420億円を投入することにより，銑鉄1割，鋼材2割のコスト低下が可能であるとした．また，これに加えて石炭価格が国際水準に低下すれば，銑鉄コストはほぼ国際水準となり，鋼材が輸出可能になるという見通しを示した．上の合理化資金420億円のうち315億円は借入に期待され，これについて「低金利の特別措置」が必要であるとされた[53]．

上の答申と前後して朝鮮戦争によるブームが発生すると，鉄鋼企業各社は相次いで自社の合理化に関する3ヵ年計画を発表した．その中には著名な千葉工場建設を含む川崎製鉄の計画も含まれていた．1952年2月，産業合理化審議会は各社の計画をまとめて「鉄鋼業の合理化に関する報告」を作成した．この

---

[52] 石炭鉱業合理化事業団［1965］p.23.
[53] 通商産業省重工業局編［1963］pp.44-46.

表3-13　鉄鋼業の1951年度資金調達計画

単位：百万円，%

	資金調達額	構成比
内部留保	7,519	31.0
増資	2,830	11.7
社債	3,850	15.9
民間銀行借入	3,807	15.7
開銀借入	6,229	25.7
合計	24,235	100.0

出所）産業合理化審議会鉄鋼部会「鉄鋼業の合理化に関する報告」．

　報告が示した総額628億円の合理化3ヵ年計画（1951～53年度）が後に鉄鋼第1次合理化計画と呼ばれるようになったものである．628億円の内訳は製銑114億円，製鋼85億円，圧延341億円，その他88億円で，過半を占めた圧延の中でも特にストリップ・ミルの新設に重点が置かれた．628億円のうち1951年度分は242億円であり，その調達は表3-13のように予定された．民間銀行の合計を大幅に上回る総額の25.7％が開銀に期待されたのである．また産業合理化審議会は，1952年度の資金調達には多くの問題があると見て，その対策の1つとして「開発銀行等を中心とする長期設備資金の確保」をあげた[54]．

　鉄鋼業の設備資金調達実績は表3-14の通りである．第1次合理化計画の進展に対応して1952・1953年度が資金調達のピークとなった．第1次合理化計画の最終年度である1953年に各社は引き続き次期の合理化計画を策定したが，財政金融の引き締めと不況による設備過剰に際会したため，1954・1955年度の鉄鋼業の設備投資は第1次合理化計画の継続工事にとどめられた．こうした事情を反映して，両年度の設備資金調達額は1952・1953年度を下回った．開銀融資の動きは上のような合理化計画の推移によく対応している．すなわち，本来の第1次合理化計画期間である1951～53年度に多額の開銀融資が実施された．特に計画の立ち上がりの時期に開銀融資のシェアが高く，次第に低下したことは民間金融機関融資に対する誘導効果を示唆している．第1次合理化計画が一応終了した1954年度以降は，開銀融資は減少し，そのシェアも大幅に低下した．開銀融資は第1次合理化計画の支援と

54）産業合理化審議会鉄鋼部会「鉄鋼業の合理化に関する報告」『鉄鋼界』1952年3月．

表3-14 鉄鋼業第1次合理化計画の実績

単位:百万円, %

年度				1951	1952	1953	1954	1955
資金計画	運用	工事資金		22,889	33,063	34,704	19,660	17,893
		返済資金		3,743	5,137	10,042	15,304	26,104
		合計		26,632	38,200	44,746	34,966	43,997
	調達	内部留保		7,685	5,534	7,592	9,899	14,917
		増資		2,599	4,655	4,456	1,641	4,222
		社債		4,915	6,175	5,982	4,913	7,058
		長信銀		3,234	5,419	10,837	12,522	13,862
		市中その他		3,955	5,211	4,742	3,925	3,194
		開銀		4,244	5,652	4,126	702	710
		別口外貨		0	5,554	7,011	1,364	34
		合計		26,632	38,200	44,746	34,966	43,997
構成比	調達	内部留保		28.9	14.5	17.0	28.3	33.9
		増資		9.8	12.2	10.0	4.7	9.6
		社債		18.5	16.2	13.4	14.1	16.0
		長信銀		12.1	14.2	24.2	35.8	31.5
		市中その他		14.9	13.6	10.6	11.2	7.3
		開銀		15.9	14.8	9.2	2.0	1.6
		別口外貨		0.0	14.5	15.7	3.9	0.1
		合計		100.0	100.0	100.0	100.0	100.0

出所) 日本鉄鋼連盟 [1959] pp.698-699.

いう明確な政策目的に沿って実施されたといえる.

(6) 合成繊維工業

合成繊維工業について,通産省は1953年3月に「合成繊維産業育成対策」を省議決定し,その育成に着手した.その中で通産省は,1953~57年度の5ヵ年計画を掲げ,最終年度の生産目標を1億ポンドに設定するとともに,これを実現するための手段として資金税制上の助成措置,電力割当,研究助成をあげた.資金面の助成措置については,合成繊維工場の建設費1工場当たり約40億円を各社が自力で調達することは困難であるとして,政府資金を投入し,かつその金利を低くする必要があることが指摘された[55]. 5ヵ年計画が発足した1953年度には,前節でも触れたように,開銀融資に関

---

55) 通商産業省・通商産業調査会編 [1990] p.526.

表3-15 合成繊維工業の資金調達実績

単位：百万円

年度		1951	1952	1953	1954	1955	合計
ビニロン	合計 (うち開銀融資)	1,763 (350)	125 (125)	2,801 (1,550)	0 (0)	845 (250)	5,534 (2,275)
ナイロン	合計 (うち開銀融資)	0 (0)	1,500 (500)	1,491 (600)	5,267 (0)	6,356 (0)	14,614 (1,600)
ビリニデン	合計 (うち開銀融資)	200 (0)	1,200 (350)	195 (150)	1,034 (300)	0 (0)	2,629 (800)
アクリル	合計 (うち開銀融資)	0 (0)	0 (0)	0 (0)	0 (0)	207 (100)	207 (100)
染色加工など	合計 (うち開銀融資)	0 (0)	316 (100)	1,087 (371)	532 (100)	645 (215)	2,580 (786)
合計	(うち開銀融資)	1,963 (350)	3,141 (1,075)	5,574 (2,571)	6,833 (1,000)	8,053 (565)	25,564 (5,561)

出所）通商産業省編［1957］p.452.

する基本計画の中に「合成繊維の増産」が掲げられ，開銀融資実績が前年度の2倍以上に増額された．また，1953年度には合成繊維工業の設備投資実績も飛躍的に拡大した（表3-15）．設備投資はその後も着実に増加したが，開銀融資は逆に急速に減額されていった．鉄鋼の場合と同じく設備投資に関する長期計画に初期に重点的に開銀融資が行われたわけであり，合成繊維についても民間金融機関融資に対する誘導機能を認めることができる．

（7） 外貨関係融資

以上の直接的な融資業務のほか，この期間には1件のみであったが，開銀は，世界銀行借款の転貸業務をも行った．1952年，関西電力・九州電力の2社は，それぞれ大阪府多奈川と福岡県苅田における火力開発のため，ウェスティングハウスエレクトリック社から発電所設備を輸入することとし，その所要資金3,000万ドルを開銀の保証によってアメリカのワシントン輸出入銀行から借入れることを計画した．また中部電力も，三重県四日市市における火力開発のため，ジェネラルエレクトリック社から，同様の資金調達方式によって発電所設備を輸入することを計画した．ワシントン輸銀との交渉は円滑に進んでいたが，アメリカ政府が，同銀行の業務を縮小して長期設備資金融資を世界銀行に担当させる方針を採ったことから，日本の3電力会社に対する借款の主体は世界銀行に移された．当時，世銀は政府以外に対する貸出について，政府または中央銀行の保証を要求していた．これに対して，日本

政府は私企業の借入に対する政府保証は適切でないという考えであった．そこで，交渉の結果，開銀を直接の借入主体とする転貸方式が採用された．この方式は，外資導入窓口を一本化する上でも望ましいと考えられた．1953年10月，駐米大使と開銀総裁がアメリカで世銀との間の契約書に調印し，第1回の世銀火力借款が成立した[56]．

（8） 開銀の経営収支

　最後に企業としての開銀の経営実績を見ておこう．第1節で述べたように開銀は資本金100億円を見返資金特別会計から全額出資を受けて設立された．その後，1951年12月と1952年7月に一般会計からそれぞれ70億円，130億円の出資を受けた．しかし，表3-16の貸借対照表に見られる資本金増加の主要な要因となったのはこの一般会計からの追加出資ではなく，復金資本金と見返資金私企業債権相当額の資本金への振替であった．復金資本金と見返資金私企業債権相当額は当初，開銀の政府からの借入金（法定借入金）とされたが，1952年7月の開銀法改正に基づいて，1952年8月と1953年8月に政府からの出資金に振り替えられた．これに伴って開銀の資本金は，それぞれ736億9,787万円，1,310億円増加した[57]．開銀の負債の大部分は1952年度まで資本金と法定借入金によって構成されたが，1953年度以降，資金運用部と産業投資特別会計からの借入金が増加した．資金運用部・産業投資特別会計借入金の負債合計に対する比率は1952年度の7.7%から1953年度に21.0%に上昇し，1955年度には29.4%となった．開銀は以上のように出資あるいは借入によって政府から調達した資金のほとんどを貸付金として運用した．貸付金の資産合計に対する比率は89〜94%であった．

　このような貸借対照表の構造は損益計算に反映されている．利益項目合計の90〜98%は貸付金利息が占めた．一方，利益金を除いた損失項目合計の主要部分は借入金利息と貸倒準備金であった．貸倒準備金としては，1951年度は利益金の35%，1952年度は貸付残高の0.5%，1953年度以降は

---

56) 日本開発銀行［1963］pp. 350-358.
57) 日本開発銀行［1959］pp. 22-23；日本開発銀行［1963］p. 410.

表3-16 開銀の貸借対照表

単位：百万円，％

	年　度	1951	1952	1953	1954	1955	構成比				
							1951	1952	1953	1954	1955
資　産	貸付金	96,063	269,314	331,225	373,653	389,285	88.8	93.8	89.9	90.4	89.9
	貸付金	96,063	269,314	329,852	366,614	375,883	88.8	93.8	89.5	88.7	86.8
	外貨貸付金	—	—	1,373	7,039	13,402	—	—	0.4	1.7	3.1
	受領未済外貨借入金	—	—	13,099	7,433	2,978	—	—	3.6	1.8	0.7
	支払承諾見返	223	110	10	5,433	13,806	0.2	0.0	0.0	1.3	3.2
	有価証券	10,017	15,830	13,191	16,139	18,287	9.3	5.5	3.6	3.9	4.2
	現金・預け金	1,767	1,453	473	173	394	1.6	0.5	0.1	0.0	0.1
	動産・不動産	32	138	205	247	380	0.0	0.1	0.1	0.1	0.1
	仮払金	27	163	1,991	2,001	113	0.0	0.1	0.5	0.5	0.0
	国庫納付金	—	—	8,288	8,078	8,004	—	—	2.2	2.0	1.8
負　債	借入金	75,868	156,538	80,678	120,049	143,975	70.2	54.5	21.9	29.1	33.2
	政府借入金	75,868	156,538	79,305	113,010	130,573	70.2	54.5	21.5	27.4	30.1
	法定借入金	75,868	134,538	1,805	1,805	—	70.2	46.9	0.5	0.4	—
	資金運用部	—	—	14,000	38,500	54,000	—	—	3.8	9.3	12.5
	産業投資特別会計	—	22,000	63,500	72,000	73,267	—	7.7	17.2	17.4	16.9
	経済援助資金	—	—	—	705	3,306	—	—	—	0.2	0.8
	外貨借入金	—	—	1,373	7,039	13,402	—	—	0.4	1.7	3.1
	交付未済外貨貸付金	—	—	13,099	7,433	2,978	—	—	3.6	1.8	0.7
	支払承諾	223	110	10	5,453	13,806	0.2	0.0	0.0	1.3	3.2
	雑勘定	1,515	2,981	4,664	5,146	5,093	1.4	1.0	1.3	1.2	1.2
	貸倒準備金	257	1,347	4,455	8,066	9,690	0.2	0.5	1.2	2.0	2.2
	資本金	26,352	115,220	246,220	246,220	233,971	24.4	40.1	66.8	59.6	54.0
	準備金	3,730	3,915	5,800	8,511	11,063	3.4	1.4	1.6	2.1	2.6
	純益金	184	6,897	13,556	12,299	12,671	0.2	2.4	3.7	3.0	2.9
	合　　計	108,129	287,008	368,482	413,177	433,247	100.0	100.0	100.0	100.0	100.0

貸付残高の1％が計上された[58]．このように比較的多額の貸倒準備金を計上しながら，なお開銀の自己資本利益率は1952年度以降，毎年度4〜5％で安定的に推移した．貸付金と政府借入金の間の利ざやがこのような良好な業績の条件となっていた（表3-17）．開銀は開銀法が規定した収支相償の条件を充足していたといえる．

もっとも，より細かく見ると，1953年度から1954年度にかけて利ざやが

---

58) 同上，p.163.

表3-17　開銀の損益計算書

単位：百万円

年　度		1951	1952	1953	1954	1955
利　益	貸付金利息	2,106	12,061	20,589	22,071	24,573
	貸付金利息	2,106	12,061	20,584	21,858	24,018
	外貨貸付金利息	0	0	5	213	555
	受入雑利息	0	0	1	99	4
	有価証券益	225	599	353	221	424
	受入手数料	0	1	1	26	27
	雑　益	3	41	28	32	47
	未払利息その他戻入	0	313	63	80	373
	貸倒準備金戻入	0	256	129	34	513
損　失	借入金利息	0	1,286	2,891	5,686	7,951
	政府借入金利息	0	1,286	2,849	5,392	7,277
	外貨借入金利息	0	0	42	294	674
	支払雑利息	35	157	264	223	207
	事務費	214	1,069	1,046	637	656
	債権償却金	371	255	129	34	513
	動産不動産価格償却	7	11	17	18	29
	雑　損	1,266	2,250	24	21	42
	貸倒準備金繰入	257	1,346	3,237	3,645	3,892
	小　計	2,150	6,374	7,608	10,264	13,290
	純益金	184	6,897	13,556	12,299	12,671
合　計		2,334	13,271	21,164	22,563	25,961

出所）　日本開発銀行［1963］．

表3-18　開銀の収益構造

単位：％/年

年　度	自己資本利益率	貸出平均利率	借入平均利率	貸倒準備金/貸付金
1952	5.47	4.48	0.82	0.50
1953	5.10	6.22	3.58	0.98
1954	4.61	5.91	4.74	0.98
1955	4.92	6.31	5.52	1.00

出所）　日本開発銀行「貸借対照表」，「損益計算書」より作成．

小さくなり，自己資本利益率が若干低下した（表3-18）．これは，次のような理由による．まず貸出金利については，1952年度には7.5％であった最頻値が，1953年度以降6.5％に低下した．開銀は業務方法書によって基準金利を10.0％と定めていたが，必要に応じて特利を適用することができた．量的に重要な意味を持ったのは電力・水力自家発電・外航船舶に対する特利である．まず1952年10月に電力・水力自家発電・外航船舶に対して7.5％の

表 3-19 貸付金利率の分布 (各利率による貸付金額の構成比)

単位：%

利率	年度				
	1951	1952	1953	1954	1955
10.6%/年	5.4	0.0	0.0	0.0	0.0
10.2%/年	39.9	0.0	0.0	0.0	0.0
10.0%/年	19.7	23.0	14.1	14.1	0.0
9.5%/年	35.0	6.0	4.3	3.3	0.0
9.0%/年	0.0	0.0	0.0	0.0	13.6
7.5%/年	0.0	67.2	6.4	2.2	1.7
6.5%/年	0.0	0.0	72.5	78.1	82.8
6.0%/年	0.0	3.8	2.7	2.3	1.9

表 3-20 借入金利率の分布 (各利率による借入金額の構成比)

単位：%

利率	借入先	年度				
		1951	1952	1953	1954	1955
6.5%/年	運用部・産投・外債	0.0	0.0	33.7	48.0	53.4
5.5%/年	産投資	0.0	14.1	64.0	49.8	44.1
5.0%/年	法定借入金	100.0	85.9	2.3	1.6	2.5
4.0%/年	援助	0.0	0.0	0.0	0.6	0.0

特利が適用され，1954年2月にはさらに6.5%に引き下げられた．1952年度から1953年度にかけて貸出金利の最頻値が7.5%から6.5%に低下したのは，電力・水力自家発電・外航船舶に対する特利の引き下げを反映している（表3-19）．一方，初期に開銀の借入金の大部分を占めた法定借入金の金利は5.0%に設定されていた．これに対して資金運用部からの借入金と産業投資特別会計からの借入金の金利はそれぞれ6.5%，5.5%であり，これら借入金の比率が次第に上昇した（表3-20）[59]．その結果生じた資金調達コストの上昇と上記の貸出金利の低下が自己資本比率の低下をもたらしたといえる．

[59) 産業投資特別会計からの借入金のうち1953・1954年度に減税国債によって調達された資金を原資とする157億円については6.5%の金利が適用された（日本開発銀行［1959］pp.153-154）．

[第1部] 参考文献

朝日新聞社［1950］『朝日年鑑1950年版』朝日新聞出版.
大蔵省銀行局編［1952］『銀行局金融年報』第1回（昭和27年版），金融財政事情研究会.
大蔵省銀行局編［1953］『銀行局金融年報』第2回（昭和28年版），金融財政事情研究会.
大蔵省銀行局編［1954］『銀行局金融年報』第3回（昭和29年版），金融財政事情研究会.
大蔵省銀行局編［1955］『銀行局金融年報』第4回（昭和30年版），金融財政事情研究会.
大蔵省銀行局編［1956］『銀行局金融年報』第5回（昭和31年版），金融財政事情研究会.
大蔵省財政史室編［1976］『昭和財政史―終戦から講和まで』第12巻，東洋経済新報社.
大蔵省財政史室編［1978］『昭和財政史―終戦から講和まで』第19巻，東洋経済新報社.
大蔵省財政史室編［1983a］『昭和財政史―終戦から講和まで』第13巻，東洋経済新報社.
大蔵省財政史室編［1983b］『対占領軍交渉秘録　渡辺武日記』東洋経済新報社.
大蔵省理財局見返資金課編［1952］『見返資金の記録』大蔵財務協会.
岡崎哲二［1996］「戦後経済復興期の金融システムと日本銀行融資斡旋」『経済学論集』（東京大学）第60巻第4号.
加地照義・岡庭博・古川哲次郎監修［1961］『現代日本海運史』日刊海事通信社.
経済企画庁編［1963］『国民所得白書』1963年度版，大蔵省印刷局.
経済企画庁編［1992］『戦後経済史』第4巻（復刻版），東洋書林.
経済企画庁編［1993］『戦後経済史』第7巻（復刻版），東洋書林.
参議院大蔵委員会［1949］『復興金融金庫の機構及び業務内容に関する調査報告書』.
石炭鉱業合理化事業団［1965］『団史　整備編』.
総合研究開発機構戦後経済政策資料研究会編［1994］『経済安定本部　戦後経済政策資料』第13巻，日本経済評論社.
通商産業省編［1957］『産業合理化白書』日刊工業新聞社.
通商産業省編［1972］『商工政策史』第10巻，商工政策刊行会.
通商産業省公益事業局開発計画課編［1953］『電源開発の現状：その計画と基礎資料』奥村印刷出版部.
通商産業省公益事業局開発計画課編［1955］『電源開発の現状：その計画と基礎資料』1954，奥村印刷出版部.
通商産業省公益事業局開発計画課編［1956］『電源開発の現状：その計画と基礎資料』昭和30-31年度，奥村印刷出版部.
通商産業省・通商産業調査会編［1990］『通商産業政策史』第6巻，通商産業調査会.

通商産業省・通商産業調査会編［1991］『通商産業政策史』第7巻，通商産業調査会.
通商産業省・通商産業調査会編［1994］『通商産業政策史』第1巻，通商産業調査会.
通商産業省重工業局編［1963］『鉄鋼業の合理化とその成果』工業図書出版.
東洋経済新報社［1991］『完結昭和国勢総覧』第1・2巻，東洋経済新報社.
中川敬一郎［1992］『戦後日本の海運と造船』日本経済評論社.
日本開発銀行［1959］『日本開発銀行とその歩み』日本開発銀行.
日本開発銀行［1963］『日本開発銀行十年史』日本開発銀行.
日本開発銀行［1976］『日本開発銀行二十五年史』日本開発銀行.
日本銀行金融研究局編［1981］『日本金融史資料』昭和続編，第11巻.
日本銀行金融研究所編［1989］『日本金融史資料』昭和続編，第19巻.
日本銀行資金局［1949］『復興金融統計資料』.
日本興業銀行［1957］『日本興業銀行五十年史』日本興業銀行.
日本鉄鋼連盟［1959］『戦後鉄鋼史』日本鉄鋼連盟.
復興金融金庫［1950］『復金融資の回顧』.
Okazaki T. and K. Ueda [1995], "The Performance of Development Banks," *Journal of the Japanese and International Economies*, Vol. 9.

第 2 部

高度経済成長の進展と政策金融の展開

日 高 千 景

第4章

質的補完への転換

1. 開銀融資への批判と存在意義の確認

　第2部では，1956年度以降10年間における開銀の政策金融の展開について記述する．始点となる1956年は，機械工業振興臨時措置法（以下，機振法と略記）が制定されるなど，産業政策の展開という観点からみても重要な年であったが，設立から5年を経た開銀が自らの存在意義やドメインについて考察し，それらを踏まえた活動を開始した年でもあった．すなわち開銀は，「それまで日常業務に追われて本行の基本的問題につき綜合的かつ体系的な所論の展開が不足していた」との認識にもとづき，総務部と調査部の共同研究という形で「開銀のあり方についての綜合的体系的研究」を進め，56年2月，その成果を「開発銀行のあり方について」という文書にまとめている[1]．

　この報告書は役員会に提出されたのち，「研究文書」という形で処理され，正式にオーソライズされたものでも業務を直接に規制するものでもなかったが，60年5月の金融制度調査会資料としてリプリントされて用いられたことからもうかがえるように，開銀の存在意義に関する重要な拠りどころの1つとなった．そこで本章では，まずこの「開発銀行のあり方について」が考察されるに至った背景について触れ，次にその検討内容のうち，以後の開銀の活動に照らしてとくに重要な部分について紹介することにしたい．

---

1) 日本開発銀行調査部［1960］pp.3-4.

（1） 開銀融資への批判

「開発銀行のあり方について」の検討が始まったのは 1955 年 10 月のことであるが，その背景には以下に示すような経営環境の激変があった．

開銀設立当時の 1951 年から 53 年度にかけての政策課題は経済自立の達成に置かれ，財投の規模も開銀の融資額も年々増加した．しかし，53 年度下期の金融引締め政策の発動以降，財投は縮小に向かう．金融引締めの契機となったのは，経済活動の拡大，活発な設備投資の展開によって生じた外貨準備の減少であり，53 年 9 月の窓口指導の強化を皮切りに，日銀の高率適用の強化や輸入金融への優遇の撤廃などが実施された．これにともなって 54 年度予算は厳しい引締めがなされ，財投の規模も前年度比で 500 億円以上削減された[2]．この間，企業の設備投資が手控えられるとともに輸出の増大を中心に需要の拡大が生じた結果，市中銀行に資金が還流し，金融は緩慢となって，日銀借入も大幅に減少した．

53 年度の外貨減少を契機に，財投，特に開銀融資に批判の矛先を向けた議論が諸方面で聞かれ始め，それは 54 年末にかけて民間金融機関の資金繰りが大幅に緩和する中でいっそう高まっていった．全国銀行協会連合会は，55 年 2 月，金融問題調査委員会の中間報告として「財政投資の在り方について」を発表し，財投の拡大は民間貯蓄と資本市場の発展を阻害する要因になる，財投の前提となるべき産業政策が具体性を欠くために総花的な投資を招来しているなどの問題点を挙げ，さらに今後のあり方として，開銀等による長期資金の量的補完機能の拡大は民間金融との競合を惹き起こす惧れがあるため，財政資金に余裕が生じた場合には金融債の引受に回すべきであること，開銀融資等は「民間金融機関から供給することが差当たっては困難であるが，しかも国家的見地からは，その育成を図るために供給しなければならない基礎産業，輸出産業，その他の重要産業部門に資金を供給する」という意味での質的補完機能に重点を指向すべきであることなどを指摘した[3]．

開銀融資に対するこのような強い批判は，一方では，オーバーローン問題にひとまず解消の目途がついた市中金融機関，とりわけ主要都市銀行が，従

---

2) 大蔵省財政史室編 [1991] pp. 69–70.
3) 日本開発銀行調査部資料課 [1955] pp. 25–29.

前以上に系列を強化しつつ貸出増大の態勢をとり始めたという事情，また他方では，53年度以降開銀の運用原資として資金運用部からの借入金が加わり，従来金融債の引受を同資金に依存してきた長信銀の危機感が募っていたという事情を反映していた．52・53年度の財投は確かに国民経済規模に対してかなり大規模ではあったが，その総額中，開銀による資金投下額は1割強にすぎなかった[4]．にも関わらず，インフレや過剰投資の原因は開銀融資にあったとするいささか強引な説明の背景には，このように民間金融機関それぞれの利害に大きく関わる事情が存在していたのである．その証左として，その後景気が拡大過程をたどり始め，企業側からの巨大な資金需要が生まれるのにともない，財投批判および開銀批判は鎮静化した．

いずれにせよ，金融引締めとそれに続く金融緩慢の基調の中で，開銀の融資規模は縮小を余儀なくされた．開銀の融資規模を予算ベースでみると，53年度の860億円から54年度には590億円へと減少し，さらに55年度には前年度並みの595億円の当初計画でスタートしたものの，市中金融機関の資金余裕を背景として開銀融資予定先の「市中肩代り」措置がとられ，改訂計画の融資規模は465億円にまで縮小した．

さらに56年度の予算編成の基本方針では，財投について「金融正常化の方向に沿い，財政投融資と民間資金の綜合的活用により，経済自立に必要な資金を重点的に確保する．これがため，①質的補完の役割に重点を置き，市中金融に依存し難い部門に集中的に投下する．②原資の減少と金融正常化の情勢にかんがみ，重点産業・公社・特定道路整備・住宅建設・北海道開発等の資金については，できる限り民間資金の活用にまつ」という方針が示された[5]．また，「昭和31年度政府資金の産業設備に関する運用基本方針」においても，「日本開発銀行の融資は，民間資金のみにはより難いものに重点を置き，民間資金との綜合的活用に留意しつつ効率的に資金の運用を図ること」[6]という文言が加えられた．

後年加えられた資料解題によれば，「開発銀行のあり方について」の検討

---

4) 日本開発銀行調査部資料課［1955］p.42.
5) 日本開発銀行［1976］p.75.
6) 日本開発銀行［1957］p.8.

は，上述の「市中肩代り」措置，55年度の資金枠の大幅削減，金融緩慢といった事情が「行内外に種々の開銀論を呼びおこし，開銀機能の縮小を暗示する外部意見に対して行内においても不安動揺の心理が散見」されたことから，「行内の意見統一をはかり且外部意見に相対する必要」があるとの判断のもとで着手されたものであった[7]．

（2）「開発銀行のあり方について」

以下では，「開発銀行のあり方について」の内容に立ち入ってみることにする．上記との重複部分もあるが，まず，序論に記された問題意識を要約して示す[8]．

［序論：所論の前提］
本論の心構え

　昨今，金融情勢は著しい緩和をみて，市中銀行の手許資金は潤沢化したが，一方企業側の投資意欲は特に進展を見せないため，市中金利は低下傾向にあり，かかる情勢を背景として，市中余資活用の方向に政策の目が向けられるに至った．この方向は，いわゆる金融正常化の一環として議論され，この観点からは，既往の開銀対象に見られるような業界一流会社に対する融資は今後市中融資に依存するのが妥当であるとし，開銀の市中金融に対する量的補完機能は再検討を必要とすると指摘されている．また一方，わが国経済自立の方策として立案されている経済5ヵ年計画あるいは産業構造育成対策等にもられている計画数字では，投資必要量に対する資金供給面で財政投融資財源は不足しており，今後強く民間蓄積資本を導入する必要があるとして，市中金融で可能なものはそれに依存し，開銀はその資金を一層重点的かつ効率的に運用すべしという議論を生じている．

　以上は，前者が財政投融資漸減論であり，後者がむしろ増加必要論であるにもかかわらず本行融資の在り方に批判的である点において一致してお

---

7) 日本開発銀行［1960］pp.3-4.
8) 同上．ここでは，文章の直接の引用ではなく，字句の修正を加えたり，一部要約したりしたものである．

り，何れも情勢の変化につれて本行の在り方について，変容を求めているものと思われる．

　本論はかかる情勢下において所論を展開したわけであるが，本論の主旨が，単に情勢の変化に応じて短期的にその在り方を考究したわけではなく，より本質的に開発銀行の性格に目を向け，長期的な観点に立って，本行の在り方を考えたものである．

　したがって本論の骨子は，開銀をめぐる諸般の情勢が，直に本行の運営を左右するというような安直な判断ではなく，本質論の考察に基礎をおき，その在り方の骨組みを組立てるべく努力したものであり，その具体的展開，いいかえれば実際に本行の運営を如何にするかということは今後に残された問題である．

　而して，開発銀行には政府機関としての本質的な任務あるいは使命があり，あらゆる時期を貫いてこれは存在するのであるが，これが運用面に表れる場合は，その時の政治経済情勢によって，その時期に即応し，最も適当な形をとって表れるものであって，運用面において可動的であることはいうまでもない．この意味においては開銀の従来の運用方法は，その時期に即応して極めて妥当なものであったし，同時に本論に述べたごとき所論の具体的展開は情勢の推移下で，やがて芽をふくことを期待しているわけである．

続く第2章「財政投融資の意義」では，政府金融機関の意味を最初に問うており，以下のような記述がある．

[政府金融機関の意味]
　政府の産業界に対する設備資金注入の意義を考えれば，①経済発展のための設備投資，②民間資本の蓄積補完，③景気調節に大別されよう．このうち焦点を①，②に絞ってその本質的意義を考察する．
　第一の経済発展のための設備投資は，現時点において，経済5ヵ年計画を始めとする幾多の計画に基く設備投資を必要とする以上，その必要性は増大しこそすれ減じはしない．政府が産業政策を遂行する意志がある限り，

完全な意味のレッセフェールに移行しなければ、その必要はなくならないはずである．否，逆に産業政策がわが国経済の将来に一定の方向を必要としている以上，産業界に対する国の意志が強く働きかける必要があり，経済の方向規制としての財政投融資は真剣に考えられるべき問題であろう．
(中略) 問題は第二の民間資本蓄積の補完であって，これは一方は産業政策に，また一方は金融情勢に足場を持っている．開銀をめぐる議論は往々にして，この金融情勢のみを捉えて行われており，むしろこれは開銀の本質を忘れた議論ではないだろうか．既往の開銀融資は，個々の産業計画遂行の任務の他に，産業界全体の資金不足をカバーする任務があり，たまたまこの時期は重点がここにおかれたため，あたかも金融制度のためにのみ，開銀が存したがごとき印象が与えられたのである．

すなわち，開銀設立時の金融情勢は市中金融機関が極度のオーバーローンに悩み，同時に増大する設備資金需要は，さらにこれを悪化させる形勢にあった．したがって，開銀は重要産業に対して，設備資金を供給することにより，市中銀行のオーバーローンの悪化を防ぎ，同時に積極的に市中融資の肩代りを行って，これを緩和することが必要であり，もって全体の信用機構を維持確立する上に貢献したわけであるが，設備資金注入の第一義的目的は基本的には経済の復興並びに産業の開発といった産業政策にあったことは間違いなく，情勢に応じて金融補充に重点をおく運用がなされたにすぎない．

したがって，設立時の開銀資金は，その当時の情勢下における最も差し迫った必要に応じたものであって，前述のごとき政府投資の根本的意味を了解し，次いで経済環境の変化およびその推移発展という背景の下に，一貫した意義を求めるならば，国家が産業政策を展開するに当たり，財政資金をもって民間産業活動を支援し，経済基盤の強化，並びに産業構造についての方向規制を行うために存するものであるといえよう．

(中略)

戦争を中心とする十数年の空白はわが国産業の技術水準を十数年遅らせたといわれるように，更新改善すべき設備は限りなく存在するし，かつまた，レベルに到達したとみられる産業でも，西欧諸国において次々と新し

い投資が行われ，合理化されている現状においては低賃金のごとき日本の特殊性にのみ甘えていることは事態が許すまい．

このような意味で，わが国産業の重化学工業化あるいは高度化は西欧諸国に劣後することなく達成されるよう努力されなければならないが，これが経済の正常化のみに準拠して自然的に達成されると考えることは，わが国経済について認識上の甘さがあり，むしろ逆に国家的な長期の指導の下に長期的施策を必要とすると思われる．無論この方向は，行政指導においてある程度までは進められるであろうが，産業そのものの直接的統制が好ましくない今日の経済体制においては，その手となり，足となる働き手は政府資金以外にあるまい．時に応じた財政，経済の事情から右のごとき政策は，その緩急さまざまの表現をとると思われるが，根本にある日本経済のあり方には変化はあるまい．このような意味で，開銀資金は，政策の具体的表れとして，長期的に重大なる任務があるものと考えるべきである．

以上の前段部分では，開銀の行う設備資金供給の意義が問われている．そこでは，開銀が設立当初において市中金融機関のオーバーローン対策として量的補完を担ったのは，あくまで一時的な情勢下での必要に応えたものであり，その本来の役割は，より広く産業政策を具体化するための資金供給を担うことであることが確認されている．さらに，後段部分では，日本経済が発展を遂げるためには政府による長期的施策が必要であること，政府の施策に沿った方向付けを行う手段として政府資金は有用性が高く，その供給を担う開銀には長期的任務があることが再確認されている．

それでは，この先も民間資金の量的補完が必要ないとすれば，開銀資金はどのような分野に向けられるべきなのか．この問題についての記述が以下の部分である．

［産業政策の展開と政府金融機関］

開銀が財政資金をもって産業政策の展開に寄与するにあたり，その目標はきわめて広いという認識がまず必要である．経済基盤の強化，産業構造政策への寄与は，開銀の本来の使命であるが，これは対象として鉱工業分

野にとどまるべきではなく，むしろ国土保全，産業立地に隣接した分野をも含めた広いものとして考える必要がある．現在，開銀は設立当初の鉱工業分野における補完金融の必要性を本来的なものとみなされているが，これは戦後復興過程の市中銀行のオーバーローンを解消することのみを重視した片面的な考え方であり，このための負担を軽減された現在，重点はさらに市中金融のつかない分野に向かうべく弾力的に運営されなければならない．

　鉱工業分野については，開銀融資の本来の任務は政策上必要な投融資，つまり産業構造政策の推進上隘路となっている部分への投融資を第一義とし，次いで国が必要としながら質的に民間金融の対象となり難い部分ないし新規産業への転換にあたって，民間金融の保守性に委ね得ない対象に対して成長の地盤を形成するための梃入れをするものであるといえる．ただ，市中金融が緩和し，従来の融資分野で民間金融がかなりの部分を賄えるという事態においては，重点をさらに市中金融のつかない分野に向けるべく弾力的運営が望まれる．しかし，問題は重要産業に対して，民間金融機関がその目的にあった長期安定資金の融資をなし得るか否かにかかっており，民間資金の範囲を超えた質の資金については，開銀の任務と考えられる．

　より広い意味の国家資金の運用を考えるならば，開銀資金は単に鉱工業分野のみに限る必要はなく，広く経済基盤の強化，産業の開発発展に資するため総合的に国家資金を運用し，財政資金の効率化をはかることに一役を買うことがより効果的と思われる．最近各種公団・公庫などの設立が策され，さらに金融的機能をも営もうとする傾向もあるが，財政資金の運用機関を細分していけば，財源の分散請求をきたし，その間に統一的合理的運営を妨げ，投融資対象が重複し，未対象分野を生ずることもあり，また手元余裕金をそれぞれ必要とするなど，全般的な資金効率は悪化するであろう．したがって，こうした機能は本来開銀などの既存機関が行う方が好ましく，また，有効な運営がなし得ると思われる．

　この部分では，開銀が財政資金を用いて産業政策の展開に寄与しうる分野は，民間金融の量的補完はもとより鉱工業分野にさえとどまらないと認識す

第 4 章　質的補完への転換

べきこと，開銀は民間金融機関が担うことのできない質の資金供給に重点的に任務を見いだすべきであること，開銀は財政資金の綜合的効率的運用という観点から政府金融機関の中でも独自の役割を果たしうること，などが再確認されている．後述のように50年代後半以降の開銀は，ここに言及されているとおり，民間金融の量的補完から離れ，その時々の政策の要請に応えるとともに，総合的金融機関としての立場と独自の長期低利資金供給能力を活かしうる分野にも業務を展開していくこととなった．

最後に，開銀が以上のように自らの役割を確認した上で，どのような融資方法によるべきと考えていたか，その一端を示しておこう．

[投融資機能に対する検討]
融資方法について

　　以上のごとき所論の下においては，本行の今後の融資は，国家目的に沿った起業の質という点に重点が置かれ，単に市中金融的な会社分析に終ることなく，常に，対象工事の意義とその効果等の点について重点をおいて考察することが必要であろう．その場合，融資の基本的問題に関し，あるいは融資条件に関し次の様な点について厳密に検討して見る必要がある．

- 開銀の対象選択力の強化……本行の融資対象について起業の質を重点と見，これに忠実な運営をなそうとすれば，行政的な産業指導のみでは必ずしも充分ではないと思われるし，かつその工事効果については開銀が終局において責任を負うことになるので，開銀自体でも選択する力をさらに養うことが必要となろう．この点について，市銀融資への肩代り問題等が生じ，資金的に余力があり，かつは対象選択について転換を云々される時期において，長期的に意義ある工事を自ら選択するといった態勢に進む事が望ましい．この意味からも，重要産業についての大規模な計画起業とその資金面の総合的把握について，今後一層の努力を必要とするであろう．
- 本行審査機能の拡充……本行の審査基準に産業育成的かつ産業立地的な長期的観方をより一層強化すべきであってこの点は個々の審査において留意すべきは勿論のこと，個々の審査によって把握せる資料から，開銀

独自の産業に対する意見形成がなし得る態勢にまで進むべきであろう．また技術陣も強化整備して，国家目的に沿った個々の企業に対する助言や指導をなし得るよう，努むべきであろう．

　審査の在り方も，個々の商業採算的利潤率の高いものを選ぶという方法のみではなく，利潤率が通常産業よりも低いがゆえにかえって，国家融資を必要とするという立場の理論的根拠を考究する必要も生ずるであろう．

- 融資条件の改変……本行の融資条件を考える場合，既往のごとく民間金融機関の融資条件を参考とすることは言をまたないが，より根本的には，民間金融とは質の違った融資であることを強く強調すべきであろう．これは将来融資対象を異にすることに連るわけであるが，本来的に本行の資金源は市中金融とは異なっていることに由来する．由来，銀行貸付は，普通銀行はその資金源たる預金によって運用も短期にならざるを得ず，債券発行銀行はその債券の期限によって，貸付金をやや長期たらしむることを可能としているわけであって，貸付金の性質により運用期限を左右される．本行の場合も運用部資金借入15年産投借入18年と借入金の性質が長期であるので，これに相応した長期貸付の態勢をとり得ないことはない．

　したがって，今後融資期限は10年，20年と云った長期のものに重点をおくべきで，概ね対象企業の工事効果あるいは対象工事の償却を基本とした償還方法をとるべく，現在のような金繰りによる返済を目当とした融資の方法はとるべきではない．また，据置期限も工事完成に出来るだけ近く，当該工事の工事効果を発揮し得る時期などを目途とすべきであろう．

　上に示したことがらは，開銀が独立した政策金融機関として，また，民間金融機関とは質の異なる金融機関として，どのように融資を展開すべきなのかという重要な問題に関わっている．前段部分では，産業政策上真に意味のある設備投資を見極める力，さらに，企業や産業に対して独自の見解が示せるだけの力を養うべきことが強調されている．これは1つには，先に紹介し

た全銀協の「総花的投資」という表現にあるような批判を意識してのことであろうし，また1つには，設立当初から重視されてきた政府からの独立性の維持について再びその意識を喚起するという意味もあろう．第6章でみるように1950年代後半以降の開銀では，機振法に基づく特定機械融資のように多くの推薦企業の中から融資に相応しい企業を選別することを求められる局面が増大し，のちには省庁の推薦に基づかない地方開発融資の開始，あるいは海運審査でのイニシアティブの発揮など，企業審査機能の拡充を裏付ける活動が拡大していく．また，次章でみるように56年以降，調査部によって「設備投資計画調査」が実施され，予算要求その他で活用されることになる．これらのことがらも，ここで確認された問題意識の反映という側面があるのかもしれない．

　後段部分では，民間金融とは質の異なる金融を展開する1つの具体的手段として，融資期間の長期化が言及されている．これについても開銀は，56年7月，それまで原則として「1年以上5年以内」としてきた融資期間の原則を「1年以上10年程度」と改めるなどの措置を講じている．

　「開発銀行のあり方について」では，上に紹介した項目のほか，投融資機能に対する考察・検討，貸付金利，資金調達，開銀債の発行，資金コスト，今後の融資分野に関する考察が行われているが，これらについては割愛する．もとより，ここで検討されたことがらがどの程度の重みをもって，どのような活動に反映されたのかを正確に検証する術はないが，本章の起点となる1956年度直前に上に示したようなことがらが検討されたという事実を確認しておくことには意義があろう．

2. 開銀融資の概観

（1） 財政投融資と開銀融資の概観

　以下では，1956年度以降の開銀が現実に展開した融資を概観することにしたい．まず，本章対象期間の財政投融資と開銀の資金運用規模の推移を表4-1に示す．

　先にみたように1954年度以降，開銀融資規模は大幅に減少し，55年度途

表 4－1 財政投融資および開銀の資金運用規模の推移

単位：億円，%

年　度	1956	57	58	59	60	61	62	63	64	65
財政投融資実績	3,264	3,968	4,252	5,621	6,251	8,303	9,513	12,068	14,305	17,764
対前年度増減率		21.6	7.2	32.2	11.2	32.8	14.6	26.9	18.5	24.2
開銀貸付（当初計画）	360	600	620	680	660	825	985	1,130	1,288	1,677
開銀貸付（実績）	435	618	631	681	660	825	1,208	1,202	1,483	2,049
貸付実績対前年度増減率		42.1	2.1	7.9	-3.1	25.0	46.4	-0.5	23.4	38.2

注) 開銀貸付（実績）は実行年度に関わらず当該年度予算として実行されたものの合計である．したがって，各年度の貸付実行額とは一致しないことがある．
出所) 『大蔵省銀行局年報』各年版．

中には開銀融資予定先の「市中肩代り」措置がとられた．翌56年度においても，55年度下期の「市中肩代り」措置の考え方はそのまま踏襲され，当初計画は360億円と前年度の改訂計画をさらに下回る規模となった．しかし，年度途中，いわゆる神武景気による経済拡大の過程で鉄鋼・電力・輸送力などにボトルネックが生じ，これらの資金確保のために融資規模も433億円に改訂されるに至った．

57年度以降の経済は，58年上期までの調整過程はあったものの，技術革新に基づく高水準の設備投資と旺盛な消費需要に支えられて急速な成長を遂げた．この時期の政策の基調としては，60年の「所得倍増計画」に象徴されるような成長政策とそこから派生する構造政策の両面が指向された．とはいえ，現実には戦後復興期や自立政策の展開期のように政府自らが成長の担い手となったわけではなく，民間主導の成長が展開され，政府の政策は，経済成長の過程で生じるさまざまな不均衡の解消や産業構造高度化への誘導などの構造政策に重点が置かれることになった[9]．59年度以降，経済の急成長にともなって，民間の活力を十分に引き出す環境整備という観点から財投に寄せられる期待も高まり，その規模は年々増大していった．

開銀の資金運用規模の推移をみると，57年度は前年度に比べ大幅に増加（当初計画600億円，実績618億円）し，その後3年間は微増にとどまったもの

---

9) 「所得倍増計画」には「産業構造高度化への誘導」が課題の1つとして掲げられたが，「誘導」という言葉は，1957年の「新長期経済計画」から使用され，60年の「長期経済展望」を経てこの「所得倍増計画」にも引き継がれている．日本開発銀行 [1962] pp. 22-24.

の，61年度以降は顕著な伸びを示した．この間，資金運用計画が改訂されなかったのは59～61年度のみで，それ以外の年度はいずれも経済の実勢に応じて途中改訂され，資金運用規模は拡大した．

62～65年度において，資金運用計画と実績には大幅な乖離がみられるが，計画改訂の理由は以下の通りであった．まず，62年度の223億円の増額は，電力・石炭・硫安の3業種を対象とするもので，このうち電力向け（75億円）は金融引締め下での資金不足を補うための追加融資，石炭向け（45億円）は「石炭対策大綱」に基づく近代化資金の増強，また硫安向け（103億円）は「硫安工業対策」に基づく市中借入金の肩代り融資であった．63年度以降の増額は主として海運向けで，63年度には72億円中42億円，64年度には195億円中168億円，65年度には372億円中320億円が，海運再編など一連のOECD加盟対策および国際収支改善の一環として打ち出されたわが国商船隊の増強策に基づいて追加配賦された．

（2） 原資の概観

開銀の資金調達方法は，政府からの借入，外国の銀行その他の金融機関からの借入[10]，および自己資金（回収金および内部留保）であったが，後述するように60年12月の開銀法改正により外債の発行という手段が加わった．政府借入金についてみると，設立当初依存していた産業投資特別会計は原資が枯渇してきたこともあって56年度に開銀への融資を停止し，以後，政府借入はほぼ全面的に資金運用部に依存することになった[11]．56年度の運用原資の構成は，資金運用部借入金が融資実績のわずか18％で，他年度との格差が際立っているが，これは前述の市中金融の緩和などの事情を反映したもので，この年度は，資金運用部借入の圧縮を予定以上に進んだ貸付金の回収分で補う形となった．59年度以降は，政府借入は運用原資の6割強という水準で推移している（表4-2）．

---

10) 外国の銀行その他金融機関からの外貨預金の借入は，1952年7月の開銀法改正の際に新設された．
11) 産投会計の原資枯渇の背景には，53年度に発行された減税国債の償還や対米債務の返済などの事情があった．日本開発銀行調査部 [1960] p.46.

表 4-2 資金計画の当初計画と実績と原資の推移

単位：億円

年　度	1956	57	58	59	60	61	62	63	64	65
貸付計画（当初）	360	600	620	680	660	825	985	1,130	1,288	1,677
資金運用部借入金	80	250	315	450	430	470	570	758	809	1,033
産投会計	0	0	0	0	0	0	0	118	0	0
外　債	0	0	0	0	0	106	103	0	72	72
自己資金など	280	350	305	230	230	249	312	254	407	572
貸付計画（実績）	435	618	631	681	660	825	1,208	1,202	1,483	2,049
資金運用部借入金	80	337	345	450	430	505	793	798	909	1,305
産投会計	0	0	0	0	0	0	0	118	0	0
外　債	0	0	0	0	0	68	134	0	72	72
自己資金など	355	281	286	231	230	252	281	286	502	672

　なお，開銀が行う借入および債務保証の金額については，開銀法第18条第2項により自己資本（資本金と法定準備金の合計額）と同額を上限とすることが定められていたが，その後の融資規模の拡大および外貨借款・外貨保証の増大から限度の見直しが必要となり，58年4月に開銀法改正が行われた．この改正によって，借入金の限度額（受信限度倍率）が自己資本の2倍にまで拡大され，また，融資・社債の応募・譲受債権の現在額と保証債務の合計額（与信限度倍率）は自己資本と借入限度の合計額を超えてはならない旨の規定が設けられた．受信限度倍率条項の変更を目的とする法改正はその後も63年3月（2倍→3倍）および66年3月（3倍→4倍）の2度にわたって行われ，業務の拡大に対応した運用原資の確保が図られた．

　上述の通り61年度以降の運用原資には，外債という新たな手段が加わった．これは，従来外資導入ルートとして大きな役割を果たしてきた世銀借款が61年3月の九州電力向け借款を最後に打ち切られたことを直接の導因とするもので，自らが外債発行を行うには時期尚早であった民間企業に代わって，政府系金融機関の要として対外的信用力や財務内容に優る開銀が外債を発行することになった[12]．また，金融債などとの関係上，国内債発行の実現性の乏しい開銀にとって，外債発行の開始は資金調達源多様化の最初のステ

---

12) 世銀借款は，道路公団や電源開発など公的部門に対してはこれ以降も成立をみた．

表4-3 外債発行実績

	発行日 (現地)	発行額 (万ドル)	期　限 (年)	発行価格 (％)	表面金利 (％)	発行地
第1次	1961.10.16	1,500	15	95.50	6.00	ニューヨーク
		500	3〜5	100.00	5.00〜5.25	
第2次	1962. 5.15	1,750	15	96.00	6.00	ニューヨーク
第3次	1963. 2. 1	2,250	15	96.50	6.00	ニューヨーク
第4次	1964.10.15	2,000	15	98.00	5.75	ルクセンブルグ
第5次	1965.11.15	2,000	15	97.75	6.50	ニューヨーク

注) 第4次債はユーロドル.
出所) 日本開発銀行［1976］p.109.

ップとして重要な意義をもった.

1960年12月,開銀法改正により外債発行が認められ,61年度に一般会計予算総則で開銀の外債発行に対する政府保証が規定されるに至り,開銀は61年10月3日,ニューヨーク市場で第1次外債を発行した.これは,産投国債(59年12月),電電債(61年5月)に次ぐ戦後3番目の公募外債であった[13].15年債1,500万ドルと中期債(3〜5年)500万ドル,合計2,000万ドル分の外債が発行され,この手取金は電力向け融資にあてられた[14].これに引き続き,62年5月および63年1月に,ニューヨーク市場で第2次債および第3次債が発行され,ともに電力向け融資にあてられた.

64年10月の第4次債は,ヨーロッパのユーロ市場での発行(2,000万ユーロドル)となった.これは,63年7月にアメリカで利子平衡税が施行され,国際資本市場の中心であったニューヨーク市場での外債発行が困難となったことによる.65年にわが国の政府保証債への利子平衡税が免除されたため,同年11月には再びニューヨーク市場で第5次債が発行された(表4-3).65年度までの計5回の外債発行の手取額総額は346億円に達した.

また,63年度には産業投資特別会計から118億円の借入が行われている(表4-2)が,これは産投会計の発行した外債の手取金の一部を借入れたもの

---

13) 主幹事はファースト・ボストン社,共同幹事はディロン・リード社とスミス・バーニー社であった.
14) 開銀の外債発行手取金が電力向け融資にあてられた事情については,例えば以下を参照のこと.岡崎他［2002］pp. 221-222.

で，その資金は開銀の外債による調達資金同様，主として電力融資に運用された．

（3） 資金運用基本方針と融資分野

開銀の業務運営は，年度ごとに閣議決定を経て大蔵省銀行局長より通知される「政府資金の産業設備に関する運用基本方針」（以下，運用基本方針）を基準として展開された．

56～58年度の運用基本方針は，年度により表現上の違いはあるものの，産業基盤の安定強化および新規産業の育成を基軸とし，そのための具体的融資対象として，電力の増強，外航船舶の整備，鉄鋼生産の増強と合理化[15]，石炭鉱業の合理化，機械工業の合理化，新規産業および新技術工業化事業の育成を掲げていた．

これに対し，59年度の運用基本方針は「わが国経済の安定的成長を図ることを目標とし，長期的な経済発展の基盤充実に資するため，国民経済の質的改善を促進するものとし，このため，①エネルギー，輸送力，産業関連施設など産業基盤の充実強化を図り，②産業の体質を改善し，その近代化・合理化を推進するとともに，③国際収支の一層の改善を図るため，これに寄与する産業の育成・合理化に努め，かつ④産業間および地域間の均衡ある発展開発を図る」と変化した．ここで重要なのは，「国民経済の質的改善」というより幅の広い目的が掲げられたことと，これに対応して「産業の体質改善」と「産業間・地域間の均衡ある発展」という新たな融資対象が加わったことで，これは，戦後，産業隘路打開を最重要課題としてきた日本経済がひとまずそれを克服し，量的拡大の追求の過程で生じた地域間格差の是正や産業体質の強化を課題とする新たな成長段階に入ったことを反映していた．

60年度以降の運用基本方針をみると，上記の①～④は一貫して不変であったが，いわゆる開放体制への移行を反映して，「特に貿易および為替の自由化の進展に即応して，わが国産業の構造的改善，質的強化に資する」ことが強調された．また，63年度以降は，上記②の文言が「国際経済環境の変

---

15) ただし，1956年度は鉄鋼業についての言及はなく，「その他の産業の開発，合理化および整備」があげられている．

化に即応しつつ，国際競争力を強化するための産業構造の高度化・近代化と国内産業体制の整備・合理化」と変わり，やがて来る資本自由化にそなえて産業体制整備の必要性を強調する表現となった．

　以上のような運用基本方針を指針としつつ展開された56年度以降の開銀の主要な融資活動は，おおよそ以下のように整理できる．

①産業基盤の充実・強化：電力・海運・石炭・鉄鋼・産業関連施設
②産業体質の改善・国際競争力の強化：特定機械・電子工業・石油化学・新技術工業化・硫安・一般機械・繊維など
③地域間の均衡ある開発：地方開発
④その他：国際観光施設・私鉄・ガスなど

　ここで特に注目されるのは，まず，②のグループにある特定機械，電子工業，石油化学という新しい融資分野で，これらの産業については，50年代半ばに特別立法である機振法，電子工業振興臨時措置法（以下，電振法と略記），合成ゴム製造事業特別措置法の下で開銀の特別な関与が定められた．本章を含む第2部の時期における産業政策は，政策の多様化にともなって，産業への直接的な介入よりも目標を掲げ誘導する方策を基調として，必要に応じて個別の特別立法などにより強力に保護・育成を図るというものであった．開銀融資も，個別的な特別立法，審議会の答申，合理化計画などを踏まえ，実施されることが多かった（表4-4）．産業ごとの政策の推移と開銀融資の実態については，第6章で詳述する．

　さらに，貿易自由化とそれに続く資本自由化を控えた60年代前半には，諸産業の国際競争力の強化が政策金融の重要課題となり，開銀に求められる融資の内容も多様化していった．外国製コンピュータに対する国産機の技術および競争力向上とその普及促進のためにレンタル制度の整備を目指した融資が始まったのは61年度のことであるし，63年度には国産技術の工業化を支援するための「新技術工業化」融資の拡充が図られた．また同じ63年度には，国際競争力向上の観点から，スケールメリットの追求・生産体制の集約に力点をおいた「産業体制整備」金融が設けられ，石油化学や乗用車など

表4-4 主な特別立法と審議会など

業　種	特別立法	（施行）	審議会など
電　力			電源開発調整審議会
石　油	石油業法	（62年5月）	石油審議会
海　運 （計画造船）	外航船舶利子補給臨時措置法 臨時船舶建造調整法 海運業の再建整備に関する臨時措置法	（53年1月） （53年8月） （63年7月）	海運造船合理化審議会 海運企業整備計画審議会
石　炭	石炭鉱業合理化臨時措置法 重油ボイラー設置制限臨時措置法 石炭鉱業経理規制臨時措置法	（55年9月） （55年10月） （63年7月）	石炭合理化審議会 産炭地振興審議会
繊　維	繊維工業設備等臨時措置法	（64年6月）	繊維工業審議会
特定機械	機械工業振興臨時措置法	（56年6月）	機械工業審議会
電子機械	電子工業振興臨時措置法	（57年6月）	電子工業審議会
電子計算機			電子工業審議会
石油化学			石油化学協調懇談会
合成ゴム	合成ゴム製造事業特別措置法	（57年6月）	
硫　安	硫安工業合理化及び硫安輸出調整臨時措置法	（54年6月）	
産業関連施設	道路整備特別措置法 港湾整備促進法 特定港湾施設整備特別措置法	（56年4月） （53年8月） （59年4月）	道路審議会 港湾審議会
国際観光	観光基本法	（63年6月）	観光事業審議会
技術開発			科学技術審議会
産業公害防止	工業排水法 煤煙規制法 （公害対策基本法）	（56年6月） （62年6月） （67年8月）	産業構造審議会産業公害部会
私　鉄			都市交通審議会
トラックターミナル	日本自動車ターミナル株式会社法	（60年5月）	
地域開発	国土開発総合法 九州地方開発促進法 四国地方開発促進法 中国地方開発促進法 北陸地方開発促進法 低開発地域工業開発促進法 新産業都市建設促進法 工業整備特別地域整備促進法	（50年6月） （59年4月） （60年4月） （60年12月） （60年12月） （61年11月） （62年5月） （64年7月）	国土総合開発審議会 各地方開発審議会 地方産業開発審議会 産炭地振興審議会 経済審議会地方部会

出所）　日本開発銀行［1976］p.118 他．

がその対象となった.

　なお,「産業体制整備」金融について若干付言しておくと,これは開放経済体制への移行は国際的に不可避であるものの,日本の産業,特に過小規模・過当競争の顕著な産業は国際競争の波を耐えうるのかという当時の通産省の危惧を背景としている.通産省は,このような観点から産業体制の整備の方策を模索するため,産業構造調査会に産業体制部会および産業金融部会を設け,のちの「特定産業振興臨時措置法案」(以下,特振法案と略記)作成の準備を進める.63年に国会に提出された同法案は,最終的に審議未了で廃案となる[16].しかし,同法案作成の過程で,産業金融部会が,当面の体制金融施策の1つとして開銀など政府金融機関の活用の強化を掲げたことにより,上記の「産業体制整備」金融が設けられることになったのである.

　開銀の融資活動でいま1つ注目されるのは,同じく新しい融資分野として登場した③の地方開発である.これは,当時各地方で相次いで制定された地方開発法を背景としているものの,それらの法律によってあらかじめ開銀の関与が規定されて生まれた融資分野ではなく,各地方の開発法が成立し,地方ごとの開発公庫設立の動きが出る中で,開銀が積極的な関与を表明して,主体的に創設した融資分野であった[17].従来までの業種別融資とは性質の異なるこの分野に敢えて開銀が進出したのは,地域開発は本来全国的視野から進められるべきであり,財政資金の効率的運用という観点からも地域開発に関わる政策金融は一元化が望ましいと判断したことなどによる.既述のように,開銀は50年代半ばの時点で次代の「開銀のあり方」を検討し,「より広い意味の国家資金の運用を考え」,「総合的に国家資金を運用し,財政資金の効率化をはかることに一役を買うこと」に自行の存在意義の1つを見出していたが,地方開発は,この考えを最初に具体化させた融資分野であるといえよう.

---

16) 特振法案に関しては,例えば以下を参照のこと.大蔵省財政史室編［1991］pp. 251-253,通商産業省・通商産業政策史編纂委員会編［1994］pp. 454-455.

17) 詳細は第6章第3節に述べる.

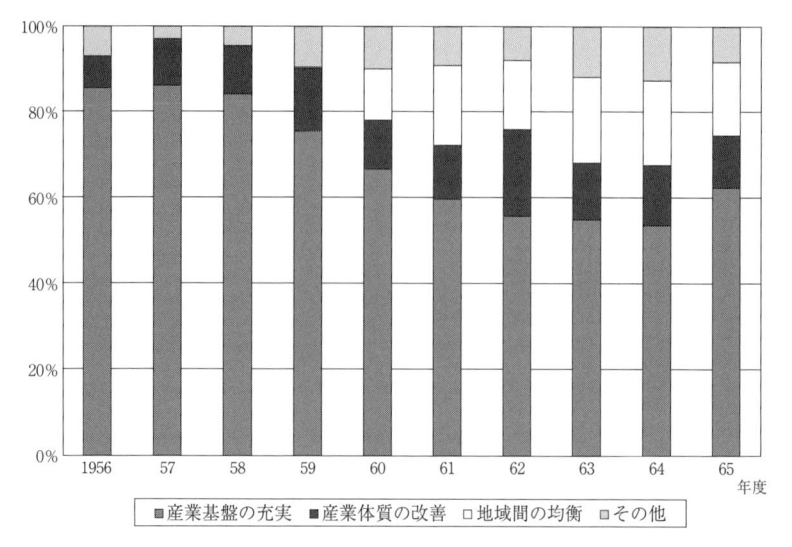

第2部　高度経済成長の進展と政策金融の展開

図4-1　政策分類別融資の推移

■産業基盤の充実　■産業体質の改善　□地域間の均衡　□その他

（4）融資の特徴

次に上記の分類（①産業基盤の充実・強化，②産業体質の改善・国際競争力の強化，③地域間の均衡ある開発，④その他）にしたがって，1956年度以降の10年間における開銀融資の趨勢を大まかに把握しておこう（図4-1）．

この図からわかる特徴の1つは，①のいわゆる4重点産業の融資額の比率の大幅な後退である．さらにその内訳を示した表4-5をみると，項目別構成比には大きな変化がみられる．まず52年度以来他業種を圧倒していた電力の構成比は，60年代半ばにかけて大きく減少している．電力に代わって主柱となったのが海運で，63年度以降，融資額第1位となった．その後の2年の間にさらに急拡大して，同グループに占める海運の比率は64年度には約59%，65年度には約72%となった．一方，鉄鋼業に対する設備資金供給は，早い時期から民間金融機関が主導する形が定着したが，60年代半ばまでにはその構成比はきわめて小さくなっている．

次に，②のグループ（特定機械・電子工業，石油化学，硫安，一般機械，繊維，一般化学，新技術工業化など）は，前述の機振法および電振法に基づく融資が本格的に始まった57年度に10%の大台に到達し，以後10%前半の比較的

表 4-5 「産業基盤の充実・強化」の政策項目別融資額構成比

単位：%

年　度	1956	57	58	59	60	61	62	63	64	65
電　力	45.4	54.2	49.9	47.6	48.3	41.0	44.3	37.6	23.7	14.0
海　運	39.7	34.0	33.3	36.1	30.0	35.0	31.8	41.3	58.9	71.7
石　炭	9.7	7.2	13.1	9.7	14.1	17.6	18.5	15.9	14.0	11.4
鉄　鋼	4.5	4.5	3.2	2.2	1.9	1.7	2.1	1.4	0.8	0.4
産業関連施設	0.7	0.1	0.5	4.4	5.7	4.7	3.3	3.8	2.6	2.5
合　計	100.0	100.0	100.0	100.0	100.0	100.0	100.0	100.0	100.0	100.0

安定した比率を保った．62年度のみ，その比率は20%を超えているが，これは硫安の市中借入103億円を肩代りした影響が大きく出たものである．

上記③は，59年度の地方開発融資の開始とともに初めて登場した．初年度の比率こそ小さいが翌年度には10%台に増え，以降は全体の2割弱の比率を占める重要な融資分野に成長した．最後に④のグループについてみると，この時期に比較的大きな比率を占めたのは，国際収支改善の観点から重視された国際観光，私鉄の近代化を中心とする陸運などの業種であった．

（5）　貸付金利[18]

続いて貸付金利に目を転じよう．開銀法第19条には，開銀の金利について，①貸付金利息は借入金の利子・経費・資産の運用損失を補うに足るものであること，②民間銀行の貸付利率を勘案して定めるものであること，③債権の目的，債権の償還期限，担保等においてその種類を同じくする資金の貸付に対しては，貸付利率は同一でなければならないこと，という3つの規定がある．

このうち①は，開銀の健全性維持を目的としたいわゆる収支相償の規定である．②は，開銀設立の過程で民間金融の補完的役割が重視されたため，民間金融を攪乱する金利は適当でないという立法の精神がこのような形で表現されたものであるが，その後，国の経済政策に即応すべき使命との調整が図られ，「金融」という限界を逸脱しない範囲内であれば民間金融機関の貸付金利より低利の特別金利の適用も法に違反しないと解釈されるようになった．

---

18)　貸付金利に関する記述は特に別記しない限り，以下に依拠している．日本開発銀行［1968］pp. 206–228.

③の規定は，政府系金融機関に必要ないわゆる公平の原則であり，融資先企業の大小や優劣によって金利を異にすることを禁じたものであるが，融資目的の多様化にともない，目的に相違があれば同一業種であっても金利を異にできるという解釈が一般的となった．

以下では，1956年度以降10年間の適用金利について概観する．開銀の金利体系は，①基準金利，②資金運用部借入金利の6.5%を下限とする，基準金利より低利の特別金利（以下，特利），および③利息免除措置の3つに大別される．まず，①の基準金利についてみると，開銀は55年8月以来年9.0%という基準金利を適用してきたが，その後61年2月と66年1月にそれぞれ0.3%の引き下げを行った．最初の引き下げは，60年末以降池田内閣の成長政策の一環として低金利政策が展開されたことを受けたもので，中小公庫など各種長期金利の引き下げ，および公定歩合の引き下げに続いて，開銀の基準金利も61年2月から年8.7%に引き下げることになった[19]．それまで開銀の基準金利は長期プライムレートより若干低い水準に設定されていたが，同年4月の長プラの引き下げにより，基準金利と長プラは原則同水準となった．2度目の引き下げは，いわゆる「昭和40年不況」対策の一環として金融緩和が進められ，65年9月の政府系中小3金融機関の基準金利引き下げに続き，12月には北東公庫の基準金利の引き下げ（8.7%→8.4%，66年1月1日実施）も決まったことから，開銀も北東公庫と同日付で基準金利を8.4%とした．

②の特利についてみると，56年度以前の特利適用対象は，電力（水力自家発電を含む），海運（外航船のみ），および離島航路事業の3業種ならびに復金承継債権のうち炭鉱住宅分，見返承継債権，経済援助資金貸付であったが，56年8月には新たに機振法に基づく特定機械が加わった[20]．その後，57年6月には電振法に基づく電子工業に，62年9月には重電機延払に，それぞれ特利6.5%が適用されることになった．さらに，60年代以降は特利の適用が，

---

19) 詳細は，以下を参照のこと．大蔵省財政史室編 [1991] pp. 165-166.
20) 機振法に基づく融資条件については，56年3月3日，「基礎機械工業振興のための金融措置に関する通産・大蔵両事務次官了解事項」において大綱が決定されたが，その後通産・大蔵次官には開銀の金利や期限の決定権はないことから問題となり，これを解決する手段として，3月3日以前の日付をもって開銀は当該融資の金利・期限について了解している旨の文書を大蔵省に提出した．

表 4-6　特別金利および利息一部免除措置適用対象

	適用年月	年利率 (%)	備　考
離島航路	1952.11	7.5	特別金利
電　力	54. 2	6.5	特別金利
（外　債）	61. 1	7.0	特別金利
（重電機延払）	62. 9	6.5	特別金利
外航海運	54. 2	6.5	特別金利
経済援助資金貸付	55. 1	6.5	特別金利
石　炭	55. 9	免除後6.5	利息一部免除
近海航路	55. 1	免除後6.5	利息一部免除
特定機械	56. 8	6.5	特別金利
〃	61. 4	6.5	実質金利が年7.5%となるよう調整
〃	66. 1	7.5	利息一部免除
電子工業	57. 6	6.5	特別金利
合成ゴム	59. 2	免除後6.5	利息一部免除
硫　安	60. 2	免除後6.5	利息一部免除
（アンモニア・尿素新増設）	61.12	6.5	利息一部免除
（肥料形態転換）	63. 3	6.5	利息一部免除
（市中肩替資金）	63. 3	6.5	利息一部免除
天然ガス	64. 7	7.5	利息一部免除
重機械開発	64.11	7.5	特別金利
産業公害防止	65. 6	7.5	特別金利

同一業種の中でも対象工事の政策重要度に応じて選別される傾向が現われ，金利水準も複数化しはじめた．65年度までの期間では，重機械開発7.5%，産業公害防止7.5%などがこれに該当する（表4-6）．

　開銀は，特利の適用について，政策目的が明確であり，かつ政策目的達成のため不可欠な超重点的産業に限定すること，また，これにより市中融資が阻害されないことを原則的立場としてきた[21]．現実の特利適用は，上述の特定機械や電子工業など法律に基づいていたものが多かったが，時代が下ると，必ずしも法律によらず予算折衝の過程で決定されるようになった．これは，63年の特振法案の挫折を境に，通産行政が立法に基づかず事実上の行政指導によるものに移行したことを背景としている．また，60年代に入って特利が一部7.0%あるいは7.5%に底上げされた背景には，62年にガリオア・エロア資金の返済条件が決定したことから，開銀の国庫納付金に対する大蔵

---

21)　日本開発銀行［1962］p.33.

省の要請が高まったこと，また開銀においても，60年代初頭の貸付金利回りの低下や外債資金の運用の開始など，資金運用の条件に変化が生じたことによるものであった．

③の利息の減免措置は，基準金利による融資先に対して特殊な事情がある場合に限り一定期間金利を下げるもので，実質的には期間限定で特利を適用することに等しい．この措置は，開銀の債権管理の一手段であり，本来は個々の債務者ごとに必要に応じた減免措置を講じるのが趣旨であるが，55年度以降，特定の業種に対して政策的に運用されるようになった．具体例の一つは59年2月の日本合成ゴムに対するもので，同社に対する利率は他の石油化学同様に基準金利が適用されたが，財務基礎が確立されるまで6.5%に利息免除することとした．また，60年3月には大蔵・通産両次官からの依頼に基づき，硫安工業のアンモニア・ガス源転換工事に対して同様の措置がとられることになった．また，特定機械融資は，61年度以降，特利から基準金利一部免除措置に切り換えられた．

（6） 償還期限

開銀の融資の性格については，開銀法第1条で「長期資金の供給を行う」という目的が示され，第18条で「貸付金の償還期限は，1年未満のものであってはならない」と規定されている．融資期間については，金利同様開銀法第20条により作成が義務づけられている業務方法書にこれを記載することが規定されているが，業務方法書は所管官庁の認可事項ではなく，決定権限は開銀総裁に属するものであった．

1951年5月の開銀発足時の業務方法書には，「償還の期限は，1年以上5年以内とする．但し，本銀行において必要と認めるときは，5年をこえ15年以内とすることができる」と定めていたが，52年9月に見返資金の私企業貸付を承継した際に，この但書は「但し，本銀行において必要と認めるときは，5年を超え30年以内とすることができる」と改正された．これは，償還期限30年の電力向け見返資金融資を想定したものであった．以下，便宜上業務方法書の定める一般的融資期間を「基準期限」，但書以下の融資期間を「特別期限」として，各々の運用について述べる．

表4-7　特別期限の適用状況

適用開始年度	対象	償還期限（据置）
1952	電力（自家発水力を含む）	30年以内
	海運（外航船）	13〜15年以内
59	私鉄（一般工事）	20年以内
61	海運（外航船）	11〜13年以内
	電力（外貨債貸付）	15年
62	電力（重電機延払）	20年以内
	海運（外航船）	13〜15年以内
	駐車場	10〜15年以内
63	電力（産投外債貸付）	17年
64	石油（流通設備）	12.5年
	国際観光	15年以内

　発足時の業務方法書において基準期限が1年以上5年以内と定められたのは，当時の金融環境によるところが大きい．すなわち，長期信用銀行法が成立し，その運営が軌道に乗るまでは，開銀がある程度民間金融機関の役割を代替せざるを得ないという事情もあり，社債償還期限（5年）や市中銀行の長期資金の融資期間などが勘案された．実際の運用においても，当初のいわゆる量的補完に重点をおいた時代には，融資期間を市中銀行より特に長期にする必要はなく，また，絶対的な資金不足の下でできるだけ多くの企業に資金を提供するという見地から資金の早期回転が求められたこともあって，融資期間は3〜4年のものが多かった．

　50年代半ばを迎える頃には，長信銀の融資期間は平均3〜5年に達し，また，55年10月には社債の償還期限も5年から7年に延長された．さらにこの間，インフレによる債務者利潤発生の懸念も消滅していた[22]．このような情勢を反映して，開銀は56年7月に融資期間を運用上「1年以上10年程度」を原則とすることとした．これを機に，収支予想により算出された償還財源に基づいて融資対象工事完成時の要償還債務の返済に要する償還年数を計算し，それに基づき融資期間を決定するという方式が確立され，融資先の償還能力に応じて融資期間を定めることとなった[23]．

---

22) 日本開発銀行［1962］pp. 32-33.
23) なお，業務方法書はこのような実態に即して61年2月に，「償還の期限は，1年以上10年以内とする．ただし，本銀行において必要と認めるときは，10年を超え30年以内とする

次に，基準期限の10年を超える「特別期限」の適用の実態についてみると，65年度までにこれが適用された業種ないしプロジェクトは表4-7に示すとおりで，①適用業種は第3次産業に属し，②対象プロジェクトは，電力・海運を除き，機械設備ではなく建物・構築物の範疇に属し，償却年数が長いものが多い，③特利適用業種であり，政策要請の強いものが多い，という特徴がある．なお，特別期限の決定は，償還能力に加えて，①総合耐用年数を基礎とする（外債融資を除く電力，海運，私鉄），②融資原資の償還期限を基礎とする（外債融資による電力），③耐用年数の範囲内で償還可能期間を算定しこれを基礎とする，などの要因を勘案して行われた．

（7） 開銀法の改正

1956～65年度の間，開銀法は7回にわたって改正された．このうち，58年4月，63年3月および66年3月の3回の改正は，既述の通り受信限度倍率条項の変更を主たる目的とするものであった．以下では，これら以外の主要な法改正について触れる．

外債発行などのため60年12月に行われた法改正の主要点は，①開銀は，その業務を行うため必要な資金の財源にあてるため，大蔵大臣の認可を受けて外国通貨をもって表示する債券を発行することができる，②政府は，予算の定めるところにより，開銀の発行する外債に係る債務について保証契約をすることができる，③外債発行額と借入金の合計額の限度額（受信限度倍率）を自己資本の2倍までとする，の3点であった．この法改正により，61年9月に第1次外債の発行が実現し，以後重要な原資調達源の1つとなった．

64年3月に行われた法改正は，開銀法第18条第1項に定められた業務の範囲に土地造成資金の融資業務を新たに追加するためのもので，この改正により，第1項は「経済の再建及び産業の開発に寄与する設備の取得，改良もしくは補修，又は経済の再建及び産業の開発に寄与する事業の用に供する土地の造成（当該造成に必要な土地の取得を含む）に必要な資金……」と改められた．産業開発のための土地造成は，従来主として地方公共団体などによって

ことができる」と改められた．

行われてきたが，経済成長の進展とともにその必要性がクローズアップされてきた地域開発をより積極的に推進するためには，民間による土地造成に対しても適切な助成が必要であると考えられ，この法改正へとつながった．第6章において触れるように，この改正によって，開銀の地方開発融資の対象には工業用地・港湾埠頭施設用地の造成事業が加えられることになり，当該融資の拡充が促された．

第5章

業務体制の整備拡充

　本章では，1956年度以降10年間の開銀における組織機構や業務プロセスの主要な変化について記述するが，あらかじめその特徴を考察するならば，以下の4点に要約できるだろう．

　第1点は，業務内容の多様化と複雑化の進展に対応して，担当部署の再編が行われるとともに，より現場に近い部署への権限委譲およびそのための業務プロセスの変更が進められたことである．第2点は，新たに進出した地方開発融資業務の遂行のために，独自の企画・営業・審査各部をもつ事業部的な組織単位である「局」が設けられたことである．既述のように地方開発融資は，特定の政策に基づく他の融資分野とは異なり，開銀がその進出を自ら選択し，開拓を目指した分野であったが，開銀は同融資への進出後まもなくこれを既存の業務体制と切り離し，資源を独立に配置するという選択を行ったのである．第3点は，役員会審議案件の区分や企画室の創設など，長期的政策の立案および検討のための体制作りが推し進められたことである．第4点は，設備投資研究所の開設に象徴されるように，調査・研究および行員教育体制が強化されたことである．

　これらはいずれも第一義的には業務効率化のための措置といえるが，前章冒頭部分で確認した通り，この間の開銀が独自の存在基盤の確立・強化を強く意識したことの表れと捉えることも可能であろう．すなわち当時の開銀には，民間金融機関および他の政府系金融機関との関係上，日常的業務の効率性を向上させること，新たに進出した融資分野を着実かつ早期に発展させること，長期的スタンスで主体的に業務展開を企画しうる体制を整えること，かつ，その長期の展開の基礎となる独自の能力を意識的に構築することが求

められていた．以下にみる組織のさまざまなレベルでの改編は，このような課題への対応とみなすことができよう．

1. 業務体制の改編

(1) 1958年5月の機構改革——融資分野多様化への対応

1950年代後半以降の時期は，機振法に象徴されるように長期計画に基づく個別の産業政策とそれを遂行するための政策金融との連携の重要性が一段と高まった．民間金融に対する有効かつ適切な補完奨励を本来の使命とする開銀には，産業界の動向と問題点を常時把握し，政策の基本的方向を十分に認識しながら金融業務を遂行することが求められた．こうした要請を背景に，58年5月，大幅な機構改革が実施された．

ここで最も重視された点は融資部門の改革で，特に本店融資部門における事務の統一的処理と業種の集中把握を目指した措置が講じられた．その1つが地方部の廃止で，同一政策目的の融資を一元的に処理するため，従来地方部で統括してきた支店案件も営業各部で扱うこととした．また，機振法の成立で案件数が急増した機械工業向け融資に対応するため営業第三部を新設するとともに，営業各部の所管を業種別に分類し，営業第一部（電力，鉱業，農林水産業，その他他部に属さない業種），営業第二部（海運業，運輸関連産業，化学工業，繊維工業），営業第三部（特定機械工業およびその他の機械工業，鉄鋼業，非鉄金属工業）とした．この機構改革ではそれまで総務部で集中的に立案していた政策項目別の融資方針を営業各部に移管し，総務部はこれを調整する分業化を図り，財投予算要求に関する組織上の強化を行った．

この機構改革では，調査部および審査部の拡充も図られた．調査部では，54年以来経済調査課・事業調査課・資料課の3課体制がとられていたが，開銀の運営上特に必要と認められる事項について長期的な観点から調査研究を行う体制を整えるために，新たに特別調査課が新設された．一方，審査部については，審査案件の増加に伴う業務の充実と事務の促進を図るため1課を増設し，4課体制となった．

さらに，融資分野の多様化にともなって総務部の業務が複雑化してきたた

め，整理再編が行われた．まず，従来総務部外国課で扱われてきた海外業務は，50年代半ば以降，世銀借款件数の増加や外貨保証業務の拡大などによって増大していたが，当時の深刻な外貨不足の中にあって，これら外貨導入関連業務の重要性はきわめて高くなっていた．このような事情から新たに外国部が設けられ，海外関係業務体制の強化が図られた．また，総務部総務課は，企画・資金運用計画・融資方針や個別融資などの内部調整・法規・官庁その他との連絡折衝事務など重要な業務が集中し，対内的にも対外的にも業務の分業体制を整備する必要が生じていた．このため，債権管理などの総合把握・資金運用計画・各政策項目の運用方針の調整・政策項目間および部店間の連絡調整などを担う業務課を新設し，総務課は開銀の運営に関する総合企画・法規・対外折衝などを分掌することとした．

（2） 1961年3月の機構改革──地方開発局の設置

1959年度に新たな政策項目として加わった地方開発融資は，当初は九州と四国に限定され，資金枠も35億円という規模であったが，2年後の61年度には北海道・東北を除く九州・四国・中国・北陸の4地方が対象となり，運用規模も170億円と飛躍的に増大した．地方開発融資の開始にともなって60年3月には地方開発部が新設されたが，61年度の地方開発融資案件は概ね280件に達するものと予想され，既往の人員での処理には困難が予想された．また，開銀は地方ごとの公庫設立に一貫して異を唱えてきたこともあり，地方開発融資機構の本格的整備を外部からも要請されていた．こうした背景から，61年3月，地方開発局の設置を中心とする機構改革が実施されることになった．

まず地方開発関係では，上述の融資資金量の増大と対象地域の拡大にともない，関係事務の円滑化と責任体制の明確化の必要が生じたことから，地方開発部を発展的に解消し，本店に理事を長とする地方開発局を置き，さらに同局内に地方開発企画部・同営業部・同審査部を設けて一貫処理体制を構えることになった[1]．地方開発に関して既存の機構上異例の事業部的な「局」

---

[1] 地方開発企画部は地方開発に関する諸方針の立案，外部折衝，業務上必要な調査，その他総括に関する事務を，同営業部は関東・甲信地域に本社を置く企業の地方開発案件の融資業務を，同審査部は地方開発案件の審査事務および支店の地方開発案件の審査事務の統一処理

を設け，さらにその内部に総務部と一部同様の機能を果たす企画部を置いた理由の1つは，この業務の特殊性にあった．すなわち，地方開発案件は他の案件と異なり原則として官庁の推薦に基づかないため，前段階で推薦と同様の処理を行内で行い，かつ，行内で選別した融資対象について諸官庁と十分に調整を図る必要があった．これらの業務を融資業務と密接な関係を保ちながら機動的に遂行するためには，総務部から切り離して局に委任する方が適切と考えられたのである．また，地方開発局内に審査部を設けることに関しては検討過程でさまざまな論議を呼んだが，61年度の地方開発をはじめとする融資案件の急増という事態に備えて，比較的小規模なプロジェクトが多い地方開発の審査部門を独立させ，審査業務を2部門に分割処理した方が効率的であり，かつ地方開発案件については局長の指揮監督の下で機動的・一貫的な処理を行うことが望ましいとの結論に達したのである．なお，地方開発融資対象地域の中国・北陸への拡大にともない，61年4月に広島と金沢に支店が開設され，それぞれに審査課が置かれた．これを機に高松支店（60年4月開設）にも審査課が新設され，地方開発担当支店は全て総務・営業・審査各課をもつことになった[2]．

特定機械融資案件の増大に対応して58年5月の機構改革時に営業第三部が新設されたことは既に述べたが，61年3月に機振法が改正され，61年度以降は各年度で過去5年間の合計に匹敵する規模の融資枠が設けられることになったため，残高件数においても新規融資件数においても営業第三部が圧倒的比重を占めることが明白となった．また，第2次機振法では中小公庫にも融資枠が設けられ，その競合関係上からもより能率的な処理体制を整えることが必要となった．こうした事情から営業各部の担当業種が見直され，営業第三部の担当業種のうち鉄鋼業・非鉄金属工業が同第一部に，中小鋼造船

を，各々担当した．
2) 63年4月には，拡大する地方開発融資に対応して，鹿児島および松江に事務所が開設された．鹿児島事務所は福岡支店の下部機構として鹿児島県および宮崎県を担当し，松江事務所は広島支店の下部機構として島根県および鳥取県を担当することになった．これは，それぞれの支店から遠隔地に所在する地元企業の便宜を図り，また各地元情報の把握や地方公共団体などとの連絡折衝を密にすることを狙っての措置であった．

は同第二部にそれぞれ移管された[3]．

　その他，この機構改革では，電力室の開設をはじめとする営業体制の見直しが図られた．電力業に対する融資額は52年度以来最大のシェアを占め，電力融資関連業務の運営についてはその特殊性からかねてより統合処理の必要が唱えられていたが，上述の地方開発融資推進体制の拡充にともない人員配置の見直しが必要となったこともあって，専門担当部署の設置が実現した．すなわち，営業第一部内に新たに電力室を置き，これまで営業第一部第一課，各支店，外国部営業課，審査部と分散・重複していた電力関係の調査・審査・営業業務を統合することになった[4]．

（3）　企画室の設置と海外駐在事務所の開設

　上記以外の主要な機構整備としては，1964年1月の企画室新設（総務部内）があげられる．当時は，一方では日本経済の構造変化が急速に進む中で，政府金融機関としての開銀の機能や融資分野も変化することが予想され，他方では金融正常化など金融制度の諸問題と関連して，産業金融のメカニズムや制度についても再検討の気運が醸成されつつあった．このような情勢に対応して，開銀においても自らの機能のより効率的な発揮のための諸方策や将来の方向性について，長期的視野での検討が必要と考えられた．企画室の設置は，こうした要請に応えるものであった．

　従来開銀の運営の総合的企画業務は，その他の業務とともに総務部総務課が担当してきたが，長期的戦略の本格的な検討を行うためには通常業務との混在を避けるべきであるとの考えから，総務課の強化ではなく新たな組織の創設という形が選ばれた．企画室は長期（戦略的）企画を，他の部内各課は

3）　その後，1962年3月にも営業部全体にわたる機構整備が実施された．これは，61年11月に海運造船合理化審議会の答申「国民所得倍増計画に基づく外航船船腹拡充方策」を受けて再建整備計画の検討の本格化が見込まれ，従前以上に海運業担当機構を強化する必要が生じてきたことを背景とするもので，この機構整備の結果，①営業第一部は，電力，石炭，ガスその他エネルギー関連産業および公益事業を中心とし，あわせて鉄鋼業，金属工業を所管する，②営業第二部は，海運業を専門に所管するほか，私鉄および空輸業を所管する，③営業第三部は，機械工業を中心として従来と同様の所管を行う，④新たに営業第四部を設け，上記の各部に属さないすべての業種を所管することとなった．

4）　電力関連業務が本店に統合された背景には，各電力会社の東京における機構が充実したという事情もあった．

短期（戦術的）企画を，それぞれ連携しながら担当するという関係が構想されたのである．また，新機構の長と所属員には機動的なスタッフとしての活動が要請されることから，課制ではなく室制が採用された．

いま1つの重要な機構整備は海外関連のものである．海外業務の増大に対応するため，58年5月に外国部が置かれたことはすでに述べたが，次いで59年4月に世銀借款および外貨債務保証関連業務の拠点としてワシントンに初の海外駐在事務所が開設された．また，62年4月には米国での外債発行を念頭にニューヨーク駐在事務所が置かれ，64年にはユーロ債発行関連業務のためにロンドン駐在事務所が開設された．これら海外事務所は，資金調達関連業務の他，海外情報の収集という役割をも担った．

2. 業務プロセスの変更

既述の通り1950年代半ば以降の開銀では融資業務量が増大し，かつ，調査業務等の高度化に対する要請も高まっていた．また，前章でみたように開銀創立の際，興銀・日銀その他からの出向者や復金の行員などのいわば混成部隊で発足した事情から，行内の事務手続は必ずしも統一的ではなく，個々の管理者の出自を反映した形で遂行されていた．こうした背景の中，総務部のイニシアティブによって事務運営の見直しが進められることになった．

59年8月，総務部内に事務改善班と呼ばれる小規模なチームが正式に発足し，まず，業務フローの分析，問題点の洗い出しなどが行われた．翌年3月には事務改善委員会，同専門委員会などが設置され，事務運営改善に関する具体的対策を審議し，役員会に答申した．ここで確認された当面の課題は，①融資事務処理手順の合理化，②資料管理の近代化，③帳簿管理の整備と事務機械化，④機構および職制の合理化の4点で，その範囲は単なる「事務合理化」を大きく超えるもので，以後本格着手された事務改善は，その後の審査，情報管理，人事教育，職制などに多くの重要な変革をもたらすことになった[5]．以下では，開銀の業務の根幹に最も深く関わる融資プロセスの変更

---

5) 詳細は以下を参照のこと．日本政策投資銀行［2002］pp. 139-143.

について記述する．

　開銀における貸付事務は，申込受付・審査・融資承諾の3段階に大別処理され，かつその段階ごとに役員会付議ないしは報告が行われていた．また，営業，審査の両部によって事務が分担されているため，処理は中断し，事務の重複あるいは停滞を生じる原因ともなっていた．このシステムは，創立以来の審査重視の姿勢を体現しており，開銀の審査能力に対する高い評価の1つの根拠といえるものであったが，反面で，融資を受けようとする企業に対し，申込から3～4ヵ月のタイムラグを負わせるという事態を招いていた．とりわけ支店案件の場合，各案件は本支店間を3往復し，その都度役員会に付議されるという手続を踏む必要があった．既述のように59年度から地方開発融資が始まり，支店を窓口とする融資は急増していたので，事務手続の簡素化は急務であった．

　一連の融資事務の簡素化を図るための手段として，60年5月，申込受付事務の簡素化および一部審査の営業部への移管が実施された．まず申込受付については，案件を「問題案件」と「問題のない案件」に区別し，前者は従来通りの処理とするが，後者は役員会へ一括事後報告することとした．ここでの「問題案件」とは，企業内容や工事計画，償還力，既往取引ぶりに問題のあるものなどを指した．なお，計画造船および9電力に関わる申込受付は従来通り一括役員会付議とした．次に，継続工事に対する融資，すなわちすでに前年度一連の手続を経て融資が実行されている融資の審査については，処理の迅速化，および取引先と審査部の負担軽減という観点から，特に営業部店長が必要と認めたものを除き審査部に回付せず，監査的意味も含めて営業部店で処理することとし，あわせて，これら案件についての役員会付議は，融資承諾のみとした．ここでも，9電力と計画造船の継続工事融資は従来通りの手続を踏むこととした．

　申込および審査手続の簡素化が実施に移された背景には，大きく分けて2つの要因があった．1つは，開銀の設立当初はすべてが新規の取引先であることから全件審査が必要とされたが，以後10年近い歳月を経て，企業に関する情報は十分に蓄積されていたこと，いま1つは，発足当初においては営業部員にほとんど審査の経験がなく，全案件の審査部への回付が不可欠とさ

れていたが，その後の人事異動で営業部にも審査の経験や視点が十分に備わっていたことであった．営業部で行われた審査は，審査部による審査同様，企業の沿革・経営者から担保保証人まで全項目をカバーしたが，特に審査部が審査を行った時点以降に変化が生じた部分を集中的に精査した．この営業部による審査は当時「営業調査」と呼ばれたが，のちに「営業審査」という言葉が用いられるようになったことからもうかがえるように，その実質は必ずしも簡略なものではなかった．なお，営業第三部の特定機械案件は他の融資に比して件数が多いだけでなく，通産省からの推薦がしばしば下期に集中し，年度内の処理に苦慮していたことから，この営業調査の導入による事務処理の円滑化は特に意義が大きかった．

　上述の措置によって，融資に関わる役員会付議事項はかなりの軽減をみたが，役員会（当時は週3回開催）は個別案件の審議に重点が置かれ，さらなる簡素化が求められていた．このため，63年9月に役員会の運営方針が大幅に見直され，役員会は経営上の政策的問題ないし総合的問題の慎重審議に重点を置くこと，個別案件については重要案件および問題案件のみを付議することとなった．このため，融資金額が1億円を超えるものについては審査報告，融資承諾いずれかの段階で少なくとも1回は役員会に付議するが，1億円以下のものについては理事および部長の段階で問題の有無を検討し，役員会に付議するか否かを決定することとなった．以後，役員会は「運営政策など一般問題を中心とする役員会」と「貸付管理関係個別役員会」の2つに区分して開催されることとなった．

3. 研究調査活動の拡充――独自の能力構築の模索

（1）　調査活動の展開と設備投資計画調査

　開銀において調査研究業務が本格的にスタートしたのは，調査部が設置された1952年4月のことであり，以来同部では，経済調査・産業調査および資料統計の作成などを行ってきた．調査部設立当初「調査旬報」と呼ばれていた調査レポートは，その後「調査月報」（その後の「調査」）と名前を改め，取引先や関係官庁に配布された．

調査部の活動の柱の1つである「設備投資計画調査」は，56年7〜9月にその第1回が実施された[6]．この「設備投資計画調査」の調査項目は以後の長い歴史の中で種々変更ないし追加が行われたが，主な項目は，①設備投資額実績・計画，②設備工事別明細，③設備資金計画，④投資動機，⑤収支状況である．また，その特徴としては，①調査対象企業と回答企業数は同種の設備投資動向調査としてはわが国で最大規模の調査である，②調査対象企業の主業のみならず事業部門ごとの調査を行っている，③地域別の設備投資動向の調査を行っている，などがあげられる．調査結果は，開銀総務部が予算要求を行う際の基礎資料として活用されただけでなく，経済企画庁をはじめとする諸官庁の作成する経済見通しや各種分析調査に不可欠の基礎統計として幅広く利用された．

（2）　設備投資研究所の設立

　開銀の調査研究活動は調査部を中心に行われていたが，1960年代に入ると開銀の個性をより前面に出した新しい研究機構の設立構想が生まれた．平田総裁（63年4月就任）も，開銀は「調査とか審査については日本一の銀行でありたい．特に企業や産業などに関する調査については日本でも優秀な機関であるべきで…(中略)…開銀自体の業務の運営に役立つだけでなく，広く産業界あるいは政府に対しても，いいサービスを提供することが必要であり，かつ開銀なればこそそれが可能」であり，それによって行員が「能力を充実する一つの大きな刺激にもなり，またチャンスにもなる」という考えをもっていた[7]．

　具体的な準備は63年の夏から始まり，新しい研究機構は「設備投資について基礎的かつ実証的に専門研究を行う機関」と定められた．設備投資が中心テーマに選ばれた理由は，日本経済の成長にとって重要な意味をもつ設備投資を長期的視点から調査研究し，現実の経済活動や経済政策に活用することは有意義であるにも関わらず，既存の経済調査機関ではそれが果たされて

---

6)　アンケートは，東証第1部・2部上場企業（流通などを除く）および開銀の取引先すべて（約1,000社）を対象としたが，第1回目の回収率は90％に達した．
7)　平田敬一郎［1970］p.213.

いないことにあった．また，かかる研究の主体は特定の利害を代表するのではなく中立的であること，さらに研究のスタンスは実証的であると同時に長期的であることが望ましいと考えられた．この意味から，設備投資に関する政策金融に十分な経験をもち，実証的研究を行うに足るデータを備え，かつ政府金融機関として中立的な立場にある開銀は，その研究主体として最もふさわしいと判断された[8]．また，この構想の具体化に際しては，調査部と独立した研究所設立という形が選ばれた．これは，同構想が直接に業務支援的なものではなく基礎的かつ長期的な研究を主眼とし，一般事務部局とは別個の扱いが適当だと考えられたこと，官学各界との相互交流や協力体制構築を図るために開銀の中でもより中立性の高い組織の方がよいと判断されたことなどによる．

　研究所設立のための定員・予算は64年度予算で認められ，64年3月に設備投資研究所準備室が発足した．研究所の研究員としては，開銀職員の他に広く政府・金融界・学界から人材を募ることが構想され，これに沿って大蔵省，日銀，興銀，長銀などからの人選が行われたほか，学界との協力体制も円滑に進められた．64年7月1日，設備投資研究所（以下，設研）は下村治理事を所長として正式に発足し，設備投資をメイン・テーマとする一般研究班の活動が始まった．

　なお，設研には当初から，経営分析や審査技術の近代化を図るための経営研究の場としての役割も期待されていた．かかる期待が寄せられた背景には2つの理由があった．1つには，当時の開銀では事務改善の一環としてコンピュータ導入のための準備が始まろうとしていたが，平田総裁は審査業務の支援に対してもコンピュータを活用することに強い関心をもっていた[9]．いま1つには，開銀独自の企業評価や財務分析の方法に基づく人材養成を進めようという考えがあった．創立以来開銀の審査には興銀の手法が活かされてきたが，その後の融資分野の拡大や多様化という業務内容の変化には独自の

---

[8] 日本開発銀行［1963］．
[9] 平田総裁はこれに関して次のように語っている．「現在の審査事務のうち，量的にいったら80％程度は電算機に乗せることができるのではないか．あと20％については審査担当者の精力を集中する．そうすればかえっていい結果が得られるのではないか．量的には20％であっても，質的にはそれが徹底的に重要な場合がある．」（平田［1970］p.209）．

審査手法の確立をもって対応すべきと考えられたのである．

　こうした要請から設研には発足と同時に経営問題研究班が置かれ，メンバーは，のちの財務データ・バンクの雛型となる財務データの集積作業とともに，それらデータを活用した財務分析手法の開発に着手した．同時にこの研究班は，以後の新人研修の場としても機能することになった．それまでの新人は，業務の基本となる財務諸表の読み方などを配属先でのOJTによって習得していたが，経営問題研究班発足後，新人は3ヵ月間ここで簿記・会計を学ぶとともに，有価証券報告書を用いた財務分析の研修を受けることになった．

第6章

融資活動の展開

　この時期の開銀の政策金融は，既述のように政府の産業政策などの多様化を反映し，①産業基盤の充実・強化（電力・海運・石炭・鉄鋼・産業関連施設），②産業体質の改善と国際競争力の強化（特定機械・電子工業・石油化学・新技術工業化・硫安・一般機械他），③地域間の均衡ある開発（地方開発）など幅広い分野を対象とするようになった．以下ではこれらの主要融資分野に沿って，この時期の開銀の主な融資活動の背景，政策目的，融資実績および意義などを概観する．

1．産業基盤の充実・強化

（1）電　力

電源開発の概観

　1950年代前半の電力業は増加の一途をたどる電力需要を満たすべく電源開発を進めてきたが，50年代後半以降そのペースはさらに加速した．50年代後半の電源開発の大きな特徴は従来までの水主火従から火主水従への変化で，とりわけ大容量の新鋭火力発電所の建設が急速に進んだ．その結果，60年度末における電源構成は，水力が51.7％，火力が48.3％となり，両者がほぼ均衡するに至った．このような急速な電源開発の進展とならび，59年4月に広域運営制度が発足したこともあって，極度の需給不均衡は50年代末までにほぼ解消され，51年度以降繰り返されてきた電力制限は60年度をもって最後となった[1]．

1）　広域運営制度は，各地域間の電力需給調整とより広範囲な電力経済圏での電力設備の建設・運用を図るために9電力会社と電源開発によって作られた制度である（日本開発銀行

火主水従の傾向は60年代に入って一層顕著となった．それまで火力発電の燃料選択を大きく制約してきた重油ボイラー規制法が60年5月に改正されたことを受けて，60年度には初めて重油専焼火力（計10地点・約280万kW）の着工が認められるとともに，横須賀火力（35万kW×2）など大容量火力の開発が始まったことも，火力の比重を高める要因となった．61年度には新規着工出力の約8割までを火力が占め，さらに総工事量が過去最高を記録した翌62年度には新規着工出力に占める火力のシェアは94％にまで達した．

他方で，60年代前半の電源開発は，石炭政策の影響を色濃く受けた．60年の時点で，1,000kcal当たりの平均単価は石炭が77.7銭，重油が75.5銭とほぼ拮抗していたが，重油価格は60年代半ばにかけて石炭価格を上回る低落を続けた[2]．このような価格動向は，重油専焼火力の建設に拍車をかける一方で，石炭鉱業の窮状をより深刻化させたため，政府は62年11月の「石炭対策大綱」の中で，電力業に対して国内炭長期取引量の250万トン増量を求めるに至った[3]．こうして63年度新規着工予定の重油専焼火力のうち一部が石炭火力の建設に振り替えられ，着工火力出力に占める石炭火力の比率は前年度の21％から一挙に41％となった．「石炭対策大綱」による増量分250万トンを引き取るためには，64年度に予定されていた釧路火力以外に新たな石炭火力の建設を要したが，電力業界は，石炭火力の割高なコストを民間企業で負担するには限界があると判断し，増量分に対応する石炭火力の開発は電源開発に委ねることとした．電源開発は65年度に石炭火力2地点の着工を計画したが，後述のように出炭量の減少による電力用炭の供給不足，炭価の上昇などの事情が生じたためにこれを見合わせることになった．

この間わが国の火力技術は急速な進歩をみせていたが，さらに64年度には東京電力の姉ヶ崎1号機，中部電力の知多3号機，関西電力の姫路第二4

[1976] p.362).
2) 同上，p.364.
3) 1961年6月，石炭業界と9電力との間で67年度に2,300万トンの石炭を引き取ることが協定されたが，その後同年8月の「エネルギー懇談会中間報告」および62年10月の「石炭鉱業調査団答申」によって引取量が追加され，2,550万トンになった．9電力としては，67年度にこれを消化するために新たに石炭火力の建設に着手せざるを得なくなった．

号機に超臨界圧大容量重油火力設備が導入されることとなった．超臨界圧大容量重油火力は熱効率に優れ，以後の電源開発の主流となった．他方，水力発電では，適当な開発可能地点の枯渇，補償問題や水利権調整の複雑化などにより，開発規模は減少傾向をたどった．なお，60年代の水力開発は，ピーク時対応に適した揚水式が主流を占めるようになり，ベース負荷を大容量火力に，ピーク負荷を貯水池水力あるいは揚水式発電に委ねるという運転形態が一般的になっていった．

設備投資と資金調達の推移

　表6-1は電気事業者の工事資金の推移を示している．このうち9電力の工事資金に注目すると，1955年度以降の電源開発工事資金の巨額化と，火力発電のウエイトの急増を確認できる．また，60年代に入るとその他工事資金の占める割合が電源開発工事資金を上回っているが，これは，一方では，50年代半ば以降に着工した大規模電源開発工事が相次いで完成したことなどにより，新規着工規模が61年度をピークに漸減したこと，他方では，広域運営制度の開始にともなう幹線送電網の整備をはじめ，供給サービス向上のための送・変・配電設備等の拡充工事やその他設備改良工事が著増したことによるものであった．

　表6-2は1951年度から65年度までの9電力会社の設備資金の調達状況を5年ごとに区切ったもので，大まかな趨勢としては，60年代前半期の内部留保の大幅な増大，逆に開銀を含む外部借入金の大幅な減少を確認できる．これは，経済の順調な発展にともなって電力各社の経営基盤が安定化した結果とみることができるが，年度ごとにみた場合，電力会社の資金調達計画は金融引締め政策や社債・株式市場の動向などにしばしば多大な影響を受けた．

　例えば61年度の電力会社の資金調達計画には大幅な狂いが生じたが，これは社債市場の浮沈に大きく影響を受けた結果であった．電力各社は，61年1月の公社債投信発足にともなう起債市場の活況の恩恵を受けて，60年度中は社債による巨額の資金調達に成功し，61年度にはさらにこれを大幅に上回る資金調達計画を立てた．しかし，7月に金融は引締めに転じ，またこれにより公社債投信の解約が相次ぎ，社債発行実績も大きく後退して計画

表 6-1 電力事業者の工事資金推移

単位：億円

年　度		1951	52～55	56～60	61～65
9電力	電源開発		2,731	6,380	7,479
	（水　力）		(1,889)	(2,570)	(1,849)
	（火　力）		(842)	(3,810)	(5,630)
	（原子力）				
	その他		1,958	4,706	9,000
	計	474	4,689	11,086	16,479
電源開発㈱			882	2,210	1,784
公　営		24	382	733	796
その他電気事業者		2	62	311	781
合　計		500	6,015	14,340	19,840

注）9電力その他は通信設備，改良工事，調査費で核燃料を除く．
出所）通商産業省公益事業局・電気事業連合会［1962］『電気事業10年の統計』，同［1972］『電気事業20年の統計』．

表 6-2 9電力における設備資金の調達実績

単位：億円

年　度	1951～55	56～60	61～65
工事資金　計	5,163	11,086	16,479
内部留保	1,540	3,124	8,884
増資（手取額）	398	1,344	2,047
社債	479	2,694	3,315
外部借入金	2,907	3,979	2,233
（うち開銀）	(978)	(826)	(417)
合　計	5,324	11,141	16,479

注）社債・借入金（含延払金）は純増額である．
出所）表6-1に同じ．

は暗礁に乗り上げた．工事費節減などに努めてもなお各社の資金不足は解消されず，内部留保の乏しい会社では工事資金の支払繰延べはおろか債務償還の繰延べをも検討するまでの窮状に陥った．このため，政府は運用部資金から130億円（うち95億円は興長銀債買上げによる融資，35億円は開銀融資）の放出を行い，各社の資金繰りを救うこととした[4]．

年度半ばまで金融引締め政策が続いた62年度にも，電力各社の資金調達は

---

4) この間の経緯は以下に詳しい．岡崎他［2002］pp.241-244.

再び難航した．当初4,000億円近い額が計画されていた総工事費は年度途中で数次にわたり圧縮されたが，債務償還分1,600億円を含む所要資金はなお膨大なものであったため，9電力は内部留保からの支出を増加してもなお不足が見込まれた170億円について，財政資金の追加投入を要求し，政府は運用部資金を興長銀経由で50億円貸し出すことを決定した．その他信託から30億円，生保から10億円の追加融資が行われたほか，開銀の外債発行が増額されたことなどもあって，同年度の電力会社の資金不足は辛くも解消された．

電力融資の実績と意義

1950年代後半の開銀は，前半同様に，産業インフラである電力の安定供給確保のため9電力をはじめとする電気事業者の電源開発および送電線などの流通設備の整備など，設備拡充工事の大半を対象に融資を行った．しかし，60年代に入ると電力会社の経営基盤の充実にともない，後述のように徐々に融資対象を限定していった．

表6-3は，9電力とその他の電気事業者に対する開銀の融資額および外貨保証額を示している．

まず，1950年代後半の5年間をみると，世銀借款やメーカーズ・クレジット，ワシントン輸出入銀行（以下，米輸銀）借款に対する外貨保証を含む9電力への信用供与は総額1,940億円に達し，電力融資全体の9割以上を占めた．9電力への信用供与のうち国内資金（円貨）の設備投資（総工事費の調達）に占める割合は1952～55年度の22.3%から56～60年度には10.0%に低下した．その一方で，融資額全体の4割以上を外貨，すなわち世銀借款の転貸と外貨債務保証が占めた．外貨を含めると，開銀は9電力の設備投資の17.5%に当たる信用供与をしたことになる．これら外貨関連の詳細は本章の最後で述べるが，この外貨分の増大は，この当時の9電力が直面した課題を反映している．すなわち，50年代前半の喫緊の課題は電力の安定供給と経営の基盤整備であったが，50年代後半にはそれらの課題はひとまず克服され，代わって，火主水従への転換を急ぐ中で，海外，特に米国から当時の日本にはなかった大型火力プラントの技術と設備を導入するために外貨を獲

表 6-3 9電力とその他電気事業への開銀融資額

単位：億円

年　度	1956～60	61～65	合　計
国内資金融資	1,182	1,133	2,315
（9電力）	(1,105)	(952)	(2,057)
（日本原子力発電）	(15)	(70)	(85)
（その他電気事業者）	(62)	(111)	(173)
世銀借款転貸（9電力）	364	43	407
融　資　計	1,546	1,176	2,722
外貨保証	584	842	1,426
（9電力）	(471)	(758)	(1,229)
（日本原子力発電）	(113)	(84)	(197)
合　計（融資＋保証）	2,130	2,018	4,148
（うち9電力）	(1,940)	(1,753)	(3,693)

出所）　日本開発銀行［1976］pp.371, 375-376 他.

得することが課題となった．また，世銀借款の場合，融資期間は20年ないし25年，金利は5ないし5.75％，メーカーズ・クレジットに融資参加した米輸銀借款の場合はそれぞれ8～20年，5～5.75％で，いずれも融資条件は国内借入に比べ極めて有利であった．他方，国内での9電力にとっての資金調達環境は，電力会社の経営基盤の確立や民間金融機関の貸出余力の増大などにより，かつてより大幅に改善された．このために，9電力に対する開銀の関与も，国内資金の融資主体としての役割よりも外資導入機関としての役割が拡大していくことになった．表6-3に明らかなように大容量火力ユニットの開発が始まった60年代前半には，さらにこの傾向は強まり，特に外貨保証は顕著に増大している．

50年代後半に外資調達源としてきわめて重要な役割を果たした世銀借款は，61年3月に契約が成立した九州電力向け借款が最後となった．しかしその一方で，電力会社自らが外債を発行して外資を直接導入することは，なお当時では困難であったため，第4章に述べた通り61年度以降は開銀が外債を発行し，その手取資金を9電力向けに融資するという方法が採られている[5]．

---

5)　これは，表6-3においては，国内資金融資額の中に含まれている．

また，62年度以降の国内資金融資には，新たに発足した重電機延払融資制度による融資も含まれている．これは，62年10月の火力発電設備（20万kW以下）の輸入自由化実施に対応して設けられた．これらの機種における国産機器は，品質・性能・価格面ではほぼ国際競争力をもつに至っていたが，海外有力メーカーが低利で長期の延払条件での売り込みを積極化させることが予想されたために講じられた措置であった[6]．融資対象機種は，20万kW以下の火力発電設備のうちボイラー・タービン発電機および開銀の指定する主要付属機器に限定して適用され，開銀の融資条件として電力会社・メーカー間で重電機器に関する延払契約を結ばせ，これに開銀資金を活用することでメーカー側の資金繰りを緩和するという方法がとられた[7]．長期的観点に立てば，このような保護育成措置に支えられた国内重電機メーカーの技術水準の向上は，電力会社に多大なメリットをもたらしたといえよう[8]．

　なお，61年度以降，開銀は徐々に電力融資の範囲を限定していったが，64年度以降の電力向け融資制度は大きく変化し，従来までの電源・送変電設備などを包括的に対象とする融資制度に代わって，重電機延払・石炭火力・原子力発電など個別政策に基づく資金枠が設定され，その対象となるプロジェクトのみをとりあげる融資制度が設けられることになった．融資制度のこのような細分化傾向は，後の時代にさらに強まっていくが，これについては第3部で説明する．

　さらにこの他，57年12月策定の「発電用原子炉開発のための長期計画」に基づいて設立された日本原子力発電がわが国初の商業用原子力発電所である東海発電所（コールダーホール改良型）を建設した際，開銀は新規産業育成の観点から融資を行い，また同社が英国から原子炉を購入する際には外貨債務の保証も行った．

　この時期には発電能力（電気事業者）は55年度末の1,219万kWから65

---

6) 日本電機工業会は1962年に発電機器製造業者8社で重電機器延払対策委員会を発足させ，以来毎年関係官庁等に重電機国内延払資金に関する要望書を提出し，資金枠確保に努めた．日本電機工業会編［1973］p. 55.
7) 詳細は日本政策投資銀行［2002］p. 152.
8) 大型火力発電設備は十分な国際競争力が確立されたとの判断から，1970年度の新規着工分以降延払対象から外された．日本電機工業会編［1973］p. 55.

年度末の3,650万kWへと約3倍に増加し,発電電力量も56年度の625億kWhから65年度の1,676億kWhへ,この時期の実質GDP成長率(約2.2倍)を上回る約2.7倍に増加した.この間,電源構成は,水主火従から火主水従へと着実にシフトした.この時期の開銀融資の対象には,水力では黒部第四などの大規模調整池式発電所,揚水発電所,低落差発電所(チューブラタービン),アーチダム,ロックフィルダムなどのダム型式,火力では熱効率の向上のための高圧高温(超臨界圧)化や大型化,187kV以上の高圧送電による送電ロスの低減などの主として海外から導入された新技術も含まれている.

(2) 海 運──船腹増強と業界再編

開銀は,1950年代後半から60年代前半にかけて,貿易立国の主旨にのっとり,わが国商船隊の整備・拡充のため,計画造船を中心に海運融資を行った.この間,日本籍船は拡大し,外国用船を含むわが国商船隊の積取比率は輸入・輸出とも増加した.しかし,その一方で,激しく変動する運賃市況と国際競争に直面する海運業にあって,船腹拡大政策と海運企業の基盤強化は両立の困難な課題であった.海運企業の経営悪化から,63年末には海運再編を余儀なくされ,新体制の下で商船隊の整備・拡充が図られることになるが,後述するように開銀はこのプロセスにも大きく関わっていった.

海運市況の回復

1952年の春以降低迷していた世界の海運市況は,54年8月に欧州諸国が行った穀物緊急輸入を契機として動意づき,活気を取り戻しはじめた[9].海運市況の回復は日本の海運業にもおよび,邦船の運賃収入は54年度の783億円から56年度の1,562億円へと2年間で倍増し,企業の償却前利益は55年3月期の24億円(対象会社49社)から翌56年3月期の493億円(同53

---

[9] 海運市況の回復の背景には,欧州諸国の緊急輸入に端を発した事情の他に,53年7月の朝鮮休戦条約成立や54年7月のジュネーブ会議でのフランスのインドネシア撤退決定などを経て,世界経済が本格的な再建軌道に乗り始めたとの期待の高まりがあり,したがって海運市況の回復も永続的と観測されていた.中川敬一郎[1992] pp.205-206.

社）へと急上昇した[10]．

　海運市況の高騰は世界的な船腹建造熱を駆り立て，55・56年の2年間で2,900万総トンに及ぶ新造船が発注された[11]．国内においても1955年春に概要が決まった第11次計画造船では，各社の船腹建造熱の高まりを反映して激しい応募競争が展開された[12]．続く第12次計画造船についても，多数の外航船舶の早期建造に対する船主の意欲はきわめて強く，計画は大規模化したほか，自己資金船の建造も活発をきわめた．

　さらに，56年央にはこのような趨勢を加速させる事件が起きた．56年7月，エジプト・ナセル大統領が発したスエズ運河国有化宣言は，運河運航停止の観測を生み，運賃水準の高騰を加速した．やがて10月にイスラエル軍がエジプト領シナイ半島に侵攻しスエズ動乱が勃発し，翌11月にスエズ運河が閉鎖されるに至ると，スエズ運河運航停止にともなう輸送距離の増大と備蓄買付需要の発生で，世界の船舶は大幅に不足し，海運市況はさらに急騰した．このスエズ・ブームを背景に，海運業界の業績回復は一気に加速するとともに，新船建造熱はさらなる高まりをみせた[13]．

　このような海運情勢の変化を受けて，船舶建造に関わる利子補給制度の見直し論議が進み，56年度の予算編成で第12次計画造船の利子補給率が従来の半分に減額することが決定され，さらに57年1月の予算閣議において，利子補給予算の全額削除が決まり，既往の契約分も含め利子補給制度は停止されることになった[14]．

　開銀はこれにともない，利子補給と併行して53年10月以降計画造船融資分について行っていた造船資金利子差額の徴収猶予措置の打切りを希望し，運輸省に申し入れた．これに対して運輸省は徴収猶予措置の継続を開銀に要

---

10) 海事産業研究所［1967］p. 19.
11) 同上.
12) とりわけ不定期船（計画：8社8隻6万1,000総トン）では競争が激しく，41社41隻31万総トンにのぼる応募があった．中川［1992］p. 207.
13) 同上．pp. 210-211.
14) 海事産業研究所［1967］pp. 19-20. この時，日本船主協会は利子補給制度の復活を強く求めたが，一方で第13次計画造船に対する財政資金の増額をめぐる復活折衝が進められており，後者と引き換えに前者を認めるという事情もあったようである．詳細は，岡崎他［2002］p. 261を参照のこと．

請したが，開銀は，①57年4月1日からは約定どおり年6.5%の利子を徴収する，②これまでの徴収猶予利子額は4月1日から5年以内に分割返済させる，という旨を海運会社に通知し，徴収猶予措置を中止した[15]．

スエズ・ブームの終息と海運不況

スエズ・ブームを受けて，第13次計画造船（1957年度）では高船価のなか過去最高の46隻41万5,000総トンが建造されることになったが，57年に入って海運市況は軟化しはじめ，同年4月のスエズ再開以降，そのペースは加速した[16]．市況下落の背景にはさまざまな事情があったが，根本的な原因は世界総船腹の急増であった．このような市況の低迷を反映して，海運各社の収支は急激に悪化した（表6-4）[17]．特に大きな痛手を受けたのは不定期船主力会社で，とりわけ外国船を高値用船している会社の多くが57年下期には無配に転落した．

事態をより深刻化させたのは，55年度以降，船価急騰の中で進められた自己資金船建造が残した負担であった（表6-5）．市況の低落の結果，そのほとんどが所要資金を市中借入に頼ったが，57年央の金融引締めの影響でそれも難航し，同年度末における造船所への支払遅延は114億円に達した[18]．この資金不足の対策として政府は運用部資金で100億円の金融債を引き受け，うち60億円を海運業に配分するという措置をとった[19]．しかし，これ以降，市中金融機関は海運融資に対してきわめて厳しい姿勢で臨むこととなり，このことは第14次計画造船の策定プロセスをおおいに難航させただけでなく，船腹拡充最優先で進められてきた計画造船政策に見直しを迫る1つの要因となった[20]．

---

15) 海事産業研究所［1967］．p.20．
16) 英国海運会議所発表の世界不定期船貨物運賃指数（1952年平均＝100）は，1957年4月134.3，同年7月101.9，12月71.6，58年3月63.6と急落した．
17) 昭和33年度経済白書では，海運業の状態について「不況の深刻化とともに一人歩きの可能性すら疑われる状態となっている」と表現している．経済企画庁［1958］p.234．
18) 日本開発銀行［1976］p.417．
19) 1958年3月，金融機関資金審議会は，鉄鋼・海運の「資金不足」対策を検討したが，資金不足の主な原因が興銀の供給不足であることに鑑み，金融債の買いオペを行うことが適当であるとした（大蔵省財政史室編［1991］p.134）．
20) この当時の議論については，以下で詳細な分析が行われている．岡崎他［2002］pp.267-

表6-4 開銀取引先主要海運会社の償却前利益の推移

単位：百万円

	会社数	1956/下期	57/上期	57/下期
定期船主力会社	4	5,040	3,869	△235
不定期船主力会社	15	10,676	9,822	△413
油槽船主力会社	8	6,612	6,285	4,456
貸船主力会社	28	10,339	5,963	4,557

出所）日本開発銀行［1958］p.13

表6-5 自己資金船建造量の推移

年度	建造量 隻数	建造量 1,000総トン	契約船価（億円）
1955	15	114	108.9
56	38	250	304.9
57	66	429	551.8
58	23	284	326.8
59	38	375	352.5
60	29	338	301.6
61	29	578	442.7
62	9	188	139.6
63	6	123	79.2
64	23	236	157.7

注）2,000総トン以上の外航船．
出所）日本船主協会［1970］p.175.

表6-6 返済猶予残高の推移

単位：百万円

年月	金額
1955/3末	6,235
55/9末	7,991
56/3末	7,687
56/9末	6,273
57/3末	4,744
57/9末	4,423
58/3末	6,544

出所）日本開発銀行［1958］p.14

278.

海運会社の収支の悪化により，開銀融資の回収にも深刻な影響が生じ，表6-6に示すとおり55年9月末をピークに漸減傾向にあった元金返済猶予残高も57年度末には再び増加に転じた．また，上述のように開銀は，57年に利子差額の徴収猶予措置の停止を決めたが，年度末には船主協会から再猶予の申し入れが行われた．

海運政策の再検討と適格船主選考方式の変更

不況の深刻化とともに海運会社の基盤の弱さが露呈するにおよび，海運政策は見直しを余儀なくされた[21]．1958年4月，運輸大臣より「海運企業基盤強化策」に対する諮問を受けた海運造船合理化審議会（以下，海造審）は8月に答申を出し，財政資金融資と市中融資の協力による計画造船の推進は海運増強のためにやむを得ない措置であったものの，船舶建造資金の大部分を借入金に依存した結果，企業基盤の弱体化が顕著となっていること，にも関わらず業界の認識は浅く，企業合理化に対する努力が不十分であることを厳しく指摘し，今後企業基盤の強化に重点をおいた政府の施策が進められなければ，海運企業の維持も日本経済が必要とする船腹拡充も困難であるとの考えを示した．その上で同答申は，①企業の合理化に対する自主的努力，②企業間の協調態勢の確立，③政府の助成策（市中融資に対する利子補給制度の復活，開銀貸付金利の引き下げおよび棚上げ，市中融資の開銀への肩替り，オペレーターに対する助成，三国間輸送助成，税制上の優遇措置等）などの海運基盤強化方策を提示した[22]．

この答申に基づき，海造審に特別部会として企業合理化審査会が設置され，企業の合理化状況についての審査が行われることとなった．また，政府の助成策としては，三国間輸送助成および移住船運航補助等が他に先駆けて59年度から実施されることになった．

さらに，答申に示された従来の船腹拡充優先の計画造船のあり方に対する

---

21) 業界内部においても，1958年6月に日本郵船・大阪商船・三井船舶の3社により三社会が結成され，繋船，航路の自主調整，貨物の相互融通，共同引受，傭船料の協定などについて協調の申し合わせが行われるなど，自主的な不況対策を模索する動きがみられた．
22) 海事産業研究所［1967］pp. 315-317.

反省は，58年12月の海造審の答申「昭和34年度における日本開発銀行融資による外航船舶の建造について」において具体化された．すなわち，従来の計画造船においては，運輸省が船種別建造量および開銀の融資比率を決定した上で，船主公募を行い，開銀に適格船主を推薦し，これらについて開銀が審査を行うという方法が採られてきた．しかし，この答申では「今後はこの方式を，企業側の申出により日本開発銀行と市中金融機関とが緊密な連繋をとり金融的判断によって，建造船主に対する融資を決定する方式に改めることが，船主側の企業経営努力をより一層促進することともな」るとの考えが明示された[23]．

　この答申を受けて，15次船（59年度）の船主選考は大きく変わった．すなわち，定期船については定期船政策の円滑な実施のために従前の方式が残されたものの，不定期船および油槽船については，運輸省は海運政策上考慮すべき事項を開銀に示すにとどめ，具体的な案件の選定は開銀が市中金融機関と緊密な連繋をとりつつ行うことになった．

　この決定を受けて開銀は，不定期船および油槽船の15次船融資から従来の方式を廃し，他の政策項目の融資同様，投資採算性に重点を置く個別審査方式をとることとした．すなわち，従来は運輸省の海運政策によって予定建造量および船種ごとの建造枠が定められていたことから，開銀が個別企業の信用力を中心に詳細な審査を行っても，結果的には予定の建造枠に達するまでのすべての企業が適格となるという問題をはらんでいた．しかし，15次船からは建造の目標のみが示され，開銀の金融的判断によって船種や建造量を弾力的に融通変更できることとなったため，融資建造船舶の選考に際しては，あくまで船舶の経済性や企業の素質，資産，信用力などに主眼を置く個別審査方式をとることが可能になったのである．

利子補給の再開と「償却前利益方式」の採用

　1958年8月の「海運企業基盤強化方策」の答申以来，企業側では合理化や企業間協調の動きがみられ，政府の側でも上述の三国間輸送助成など新た

---
23) 同上，pp. 319-320.

な助成に着手したが,依然海運不況が続く中で,企業基盤の強固な外国海運業との激しい競争に耐え抜くには,さらに根本的な体質改善のための措置が必要であると考えられた.こうした中で「わが国海運の国際競争力強化のための具体的方策について」の諮問を受けた海造審は,59年11月,海運の国際競争力強化対策として,企業強化計画の提出を条件に利子補給を復活させること,また新船建造については「原則として債務を増加させないことを目安として建造する」,いわゆる「償却前利益方式」をとることを骨子とする答申を行った[24].

この答申に基づいて,60年度から民間金融機関に対する利子補給が,企業強化計画を前提として既往融資分に遡って適用されることになり,61年度からは,開銀に対する利子補給も復活した[25].なお,利子補給の復活をめぐる背景には,民間金融機関からの圧力もあった.すなわち,民間金融機関は,59年度予算で利子補給の復活が認められなかったことから,14次船の継続分について開銀融資比率の引き上げを強く求め,これが解決しない限り15次船の協調融資についての話合いに応じないとの態度を示していた.

一方,答申に示された「償却前利益方式」は,16次船(60年度)から建造基準として採用されることとなり,計画造船および自己資金船の契約船価の合計額が当該企業の当該年度の「償却前利益＋増資手取金＋処分資産簿価－資本支出」の額の範囲内であることが求められることになった.申込受付基準がこのように厳格となったこともあって,16次計画造船における定期船の申込競争率は1.3倍(14次船1.8倍,15次船1.6倍)と低下した.

また,開銀はこの「償却前利益方式」の採用と並び,同年度の不定期船および油槽船について,①財務状況(負債比率),②取引状況(設備借入金返済状況),③収支状況(既往徴収猶予利息延滞状況)に関する受付基準を設け,受付段階において借入希望船主をふるい分ける方法を採った.この方法は,融資の適格性についての基本的基準を会社にアナウンスする効果をもつとともに,

---

[24) 同上, pp.26-27, 323-325, 日本開発銀行[1963] p.205, 日本開発銀行[1976] p.420.
[25) これは,日本輸出入銀行融資による輸出船の金利負担とのバランスをとったもので,補給率は1.5%となり,開銀融資の船主負担金利は5%となった.また,同じく輸出入銀行の貸付条件との関係で,定期船,不定期船の貸付期間が15年から13年に,油槽船の貸付期間が13年から11年にそれぞれ短縮された.

開銀にとっても，申込みを一括で無条件に受け付けて審査部に回すという方法より個々の審査に多くの時間を費やせるという利点があった．なお，上記の3項目を基準としたのは，それらが収支予想や償還能力，資産評価などの基準よりも客観性が高いと考えたためであった．

その他，60年度には，船舶の経済性と運用効率の向上の目的からレシプロ船やタービン船の主機をディーゼルに変えるための主機換装助成措置が講じられた．これは，特に新造船建造能力の乏しいオーナーの体質改善策としてその効果が期待されたもので，60・61各年度10億円の財政資金が計上され，対象となる船舶（2,000総トン以上，船齢15年未満の外航貨物船）に開銀を通じて換装工事費の50％を限度とする融資が行われることになった[26]．

国民所得倍増計画と海運対策の再検討

海運業が再び利子補給制度に依存しつつ船舶拡充を進めることになった1960年の12月，「所得倍増計画」が閣議決定され，わが国経済の高度成長は国際収支の均衡確保を前提としてはじめて達成し得るとの見地から，外航船舶の拡充の必要性が示された．同計画での貿易外収支の目標値を達成するためには，海運業は70年度までに1,335万総トンの船舶を保有すること，およびこのために970万総トンの船腹を建造する必要があった．しかし，脆弱な企業体質を長期の不況下でさらに悪化させていた当時の海運企業には，そのような大量の船舶建造は到底不可能であった[27]．

「所得倍増計画」以降，海運企業の基盤強化は単に一産業の問題ではなく，経済政策上の重要な課題の1つとなった．61年11月，「国民所得倍増計画に基づく外航船腹拡充のための具体的方策」の諮問を受けた海造審は，利子補給の強化，59年度以前の新造船融資分の一部利子徴収猶予などの内容を含む「海運対策答申」を行った．この答申を受けて運輸省は，62年1月に「海運企業の基盤強化のための臨時措置法（仮称）案要綱」を作成し，さらにこれに基づいて政府は同年5月，「海運企業の整備に関する臨時措置法案」を提出した．しかし，同法案の徴収猶予額が限定的であったこと，他方

---

26) 海事産業研究所［1967］p.28.
27) 同上，p.29.

で政府は同法案以外一切の助成策を行わないとしたことなどから,海運業その他からの異論を招いた[28].

同法案が審議未了で廃案となった後の62年9月,運輸省は「海運対策要綱」を作成した[29].同要綱は,「海運業界の体制の整備」の必要性を示し,また,「体制の整備を進めるにあたって政府は企業の自主的努力を促進するようあっせん,指導につとめるとともに」,「利子猶予措置,新造船に対する財政資金の融資等の措置を効果的に運用する」という内容であった.

海造審は,この要綱を検討するために海運対策部会小委員会を設置して,62年12月,海運業の再建策にかかわる検討結果を「海運対策について」として政府に建議した[30].そこでは,「わが国海運業の現状は,多数の小規模の企業が乱立し,その間に過当競争が行われており,そのため収益力の低下,投資力の不足を来しているので,これらの企業を集約し,過当競争を排除するとともに,企業規模の拡大による投資力の充実をはかり速やかに企業の自立態勢を確立することが目下の急務」という海運企業集約化の方向性が明確に示された[31].

一方,自民党内でも同年10月に「海運再建懇談会」が設置され,これと方向性を同じくする「海運再建基本方策」が打ち出された.こうして,海造審,自民党海運再建懇談会,その他各方面の意見の調整を経て63年2月に閣議決定されたのが,「海運業の再建整備に関する臨時措置法案」(以下,再建整備法)および「外航船舶建造利子補給および損失補償法および日本開発銀行に関する外航船舶建造融資利子補給臨時措置法の一部を改正する法律案」であった.

---

28) 岡崎他 [2002] pp.302-308,海事産業研究所 [1967] pp.30-31.
29) 「海運対策要綱」についての記述は,以下に依拠している.岡崎他 [2002] p.308.
30) この小委員会は脇村義太郎(東京大学名誉教授),植村甲午郎(経済団体連合会副会長),宇佐美洵(全銀協会長),中山素平(日本興業銀行頭取),太田利三郎(開銀総裁),土屋清,稲葉秀三(経済評論家)の7名で構成された(岡崎他 [2002] pp.308-309).委員長を努めた脇村氏が集約化を軸とする再建策立案をリードした(橋本 [1991] p.260).
31) 海事産業研究所 [1967] p.332.脇村は,規模の利益を実現し,欧米の海運会社と対等に競争するには,1社当たりの運航船腹は200万トン程度が望ましいと考えた.当時の総船腹は780万トンであったことから,独禁法への抵触が懸念され,支配船腹を100万総トン,5～6社への集約という提案を行った(橋本 [1991] p.260).

海運再建整備二法

「海運再建整備二法」と呼ばれるこれら2つの法律は，第43回通常国会を経て，63年7月に公布された．再建整備法の骨子は，以下の通りであった[32]．

①開銀は62年4月30日以前に建造契約が締結された船舶の建造資金の融資を行っている会社であって運輸大臣の推薦を受けたものが整備計画を実施したときは，その会社に対し整備計画実施について運輸大臣の確認を受けた日から5年以内に支払期の到来する利子の支払を猶予することができる．

②運輸大臣の推薦を受けようとする会社は，次の事項を定めた整備計画を運輸大臣に提出し，その承認を受けなければならない．

　ⅰ）当該会社が次のいずれかの企業の集約を行うこと（集約計画）．

　　（イ）海上運送法に規定する船舶運航事業を営む会社と合併し，その所有外航船舶量が50万重量トンを超え，これにその系列会社（合併会社が運輸省令で定める率を超える株式を保有することによりその事業活動を支配するもの）または専属会社（合併会社またはその系列会社に対し所有外航船舶の全部を運輸省令で定める期間を超え貸船または運航委託をする会社であり，これらの会社と運輸省令で定める密接な関係を有するもの）の所有外航船舶量を加えて100万重量トンを超える会社となること．

　　（ロ）（イ）に掲げる企業の集約に係る系列会社となること．

　　（ハ）（イ）に掲げる企業の集約に係る専属会社となること．

　ⅱ）集約の完了予定日から起算して5年以内に政令で定める方法により計算した減価償却不足が解消すること（自立計画）．

③運輸大臣は，整備計画が適切で実施が確実であり，かつ開銀以外の金融機関が利子の2分の1以上の支払を猶予することが確実であると認めるときは整備計画を承認し，会社を開銀に推薦する．

④整備計画承認については，運輸大臣は海運整備計画審議会に諮問する．

32）行内資料による．海事産業研究所［1967］pp.31-33も参照．

⑤政府は，開銀の支払猶予利子の額に相当する金額を開銀に交付する．
⑥支払猶予を受けた会社は猶予利子相当額を開銀からの借入金償還に充てる．

　企業集約の要件等の詳細は，63年7月以降の海運企業整備計画審議会で順次決定され，上記（イ）に示されたいわゆる中核体の合併の相手方は，従来から主力オペレーターと称されているものの範囲に限ること[33]．また，「系列会社」については，合併会社の株式支配率を30％と定め，かつ保有とは直接所有のみならず間接所有や信託所有を含むこと，さらに「専属会社」については，5年を超えて外航船舶を貸船または運航委託すること，また「密接な関係」については，①1割を超える株式支配，②2割を超える船舶設備債務の保証，③常勤取締役の派遣，のうちのいずれか1つを充たすこととなった．

　なお，再建整備法と同時に成立した利子補給法の改正によって，船舶建造融資を受ける船主負担金利が開銀融資については年4％，民間金融機関融資については年6％となるよう利子補給率の限度が引き上げられ，利子補給年限も開銀融資については10年，市中融資については7年に延長された．この措置は，第18次（62年度）以降の新造船融資について，再建整備法による企業集約を実施した企業にのみ適用されることになった．かくして，戦後一貫して機会均等主義的に展開されてきた船舶建造政策は重要な転換を遂げた[34]．

海運会社の集約と整備計画

　整備計画の提出期限は1963年12月20日と定められたが，中核体形成の合併交渉をはじめ，企業集約のプロセスは難航をきわめた．9月以降相次い

---

33) 主力オペレーターとは，運航主力会社（日本郵船，大阪商船，三井船舶，川崎汽船，山下汽船，新日本汽船，大同海運，日産汽船，新和海運，第一中央汽船，日之出汽船，東京船舶，関西汽船）計13社と，タンカー主力会社（日東商船，飯野海運，三菱海運，太平洋海運，共栄タンカー，大洋商船，森田汽船，日本油槽船，照国海運）計9社をさす．なお，このうち関西汽船は集約に不参加を表明した（海事産業研究所［1967］p.34）．

34) 同上，p.33.

表6-7 中核体6社の概要

吸収会社	被吸収会社	新社名	合併契約日	資本金	合併比率
日本郵船	三菱海運	日本郵船	1963年10月19日	146億円	1.00：1.50
山下汽船	新日本汽船	山下新日本汽船	63年11月11日	52.7億円	1.00：1.00
日本油槽船	日産汽船	昭和海運	63年10月31日	45億円	1.00：1.60
日東商船	大同海運	ジャパンライン	63年12月18日	118.7億円	1.00：1.43
三井船舶	大阪商船	大阪商船三井船舶	63年12月19日	131億円	1.00：1.00
川崎汽船	飯野海運	川崎汽船	63年12月20日	90億円	1.00：1.00

出所) 日本開発銀行［1965］pp. 33-34.

表6-8 グループ別船腹構成

グループ別	隻数	千重量トン	船腹構成（千重量トン）				中核体の外航定期航路数等	
			定期船	不定期船	専用船	油槽船	航路数	年航路数
大阪商船三井船舶	197.00	2,318	1,156	498	208	456	30	388
日本郵船	153.07	2,288	838	335	315	800	26	308
川崎汽船	103.50	1,544	596	184	118	646	24	297
山下新日本汽船	84.00	1,122	295	319	148	360	15	151
ジャパンライン	65.60	1,069	226	255	150	438	9	106
昭和海運	54.60	1,023	49	179	446	349	3	27
合計	657.77	9,364	3,160	1,770	1,385	3,049	107	1,277

注) 1. 集約完了時（昭和39年7月15日）の状態を示す．
   2. 定期船は現に定期航路に就航している船舶，専用船は鉄鉱石及び石炭専用船，油槽船は原油及び石油製品（LPGを含む）運搬船とする．
出所) 海事産業研究所［1967］p. 35.

で合併を発表した山下汽船＝新日本汽船，日本油槽船＝日産汽船，日本郵船＝三菱海運の3グループは，11月半ばまでにそれぞれ合併契約書を交換し，整備計画の作成作業に入ったが，当初予定されていた大阪商船＝日東商船＝大同海運，三井船舶＝川崎汽船の合併交渉は難航し，12月に入って白紙に戻された．最終的にこれらは，表6-7にある3グループに分かれたが，合併契約の成立は計画提出期限間際のことであった．

このように整備計画の中心をなす合併交渉が難航したため，合併会社はもちろん，その系列会社・専属会社においても整備計画書の作成は大幅に遅れ，金融機関，特に計画書の提出にあたって利子猶予確約書を交付する必要のある民間金融機関の側でも事態を放置できなくなった．このため，開銀は，計画造船協調融資幹事銀行である興銀および長銀との3行の連名で，11月20

日を期限として整備計画の大綱についての調査票を徴収し，それに基づいてこの3行にメインバンクを加えて各社別のヒアリングを実施した．さらに，12月に入って銀行間の意見調整や追加ヒアリングを行い，整備計画作成の促進に努めるとともに，必要に応じて会社の計画原案に対する修正を指示した．

海運企業整備計画審議会による整備計画の諮問を経たのち，64年3月に6グループすべてが運輸大臣の承認を受け，開銀に対して推薦の手続がとられ，4月1日付けで中核体6社が法律上正式に合併した（表6-7）．6グループの保有外航船腹量は，当時のわが国保有外航船腹総量の約90％に達する規模となった（表6-8）．

なお，上記整備計画では，減価償却不足の解消のみを自立要件としたため，承認会社の中には整備計画の最終決算期に至ってもなお欠損金を残すもの，延滞を残しその解消に長期を要するものなどが含まれた．このため，整備計画審議会は計画承認に際し，①中核体は自らの整備計画のみならずグループ全体の再建整備計画の遂行に対して必要な協力や適切な指導を行い，傘下各社も自立体制の早期確立に努めること，②各グループの間においても過当競争が生じないよう営業活動の面で協調を図ること，③各社は徹底した合理化努力を払い，整備計画に示された目標決算期をさらに早めるよう努力すること，などを内容とする意見を添付した．整備計画のその後の遂行状況については第3部に示す．

外航船舶建造4ヵ年計画

再建整備計画の初年度にあたる1964年度はまた，「外航船舶建造4ヵ年計画」の初年度でもあった．64年11月に経済審議会が提出した中期経済計画では，68年度の経常収支均衡のため，海運収支は赤字を63年度（約4億400万ドル）レベルに抑えるという目標が掲げられた[35]．海造審はこれと並行して「海運国際収支改善対策」についての審議を進め，中期経済計画の掲げる海運収支の目標を達成するには，68年度に1,551万総トンの船腹量を保有す

---

35) 海事産業研究所［1967］p.339.

る必要があり,そのためには64〜67年度の4年間に743万総トンの建造を進めなければならないとする答申を出した.これを具体化したものが上記の「外航船舶建造4ヵ年計画」で,743万総トンのうち,643万総トンは計画造船,残り100万総トンは自己資金船により建造することが示された[36].

このような議論の流れと海運荷主業界の強い船腹需要を受けて,当初64万総トンの建造が予定されていた第20次計画は,途中大幅に変更され,約121万総トンが建造されることになり,財政資金量も大幅に増額された[37].続く65年度の第21次計画では,当初150万総トンの建造が予定されていたが,大型専用船や油槽船を中心に建造希望量は240万総トンに達した.さらに,7月に決定をみた景気刺激対策の一環として船腹建造の促進を図ることが掲げられたため,建造規模は180万総トンに拡大されることになった[38].

計画造船およびその他の外航船舶に対する開銀融資の実績と意義

表6-9は,1955年度以降の計画造船の船種別の建造量と建造資金の融資状況を示している.65年度までの10年間で約2,900億円にのぼる開銀資金が投入されているが,上述の「外航船舶建造4ヵ年計画」がスタートした64年度と次年度でその5割近くが占められている.

建造された船種別に特徴をあげると,まず貨物船については,58年度(第14次)に5隻の専用船が建設されている.これは,第2次合理化計画の最中にあった鉄鋼業が原料輸送コストを下げるために鉱石専用船の建造を要請したことに対応したものであるが,ちょうど市中金融が逼迫していたこともあり,鉄鋼業界の資金を導入しての建造となった.すなわち,これら鉱石専用船は,鉄鋼7社が出資する日本鉱石輸送会社と海運会社が共同保有するという形がとられ,鉄鋼側の積荷運賃と債務の共同保証を条件に,開銀融資の対象とした.また,第15次造船では海運会社の専有として高炉7社共同の積荷保証の下で3隻が建造された.なお,この頃から鉱石の単独購入も増大してきたため,鉄鋼企業の単独保証による自己資金船の建造も活発化しはじめ

---

36) 同上,pp. 80, 339.
37) 同上,p. 80.
38) 同上,p. 81.

第2部　高度経済成長の進展と政策金融の展開

表6-9　計画造船の建造量および融資状況

単位：千総トン、百万円

年度		1955	56	57	58	59	60	61	62	63	64	65	66	累計 56~65
計画造船次別		11次	12	13	14	15	16	17	18	19	20	21	22	
定期船	隻数	8	9	20	9	10	11	10	1	1	7	13	20	91
	千G/T	68	76	188	85	85	102	90	10	10	64	133	191	843
一般貨物船	隻数	8	20	22	7	5	3	9	6	6	8	12	18	98
	千G/T	62	157	152	23	33	32	141	151	61	75	117	234	942
専用船(含兼用船)	隻数				5	3				2	11	23	26	44
	千G/T				47	37				59	343	765	857	1,251
貨物船　計	隻数	16	29	42	21	18	14	19	7	9	26	48	64	233
	千G/T	130	233	340	155	155	134	231	161	130	482	1,015	1,282	3,036
油送船(含LPG)	隻数	3	5	4	4	1	2	8	6	9	15	17	11	71
	千G/T	54	81	75	102	25	58	267	232	437	727	812	627	2,816
合計	隻数	19	34	46	25	19	16	27	13	18	41	65	75	304
	千G/T	184	314	415	257	180	192	498	393	567	1,209	1,827	1,909	5,852
建造資金		19,041	35,774	63,295	27,111	19,891	19,346	40,940	25,786	34,036	71,230	110,837	119,719	448,246
市中		3,808	22,214	41,148	7,208	5,865	6,018	18,663	7,610	7,893	15,881	25,805	28,570	158,305
開銀資金		15,233	13,560	22,147	19,903	14,026	13,328	22,277	18,176	26,143	55,349	85,032	91,149	289,941

出所）日本船主協会『船協海運年報』他。

た[39]．その後，63年度（第19次）に入ると，わが国のOECD加盟にともない，国際競争上特に懸念された鉄鉱石・石炭の大型専用船の建造が急がれることになった[40]．

また，60年代の特徴の1つとして，油槽船建造の増大ならびにその大型化があげられる．これが顕著になったのが61年度（第17次）で，油槽船の建造目標量が前年度の5万8,000総トンから8万7,000総トンに増大したにも関わらず，申込率は3.4倍と前年度の2倍を上回った．また，同年度には3万8,000総トン以上の大型船の申込も3隻にのぼった．

なお，融資決定の方法については，上述のように59年度以降，定期船を除く船種については運輸省の推薦によらず，開銀が金融的判断から船主を選ぶ方法に変更されたことで，開銀の審査ノウハウを発揮する余地が格段に広がった．また，62年度以降の融資プロジェクト選定については，従来の「一括公募・一括決定方式」を廃し，開銀の金融的判断を経て逐次条件の整ったものから受付・審査・融資決定を行ういわゆる「雨だれ方式」が採用された．さらに開銀は，「再建整備計画」と「外航船舶建造4ヵ年計画」が始まった64年度以降は，投資採算性はもとより，企業体力からみた適正投資規模にとりわけ注意を払いながら融資対象を選別した．なお，同年度から，船舶建造の円滑化を図るため，建造計画に即して翌年度以降の着工船について融資予約制度が採られるようになった[41]．

海運業に対する開銀の融資は計画造船融資が主柱をなすが，その他に時々の海運政策上の要請に基づき，「主機換装融資」，「戦標船代替建造融資」，「老朽船代替建造融資」，「その他不経済船改造融資」を行った．

---

39) 通商産業省重工業局［1963］pp. 323-324.
40) 1963年7月，OECDの加盟交渉において，わが国の5年間の用船制限継続の主張が，石油2年，鉄鉱石・石炭1年に短縮されたため，国際競争力強化の観点から開銀の融資枠を拡大し，融資比率も鉱石船・石炭専用船・油槽船についてはそれまでの70％から80％に引き上げられることになった．
41) 融資予約方式は，1963年10月の海造審の「OECD加盟に伴う海運対策について」の建議において，国際競争上の向上の観点から「3年ないし5年にわたる長期的観点に立った建造計画が実施できるよう措置する」ことが示されたことを受けて，64年4月，大蔵・運輸両事務次官の間で「財政資金による造船計画の実施に関する大蔵省運輸省の覚書」が交わされ，具体的建造計画に即して必要と認められるものについて覚書に定められた予約建造量の範囲内で融資予約を行うこととなった（海事産業研究所［1967］p.338および行内資料）．

先に示した通り「主機換装融資」は，本格的な再建整備が着手される前の海運政策の一環として1960～61年度にとりあげられたもので，両年度で合計14隻に対し10億円の融資を行った．

「戦標船代替建造融資」は，戦時の資材不足下で建造された戦時標準船の多くが60年代を迎える頃には耐用の限界に近づいていたという事情から，61年度に設けられた融資制度で，65年度までの5年間で計36隻に対し約88億円の融資が行われた．開銀の融資比率は工事費の50％で，貸付利率は年6.5％となるよう減免措置をとった．

「老朽船代替建造融資」は，上の「戦標船」の処理がほぼ一段落した64年度以降，日本の商船隊の船質向上のために開始された融資制度で，67年度にかけて合計11隻，合計21億円の融資を実行した．融資条件は戦標船と同様であった．

「その他不経済船改造融資」は，広い意味で市場構造に合致しなくなった船舶の改造資金融資であり，60年代においては，油槽船の大型化とともに陳腐化した小型油槽船を木材専用船やチップ専用船に改造するための融資がとりあげられた．

最後に，海運業に対する開銀の貢献を量・質の両面から確認しよう．

以上のように，1956～65年度の10年間に，開銀は計画造船に対する約2,900億円の財政資金を主体に海運融資を行ってきたが，この間，計画造船の建造量は貨物船303万6,000総トン，油槽船281万6,000総トン，合計585万2,000総トンが達成された．これによりわが国商船隊の積取比率（65年度）は輸入56.5％，輸出44.1％と，それぞれ55年度に比べ約4％ポイント，約1％ポイント上昇した[42]．

上述の通り，特にスエズ・ブーム終息から海運集約までの間，海運会社は財務的に疲弊し，市中金融機関の海運融資に対する姿勢は厳しさを増したことから，船舶建造資金に占める財政資金の比重は高まっていった．開銀は，

[42) ただし，わが国の貿易量の急増に貨物船の建造が間に合わず，日本籍船に限り積取比率をみると，輸入は55年度の52.1％から65年度には45.6％に，輸出は43.5％から37.6％に低下している．

融資比率の引き上げや融資期間の延長などにより，海運業界に対する支援を強化する一方で，59年度の船主選考方式の変更を機に，従来船腹増強優先で進められてきた計画造船のプロセスを，投資採算性や企業の財務内容により重点を置くものに変えていった．さらに，海運再編にあたっては，開銀は銀行間の意見調整や各社別のヒアリングなどを通じて，整備計画の促進に重要な役割を果たした．

（3）石　炭
石炭鉱業と産業政策の概観

1950年代後半から60年代半ばに至る時期に，石炭鉱業をめぐる産業政策および政策金融の有り様は大きな振幅で変動した．詳細を記す前に概観を示しておこう．

終戦後の石炭政策は，傾斜生産に象徴されるようにもっぱら増産を主眼としてきたが，1950年代を迎える頃になると，高炭価をどう解消するかが新たな課題となる．すなわち，最も基礎的な生産財である石炭価格の高さは，輸出競争力を構築しようとするさまざまな産業にとって深刻な問題であった[43]．石炭鉱業の合理化の立ち遅れが高炭価の背景にあるとみる産業界からは，喫緊の政策課題としてその合理化を求める声が次第に高まっていく[44]．

こうした情勢の中で通産省を中心にエネルギー政策の検討が進められ，1955年5月，第2次鳩山内閣は総合エネルギー対策を閣議了解する[45]．この閣議了解の骨子は，以下の通りであった．まず，エネルギーに関する総合的方針としては，生産の上昇や生活水準の向上にともなうエネルギー需要の増大に対応するため，エネルギー自給度の向上を図り，国際収支の改善に資するとの見地から，極力国内エネルギー資源の有効利用を推進することとし，国内エネルギーによることが不適当な用途については輸入エネルギーの供給

---

43) 1950年に設置された産業合理化審議会が最初の検討課題として「鉄鋼業および石炭鉱業合理化施策要綱」を答申していることからもわかる通り，高炭価の鉄鋼業への影響はとりわけ深刻であった．
44) 代表的なものとしては1955年1月に経団連が発表した「総合燃料対策に関する意見」がある．通商産業省・通商産業政策史編纂委員会編［1991］p. 348.
45) 同上，pp. 348-350.

を確保することが確認された.また,国内エネルギー資源である石炭については,「炭価を重油および輸入炭に匹敵しうる程度まで引き下げることを目途として」抜本的な合理化対策を講じることが明記された.この閣議了解を受けて,後述の石炭鉱業合理化臨時措置法が成立する.

石炭鉱業の抜本的合理化を前提とする炭主油従のエネルギー政策の下,炭価の引き下げは徐々に進んでいったが,60年代を迎える頃には,低廉豊富な石油に対する石炭の劣位は,もはや覆しようのないものとなっていた.さらに,当時の日本は,国際社会から貿易自由化の早期実施を強く求められていた.政府は60年5月の「貿易自由化計画大綱」の中で,「わが国のエネルギー事情の特殊性を考慮しましたエネルギーについては,38年以降,石炭鉱業の合理化の推移を待って検討する」[46]としていたが,貿易自由化を求める国際的圧力はそうした猶予を認めないほどに高まっていた.こうした情勢の中で政府は,61年8月,通産省にエネルギー懇談会の設置を決める.これは,貿易自由化を目前に控え,石炭・石油・電力などエネルギー関連の産業間の利害対立が激しさを増し,高所からの総合的エネルギー政策の確立なしには,事態を打開し得ないとの判断によるものであった[47].

石炭政策が大きな転換を遂げるのは,1962年10月,石炭鉱業調査団が「石炭が重油に対抗できないということがもはや決定的である」[48]とし,石炭鉱業に対する基本戦略の変更を求める答申大綱を提出した後のことである.これを境に,石炭政策は「石炭鉱業の崩壊がもたらす社会的摩擦の回避」を主眼とするものとなる[49].以下では,ここに至る過程をやや詳細に記述するとともに,そのなかで開銀が果たした役割について述べる.

石炭鉱業合理化臨時措置法の成立と合理化計画の開始

1950年代半ばを迎えようとする石炭鉱業の環境は,きわめて不安定であ

---

46) この文言は,63年度目標の炭価1,200円引き下げ合理化の実施期間中は,石炭鉱業を自由化の波から保護する必要があるとの立場を表明したものであった.通商産業省・通商産業政策史編纂委員会編［1990b］p. 456.
47) 同上.
48) 同上,p. 471.
49) 日本開発銀行［1993］p. 113.

った．上述の通り産業界からは高炭価に対する批判が高まり，復興期から続けられてきた石炭中心のエネルギー政策に疑問が投げかけられていた．一方，石炭鉱業は，輸入燃料の増大と，国際収支の悪化にともなうデフレ政策下での需要の減退などにより，貯炭増加と資金繰りの悪化に見舞われた．そもそも高炭価・高コストの一因は，坑道の延長や採炭切羽の深化など採炭条件の悪化にあったが，借入依存度の高い石炭企業には，そうした問題を解消するための大規模な合理化工事を行う余力もなかった．

　エネルギー政策の再検討を重ねてきた通産省は，1955年，外貨危機につながる石油輸入の増加を抑えつつ，石炭鉱業の合理化を図ることでその競争力を強化するとの方針を固める．同年8月，「石炭鉱業合理化臨時措置法」（以下，合理化法）が制定公布され，9月1日から5年間を期限として施行されることになった[50]．合理化法の骨子は，以下のとおりであった．

①長期にわたる合理化基本計画を立て，その計画に沿って各年の実施計画を組み，石炭鉱業合理化の指標とする．合理化基本計画には，59年度における石炭の生産数量，生産能率，生産費そのほか石炭鉱業の合理化の目標，石炭鉱業の合理化のため実施すべき工事に関する事項，石炭鉱業の整備に関する事項等を定める．
②政府は，石炭鉱業合理化実施計画に定める石炭鉱業の合理化のために実施すべき工事に必要な資金の確保に努める．
③石炭鉱業の合理化のため，その整備に関する業務を行うことを目的として石炭鉱業整備事業団を設立する．

③の事業団の業務には，採掘権や鉱業施設の買収および保有，採掘権や鉱業施設の買収に伴い解雇された鉱山労働者への金銭の支払いなどが含まれた．
　合理化法では，合理化計画の実効性を確保するために，「鉱業権者または租鉱権者は，坑口の開設の工事をしようとするときは，通商産業大臣の許可を受けなければならない」，「通商産業大臣は，石炭鉱業の整備と相まって，

50）　通商産業省石炭局炭鉱課編［1968］pp. 21-23．通商産業省・通商産業政策史編纂委員会編［1991］pp. 355-356．

新たな非能率炭鉱の発生を抑制するため，高能率炭鉱か，合理化推進のために必要な坑口でなければ許可してはならない」こととした[51]．また，合理化計画に関して通産大臣の諮問に応じる機関として，学識経験者で構成される石炭鉱業審議会が設置されることになった．

この合理化法に基づいて，1955年11月には，59年度における生産数量4,950万トン，生産能率（全国平均）18.4トン（1人当たり月出炭量），生産費トン当たり3,230円，非能率炭鉱の事業団による買収300万トン相当などを目標とする石炭鉱業合理化基本計画および55年度の同実施計画が定められた[52]．

生産拡大からの暗転

石炭鉱業の体質改善を目的として制定された上記合理化法は，施行から間もなく大きな環境変化に直面する．すなわち，1955年度後半からの景気の回復，56年11月のスエズ運河通航停止はいずれも石炭業界への追い風となり，沈滞ムードにあった業界は一転して増産体制に入り，予定されていた近代化投資も増産目的の投資にとって代わられた．坑口開設がほとんど無制限に許可される一方で，炭鉱買い上げも，すでに売却を申し込んでいた山が再開のために申込を取り消すなど進捗が滞った[53]．

56年度の生産実績が4,800万トンを超えたこともあって，先の合理化計画は57年5月に見直され，59年度の目標生産数量は当初の4,950万トンから5,700万トンに改訂された[54]．この改訂に力を得た石炭協会は，65年度の国内炭供給量を6,600万トン，75年度を7,200万トンとする生産計画を策定し，そのための資金確保や炭坑開発の援助などを政府に要請した．同じ頃，新長期経済計画策定作業を進めていた経企庁は，この7,200万トン案を経済審議会エネルギー部会に諮ったが，同部会の答申はこれを支持する内容となった．また，政府と業界の招きで来日したフランス鉱山試験協会の調査団も，

---

51) 通商産業省・通商産業政策史編纂委員会編［1991］p. 356.
52) 合理化計画の詳細は同上，pp. 357-363.
53) 通商産業省石炭局炭鉱課編［1968］pp. 28-29.
54) 通商産業省・通商産業政策史編纂委員会編［1991］p. 370.

同年 10 月，3 ヵ月間の調査を終え，7,200 万トン計画を支持した[55]．

このような情勢の下，通産省は 58 年 4 月に石炭鉱業合理化臨時措置法の改正に踏みきった．この改正の骨子は，非能率炭鉱の買い上げと標準炭価の設定を骨子とした 55 年の法律を，新炭田の総合開発を中心とし，計画達成までの需給調整策を織り込んだ増産対策を主眼とするものに切り換えることであった[56]．改正法には，未開発炭田の開発に関する 1 章が追加され，法律の期限も 67 年までの 10 年間に延長された．この改正法に基づいて同年 8 月に新たに策定された合理化基本計画では，67 年度の生産目標を 6,900 万トンとし，生産能率を 23.5 トンとするという数値が掲げられた[57]．

しかし，間もなく経済はなべ底景気といわれる低迷期に入り，石炭市況は再び軟調となる．58 年末には景気は反転上昇し，やがて岩戸景気と呼ばれる長い好況期に入るが，石炭需要は回復の兆しをみせなかった．その背景には，石油による石炭の代替という「エネルギー革命」の進行という現実があった．

石炭と石油の相対価格の変化，需要産業からのエネルギー政策への批判，さらには従来石油輸入の抑制要因となっていた国際収支上の制約の緩和などを背景に，通産省の石炭政策は，それまでの拡大政策からスクラップ・アンド・ビルドを中心とした合理化政策へと再転換する．1959 年 4 月，通産省は先の合理化法に基づく生産数量の指示を開始し，未曾有の水準にあった貯炭の調整を進めた[58]．また，石炭鉱業整備事業団も同年度以降，非能率炭鉱の買い上げの実績を伸ばした[59]．一方，「エネルギー革命」の脅威に危機感を抱いた石炭業界も，価格面で競合エネルギーに対抗しうる徹底的な合理化対策が不可欠との認識のもと，59 年 10 月に「新長期計画」案をまとめ，スクラップ・アンド・ビルドの強行と流通面の合理化によって 63 年度までに主

---

55) 同上，pp. 395-396．この報告は，1970 年の日本の出炭可能量を 7,650 万トンと予想していた．
56) 同上，p. 395.
57) 同上，p. 369.
58) 同上，pp. 403-404．貯炭量の推移の詳細は，石炭鉱業合理化事業団 [1975] pp. 112-113.
59) 詳細は同上，pp. 371-373 を参照のこと．

要揚地でトン当たり800円の値下げを行うという方針を示した[60]. しかし, この値下げ幅は, なお電力業界をはじめとする需要者側の受け入れうるものではなかった[61].

他方, 政府に対策の樹立を求められていた石炭鉱業審議会は, 59年12月, 合理化基本方針を答申し, ①現下の石炭不況対策の基本は, 国内炭が競合する各種エネルギーに対して経済的に成立しうる条件を整備することで, ②そのためには, 63年度の炭価の58年度に対する引き下げ幅をトン当たり1,200円程度とすべきである, ③その際想定される出炭規模は5,000〜5,500万トンが適当であるとし, この単価引き下げ実現のため「経営者には合理化のための最大の努力を, 労働者には事態の認識と協調を, 需要者には理解と寛容を要請するほか, 特に政府に対しては, 高能率炭鉱の造成と非能率炭鉱の整備に関する助成, 合理化にともないやむを得ず発生する炭鉱離職者の救援援護を要請する」との見解を示した[62].

この答申を機に政府は, それまで石炭企業の自主的な判断の下で進められてきた石炭鉱業の合理化に対して, より積極的な政策的関与を行うことになった. 答申に沿って炭価の引き下げを図るために, 新たに63年度を目標年度とする合理化基本計画が制定され, 同年度の生産数量5,500万トン, 生産能率 (全国平均) 26.2トン, 非能率炭鉱の買収目標630万トン (200万トン増加) 等の目標が掲げられた (表6-10)[63]. また, 石炭鉱業整備事業団は, 石炭鉱業合理化事業団と改められ, 従来までのスクラップに関わる業務, すなわち, 非能率炭鉱の採掘権や鉱業施設の買収という業務に加え, 高能率炭鉱の造成促進あるいは流通設備の合理化促進のために必要な設備資金の融資というビルドに関わる業務を行うこととなった. 同事業団による設備資金融資は, 無利子で15年 (据置期間を含む) 以内とし, 政府出資を財源に充てることとなった[64]. 60年9月には, これらの新たな措置を盛り込むため, 石炭鉱業合

---

60) 同上, pp. 407-409.
61) 通商産業省石炭局炭鉱課編 [1968] p. 39.
62) 同上, pp. 39-40, 通商産業省・通商産業政策史編纂委員会編 [1991] pp. 411-414.
63) 通商産業省・通商産業政策史編纂委員会編 [1990b] p. 447. なお, 表6-10の品位について, 日本政策投資銀行 [2002] では記載に誤りがあった. ここにお詫びして訂正する.
64) 同上, pp. 445-447.

表 6-10 石炭鉱業合理化基本計画の推移

制定（改正） 年/月/日	目　標 年　次	生産規模 （千トン）	生産能率 （トン/人・月）	品　位 （kcal/kg）	買収規模 （千トン）
	年度				
1955/11/11	1959	49,500	18.4	6,200	3,000
57/ 5/18	59	57,000	18.4	6,200	3,000
58/ 8/11	67	69,000	23.5	6,200	3,300
59/ 4/15	67	69,000	23.5	6,200	4,300
60/ 9/10	67	69,000	23.5	6,200	6,300
60/ 9/29	63	55,000	26.2	6,380	6,300
61/ 7/ 5	63	55,000	26.2	6,380	6,300
62/ 6/ 5	63	55,000	26.2	6,380	6,300
63/ 5/ 1	63	55,000	31.0	6,320	6,300
63/11/12	67	55,000	38.6	6,400	6,300

出所）石炭鉱業合理化事業団［1975］pp.56-57.

理化臨時措置法は改正された．

　61年11月，政府はさらに合理化法の一部改正を行い，合理化事業団の業務に，石炭鉱業の整備に必要な資金の借入に係る債務の保証業務を加えることとした．その背景には，非能率炭鉱の合理化や閉山に際して大量の労働者の整理や鉱害の処理など一時に多額の運転資金が必要となるが，石炭鉱業の将来が不透明な状況にあって民間金融機関は同業への融資にきわめて消極的になっていたという事情があった．さらに62年4月にも合理化法は改正され，非能率炭鉱の整理を促進するため，従来の買い上げ方式に加えて新たに炭鉱整理促進交付金を設けることとし，また石炭鉱業の整備に必要な資金（整備資金）の貸付業務を加えた[65]．

　以上のような合理化施策の強化の中，整理炭鉱は約400鉱，労働者減約16万人（58年度末～63年度末）とスクラップ化は急速に進行した．ビルド鉱への設備投資の活発化と相俟って，63年度には前述の1,200円の炭価引き下げもほぼ達成されることになる[66]．

石炭政策の転換

　1950年代末以降の急速なスクラップ化の進行は，石炭鉱業における労使

---

[65]　通商産業省石炭局炭鉱課編［1968］pp.45-46, 49-50.
[66]　日本開発銀行［1976］p.388.

の対立を深刻化させ，その頂点ともいえる60年の三池争議ののち，労使はそれぞれに石炭政策の見直しを求める運動に転じた．こうした動きを受けて，62年5月に内閣総理大臣特命の「石炭鉱業調査団」が発足した．同調査団は需給・雇用・企業経理・地域経済の見地から調査を進め，同年10月に答申を提出した．そこでは，石炭需給に関して「炭価は（トン当たり）1,200円引き下げ，重油価格は現状通り，石炭の消費者自由選択が行使されるとした場合，昭和42（1967）年度の国内炭総需要量は約3,000万トンと見積もられる．石炭が重油に対抗できないことは今や決定的である」との認識が示された[67]．その上で，同答申は，石炭鉱業の崩壊のもたらす影響は甚大で国民経済のこうむる損失を防止することは国民的課題であることから，年産5,500万トンの生産規模の維持，需要の拡大，生産体制の確立，資金の確保，雇用の安定などに政府が速やかに所要の対策を強力に展開していくことを要請した[68]．

政府は，62年11月，この答申の内容をほぼ全面的に受け入れ，生産規模5,500万トンの確保と67年度までに石炭鉱業を安定させることを目標とする「石炭対策大綱」を閣議決定するとともに，63年度の石炭対策予算を62年度の66億円から147億円へと大幅に増額した[69]．「石炭対策大綱」に則って，①電力・鉄鋼業界との長期取引契約締結などによる需要確保，および基準炭価制度の創設による炭価安定，②非能率炭鉱のスクラップ化と能率炭鉱のビルドを中心とする生産体制の近代化，③資金の確保，④企業経理改善，⑤労務対策，⑥鉱害対策，⑦産炭地域振興と広範囲に及ぶ諸対策が講じられることになった．

しかし，このような政策の転換にも関わらず，その後の出炭量は停滞を続けた．一般産業界における労働力の逼迫と石炭鉱業の斜陽ムードから炭鉱離職者が続出し，生産計画が乱れたこと，合理化閉山の進行に比べて新鉱開発を含むビルドが相対的に遅れたことなどが，出炭不振の原因であった（表6-

---

67) 通商産業省・通商産業政策史編纂委員会編［1990b］p.467.
68) 石炭鉱業合理化事業団［1975］p.22，通商産業省石炭局炭鉱課編［1968］pp.52-53.
69) 通商産業省・通商産業政策史編纂委員会編［1990b］p.472.

表6-11 炭鉱数・石炭生産量などの推移

項目 年度	炭鉱数			生産量（千トン）			労務者数（千人）		
	大手	中小	合計	大手	中小	合計	大手	中小	合計
1955	81	726	807	28,511	14,004	42,515	183	91	274
56	84	759	843	31,988	16,293	48,281	183	100	283
57	81	783	864	33,944	18,310	52,254	186	111	297
58	80	744	824	31,132	17,357	48,489	186	104	290
59	81	673	754	30,829	17,057	47,886	176	92	268
60	80	602	682	33,805	18,802	52,607	158	86	244
61	76	586	662	36,874	18,539	55,413	138	75	213
62	72	536	608	36,313	17,274	53,587	118	61	179
63	62	374	436	35,400	15,699	51,099	90	46	136
64	54	268	322	35,356	15,418	50,774	77	39	116
備考	年度間稼動炭鉱数を示す．						年度間平均常用実働労務者数を示す．		

出所）石炭鉱業合理化事業団［1975］pp.6-7.

11)[70]．また，計画を上回る賃金・賞与の増額，閉山費用の負担，計画の範囲を超えた炭価の低落などが企業の体力を蝕んだ．

このため，政府は64年9月「第2次石炭鉱業調査団」を編成し，再び答申を求めた．調査団は同年12月に答申を行い，これを受けて同月，「石炭対策の強化について」の閣議決定が行われ，65年度から実施に移された．それは，①出炭目標を当面5,200万トンとする，②石炭企業の収支改善のため，一般炭トン当たり300円，原料炭トン当たり200円の炭価引き上げを需要者に要請する，③借入金の利子補給措置を創設する，など産業保護措置をより強化した内容となった．

上記③は，石炭企業の金利負担を軽減するため，適切な経営計画を的確に遂行しうる見込みのある企業については，国が開銀・事業団整備資金・中小公庫設備資金の融資残高を対象に年平均3％の利子補給を行い，特に経理の悪化が著しい企業については，利子の全額補給，再建資金の特別融資，既往債務の返済猶予などの措置を行うものであった[71]．この利子補給は，65年度は総額で9億4,700万円に達し，さらに66年度からは石炭鉱業審議会の中間答申（65年12月）に基づいて拡充強化され，抜本策が確定するまでの対策

---

70) 同上，p.476，通商産業省石炭局炭鉱課編［1968］pp.55-56.
71) 日本開発銀行［1993］p.114および行内資料．

として，合理化事業団資金（整備資金・再建資金）・開銀資金・鉱害資金からの賠償資金・中小公庫資金については6.5%，市中銀行（設備資金・運転資金）については3%程度の利子補給（総額約50億3,200万円）が行われることとなった．

設備投資の推移と開銀融資の実績

まず，65年度までの石炭鉱業における設備投資の推移についてみると，51年度から3年間200億円の大台を維持してきた設備投資額は，53年度以降の需要の急減によって大幅に減少し，55年度には100億円強という水準にまで落ち込むが，景気の回復や57年5月の合理化基本計画の変更などを背景に再び増大し，58年度には330億円余に達した．60年度には，大手18社のみで63年度までに1,300億円程度を投入する新長期合理化計画が策定され，投資額も再び300億円台を回復したが，その後は縮小化傾向をたどった（表6-12）．

次に，この間の開銀融資の動向についてみると，まず58年度に融資額が急増している．上述のように，75年度年産7,200万トンという目標のもと，拡大生産による合理化を追求した改訂合理化基本計画が開始されたのがこの年度であった．翌年度については，通産省は各社の融資希望（総額61億円）を審査し，うち38億円について開銀に推薦したが，開銀の資金繰りおよび金融引締めの影響などから実現の見通しは立たず，復活折衝によって13億円の復活を確保し，最終的に推薦額を若干上回る融資を実現したという経緯があった[72]．開銀は58年度以降，大規模優良炭鉱への重点融資を中心に，増産・合理化工事への融資を積極的に展開した．

融資額は，60年代に入って一段と増加しているが，その要因としては，石炭会社の収支が59年度途中から悪化し，市中金融が消極的になったこと，および，60年度以降合理化施策が強化され，ビルド鉱への投資が活発化したことなどがあげられる．

開銀の60年度の石炭融資方針は，「本行資金の効率的運用を図るべく」，

---

72) 通商産業省・通商産業政策史編纂委員会編［1991］pp. 397-398.

表6-12 石炭鉱業の設備投資額および開銀融資の推移

単位：億円

年　度	A 設備投資額	B 開銀融資額	B/A（%）
1951	208	31	14.9
52	202	35	17.3
53	206	44	21.4
54	137	19	13.9
55	112	36	32.1
56	195	38	19.5
57	304	40	13.2
58	335	66	19.7
59	274	51	18.6
60	303	61	20.1
61	234	91	38.9
62	231	125	54.1
63	218	107	49.1
64	283	109	38.5
65	330	142	43.0

出所）日本開発銀行［1976］pp.386-388, 391.

生産合理化設備融資については，「①対象企業が同産業の厳しい現実を充分認識し，実行可能な確たる合理化計画を有し，かつこれを完遂するだけの体力を有すると認められること，②対象炭鉱は将来競合エネルギーに対して充分な経済性を確保し得ると認められるもので，炭量・炭質・出炭規模などからみて，開銀資金による育成が妥当と認められること，③対象工事は，新坑開発，ならびに坑口集約，深部移行に対処する若返り工事などの骨格構造の更新，工事効果大なる技術の導入，高能率低原価を期待しうる基本的合理化工事に重点を置く，④各企業の新長期計画については，工事効果，非能率鉱の整理労務調整などその実現の可否について充分検討するとともに，計画と実績との対比を厳重に監査する」こと，また，流通合理化設備融資についても，「積地における共同の混炭，荷役，貯炭設備で流通経費引き下げの効果著しきものであること」を勘案するという内容で，融資対象を高能率・優良炭鉱により厳しく絞り込もうとしていることがわかる．

　また，石炭向け融資額を大手・中小炭鉱別にみると，中小炭鉱のシェアは59年度の約15％をピークに年々ポイントを落とし，66年度にはついに10

％を割り込んでいるが，このことは上述のように開銀の融資対象が高能率・優良炭鉱に絞り込まれていったことを反映している．

なお，62年度の融資額は前年度実績を35億円近く上回り125億円に達しているが，これは年度途中に石炭鉱業調査団の答申に基づく石炭対策が決定したことを受けて，追加予算で45億円の増額が認められたことによる．

以上のようにこの時期の開銀融資は，スクラップ・アンド・ビルド政策のもと，主に相対的に効率の良いビルド鉱の合理化投資資金需要に対応する等，石炭業界への合理化資金供給の面で，石炭鉱業合理化事業団とともに重要な役割を担った．

この間，石炭鉱業の生産性は58年度の13.9トン/人・月から60年度の18.0トン/人・月，65年度には38.1トン/人・月に上昇し，特に60年代前半には倍増以上の上昇を記録した．しかしながら石油との競争は厳しく，需要増は全く期待できず，生産規模の維持を石炭火力の建設促進などの政策的バックアップに依存せざるを得なかった．加えてビルド鉱開発による多額の投資負担，離職者に対する退職金などの閉山費用の負担増，合理化をめぐる労使関係の不安定化など，石炭鉱業は多くの未解決の課題を抱えて60年代後半を迎えることとなった．

（4） 鉄　鋼
大型設備投資の進展

鉄鋼業の合理化投資は1953～54年の金融引締めによって一時縮小したが，その後の世界経済のブーム，国内諸産業の投資意欲の増大，所得水準の向上による耐久消費財の増大にともない，鉄鋼需要の急速な増大は確実なものとされるようになった．こうした内外の需要拡大の見通しをもとに，鉄鋼各社は56年度を初年度とする設備投資計画（第2次合理化計画）を発表した．計画設備投資総額は第1次合理化の実績を50％上回る1,780億円であった[73]．

第1次合理化では圧延部門を中心とした老朽設備の近代化に重点が置かれていたのに対し，第2次合理化計画は，高炉から圧延までの一貫した設備投

---

[73] 鉄鋼業の設備投資に関する記述は特に断らない限り以下に依拠している．飯田賢一・大橋周治・黒岩俊郎編［1969］．

資，とりわけ臨海立地の新工場の建設計画が目立った．これは，内外の需要拡大見通しもさることながら，第1次合理化期に新設された川鉄千葉の一貫製鉄所の優位性に刺激された結果でもあった．また，この計画では，当時深刻さを増していた屑鉄問題を解消する目的から，純酸素上吹転炉（LD転炉）の採用，銑鉄増強のための高炉新設などが目指された．なお，第1次計画が産業合理化審議会（以下，産合審）での目標設定や調整をベースに進められたのに対して，第2次計画は各社の長期設備計画が主体で，通産省はそれを集計し必要があれば調整を加えるという形で進行した[74]．

当初第2次合理化計画は，57・58年度に主要な投資が進められる予定であったが，57年後半からの景気後退で資金調達計画に狂いを生じたことから，一部工事が繰延べられ，景気の回復した59年度から60年度に投資がピークに達するという展開となった[75]．このように一時不況をはさんだものの，各社の設備投資計画は途中相次いで上方修正され，最終的には当初計画の3倍以上の資金が投じられた．この間11基におよぶ新鋭高炉が建設され，13基のLD転炉が完成をみた．また，平炉メーカーであった住友金属工業と神戸製鋼所がそれぞれ和歌山工場・灘浜製鉄所の建設によって一貫メーカーへの仲間入りを果たしたことによって，いわゆる高炉6社体制が確立された．

5年間の大規模な設備投資を終えた高炉6社は，60年代に入り，さらに大規模な設備投資を展開した．「所得倍増計画」において70年度の粗鋼生産規模が4,800万トン（60年度末約2,300万トン）と想定されたこと，第2次合理化終了時点で銑-鋼生産能力にアンバランスが生じたことなどを背景に，60年の時点では各社とも現有設備に余力があったにも関わらず，一斉に新立地の臨海型一貫製鉄所建設計画を打ち出した．60年代前半には，第2次合理化期に続いて高炉をはじめとする設備の大型化やLD転炉の導入が急ピッチで進められたほか，連続鋳造の先駆的導入も行われた[76]．

---

74) 通商産業省重工業局［1963］p.54.
75) 鉄鋼市況が好転した1959年度，各社の設備投資意欲は旺盛をきわめ，年度当初1,490億円（特殊鋼137億円を含む）の設備投資が計画された．その後，景気過熱を刺激するものとして，通産省から一部繰延べ要請が行われ，247億円を次年度に繰延べることになったが，結局設備投資実績は1,670億円に達した．
76) 1961〜65年度の間に新設された高炉は13基に達し，また，粗鋼生産に占める転炉の比率

特殊鋼業の合理化

　大規模な設備投資を展開した普通鋼とは対照的に，中小メーカーが中心で資金調達力の弱い特殊鋼部門の合理化には立遅れが目立った．普通鋼メーカーと同じく特殊鋼メーカーも1950年代前半に第1次合理化計画を遂行したものの，主要10社が設備合理化に投じた資金は5年間で約36億円にとどまり，その範囲も製鋼部門には及ばなかった[77]．

　この間，特殊鋼の生産量は飛躍的に増大したが，質的な側面では多くの問題が残されていた．また，機械工業の国際競争力の構築が重要な政策課題となるのにともなって，特殊鋼の品質向上と原価引き下げに対する要請は強まった．57年2月，通産省重工業局は「特殊鋼業振興対策について」を発表し，「特殊鋼業の機械工業等関連産業に対する基礎資材の提供者として果たす役割の重要性と輸出産業としての適格性に鑑み，その合理化を積極的に推進し，特殊鋼の生産原価の引き下げと品質の向上を図る必要がある」として，金融および税制上の優遇措置の実施に努めるとともに，合理化の方策を産合審に諮問することとした．産合審に設置された特殊鋼部会は，58年5月に，経営基盤の強化，生産設備の近代化，原材料の安定確保という合理化の基本方針を決定した[78]．

　これに先立つ55年，特殊鋼業は，第2次合理化計画に着手した．第1次合理化では投資額全体の8％にとどまっていた製鋼部門への投資は，第2次では17％強に伸びた．第2次合理化を経て，熱間圧延鋼材の生産量は55年度の32万トン弱から60年度の116万トンへと拡大し，また，第1次合理化期には入超であった輸出入も55年以降大幅な出超となった[79]．しかし，このような量的拡大は，特殊鋼メーカーにおけるスケールメリットの追求や高収益に直結したわけではなかった．なぜならば，特殊鋼需要の増大をみて，資本力に勝る普通鋼メーカーがこの分野に進出しはじめ，各社のシェア競争は

　　　は65年度で58.5％となった（飯田他編［1969］p.465）．
77)　特殊鋼業は軍需中心で発達してきたため，製品需要は鍛鋼品が多く，設備も鍛造に偏っていた．戦後の民需への転換にともない，圧延能力の不足が際立ち，第1次合理化の総工事費のうち6割が圧延設備で占められることになった．特殊鋼倶楽部［1992］p.56．
78)　同上，pp.57-58, 日本鉄鋼連盟［1969］p.801．
79)　同上，pp.59, 65．

年々熾烈化していた．

　先の産合審特殊鋼部会は，62年8月，特殊鋼の合理化に関する答申を提出した．答申は，「特殊鋼業は機械工業関連産業などに対する基礎素材の提供者として重要な産業であり，斯業の合理化はわが国重化学工業の国際競争力強化と密接な関連がある．しかるにわが国特殊鋼業の現状は，①生産が分散しており，企業の規模が小さい，②設備の近代化が遅れている，③原材料の入手価格が国際的にみて割高なものが多く，しかも価格変動の幅が大きい，④海外の特殊鋼メーカーと比較すると資本構成上の歪みが目立ち，収益力，生産性が劣っている，⑤流通面の合理化が遅れている，等の問題があり，早急にこれらを改善する必要がある」とした上で，特殊鋼業を構造用鋼系統・ステンレス鋼・高級特殊鋼の3グループに分類し，それぞれについて設備合理化の方向性を提示するという内容であった[80]．

　しかし，このような望ましい生産体制を現実に整えるには，なお問題があった．例えば，上記それぞれのグループが最も効率的な生産規模を実現するためには巨額の資金を要し[81]，これについて答申は，「極力開銀等財政投融資枠の重点的確保をはかり，特殊鋼業の合理化促進のために政府の援助を願いたい」としていたが，財政資金の支援によってかかる設備資金の調達が可能であったとしても，普通鋼メーカーを含む各社が事前の調整なく一斉に設備近代化を進めることで需給バランスの崩れが懸念されるなど，業界の構造に根ざす問題が残されていた[82]．

　このような問題を内包しながら，以降の特殊鋼部門の設備投資は，上の答申ならびに産業構造調査会重工業部会特殊鋼小委員会答申（63年2月）に沿った形で進められることになった．その経緯は，第3部に譲ることとする．

---

80)　日本鉄鋼連盟［1969］pp. 801-802.
81)　例えば，構造用鋼系統では，自社高炉による一貫体制で粗鋼年産50万トンとするために270億円，他社から溶銑を購入して同じ50万トン体制にするために190億円，高級特殊鋼では，粗鋼年産10万トン体制にするために50〜100億円の設備資金（土地造成費，港湾設備費などを除く）が必要であると算定された（同上，p. 808）．
82)　同上，pp. 808-809.

鉄鋼に対する融資の実績とその意義

既述のとおり1956年度以降の鉄鋼業は，普通鋼の合理化計画を中心にきわめて旺盛な設備投資を展開したが，これに対する開銀の関与は，第1次合理化計画時とは大きく変化した．表6-13は，50年代後半，60年代前半の各5年間の開銀融資額を示している．

まず50年代後半の5年間をみると，世銀借款の転貸分が全体の8割以上を占めていることが注目される．54年6月に八幡製鉄・日本鋼管とともに申請したものの，契約が56年度にずれ込んだ川崎製鉄向け借款を除いても，本章の対象時期には，高炉6社のすべてを対象に計8件もの世銀借款が成立した（表6-14）．

鉄鋼の第2次合理化計画（1956～60年度）の設備投資総額は6,227億円に達し，借入金返済を含めた所要資金7,602億円の資金調達の内訳は，自己資金31％，株式・社債24％，借入金45％であり，第1次合理化計画に比べ自己資金，株式・社債などのウエイトが増加した．借入金の内訳をみると開銀融資は国内資金では95億円，1.3％（港湾施設を含む）に過ぎず，第1次合理化計画に比べ減少している．一方，外資（730億円）のウエイトは増加し，資金調達の10％を占め，このうち518億円は開銀を経由した世銀転貸であった．外資のウエイトは企業により異なるが，住友金属工業，川崎製鉄，神戸製鋼所の3社では，それぞれ資金調達の24％，22％，19％，借入金の45％，67％，53％を占め，資金調達上大きなウエイトを占めた[83]．既述のように世銀借款や米輸銀の融資条件は国内借入より有利で，鉄鋼も世銀借款の場合，融資期間14ないし15年，金利4.625～6.0％，米輸銀の場合，12～15年，5.5～5.75％であった．外資の導入は，これら金融上のメリットに加え，臨海型の一貫製鉄工場の建設をはじめ最新鋭の高炉建設やLD転炉，ホットストリップミルなどの新鋭設備の海外からの導入を可能とした．それによって，わが国鉄鋼業はその能力と効率を大幅に向上させ，欧米と遜色のない生産設備とコスト低減により国際競争力を構築していった．したがってこの時期の開銀は，これら外資の仲介を通じて鉄鋼各社の資金調達を支援し，国内借入

[83) 通商産業省・通商産業政策史編纂委員会編［1990a］p.403，川崎勉［1968］pp.154-155，日本開発銀行［1976］pp.443-444.

表6-13　鉄鋼への開銀融資額内訳（国内資金・世銀転貸）

単位：億円

	1956～60年度	61～65年度	合計
国内資金融資	95	43	138
普通鋼	51	0	51
特殊鋼等	27	43	70
鉄鋼港湾施設	17	0	17
世銀借款転貸	518	43	561
合計	613	86	699

表6-14　鉄鋼業への世銀借款内訳

単位：万ドル

社名	契約年月	金額	主要対象設備
川崎製鉄	1958/01	800	高炉（千葉2号）
住友金属工業	58/07	3,300	高炉（和歌山1号）分塊
神戸製鋼所	58/08	1,000	高炉（灘浜1号）
日本鋼管	58/09	2,200	水江工場新設・中径管
八幡製鉄	59/11	2,000	高炉（戸畑1,2号）
富士製鉄	59/11	2,400	高炉（広畑3号）
住友金属工業	60/12	700	中径管 ストリップミル
川崎製鉄	60/12	600	厚板（千葉）
合計（8件）		13,000	

出所）　日本開発銀行［1976］p.444.

　の呼び水的効果を発揮するとともに，新鋭技術の円滑な導入にも貢献したといえよう．

　世銀借款についての詳細は本節の最後の部分で記述するため，ここでは借款導入のあらましだけを示しておこう[84]．普通鋼の第2次合理化における当初の資金調達計画は，54年秋以降の鉄鋼輸出の急増と55年以降の内需の伸びによる収益の向上を背景として，自己資金を基調とするものであった．その後，各社の設備投資は計画を超えるペースで拡大する一方，合理化計画開始からほどない57年3月に金融政策が引締めに転じたことから，この調達計画には狂いが生じた．しかし，折よくこの年の5月，世銀の第2次鉄鋼借款について通産省から希望調査があり，高炉6社はいっせいにこれに申請す

84）借款導入の経緯は，世界銀行東京事務所［1991］p.50-56，日本開発銀行［1963］pp.362-371などを参照．

る．各社の申請額を調整したのち，7月に一万田大蔵大臣が渡米して世銀との交渉に当たり，高炉6社すべてについて借款成立をみた．

その後，世界各国の世銀借入に対する需要が急増したことから，世銀は経済復興が目覚しい国については産業界のプロジェクトへの民間外資の積極的導入を指導することとし，60年1月，「日本の鉄鋼業界に対する世銀借款は，民間市場で外資調達を行う場合，必要不可欠であると考えられる場合にのみ融資する」という正式決定を伝えてきた[85]．59年夏頃から新規の世銀借款申請を計画していた住友金属工業と川崎製鉄は，この決定を受けて外債発行の準備をすすめ，60年12月，世銀借款と外債が同時調印された[86]．これら第2次合理化計画期間中に成立した世銀借款は，それ自体の規模はもとより民間外資の導入，さらには，国内民間資金の誘導にも大いに寄与した．開銀は，鉄鋼各社と世銀との間に立ち，双方の情報や認識のギャップを埋め，これら借款が成立に至るまでのプロセスはもとより，成立後の種々の交渉においても重要な役割を果たした．

このような経緯で第2次合理化期の普通鋼部門に対する融資は，世銀借款の転貸融資が主体となり，開銀本体の融資は小規模なものにとどまり，代わって特殊鋼部門に対する融資の比率が増大した．上述のように特殊鋼部門では，需要者側からの品質向上やコストダウンの要請が高まったにも関わらず資金調達力の弱さなどから合理化が遅れていた．このため開銀は，58年度に特殊鋼に対して初めて普通鋼を上回る額の融資を実行し，以降，大型電気炉，近代的ステンレス設備，ならびに新鋭熱処理設備などを対象とする融資を展開した．

続く60年代前半の融資は，事実上特殊鋼向けのみとなった．融資対象は，量産鋼・ステンレス鋼・軸受鋼の専業大手5社の工場新設を主体とする特定工場への集中投資で，これは，通産省の行政指導に基づいて企業間の提携・グループ化を促進し，合理化と生産の集中の実現を意図したものであった．

61年度以降の普通鋼に対する融資は，普通鋼メーカーが国際競争力を確

---

85) 同上，p.53.
86) 起債の準備は1960年の半ばまでにおおむね進んでいたが，日米安保条約をめぐり一時政情不安が懸念されたことから調印が見送られ，世銀借款も外債との同時調印が条件となっていたために延期となった（世界銀行東京事務所［1991］pp.54-55）．

保し財政資金を必要としない企業体力を備えたとの判断から，地域開発や公害対策・新技術開発などの分野の融資が中心となり，普通鋼産業育成を目的とした新たな融資は行われなくなった（世銀転貸契約分の一部実行を除く）．ただし，海運の部分で述べた大型専用船の建設，後述の港湾施設整備など，鉄鋼業の国際競争力の構築に大きく関わる輸送の効率化およびコストの削減に対して，開銀が間接的な形で果たした役割は大きい．

（5） 産業関連施設

1950年代を通じての経済活動の拡大は輸送需要の大幅な増大をもたらし，道路・港湾施設など産業基盤の整備の必要性を際立たせた．こうした要請を受けて，「道路整備5ヵ年計画」「港湾整備5ヵ年計画」「浚渫5ヵ年計画」なども相次いで策定された．開銀もこれらの施策の主旨に沿って，産業関連施設に対する融資を行うこととした．

1950年代後半の産業関連施設融資は，輸送需要の増大と船舶の大型化・専用化に対応して，一般埠頭倉庫および鉄鋼・石油港湾施設の整備が中心となった．また，鉄鋼業の臨海型一貫製鉄所をはじめ臨海地域への大型工場進出が顕著となり，港湾の浚渫・埋立てや臨海地域の造成が活発化したことから，浚渫船の増強に対する融資も行われた．鉄鋼を例にとれば，鉄鋼港湾施設整備のための融資が59年度に始まっている．既述のように，川鉄千葉を皮切りに臨海型一貫製鉄所の建設が活発化したが，その本来のメリットを活かすには鉱石・石炭等大型専用船の整備や大型船を受け入れる港湾の整備が不可欠であった．このため，59年3月に「特定港湾施設整備特別措置法」および「特定港湾施設工事特別会計法」が成立し，大型船受け入れに必要な外郭施設，用地埋立て，埠頭設備，荷役機械などを対象に開銀融資が行われることとなった．その他，58年12月に公布された「工場排水等規制法」に基づいて，工場の汚水処理施設に対する融資なども行われた．

60年代に入ると，経済のさらなる拡大により，産業関連施設の充実に対する要請は高まるとともに多様化した．すなわち，生産や貿易の拡大によって，港湾施設や倉庫の整備拡充に対する要請は一段と高まり，また，臨海地帯の工業用地に対する旺盛な需要を背景に埋立て規模が拡大し，浚渫土砂排

表 6-15 産業関連施設の融資実績 (1961～65年度)

単位：百万円，%

年度	1961	62	63	64	65	合計	
産業関連施設	2,392	2,188	2,520	2,020	3,155	12,275	100.0
埠頭・倉庫	1,245	930	1,475	1,260	1,570	6,480	52.8
浚渫・建設機械	1,147	1,130	870	225	120	3,492	28.4
産業公害防止	0	128	175	535	1,465	2,303	18.8

出所）日本開発銀行［1976］pp.146-147.

送の長距離化や浚渫深度の増加も顕著となったことから，浚渫船や建設機械の充実が必要となった．さらに，産業のあまりにも急速な発展は，一方で深刻な公害問題を発生させつつあり，この対策も急務となった．

60年代以降の産業関連施設融資は，①埠頭・倉庫（荷役施設，倉庫，港湾施設），②浚渫・建機，③産業公害防止（煤煙防止，汚水処理，工業用水転換）の3種に大別されるが，65年度までの融資額で最大の比重を占めたのは①で，全体の約53％に達した（表6-15）．また，その中でもとりわけ倉庫に対する融資が90％以上と圧倒的な比重を占めた．これは，63年度以降，港湾の倉庫だけでなく，大阪・名古屋の大都市周辺の高速道路インター付近の内陸倉庫や大消費地の冷蔵倉庫に対する融資が始まったことに対応している．

2. 産業体質の改善と国際競争力の強化

(1) 特定機械

機械工業の問題点と機械工業振興策の模索

機械工業は，潜在的な雇用吸収力の高さ，国際貿易に占めるウエイトの大きさ，各産業の技術水準に与える影響の大きさなどから，国民経済の高度成長を図る上で大きな役割を期待されていた．また，エネルギー消費の観点に立てば，機械工業は増産のために必要とされるエネルギーの追加投資額が重化学工業の中でも相対的に小さく，この点からも発展が求められていた[87]．1955年12月に決定された「経済自立5ヵ年計画」では，60年度の鉱工業生

---

[87] 経済企画庁［1957］pp.30-31.

産水準として工業全体では対54年度比56%の増加が想定されていたが，このうち機械工業については60%という高い成長率が想定され，60年度の輸出規模も，54年度に比べて3倍近い拡大が要請されていた[88]．

しかし，当時の機械工業はさまざまな問題点を抱え，その国際競争力は著しく脆弱であった．例えば設備工作機械の経過年数は，米国では10年未満が約57%であるのに対し，日本では10年以上が70%を超え，その内容も戦時中の粗製濫造品が多く，高速化・自動化・専用化・精密化などで大きく遅れていた．設計・意匠などでも外国の模倣の域を出ず，材料の改良研究も立ち遅れていた．また，狭い国内市場で各社が多品種少量生産を行っていることが，一方で技術の蓄積を遅らせ，他方で設備や労働の生産性を低下させる要因となり，品質やコストに悪影響を及ぼしていた．こうした問題点が特に深刻である基礎機械や部品部門を構成する企業は一般に小規模で，設備更新のための資本力も劣っていた[89]．

したがって，機械工業の体質改善を図るには，特に基礎部門の中規模以下の企業を中心に老朽化設備を早急に新鋭設備に置き換えること，また，専門生産体制を確立することに重点をおいた振興策が必要であると考えられた．通産省は当初このような振興施策の推進のため，①近代化のための機械設備の貸付，②旧式機械設備の譲渡の斡旋ならびに購入およびスクラップ化，③機械設備の国産化のための諸業務を担う全額政府出資の「機械工業振興事業団」を設立する構想を描いていた[90]．対象業種としては，機械工業のうちの基礎機械部門・共通部品部門・輸出完成機械の部品部門の中から大企業が主として生産を担っている業種を除く業種[91]が選ばれ，これらに対して3ヵ年計画で総額80億円強（機械台数約4,470台）を貸付けるという青写真も描か

---

88) 通商産業省重工業局［1956］pp. 49-50.
89) 同上，pp. 52-53.
90) 同上，pp. 59-61. 通産省は，同事業団構想以外にも「機械工業振興公社」案，「機械工業設備更新事業団」案などを立案していた．橋本［2001］p. 232.
91) 基礎機械部門として，工作機械・電気熔接機・電動工具・金型・試験機・測定器・油圧ポンプ，共通部品部門として，歯車・強靱鋳鉄・ダイカスト・粉末冶金・ねじ，輸出完成機械の部品部門として，ミシン部品・双眼鏡部品・時計部品・自動車部品・電気通信機械部品が適用予定業種に選ばれた．なお，これらの業種に属する企業数は約2,600社で，そのうち資本金1,000万円未満の企業が約2,400社あった．機械振興協会経済研究所［1968］p. 48.

れた[92]．

　同事業団構想は 55 年 11 月に始まった産合審機械部会の審議に付され，翌月には「機械工業振興事業団の設置に関する決議」の成立をみた．しかし，これを国の予算化する段階において，①事業団という独立の新しい機関を設けることの可否，②当時の金融体制の下で同一目的が果たせるのではないか，③事業団ベースでの投資は公平の観点からみて適切かどうか，④放漫な投資とならないか等が問題となり，翌 56 年 1 月末，構想は打ち切りとなった[93]．その後この構想の主旨は周知の「機械工業振興臨時措置法」に形を変えて受け継がれ，開銀はこれに深く関わっていくことになる．

機械工業振興臨時措置法の概要

　「機械工業の合理化を促進することにより，その振興をはかり，もって国民経済の健全な発展に寄与することを目的」（第 1 条）とする「機械工業振興臨時措置法」（以下，機振法）は，1956 年 6 月に 5 年間の時限立法として公布，施行された．その概要は，①通産大臣が指定する特定の機種または部品ごとに 1960 年度末での品質・性能・コストその他の合理化目標を定め，これらの実現を図るため設備の近代化・専門生産体制の確立・規格の統一・生産技術の向上などの措置を定める，②この計画の適正な策定を期するため機械工業審議会を設置する，③合理化計画の遂行を財政資金で支援する，④通産大臣は基本計画の目標達成のため，生産分野の専門化，規格の統一，部品・原材料の購入などのための合理化カルテルを指示できる，などであった[94]．

　上記③のように，機振法では合理化計画に対する政府資金の投入の具体的手段について特段の定めは設けられていなかったが，開銀は同法に基づく融資は業務上自らが担当すべきものと考えていたことから，56 年 3 月 1 日，大蔵省に融資条件についての意見と併せて開銀において融資を実施したい旨を申し入れた[95]．翌々日の 3 月 3 日に大蔵・通産両者間で，特定機械融資に

---

92) 当該部門の 3 ヵ年の必要投資額は，96 億 5,800 万円と想定されていた．同上．
93) 通商産業省重工業局［1956］pp. 68–69.
94) 同上，pp. 72–73.
95) 日本開発銀行［1963］p. 296.『中小企業金融公庫十年史』には次のような記述がある．
　「特定機械融資の対象企業は，機械工業の基礎部門あるいは部品部門で本来中小企業が多く，

ついての了解が成立し，開銀が融資を担当することなどが決定された[96]．

　開銀は，対象企業の大部分が中小企業で件数も多いことと，この融資が育成的性格をもつことから，同年8月に「特定機械工業に対する融資の取扱要領」を制定し，融資条件については上記両省の了解事項の趣旨に沿うとともに，事務処理を迅速に取り運ぶよう配慮することとした[97]．なお，融資希望企業は通産省の定める合理化計画に沿った設備近代化計画を提出する必要があったが，かかる計画作成に関する不慣れが懸念された．また，融資対象となる企業の大半は，開銀が審査や取引の実績をもたない中小企業であるという問題もあった．このようなギャップを埋めるための方策として，56年10月，（財）機械工業振興協会（以下，機振協と略記）が設立され，企業に対する窓口となった[98]．

　機振法の対象業種としては，基礎機械，共通部品の他，輸出振興の見地から輸出機械部品も加えた3部門のうち，まず56年7月に17業種が指定され，10月に1業種，さらに58年8月に4業種が追加された．その他，57年度に電子工業振興臨時措置法が成立したのにともなって蓄電器が同法対象に移管された結果，第1次機振法の対象は21業種となった[99]．

融資企業の選定と融資の実績

　機振法に基づく融資企業の選定は，まず通産省重工業局による技術審査を通過して通産省から推薦を受けた企業に対して，開銀が金融ベースの審査を行い，この審査を通過した企業の案件に融資が行われた．このうち技術審査

　　　35年度までの開銀融資実績においても，当公庫の対象範囲に属するものが5割強を占めており，当初より当公庫もこの融資を担当すべき理由が十分あったが，直接貸付開始後間もない当時においては，人員，機構のうえで，このような融資を行なう素地が十分なかったことなどの理由で，直接この融資を実施するに至らなかった」（中小企業金融公庫［1964］p.366）．

96）　同上，日本開発銀行営業第三部編［1963］pp.4-5.
97）　日本開発銀行営業第三部編［1963］pp.4-5.
98）　機械振興協会編［1976］p.9．機械工業振興協会は1964年11月に解散し，同会の事業は機械振興協会（64年8月設立）に引き継がれた．
99）　基礎機械（工作機械・鍛圧機械・工具・金型・電動工具・風水力機械・電気熔接機・試験機・長さ計・ガス切断機），共通部品（歯車・ねじ・軸受・バルブ・ダイカスト・強靱鋳鉄・粉末冶金），輸出機械部品（自動車部品・ミシン部品・時計部品・鉄道車輌部品）．

は，前述の機振協で通産省重工業局の担当課が中心となり，業界団体や開銀の協力を得ながら進められた．ここでは，技術者の技術水準を中心とした企業の技術力や経営力，また，計画に従って機械を導入した場合の生産性向上などがヒアリングによって審査された．開銀の審査においては，需要見通し，合理化計画の現実性，返済能力などが重点となった．

機振法に関しては，指定から漏れた中小企業が不利益を被るのではないか等の指摘がしばしばなされたが，実際の運用では，大企業から自立した専門メーカー，すなわち①大企業の系列会社ではない独立会社で，②個人・同族会社の性格が強いが経営は近代化されており，③独自の技術・市場をもつことなどが重視され，いわゆる中堅企業の育成が図られることとなった[100]．開銀は機振法融資の審査に際して，承認枠から外れた企業を含めて，経理制度の合理化や自己資本充実の方法などについて指導を行ったが，このことは中堅企業の育成という方針の現われとみることができよう．企業の側もまたこれに呼応し，ある年度に融資が承認されなくても，次年度以降再挑戦することが珍しくなかった[101]．

通産省の初年度の推薦は，1956年度の実施計画の制定に基づいて57年7月に行われたため，実質的には2年度分一括処理の形で15業種183件となった．当時の機械工業では神武景気を背景に戦後初めて本格的な設備投資機運が醸成されつつあり，借入希望企業数は5年間を通じて最高となった．56・57年度の特定機械予算額は計35億円であったが，推薦金額は約80億円に上ったため，翌58年度の予算の過半までが当年度の推薦案件の融資に充当された．融資承諾は142件48億1,200万円で，推薦件数の約2割は融資に至らなかった．資金事情の厳しさに加え，大規模な設備投資を行うには

---

100) 平田元総裁の回想によれば，大蔵省や国会は特定機械融資を一種の中小企業対策と考えており，通産省もややこれに影響されて，代表的な大企業には融資せず，中小以下にできるだけ総花的に融資すべきとの傾向にあったが，開銀はあくまで機械工業の強化が主たる狙いであることから大企業と中小企業の区別を設けるべきではないこと，また，総花的融資ではなく，強いところをより強くするという考え方に立った重点的融資であるべきことを主張した．平田［1970］p.140.
101) 橋本は，このような開銀審査のスタンスを「将来の企業成長に向けた審査」という言葉で表現している．橋本［2001］pp.240, 267.

体力不足の企業が多かったことがその一因であった[102]．続く58年度は，前年度までに融資が決定した企業では対象工事が進行中であったこと，いわゆる鍋底景気の影響で設備投資意欲がやや低下したことなどの影響で，推薦件数は50件台にとどまった．融資承諾額は11億700万円で，5年間を通じて最小となった．翌59年度は，前年度下期からの景気回復にともなって設備投資意欲が再び旺盛となったこと，既融資企業でほぼ対象工事が完了し，第2期工事の計画が相次いだことなどにより，推薦件数は前年度のほぼ2倍に増え，融資承諾額は32億2,100万円となった．最終年度にあたる60年度は，引き続き旺盛な設備投資意欲に加え，貿易自由化を目前にして，特に増産目的の設備投資計画が増えた．同年度には推薦113件の全件に対する融資が成立したが，開銀資金の制約もあって承諾額は20億円強にとどまり，指定機械に対する開銀の融資比率は5年間で最低の28.5％となった[103]．

機振法に基づく特定機械融資は1961年7月に完了したが，5年間の融資件数は422件で融資企業数は294社にのぼった[104]．表6-16が示すように，開銀を通じての融資は対象工事資金調達の3割にあたるものであった．なお，部門別にみると，基礎機械部門が件数で46％，金額でも53％と最大を占めた．

表6-17は61年5月現在の融資対象企業の事業規模を示している．対象の過半を占めるのが資本金1,000万円以下または従業員300人以下の企業であるが，融資額ではこれら中小企業向けは総額の32％となった．1件当たりの平均融資額は2,660万円，1社当たりの平均融資額は3,820万円で比較的小口のものが多く，1件の金額が1億円を超えたものは9件にすぎなかった．

融資期間は各企業の償還資源と要返済長期債務などを勘案して定められ，平均で5年9ヵ月となった．また，当初は企業側の財務状況も良好ではなかったために，債権保全や経営指導の見地から，融資に際して増資や決算事前承認など付帯条件をつけることが多かったが，その後好況が持続したことや合理化工事の進展で企業体力の向上も顕著であったことから，59年度以降，付帯条件は緩和ないし解除された．5年間の特定機械融資で61年9月まで

---

102) 日本開発銀行営業第三部編［1963］p.5.
103) 同上，pp.5-6.
104) 以下での5年間の総括に関わる記述は営業第三部の分析に依拠している．同上，p.6.

表 6-16 特定機械の対象工事資金調達状況

単位：百万円

業種	件数	対象工事費	(うち指定機械)	資金調達 借入金 開銀 (承諾額)	資金調達 借入金 開銀 (工費減期限により前弁済額)	資金調達 借入金 開銀 (貸付差引正味額)	資金調達 借入金 中小公庫	資金調達 借入金 その他	資金調達 借入金 計	自己資金	(うち増資)
工作機械	62	9,300	7,558	2,870	10	2,860	10	1,673	4,543	4,757	770
電気溶接機	4	122	79	48	—	48	10	5	63	59	3
電動工具	2	181	164	71	—	71	4	3	78	103	7
工具	39	3,359	2,737	1,172	8	1,164	35	284	1,483	1,876	220
研削砥石	16	787	597	298	—	298	11	153	462	325	46
金型	19	985	841	397	0	397	17	155	569	416	64
長さ計	13	519	439	211	—	211	22	97	330	189	16
試験機	8	351	237	178	—	178	3	43	224	126	45
鍛圧機械	16	2,149	1,569	456	—	456	14	428	898	1,251	235
ガス切断機	6	195	169	82	—	82	5	29	116	79	—
風水力機械	9	661	519	234	—	234	15	121	370	291	73
強靭鋳鉄	22	1,371	880	606	12	594	15	260	869	502	77
ダイキャスト	21	1,656	1,056	541	5	536	35	605	1,176	480	224
粉末冶金	7	210	164	120	—	120	5	11	136	75	32
ねじ	27	1,277	1,078	359	—	359	45	367	770	507	68
軸受	6	838	609	275	—	275	—	192	467	371	89
歯車	36	2,915	2,500	886	7	879	24	815	1,717	1,198	197
バルブ	12	1,021	676	294	6	288	28	198	514	507	124
ミシン部品	16	383	337	153	—	153	3	62	218	165	36
時計部品	8	531	373	239	—	239	0	140	379	152	12
自動車部品	66	7,988	4,709	1,585	3	1,581	4	3,294	4,879	3,109	1,050
鉄道車両部品	7	340	261	151	—	151	20	75	246	94	20
合計	422	37,139	27,553	11,225	51	11,174	324	9,010	20,508	16,631	3,406
比率（％）	—	100	—	—	—	30	0.9	24.3	55.2	44.8	(9.2)

注) 1961年5月末現在．なお，研削砥石は当初工具に含まれていたが，58年に独立の指定業種となった．
出所) 日本開発銀行営業第三部編［1963］p.196.

に延滞の発生したものは2件にすぎず，これらも短期間で解決した．なお融資対象企業の中には，機振法下での設備投資を進めるにあたり，自己調達能力を高めるために株式公開に踏み切るものもあった[105]．

---

[105] 例えば黒田挟範製作所（現在の黒田精工）は，60年に株式を店頭公開し，さらに証券取引所第二部市場が開設された61年には二部上場を果たしている．黒田精工株式会社［1995］p.131.

第6章 融資活動の展開

表6-17 特定機械融資対象企業の事業規模

業　種	社数	資本金（百万円）								従業員（人）							
		5以下(社)	10以下(社)	30以下(社)	100以下(社)	100超(社)	最大	最小	平均	50以下(社)	100以下(社)	300以下(社)	1,000以下(社)	1,000超(社)	最大	最小	平均
工作機械	32		5	4	7	16	4,800	3.5	504.3	1		15	6	10	7,753	50	1,095.6
電気溶接機	4		1	2	1		100	8	39.5			2	2		576	118	333.5
電動工具	2			1		1	550	11.55	280.8			1		1	1,237	161	699
工具	29	4	7	3	10	5	20,000	2	1,337.9	3	6	10	6	4	16,200	40	1,686.5
研削砥石	14	1	8	2	3		51.5	3.96	17.7		4	8	2		510	52	207.8
金型	13		6		2	4	1,700	4	254	1	2	4	4	2	2,440	47	547.3
小計	11	1	4	3	2	1	125	5	37.4		2	5	2		837	52	289.6
試験機	5		2	1		2	2,500	7	538.2		1	1	2	1	5,100	93	1,056.8
鍛圧機械	16	3	4	1	3	5	10,665	2.5	1,217.4	1	2	5	4	4	14,000	26	1,797.1
ガス切断機	3		1		1	1	50	9.75	26.6				1		553	62	275.3
風水力機械	9		1	5	1	2	200	9	64.7			5	3	1	1,597	125	374.7
強靱鋳鉄	20	2	2	5	7	4	20,000	4	1,151.9		4	6	6	4	16,200	75	1,221.1
ダイキャスト	13		2	3	4	4	20,000	6	1,607.7			6	6	1	16,200	101	1,578
粉末冶金	5		1	1	2	1	200	10	63			4			1,501	135	456
ねじ	23	8	10	3	4		500	2.4	36.9	1	3	17	1	1	1,422	38	242.2
軸受	6		1		3	2	200	10	78.3			1	5		745	220	424.7
歯車	26	5	7		7	4	2,500	2	457.9	4	6	9	5	2	5,100	29	433.7
バルブ	7		1	3	2	4	2,500	9.5	524.2			1	4	2	5,100	166	1,219
ミシン部品	13	5	2	3	3		50	2	16.4		2	6	5		570	52	303.1
時計部品	4			1	2	1	115	20	70	1			3		686	40	485.5
自動車部品	50	1	4	4	16	25	1,500	4	292.3			13	22	15	3,690	128	777.4
鉄道車両部品	6	1			1	2	880	5	225.4		1	2	1	2	1,119	95	613.2
合　計	311	29	70	47	81	84	20,000	2	489.6	12	34	122	92	51	16,200	26	837.9
純　計	294	29	70	46	80	69	20,000	2	325	12	34	121	88	39	16,200	26	670

注）1961年5月末現在。
出所）日本開発銀行営業第三部編［1963］pp. 197-198.

特定機械融資の意義──工作機械工業の例

　前述のように，機振法の下では指定各業種について1960年度における合理化目標（生産高・精度・歩留り・原価低減など）が定められた[106]．達成状況は業種ごとに格差はあるが，生産高ではほとんどすべての業種が目標を達成した．精度の向上についても，当初設定した目標値が高度に過ぎたため一部未達成に終わった業種もあったが，大部分が目標を達成した[107]．ここでは，機振法に基づく融資金額が21業種の中で最大であった工作機械をとり上げて，機振法以前の概況も振り返りながら，政策効果をやや詳しくみることにする．

　工作機械工業は，機械工業の最も基礎的な部門を担うという意味で経済の発展拡大の前提ともいうべき産業である．しかし，わが国の工作機械工業は，戦前から国際的技術水準に大きく立遅れていたのみならず，戦中期の国際的技術交流からの孤立，敗戦による軍需の途絶[108]，さらには軍工廠などの国有工作機械の民間払い下げ[109]によって，低迷をきわめていた．ドッジ・ラインを契機に本格的な合理化を目指しはじめた各種産業では高精度高性能な工作機械に対する需要が生まれていたが，国内メーカーにはそれに応える力はなく[110]，さらに需要者の側の外国品崇拝も根強いことから，工作機械輸入は急増した[111]．

　1952年3月に通産省が実施した第1回工作機械設備等実態調査によれば，

---

106) 指定業種の中には，通産省の合理化基本計画の決定が遅れたものもあった．例えば軸受工業の場合，大手企業の取扱い問題などが懸案となり，合理化基本計画の正式決定が1959年10月末となったことから，60年までの設備投資は実質的に各社独自の計画の下で進められた．同上，p.5, 日本精工株式会社五十年史編集室［1967］p.218.
107) 各業種の合理化の詳細については，日本開発銀行営業第三部編［1963］を参照のこと．
108) 1935年当時のわが国の工作機械生産台数は約1万台であったが，戦時体制下の43年には約6万台という水準にまで増大していた．44年時点で446社あった工作機械企業数は，51年には21社にまで減少した．日本開発銀行［1962］p.17.
109) 終戦時のわが国の工作機械の実質保有台数は約60万台であり，このうち軍工廠・軍需工場関係を中心に約22万台が賠償機械に指定されたが，最終的には大多数が撤去されず国内に放出された．同上，p.20.
110) 朝鮮動乱勃発の際，米国は工作機械の調達の可否を探るため日本にも工作機械調査団を派遣したが，機械の模倣性と設備の劣悪さから汎用機の輸入すら断念したということからも，当時の状況を窺い知ることができる．機械振興協会経済研究所［1968］p.33.
111) 工作機械の輸入は，当時の政府の厳重な輸入制限にも関わらず，49年の4,162万円から51年には1億8,316万円，53年には22億5,377万円と大幅に増大している．日本開発銀行［1962］p.21.

工作機械製造業者の保有工作機械3,767台のうち，経過年数5年未満のものはわずか2％にすぎないことが明らかになった．この深刻な設備老朽化を問題視した政府は，52年4月に工作機械メーカー等の機械設備近代化を目的として，金属工作機械または金属加工機械輸入価格の2分の1を補助する工作機械輸入補助金制度を設けた．しかし，この制度が「半額」補助であったため，当時の疲弊した工作機械業界は2億7,000万円の交付金枠のうち1億7,000万円しか消化できず，残額を軸受・工具などの関連業界に割愛せざるを得なかった[112]．この時点でのマザーマシンの整備は，最小限のものにとどまったということになる[113]．

設備老朽化と並ぶ深刻な問題は，工作機械メーカーの開発力の低さであった．自動車や電機工業など主たる需要産業の求める工作機械の性能は，彼ら自身の近代化・合理化の進展とともに高度化しつつあったが，当時の工作機械メーカーには自力開発を行う余力は乏しかった[114]．そこで，政府は53年度から3年間にわたり，工作機械等試作補助金制度を設け，総額2億8,000万円という規模で優良工作機械の開発を支援することとした[115]．この制度の下で，工作機械メーカー28社が補助金の交付を受け，61機種の試作を実施した[116]．この時の試作は，工作機械メーカーにおける本格的な基礎技術開発

---

112) 補助金交付を受けた工作機械メーカーは10社で，26台の欧米機が輸入された．日本工作機械工業会［1982］p. 63.
113) 例えば，以下を参照のこと．機械振興協会経済研究所［1968］p. 36.
114) 日本開発銀行［1964］pp. 38-39. 当時の国産メーカーの水準を需要者から評価した例として，1953年に工作機械企業を調査した自動車工業会は，「戦時中と戦後とでは工作機械の需要者側における需要機種選定の方針が全く変わったにも関わらず，それを完全に見落とし，旧態依然たる生産を続けている企業が多く，しかも不安定な経営基盤の上で過少生産を行っている戦後の工作機械工業に著しい技術水準の向上を期待するのは本来無理である」と批判し，①設計の後れ，②耐久度，精度の根本的再検討の必要，③油圧装置・ベアリング・電装品・クラッチなどの組付部品の不良，④部品の折損・破壊による機構上の故障が多いことなどを指摘している（日本開発銀行［1962］p. 29）．工作機械メーカー側も当時を回顧して，「いろいろな会合に出てもユーザー筋からは『日本の工作機械はだらしがない』と叩かれるばかり」と述べている（日本工作機械工業会［1982］p. 160）．
115) 当時の関係者は試作補助金制度について「まだ，日本の重工業に対する国民的認識が薄い時代でしたから通産省も，大蔵省から文句をいわれながら，おっかなびっくりでした」と回顧している．日本工作機械工業会［1982］p. 160.
116) 補助額は，試作機械販売予定価格の2分の1以内で，償還は試作完了後3年据置の5年償還と定められた．同上，p. 63.

表 6-18 工作機械部門における年度別設備投資実績

指定機械,支払ベース,単位:百万円

年度		1956	57	58	59	60	合計
基本計画 (A)							13,450
実績	全国計 (B)	800	1,200	2,600	3,300	6,700	14,600
	調査対象30社計 (C)	364	1,134	1,138	1,767	3,730	8,133
B/A (%)							108.6
C/B (%)		45.5	94.5	43.8	53.5	55.7	55.7

出所) 日本開発銀行営業第三部編 [1963] p.13.

の端緒となったという意味ではきわめて重要であったが,より本格的な育成強化策なしにはこの業界の負った著しいハンディは解消し得ないこともまた事実であった.以上のような背景から,機振法の立法化に際し,工作機械は最も重要な対象業種の1つとしてとり上げられることになったのである.

機振法の下1957年3月に告示された工作機械の合理化基本計画は,60年度を目標年度として,①合理化(機種ごとの品質性能・20%以上の生産費低減),②生産(200億円)・輸出(40億円),③設備投資(指定機械55億円・その他5億円)などそれぞれに具体的な目標を掲げたものであった.以下では,当時の開銀の機振法担当部署であった営業第三部が1956年度以降5年間に工作機械業種の融資対象とした企業31社に対して行ったアンケート(回答は30社)結果を中心に,目標の達成状況を確認することにしたい[117].

まず,設備投資の実態についてみることにしたい.工作機械部門の設備近代化の所要資金は,当初計画段階では5年間で55億円(指定機械のみ)とされていたが,59年度以降の需要の急増に対応して設備投資意欲が高まったことなどから計画は2度改訂されて134億5,000万円となり,最終的な実績としては146億円の設備投資が行われた.表6-18から,この間の設備投資は特定機械の融資対象以外の企業においても高水準で推移していることがわかるが,他方で,57年度のように一般の企業が設備投資を控えた時期においても,融資対象企業ではコンスタントな設備投資が進められていることも確認できる.なお,5年間の対象工事の資金調達内訳は,開銀21%,市中

---

117) 以下の記述は日本開発銀行営業第三部編 [1963] pp.12-18に依拠している.

23%, 自己資金56% であるのに対し, 金融引締め下にあった57年度は, 開銀36%, 市中18%, 自己資金46% となっており, 特定機械融資が安定的資金源として重要な役割を果たしている.

なお, 30社の設備投資の内容についてみると, 5年間の指定機械取得台数は2,366台に達し, 内訳ではマザーマシンとしての工作機械が1,763台で全体の75% を占めた[118]. また, 同じく精度向上に資するものとして, 試験検査設備の取得も多くみられた[119]. このような設備近代化の結果, 30社における主要保有設備台数は5年間で約1,200台, 率にして17% 増加した結果, 55年度末で全体の16% であった経過年数5年未満の設備は60年度末では34%（全国平均29%）と大幅に増加した. 反面, 経過年数15年以上の設備は55年度末の54% に対し60年度末で55% と横ばいにとどまった. これは, 需要の急増に生産体制の拡充が追いつかず, 老朽機械も動員せざるを得なかったという事情にもよるが, なお設備近代化が未完成だったことの証左でもあろう.

続いて生産能力についてみると, 上述の合理化基本計画では, 当初60年度の生産目標は200億円とされていたが, 早くも58年度中に211億1,300万円という生産実績に達したことから, 59年11月に計画が見直され, 新たに280億円という目標値が定められた. しかし, 60年度の実績はこれをさらに60% 上回る451億円となった. このうち, 上記の融資対象30社についてみると, 5年間の成長率は年率52% で全国平均の58% をやや下回るものの, 58〜60年度の3年間でみれば30社の平均は55% で, 全国平均の48% を上回っている. 当時の開銀の担当部局である営業第三部は, これを57から58年度にかけての投資低迷期に融資対象企業が敢行した合理化投資の結果と分析している.

最後に, 性能やコストに関する合理化目標についてみよう. まず品質性能の向上についてみると, 基本計画に示された各機種の目標値は60年度末までにほとんど達成されたが, 当の目標値自体が50年代前半の日本の工作機

---

[118] この5年間の廃棄機械は1,633台, うち工作機械は1,290台であった. 同上, p.13.
[119] 推定で取得機械全体の14%. 同上, p.14.

械水準を反映した，さほど高くないハードルというべきものであった[120]．したがって60年度末時点での国産工作機械は，国際水準に照らせば，それに劣らない精度を達成した機種となお精度の劣る機種とが混在する状況であった．総じていえば，国際水準にほぼ到達していたのは普通旋盤やフライス盤をはじめとする中小型汎用機，いまだ距離を残したのは大型機，とりわけ量産に必要な専用機および特に高精度高性能が要求される中ぐり盤・研削盤・平削盤等に多かった[121]．後者のように特に高い精度を要求される機種については，国内メーカーの製作経験の少なさ，研究投資の不足，生産体制の未整備，需要者の外国機械崇拝の姿勢などさまざまな要因が技術の発展を遅らせていたとされる[122]．

また，コスト低減についてみると，基本計画に掲げられた目標は55年度末の生産費に対して20％の低下を図るというものであったが，製造原価において20％以下の低減を果たした機種はごく一部にとどまった[123]．その背景には，数値制御方式や光学読取装置・油圧倣(ならい)装置の採用などユーザー側の要求が高度化したことによってコストが上昇し，合理化によるコスト削減だけではそれを補いきれなかったという事情も一部にはあったが，より一般的には，生産規模が経済単位に達していない機種が依然として多いことがコスト低減を妨げる要因となっており，生産機種の専門化と1機種当たりの生産ロットの増加を追求するという課題は引き続き残された[124]．

以上からわかるとおり，機振法下で特定機械融資の対象となった工作機械メーカーは，活発な設備投資を展開し，旺盛な需要にも後押しされながら大幅に生産能力を伸ばし，所期の目標の多くを達成した．しかし，その一方で，製造技術の後進性・製作経験の不足・設備の老朽化などに由来する品質や性能上の劣位，および生産費の高さという重要な問題は残された[125]．通産省産

---

120) 通商産業省［1960］p. 31.
121) 日本開発銀行［1962］p. 29.
122) 日本開発銀行営業第三部編［1963］pp. 17-18，通商産業省［1960］pp. 13-14.
123) 詳細は，日本開発銀行営業第三部編［1963］p. 16の第8表を参照のこと．
124) 調査対象30社のうち，少数機種量産メーカー12社と多機種少量生産メーカー8社の主要製品1台当たりの製造原価を比較すると，前者では1960年度の製造原価が55年度の76％にまで低下したのに対して，後者では89％という水準にとどまった．
125) 国産工作機械の販売価格は，米国製品よりは若干安いものの，欧州製品に比べると20〜

業構造分析研究会は，国産機の高い原因として，①多機種少量生産，②設備機械の精度劣化により部品の精度向上に再修正時間を要すること，③設備機械の低生産性，④購入部品の規格不統一・高価格・低信頼性，⑤原材料の低品質による処理費の高さ，を指摘している[126]．後述のように機振法は61年3月に改正され，5年間延長されるが，以上の課題は第2次機振法で取り組まれることになる．

機械工業振興臨時措置法の改正

　機振法は1961年6月に期限を迎えることになっていたが，貿易自由化政策の推進を控えて，機械工業の国際競争力の強化は急務であったし，「所得倍増計画」においても，機械工業の発展は産業構造および輸出構造高度化の鍵を握るものとして位置づけられていた．このような要請から，機振法は61年3月に改正され，さらに5年間延長されることとなった．以下では，56年度成立の機振法を第1次機振法，61年改正以降を第2次機振法と記す．第2次機振法の基本的枠組みは第1次のそれとほぼ同様であったが，国際競争力の強化という喫緊の課題に対応するため，対象業種や財政資金の規模は大幅に拡充された．

　対象業種は，従来の基礎機械・共通部品などのほかに，貿易自由化に備えて競争力を強化する必要がある機械部門，輸出力を強化する必要がある部門が加えられ，計40業種となった[127]．第1次機振法の下で指定された21業種のうち，ミシン部品，電動工具，ガス切断機を除く業種が引き続き対象となった[128]．なお，第1次機振法においては基本計画の目標年度が各業種一律に60年度末とされていたが，第2次機振法では基礎機械は65年度末，特定部品は63年度末がそれぞれ目標年度と定められた．

　財政資金の供給については，貿易自由化の時期が迫っていることもあり，

　　30％高かった．日本工作機械工業会［1982］p.65.
126)　同上．通商産業省［1960］p.31も参照のこと．
127)　第2次機振法で新たに指定された業種は以下の通り．鋳造機械・工業窯炉・鍛工品・熱処理・鋳鋼鍛鋼・工業計器・油圧機器・運搬機械・内燃機関・分析機器・工業用計重機・自動車用機械工具・鉄道信号保安機器・産業車両・事務用機械・農業機械・化学機械・プラスチック機械・鉱山土木建設機械・繊維機械・木工機械．
128)　従来「切削工具」に含まれていた「研削砥石」が58年に分離特掲されたため，第2次機振法に引き継がれたのは19業種となる．

初年度で100億円の資金が確保された．これは，前年度の4倍，過去5年間の合計の9割近い規模であった．また，第2次機振法では，新たに中小公庫にも特定機械融資枠が設けられ，「中小企業基本法」に定める中小企業向けの融資は，一定の調整期間を経て同公庫が担当することとなった．初年度の内訳は，開銀融資分70億円，中小公庫融資分30億円となったほか，貸出金利については両機関とも特別金利が適用された．

第2次機振法に基づく融資の実績と意義

　第2次機振法に基づく開銀融資を概観すると，融資額は1961～64年度の間各年度70億円強の水準で推移したが，いわゆる40年不況の影響で設備投資の落ち込んだ65年度は約54億円という規模にとどまった．他方，56年の機振法施行以来の融資は，企業の体力向上を背景に順調に回収が進み，65年度には回収額が新規の貸付額を上回るに至った[129]．

　上述の通り第2次機振法下では中小公庫にも融資枠が設けられたことにより，銑鉄鋳物・鍛工品・ねじ・鍛圧機械・金型・自動車用機械工具その他の業種では中小公庫融資額が開銀のそれを上回った[130]．開銀の融資先企業は，中小公庫の融資参加や企業の成長などにより，第1次に比して規模の大きい企業が中心となったが，開銀は融資に際して，企業の一層の体質改善や経営基盤の強化を促すため，生産・販売・技術・財務の各方面にわたって最大限の企業努力を要望した．

　主要業種別の融資実績をみると，61～63年度は自動車部品と工作機械の2業種が全体の約4割を，それ以降は自動車部品単独で過半に近い割合を占めた．自動車部品に対する第2次機振法下での融資額は，第1次の約8倍に達した．表6-19は主要業種の5年間の融資実績と構成比を示している．

　自動車部品に対する融資がこのように突出したものとなった背景には，65年10月に予定された完成乗用車の輸入自由化を控えて，国産乗用車の国際競争力を早急に向上させなければならないという事情があった．価格面でい

---

[129]　機械振興協会経済研究所［1968］p. 18.
[130]　中小公庫の融資の比重が特に大きかったのは，金型（開銀3億4,500万円〈1961～65年度融資額計〉，中小公庫11億5,500万円〈同〉），自動車用機械工具（開銀2,000万円〈同〉，中小公庫9億400万円〈同〉）などの業種であった．詳細は同上，p. 17を参照のこと．

第6章　融資活動の展開

表6-19　特定機械の融資実績
単位：百万円，％

年　　度	1961〜65	構成比
基礎機械	8,831	25.7
工作機械	3,765	10.9
油空圧機械	755	2.2
工具（含研削砥石）	2,009	5.8
風水力機械	762	2.2
金型	345	1.0
鍛圧機械	230	0.7
その他	965	2.8
共通部品	7,683	22.3
軸受	2,745	8.0
銑鉄鋳物	1,050	3.1
鋳鍛鋼	400	1.2
ねじ	817	2.4
鍛工品	650	1.9
歯車	765	2.2
ダイキャスト	656	1.9
その他	600	1.7
特定部品・一般機械	17,905	52.0
自動車部品	11,044	32.1
鉄道車両・同部品	190	0.6
鉱山土木建設機械	1,280	3.7
内燃機関	865	2.5
事務用機械	910	2.6
その他	3,616	10.5
合　　計	34,419	100.0

出所）日本開発銀行［1976］p.454．

えば，当時の国産自動車は類似の外国車に比べて20〜30％割高で，価格低減は喫緊の課題であったが，それには自動車の価格構成の50％強を占める部品のコスト削減が不可欠であった．このため，自動車の価格差のうちの少なくとも10〜15％は部品で解決すべきという方針の下で，部品40品目を対象に63年度末を期限とする振興基本計画が策定され，230億円余が投入されることとなった[131]．同計画では，生産費を60年度に比べ15〜30％以上引

131）　日本開発銀行営業第三部編［1963］pp.177,179．

き下げるとともに，品質性能を国際水準まで引き上げることが目指され，そのために企業の合併，生産分野の調整，新技術開発のための共同研究，関連産業の近代化を促進する方針が打ち出された[132].

　この計画に基づいて，開銀は第1次部品メーカーのうち国際競争力を強化する必要がある企業を，中小公庫は第1次部品メーカーの合理化に協力する特定の第2次部品メーカーを対象にそれぞれ融資を行った．これら融資の総額は，自動車部品工業における指定機械の設備投資493億円の27％（133億円）に達した．第2次機振法が期限を迎えようとする65年度末時点での部品価格は，60年度末を100として70.6にまで低下した[133].

　次に，融資規模が第2位の工作機械についてみることにしよう．第2次機振法下の基本計画（「振興基本計画」）は国際競争力の強化に重点を置くもので，具体的な数値目標としては，65年度の生産目標1,350億円，輸出135億円，61～65年度の設備投資680億円（指定機械のみ），生産費の引き下げ15％以上などが掲げられたほか，機種ごとの生産ロット台数（例：普通旋盤振り550 mm未満50台以上）も示された[134].

　1961年度の工作機械生産額は前年度の1.7倍にあたる912億円となり，翌年度にはさらに967億円にまで増大したが，結果からみればこの年度が第2次機振法下の工作機械生産のピークであり，最終年度の生産額（648億円）は上記の目標値の半分にも満たなかった[135]．これは，朝鮮動乱期以降ほぼ一貫して伸び続けてきた国内需要が62年度をピークに減退したことの反映であった[136]．また，同年度以降，景気調整の進行の影響および後述するように設備がほぼ先進国並みの水準に達したことなどから設備投資は低調となり，65年度末までの設備投資実績は上記計画額の53％にとどまった[137]．その影響から工作機械部門に対する開銀の特定機械融資も63年度をピークに

---

132) 日本開発銀行［1993］p. 99.
133) 同上．
134) 日本工作機械工業会［1982］p. 64.
135) 機械振興協会編［1967］p. 216.
136) 工作機械の主要需要産業である鉄鋼・一般機械・電気機械の設備投資は61年に，精密機械のそれは62年にそれぞれひとまずピークに達し，自動車を中心とする輸送機械の設備投資のみがこれ以降も上昇を続けた．同上，pp. 215-217.
137) 日本開発銀行［1964］p. 39, 日本工作機械工業会［1982］p. 65.

急減し，65年度にはゼロとなった．

このように設備投資は先細りになったとはいえ，第1次機振法以来推進されてきた設備の近代化は着実に進んだ．すなわち，工作機械企業の全所有工作機械台数に占める設備年齢5年未満の比率は，1953年時点ではわずか2%にしか過ぎなかったが，63年時点では45%（5年以上10年未満は9%）という水準に到達した．ちなみに同じ年の米国では10年未満の工作機械の比率は17%であり，日本の工作機械工業界が戦後ながらく負ってきた老朽設備のハンディは，この時点で完全に解消されていたといえる[138]．

上述の通り65年度の生産額は62年度のピークから大幅に減少したが，実は輸入額の減少はそれ以上に急で，ピークの約440億円（61年度）から年々減少して65年度には115億円となり，輸入依存率は61年度の33%に対して65年度は17%にまで低下した[139]．ちなみに工作機械の自由化は61年5月以降段階的に実施され，64年10月の時点で99機種分類のうち96機種までが自由化の対象となっていた[140]．にも関わらず輸入依存率が大幅に低下したことは，国産工作機械が一定程度の国際競争力を築き得たことの証左であった[141]．しかし，例えば60年代半ばもなお堅調な設備投資が続いていた自動車関連産業で使われる多軸自動盤・多軸倣いフライス盤・歯車仕上機械などの機種は国産化が遅れており，これらは輸入に頼らざるを得なかった[142]．

一方，工作機械輸出額は61年度の25億円余から急増を続け，65年度には初めて100億円の大台に乗った．また，61年度までは仕向け先が東南アジアを中心とした後進地域に限られ，かつ，旋盤・ボール盤などの廉価な機種が中心であったのに対し，62年度以降は米国・スイス・西独など先進国への輸出が大幅に増加し，機種も中ぐり盤・研削盤・タレット旋盤・フライ

---

138) 機械振興協会経済研究所［1968］pp. 30-31.
139) 機械振興協会編［1967］pp. 216, 218.
140) 自由化についての詳細は，日本開発銀行［1964］pp. 41-42，付表19および日本工作機械工業会［1982］pp. 65-66を参照のこと．
141) 1962年の第1回日本国際工作機械見本市では国産機に対する内外の反響は大きく，例えば西独業界からは「今後日本には普通型工作機械の輸出を見合わせ，高度工業国としての新機軸のものを輸出しなければならない」という感想が聞かれたという．日本開発銀行［1964］p. 38.
142) 機械振興協会編［1967］pp. 218-219.

ス盤などの国産一流機の輸出が増加した[143]．上記振興基本計画では65年度の輸出額は135億円となっていたが，これに満たなかった理由を技術面からみれば，この時点までに日本の工作機械技術は，形状・精度等の平面的技術では十分国際市場で通用する水準に達していたものの，なお操作性・剛性・耐久性などの基礎技術の充実が不十分で，この点が先進諸国製品に対する国産工作機械の独自性・優秀性をなお強調できない要因となっていたことがあげられる[144]．

（2） 電子工業

電子工業の地位と振興策の検討

1950年代半ばのわが国の電子工業は，生産額・輸出額ともにまだ小さく，全製造業に占める地位も低かった．戦後10年を経て生産体制のひとまずの整備を終えたとはいえ，その技術水準は著しく低く外国技術の導入に頼らざるを得ない状況で，製品構成もまた，電子応用装置を中心に多様かつ高度な製品構成を発展させつつあった欧米諸国に比して貧弱であった[145]．一方で電子工業は，①広範な応用分野をもち，他産業の技術水準や生産性の向上等への波及効果のきわめて大きい産業である，②非常に成長率の高い産業である，③将来輸出産業として有望である，などの理由でその発展を大きく期待されていた[146]．

56年度成立の機振法下で設置された機械工業審議会は電子工業振興特別部会を設けてその振興策を検討し，12月に「電子工業振興策についての中間報告」を行い，わが国経済の基本政策である生産性向上・産業合理化の促進上，電子技術の発展は不可欠で，電子工業は新たな基幹産業として強力に育成されるべきであること，そのためには，①技術者の確保と養成，②研究

---

143) 日本開発銀行［1964］p.37.
144) 同上，p.38.
145) 本文で記述する時期をやや逸脱するが，参考までに外国技術導入の趨勢を示すと，1950年の外資法制定以来62年3月までの電子工業における甲種技術導入は297件で全体の甲種技術導入の17%強を占めた．主な技術の導入先は米国のRCA（116件），ウェスタン・エレクトリック（40件），オランダのフィリップス（29件）で，この3社で全体の65%に達した（日本開発銀行設備投資研究所［1966a］p.12).
146) 日本電子工業振興協会［1968］p.85.

の促進と技術の向上，③設備の整備拡充と生産の専門体制の促進，④需要の開拓などの措置を緊急にとるべきであることを指摘した．さらに，これらの措置の実施方法としては，機振法の枠内で行うのではなく，特に電子工業の特殊性に鑑み，新法を制定して積極的に推進すべきであるとの考えを示した[147]．

　この中間報告を受けて，政府は当該産業振興のための法律制定の準備に入ったが，その際目的として重視されたのは，①欧米諸国に比してきわめて立遅れている電子応用機器を中心とする産業用電子機器の国産化の促進を図り，輸入を防圧すること，②技術開発を積極的に推進し，国産技術のレベルアップを図るとともに，全産業の2割にもおよぶ電子工業の特許料・技術料等の節減を図ること，③法律を梃子として原材料・部品・機器を通じて一貫した総合的施策を展開するとともに政府民間の総力の結集を行うこと，④電子工業を将来の輸出産業として育成すること，の4点であった[148]．こうして新たに構想された「電子工業振興臨時措置法」（以下，電振法）は，57年4月に国会に提出され，6月に公布・施行された[149]．

電子工業振興臨時措置法の内容と特徴

　電振法の骨子は，①電子工業の振興を通じて産業全般の設備や技術の近代化その他国民経済の健全な発展に資することを目的とし，②政令の指定する機種について振興基本計画および年度ごとの振興実施計画を電子工業審議会の意見を聞いて定める，③政府は実施計画に定める合理化設備に必要な資金確保につとめる，④通産大臣は，基本計画の目標達成のため必要と認めるときは共同行為を指示することができる，⑤品質管理の励行が特に必要な場合には検査設備について基準の公表を行う，⑥振興基本計画，実施計画の策定等通産大臣の諮問に応じ，電子工業の振興に関する重要事項を調査，審議す

147）　同上．
148）　同上，p. 86.
149）　この法律では，「電子工業」とは「電子機器等を製造する産業」を指すものとし，「電子機器等」とは「電子機器（電子管，半導体素子その他これらに類似する部品を使用することにより電子の運動の特性を応用する機械器具をいう）並びに主として電子機器に使用される部品および材料」と定義された（日本開発銀行設備投資研究所［1966a］p. 1)．

表6-20 電振法の概要

	1号機種	2号機種	3号機種
分類基準	研究開発を必要とするもの	研究開発を完了してスムーズに工業化を促進すべきもの	大量生産を行うための生産合理化を促進すべきもの
振興措置	研究開発目的の明確化 研究開発費の補助 税制上の優遇措置	必要経費の特別融資	合理化目標の設定 特別融資

出所）日本電子工業振興協会［1988］p.22.

る機関として電子工業審議会を設置する，というものであった[150]．

　電振法は，機振法と共通する部分を有するものの，その対象は単に生産の合理化にとどまらず，工業生産の開始や試験研究の促進という範囲にまで及んだ．すなわち，電振法の適用を受ける電子機器等（部品・材料を含む）は，①試験研究を特に促進する必要のあるもの（1号機種），②工業生産の開始または生産数量の増加を特に促進する必要があるもの（2号機種），③生産の合理化を特に促進する必要があるもの（3号機種）に分類され，それぞれ政令で指定された（表6-20）．また，第1次機振法では全機種に一律の目標年度が設定されたが，電子工業は技術革新のペースが速く新製品が次々に現われることなどを考慮して，目標年度は各製品ごとに定められ，かつ2～3年という期間が設定された．ただし，法の期限は，開発に長期を要する対象製品もあることなどを考慮して7年とされた．

　電子工業審議会は電振法に基づいて電子工業振興の基本方向の審議を行い，58年7月に「電子工業振興5ヵ年計画」を策定した[151]．一方，通産省は電振法の制定にともない，同法の強力かつ効率的な遂行を担当するために57年8月，重工業局内に「電子工業課」を設置し，既設の「電気通信課」との2課体制で電子工業の振興に臨むこととした[152]．他方，業界側でも電子工業審議会のメンバーを中心に，電振法の運用への協力組織の組成の気運が高まり，

150）　日本電子工業振興協会［1968］pp.86-87.
151）　「電子機器等生産5ヵ年計画」，「電子機器等輸出5ヵ年計画」，「電気試験所技術長期（5ヵ年）研究計画」，「電子機器等試作5ヵ年計画」を含む．日本電子工業振興協会［1988］p.25.
152）　同上，p.21.

58年3月に(社)日本電子工業振興協会が設立された[153].

電振法に基づく融資

上述のように電振法は3つの施策対象を定めたが，このうち1号機種については鉱工業技術試験所補助金(1950年発足)を重点的に投入し，2号機種については開銀の新技術工業化融資(後述)を適用することになった．生産の合理化促進を目的とする3号機種については開銀が設備資金の供給を担当することになったため，開銀は「電子工業振興臨時措置法に基づく電子工業に対する融資の取扱要領」を定め，振興法に基づく事業計画として通産省から推薦のあったものはすべてこの要領によって融資を行うこととした．金利は，特別金利6.5%(最優遇金利)を適用した．

初年度における融資推薦は蓄電器業4件1億5,400万円で，融資実績は4件1億1,000万円にとどまったが，以後機種指定が進むとともに件数および金額は増大した(表6-21，表6-22).1963年度までの7年間の融資実績は22億円強で，業種別には計数型電算機用入出力装置(21%)，蓄電器(14%)，高周波測定器(11%)，抵抗器(9%)に対する融資が大きかった．1件当たりの平均融資額は3,200万円で，平均期間は5年，融資比率は約33%であった[154].

1950年代後半から60年代半ばまでの時期を概観すると，白黒テレビやトランジスタラジオなど民生用電子機器の成長が著しく，これら製品の生産規模の拡大にともなって電子機器や電子部品の品質の向上やコストダウンが進み，輸出余力も増大した[155].57年に65億円(全輸出額の0.6%)であった電子工業の輸出額は65年には2,157億円(全輸出額の7.1%)に増大し，生産額に占める輸出比率も57年の4%弱から65年には25%に上昇した．商品構

---

153) 同上，pp.23-24.
154) 日本開発銀行[1976] p.457.
155) 産業構造審議会電子機器小委員会は，1963年11月の答申でわが国電子工業の急速な発展をもたらした需要サイドの要因として，①国民生活水準の向上にともなうテレビ・ラジオ等の家庭用耐久消費財需要の急増，②トランジスタラジオに代表されるような輸出の著増，③通信網の整備・拡充にともなう通信機器の需要増加，④産業界で高水準の合理化投資が行われたことにともなう工業計器等の需要増加，をあげている．日本開発銀行設備投資研究所[1966a] pp.8-9.

241

第2部 高度経済成長の進展と政策金融の展開

表6-21 電子工業の指定機種の推移

対象機種	指定期間	対象機種	指定期間
抵抗器	1957〜70年度	複合部品	1962〜66年度
蓄電器	〃	医用電子装置	64〜70
水晶振動子	58〜65	産業用テレビ装置	〃
マイクロスイッチ	〃	高純度シリコン	〃
チョッパー	〃	蓄電器用タンタル	64〜65
サーボモーター	58〜66	人工水晶	64〜68
テープレコーダー用テープ	58〜63	電子管	64〜70
		磁気テープ	〃
ブラウン管陰極	〃	放射線測定器	64〜66
トランジスタ,ダイオード	59〜65	変成器,変圧器	66〜70
		多層プリント配線基板	〃
タングステン,モリブデン製品	59〜70	集積回路	〃
		磁性薄膜記憶装置	〃
フェライト製品	〃	半導体素子	〃
コネクタ	60〜63	電子式卓上計算機	66〜73
〃	66〜70	小型ビデオテープレコーダー	66〜68
高周波測定器	60〜70		
P.H.電極	60〜63	水晶および磁気ろ波器	〃
電算機入出力装置	61〜70	超音波応用装置	68〜70
電子式自動調整装置	61〜63	テレビ受信用ICチューナー	〃
シンチレータおよび光学結晶	〃	数値制御装置	〃
リレー	62〜63		
極小型精密直流電動機	62〜65		

注) ここでは便宜上第2次電振法の指定機種も併せて記載する.
出所) 日本開発銀行[1976] p.453.

表6-22 電子工業の融資実績

単位:件,百万円

年　度		1957	58	59	60	61	62	63	64	65	合　計
開発資金枠 電子工業	件数	4	0	0	8	7	21	12	13	15	80
	金額	110	0	0	192	185	891	485	530	1,120	3,513
経済援助資金枠	件数		3	9	5						17
	金額		46	179	148						373
合　計	件数	4	3	9	13	7	21	12	13	15	97
	金額	110	46	179	340	185	891	485	530	1,120	3,886

注) 経済援助資金は電子工業での融資推薦を得,経済援助資金により融資したものである. 64,65年度は第2次電振法に基づく融資である.

成では，65年時点で民生用機器が全体の65%で，とりわけラジオは全輸出額の33.5%を占めた．他方，輸入についてみると，57年当時の76億円（全輸入額の0.5%）から65年の475億円（全輸入額の1.8%）と，その増加は輸出よりはるかに小規模なものにとどまった[156]．

電振法は64年に期限が到来したが，貿易自由化・資本自由化の進展に備えて，電子工業に対する振興は不可欠と考えられたことから，機振法同様改正され，71年3月まで7年間延長された（第2次電振法）．第2次電振法の概要ならびに融資の実態は第3部で触れる．

（3） 電子計算機

上述の通り，電子工業における日本と欧米諸国との技術格差は大きく，殊にコンピュータのような新分野に関してはこの傾向は強かった．世界で初めての商用コンピュータUNIVAC Iが米国レミントン・ランド社によって発売されたのは1951年のことで，翌52年にはIBM初の商用機IBM701も発表された．これ以降，商用コンピュータの開発と普及は急速に進んでいった．日本においてもコンピュータ開発は50年代半ば頃から急速に進んだが，なお先行する外国機との間には実力に隔たりがあった[157]．

1960年代を迎える頃になると，国内メーカーの開発はようやく軌道に乗り，60年末には，国内メーカーが必要とするコンピュータ技術の基本特許を保有するIBMとの間で，特許供与の契約も結ばれた[158]．これによって国内メーカーのコンピュータの生産は本格化したものの，国産製品を市場に普及させるためには，IBMへの対抗措置としてコンピュータのレンタル制を確立することが必要であった．しかし，個々の国内メーカーには，コストや利益の回収に長い期間を要するレンタル制を採用しうるだけの資金力を欠いていた[159]．

[156) 日本開発銀行設備投資研究所［1966a］pp.7-8．輸入の大勢を占めたのは通信用および産業用機器で，特に電子計算機は65年の全輸入額の50%以上を占めた．
[157) 詳細は例えば以下を参照のこと．中村［1995］pp.244-246.
[158) 新庄［1984］p.306．IBMの特許公開の経緯に関する詳細は，以下を参照のこと．通商産業省・通商産業政策史編纂委員会編［1990b］p.258.
[159) 同上，pp.258-259.

1960年8月，通産省は，翌61年度の重要施策として「電子計算機国策会社案」を打ち出した．レンタル制の導入の他，国産コンピュータの計画的生産や大型機の開発などを含む同案は，10月には具体化し，61年度の政府出資を目指して予算要求を行うところまで進んだが，国策会社を設立するには法律が必要であること，予算措置に持ち込むまでの時間を欠いていたこと，国の資本導入に反対もあったことなどから，実現をみなかった[160]．

　61年3月，同案に代わって，メーカーの共同出資によるレンタル専門の民間会社を設立し，この会社に対してレンタル資金として開銀その他から低利の融資を行うという案が出され，翌4月には「電子工業の中核をなす電子計算機の国産化促進ならびに国産機の市場拡大に資する国策的目的」による会社設立の基本要項が定められた．これに基づき，同年8月，日本電気・日立製作所・富士通・東芝・沖電気工業・三菱電機・松下通信工業の7社が共同出資する日本電子計算機（以下，JECC）が設立され，10月からレンタル業務を開始した[161]．発足当時のレンタル取扱機種は全22機種であった[162]．

　同社のレンタル制の仕組みは，メーカーがユーザーと導入契約を結ぶとJECCがそのコンピュータを買い入れ，ユーザーに賃貸するほか，契約期間中の保守およびソフトウェアのレンタルを仲介し，ユーザーが解約した場合はメーカーが残存価格でJECCからコンピュータを下取るというものであった．これによってメーカー側は，自社販売体制確立のコストをかけずに製品を販売でき，その分研究開発に資金を投入することが可能となり，ユーザー側では，購入より少額の費用で，また急激な技術進歩による陳腐化を気にせずコンピュータを導入することが可能となった．

　これを資金面からみると，JECCは自己資金または借入金をもってメーカーに購入代金を支払い，月々回収するレンタル料で営業諸費用をまかない，

---

160) 同上，p. 259.
161) JECCの設立と前後して，新規重要物産免税制度がコンピュータ・メーカーに適用されることになり，コンピュータ製造のために新規設備を導入した場合，その業務から生じた所得について法人税が免除されることになった．同上，p. 260. なお，松下通信工業は，松下グループのコンピュータ事業からの撤退により，64年10月にJECCから脱退することになった．
162) 日本電子工業振興協会［1988］p. 53. レンタル制の仕組みは，同上，p. 52.

表6-23 JECCに対する融資ならびにレンタル実績

単位：百万円

年　度	融資額	レンタル実績		
		台数（台）	金　額	伸び率（％）
1961	400	17	1,071	
62	800	61	3,242	202.7
63	1,500	169	5,871	81.1
64	2,500	303	11,686	99.0
65	5,500	428	20,792	77.9
合　計	10,700	978	42,662	

出所）　日本開発銀行［1976］p.129.

表6-24 年度別コンピュータ納入実績

単位：台数

年　度	1957	58	59	60	61	62	63	64	65	66
国産機	2	3	9	31	46	138	285	324	366	575
外国機	1	5	17	35	73	90	200	238	238	270
合　計	3	8	26	66	119	228	485	562	604	845

出所）　日本電子工業振興協会［1968］p.92.

下取り回収金等とあわせて借入金の元利弁済を行うという仕組みで，調達資金コスト如何がJECCの業績を大きく左右する要因となった[163]．開銀は，JECCの設立初年度からレンタル販売制度維持資金の融資を実行したが，その実績は表6-23に示すように年々急増し，65年度には61年度の約14倍の規模にまで膨らんだ．また，5年間の融資額は，開銀の一般機械融資総額の6割強にあたる107億円にのぼった．

表6-24は，コンピュータ納入実績を国産機・外国機別に示している．60年代半ばの時点では，国産コンピュータの約8割がJECCを通じてレンタルされたということもあわせて考えれば，国産機の普及・輸入の防遏にJECCが果たした役割の大きさを確認できよう[164]．

---

163)　日本開発銀行［1976］p.486.
164)　日本電子工業振興協会［1968］p.91.

(4) 石油化学

「石油化学工業の育成対策」

　先進諸国に大きく遅れをとっていた石油化学工業に対する育成政策の端緒となったのは，1951年6月に通商産業省通商化学局有機課が作成した「石油系有機合成化学工業について」で，そこでは「今や石油系合成化学工業の発展はまさに世界的趨勢となりつつあるのであり，このような世界的趨勢に即応する意味においても，わが国の石油系合成化学工業の確立は急務を要する」との考えが示された[165]。その後石油化学工業の育成が本格化する契機となったのは，54年5月に衆議院で可決された「有機合成化学工業振興決議」である。この決議は，合成繊維や合成樹脂などの有機合成化学工業の振興とともに，その原料となる石油化学工業についても急速に育成を図るという方針を含むものであった[166]。

　これを機に同年9月には，企業化当初から国際水準に達する生産体制を確立する方針を掲げた「石油化学育成要綱」が示され，翌年2月には，石油化学技術懇談会によって企業化の具体策についての報告「石油化学工業化技術について」が作成された。他方，53年頃から化学系企業や石油系企業を中心に石油化学計画が相次いでまとめられ，通産省に提出された[167]。これらの動きを受け，通産省は55年年初から石油化学工業育成の基本方針の策定に着手し，同年7月，以下に示す「石油化学工業の育成対策」を省議決定した[168]。

　　目　的
　　　石油化学工業の企業化により，
　①ナイロン，酢酸繊維等の合成繊維工業および石炭酸樹脂，メタアクリル樹脂等の合成樹脂工業の急速な発展に伴い，供給の不足を来すベンゾール，石炭酸，アセトン等原材料の供給確保

---

165) 通商産業省・通商産業政策史編纂委員会編［1990a］p. 487.
166) 同上，p. 488.
167) 石油化学工業協会編［1981］pp. 5-7.
168) 通商産業省・通商産業政策史編纂委員会編［1990a］pp. 490-492.

②現在全量輸入に依存しているエチレン系製品等石油化学工業を確立しない限り逐年輸入の増加が必至と予想される原材料物資の国産化
③主要化学工業原料の供給価格の引き下げを期し，これらを通じて産業構造の高度化，化学工業および関連産業の国際競争力の増大を図るものとする．

方　針
①主要石油化学工業製品の今後の想定需要量を国際価格水準において供給しうる体制をなるべく速やかに確立することを目標とする．
②各企業における石油化学工業計画の内から，次の基準に従い適当且つ重要と認められる計画を重点的にとりあげ，これを積極的に育成する．
　（イ）当該企業が計画を適格に遂行するに足りる技術的および経理的基礎を有すること
　（ロ）設備について短期償却を行っても，国際価格水準による販売価格をもって採算的に成立しうる計画であること
　（ハ）技術内容が優れていること
　（ニ）資金計画が確実であること
　（ホ）石油化学工業の企業化のため石油精製能力を大幅に増加することなく実現しうること
③前項（イ）乃至（ホ）の基準に照らし適当と認められる計画による生産数量の合計が想定需要量を大幅に超過する場合においては，製品の予想供給価格並びに生産量，将来の発展性，外貨依存率，外資提携形態等を勘案し，我が国にとってもっとも有利と認められる計画を優先し，各石油化学製品につき想定需要量を大幅に超過しない限度において育成対象計画を選定する．
④石油化学工業と製品分野に於て競合を予想される既存工業については，なるべく急激な影響を与えることのないよう考慮を払う．

対　策
①設備資金については，必要により日本開発銀行からの融資をはかる．

②設備の短期償却を行い得るよう耐用年数を策定し,重要設備については特別償却の措置を講ずる.
③所要の外国技術導入を認可する.
④法人税第6条［重要物産指定］の適用対象とする.
⑤所要の機器輸入について,外貨割当の確保と輸入関税の免除措置を講ずる.

通産省は,この育成対策に基づいて企業化計画の選別に入った.まず,55年9月には,スチレンモノマーを輸入してポリスチレンを企業化する三菱モンサントと旭ダウの計画が認可された.続いて,丸善石油,日本石油化学工業,三菱石油,住友化学工業,三井石油化学工業,三菱油化の6社の計画が認可の対象として選定された[169].

通産省は56年2月,これら6社の計画を認可するにあたり,「石油化学企業化計画の処理に関する件」を省議決定した.これは,①近い将来における石油化学製品の需要量は,現に計画中の品目についてはおおむね既定計画をもって充足し得るものと認められるので,今後における石油化学企業化に関する新規計画については,対象品目,想定需要量の推移,既定計画の進捗状況等を勘案して当分の間特に慎重にこれを処理する,②想定需要量の増大等によって既計画外の品目につき供給力に不足を生じた場合,および既計画外の品目につき企業化の必要を生じた場合には,技術内容および資源の活用,企業の合理化その他の経済効果を基準として育成対象を決定推進するものとし,既定計画と新規計画との間に差異を設けないというものであった[170].

この決定の背景には,各社の石油化学参入意欲の加熱ぶりに対して,企業の乱立や過剰投資を懸念する声も少なからず上がっていたため,計画選定の方針をより明確化する必要があるとの通産省の判断があったようである.しかし,これは事実上上記6社以外の企業化をしめ出すものだと論議を呼んだ[171].その後,56年7月には昭和電工から,8月には出光興産からそれぞれ

---

169) 石油化学工業協会編［1971］p.74.
170) 通商産業省・通商産業政策史編纂委員会編［1990a］pp.495-496.
171) 石油化学工業協会編［1971］pp.74-75.

石油化学企業化計画が提出されるなどの動きがあった．また一方で，特に高圧法ポリエチレンに関し，同年5月の通産省の想定需要量は過少であるとの意見が業界から寄せられた．同年11月，通産省は需要予測の改訂を行う一方で，昭和電工，古河化学，三菱油化のポリエチレン生産計画を認可した[172]．このような経緯ののち，57年度を初年度として，エチレン系（ポリエチレン，スチレン，エチレンオキサイド，エチレングリコールなど），芳香族（ベンゾール，トルオール，キシロール，テレフタール酸など），および後述する合成ゴム（SBR）を中心とした企業化計画である「石油化学第1期計画」（〜60年度）がスタートした．

上記の第1期計画に引き続き，①第1期計画の生産品目について生産能力を増強する，②ナフサ分解からの未利用オレフィンの有効利用を図る，③原料転換，および既存生産方式を石油化学方式で代替することにより基礎化学製品のコスト引き下げと供給力増強を目指す，などを基本とする第2期計画の立案が着手された[173]．1962年以降65年にかけてナフサセンターが次々と建設されたほか，第1期の先発企業においても設備の新設や増設が相次いだ．その結果，66年5月現在で，日本のエチレン設備能力は年産約120万トンに達し，米国に次ぐ世界第2位の規模となった[174]．このような急速な成長により，1957年時点で17.4億円（全化学製品中0.3％）にすぎなかった石油化学工業の生産金額は，60年には631億円（同6.9％），65年には3,214億円（同20.1％）という驚異的な増大を遂げた[175]．

設備投資の展開と開銀融資の実績

石油化学は完全な新規産業であり，かつ典型的装置産業であるため，上記第1期計画の所要資金は約800億円と膨大な規模となった．開銀は，長期的観点からこの新規産業の育成発展を図り，前述の化学原料の確保，価格の引き下げ，輸入製品の国産化による外貨節約などの目標を達成するため，「石

---

172) 同上，pp.76-77.
173) 日本開発銀行設備投資研究所［1966b］p.12.
174) 同上，p.13.
175) 同上．この数字は，石油化学方式によるアンモニアの生産金額を含まない．

油化学」融資制度を1957年度に設け，57年度にまず2件計16億円の融資を行い，以後60年度までに総額111億円の融資を行った．

石油化学第1期計画はその大半が59年度中に完成して順調に稼動を開始し，60年度以降は，アセチレン系（アクリロニトリル，アセトアルデヒドなど），プロピレン系（M.E.K,ポリプロピレンなど）の新製品の生産と第1期計画の補完を目的とした第2期計画が，第1期をはるかにしのぐ規模で進められた．しかし，開銀は，石油化学に対してはすでに育成の段階を終えたものとみなし，融資の規模を縮小した．61年度は第1期の補充合理化工事2件に5億円，62年度は後発ナフサセンター建設工事および合成ゴムの補充合理化工事に6.5億円の融資が行われた．

「体制整備」の要請と開銀融資の増大

上述のようにわが国の石油化学工業は1950年代半ば以降急速にその基盤を確立したが，60年代に入ると当時過剰生産傾向にあった米国からの安値輸入が始まり，他方で国内企業間の競争も激化した結果，製品価格は大幅な下落傾向を辿った．こうした状況の中で先発各社は設備の増強や溜分利用の総合化によるコストダウンなどによって好調な収支を確保していたものの，間近に迫った貿易自由化や関税引き下げに備えて，設備規模の拡大・合理化などをさらに推進して国際競争力を強化する必要があると考えられた（表6-25）．また，後発各社の従来法（醗酵法・カーバイド法）から石油化学法への原料転換計画は化学工業の趨勢であり，早急な実施が必要であった．にもかかわらず，金融情勢の悪化や業界内部での自主調整の遅れなどから，これらの計画は大幅な遅れを余儀なくされていた．

このような理由から通産省は，63年，石油化学を指定業種の1つとする「特定産業振興臨時措置法案」を国会に提出し，官民協調方式による産業体制の整備を目指したが，同法案は成立をみなかった．しかし，63年度より開銀は「産業体制整備」のための融資を開始し，石油化学に対する支援が強化されることになった．また，通産省は，外資法による技術導入認可を通じて新増設計画をチェックするなどの指導を続けた．

開銀は，63年度の石油化学に対する融資が「産業体制整備」の第1号と

表6-25 石油化学工業企業規模の国際比較（1960年）

単位：億円

	アメリカ（11社）	ヨーロッパ（9社）	日本（石油化学専業3社）
総資本（平均）	3,599	2,800	177
固定資産（平均）	2,421	1,669	135
売上高（平均）	2,732	2,039	89

出所）石油化学工業協会編［1971］p.436.

表6-26 石油化学の融資実績

単位：億円

年度			1962	63	64	65	66
後発育成	エチレン	一般	4.5	10.5	9.5	14.0	3.5
		新技術		4.0		1.0	
		地方開発			2.5		
		小計	4.5	14.5	12.0	15.0	3.5
	誘導品	一般		4.5	3.5	26.0	2.0
		新技術				6.0	6.0
		地方開発		6.0	25.5	25.5	27.0
		小計		10.5	29.0	57.5	35.0
	計		4.5	25.0	41.0	72.5	38.5
その他		一般	2.0	5.0	12.0	13.0	
		新技術	1.0	3.0	4.0		3.0
		地方開発			2.0	3.0	3.0
	計		3.0	8.0	18.0	16.0	6.0
合計			7.5	33.0	59.0	88.5	44.5

注）1963年度以降の「一般」はすべて体制整備融資．
出所）日本開発銀行［1976］p.506.

なったことから，通産当局との意見の調整，金融機関との連絡などに特に慎重を期してこれに臨んだ．63年度については，融資の基本的態度や融資基準などを検討した結果，後発3コンビナート（丸善石油化学・五井，三菱化成・水島，出光石油化学・徳山）が軌道に乗り速やかに国際競争力を有する規模に達するよう誘導育成することに当面の重点を置き，あわせて原料転換計画で特にその意義が認められるものは，既存コンビナート内の計画も援助するという方針をとった．

64年12月には，開放経済下における石油化学工業の国際競争力強化のた

め，官民協調による産業体制の整備を図ることを目的として，通産省，石油化学工業協会各代表ならびに第三者代表（開銀総裁，経団連事務局長，学識経験者）から構成される「石油化学協調懇談会」が設置され，当面の課題として，①ナフサ分解設備の新増設の適正化＝方針，基準の検討，②オレフィン需要の見通しの検討と生産調整が確認された．従来技術導入の認可を通じて新増設計画をチェックするにとどまっていた政府のあり方からすれば，これは協調への前進として位置づけられる動きであった[176]．

開銀は，63年度に定めた方針（後発コンビナートに対する国際競争力の付与，原料転換計画の優先的取扱）に加えて，対象誘導品メーカー範囲の拡大，地方開発メリットの積極的導入などの方針を取り入れ，積極的な融資を展開した．この結果，「産業体制整備」融資がスタートした63年度以降の実績は大規模なものとなった（表6-26）．

（5） 合成ゴム

合成ゴム国産化の検討過程

合成ゴムの製造は戦時中から取り組まれてはいたものの，試験的な規模にとどまっていた．終戦後，国内の各工場は賠償指定により一部撤去，または塩化ビニールの試験工場に転用され，生産は途絶えていたが，1950年代初頭に至ってようやく，国産化検討の気運が官民双方に現われ始めた．しかし，これが具体的な産業政策に結実するまでには，多くの曲折があった[177]．

民間レベルでは，51年から52年にかけて合成ゴム製造に関する2つの案が出されたが，具体化には至らなかった．同じ頃，通産省化学局内に有機課を中心とした合成ゴム研究会が設けられ，51年11月には「合成ゴム国産化に関する研究報告書」が発表され，①合成ゴムの需要は急速に増大することが予想される，②合成ゴムは装置産業であるため，工場規模は大きいほどよいが，わが国の需要量からして当面年間1万5,000トン能力の工場が必要と

---

176) 平田［1970］p.128.
177) この項の記述は主として以下に依拠した．通商産業省編［1969］pp.324-335. 他に通商産業省・通商産業政策史編纂委員会編［1990a］．また最新の研究としては，JSR株式会社［2008］が刊行された．

なる，③製造設備の建設をともなう企業化には相当の赤字が予想されるため，政府による補助金が必要である，などの考えが示された．その後55年に民間3社から，いずれも年産1万5,000トン規模の合成ゴム製造計画の認可申請が提出されたが，うち2社（途中1社に集約）は計画の規模ではヨーロッパの4〜5万トン計画に太刀打ちできないとして翌年申請を撤回し，結局企業化を進めるのは1社（古河グループの日本ゼオン）のみとなった．

　56年9月，通産省は政府と民間との共同出資による特殊会社構想を発表し，10月には「合成ゴムの国産化について」をとりまとめた．それは，①天然ゴムとの価格競争上，生産規模を当初から年産4万5,000トン以上とすることが最小限の要件である，②生産規模を4万5,000トンとする場合，当分の間需要量との不均衡ゆえ相当の赤字が予想されることなどから，国家的助成が必要であること，③国家的助成の程度は，所要資金124億円中15億円程度を政府が出資し，他に開銀が78億円程度の低金利（6.5％）融資を行うこと，などを内容とするものであった．日本ゴム工業会が他の民間の合成ゴム製造計画を妨げないことを条件に，同案に賛成したことで，計画は具体化段階に入った．

　その後大蔵省との折衝において，通産側が上記の政府出資を開銀からの出資とする考えを示したことに大蔵側が難色を示し，事態は難航した．通産省は，軽工業局で立案検討中の「新規化学工業振興法」，合成ゴムについての単独法である「合成ゴム工業振興臨時措置法」および「日本合成ゴム株式会社法」の3法案のいずれかで開銀出資を確保する方途を検討するかたわら，開銀出資が不可能な場合も想定し，開銀融資枠の予備費50億円から最優先で合成ゴム事業に振り向ける計画をも固めた．しかし，57年3月末，岸首相，池田蔵相，水田通産相，宇田経企庁長官の四者会談でこの問題が審議され，開銀からの出資という基本方針が決定をみ，ようやく「合成ゴム製造事業特別措置法」が立案され，57年6月に公布・施行されることとなった．

日本合成ゴムへの出資と融資

　以上のような経緯で成立した「合成ゴム製造事業特別措置法」[178]では，開

---

178)　同上，pp. 334-335.

銀の出資に関して，①開銀は開銀法第18条第1項の規定に関わらず，合成ゴムの製造事業を営むことを目的とする株式会社で，その事業計画について大蔵大臣および通産大臣の承認を受けたものが設立の際または成立の後に発行する株式を引き受けることができる（第2条），②開銀が引き受ける株式は，発行済株式の総数の2分の1を超えることができないものとし，その引き受ける株式の発行価額の総数は10億円を超えることができないものとする（第3条），③開銀の出資による方式は，この法律の施行の日から1年を経過したときは，遅滞なく政府の出資による方式に切り換えられなければならない（附則），と定められた．

同法施行から約1ヵ月後，松田開銀理事を含む6名で日本合成ゴム製造株式会社設立委員会が組織され，10月の発起人会を経て政府に事業計画を提出し，認可を受けた．11月には，会社設立の規準を定めた「合成ゴム製造事業特別措置法施行規則」が公布・施行され，①SBRの製造とブタジエンの製造をあわせて行う，②連続重合反応装置を使用する，③SBRの生産能力は最初から4万5,000トン/年以上とし，生産開始の日から4年以内にそれを超える生産をする，④SBRの生産費は4万5,000トン以上生産する場合に，輸入SBRまたは天然ゴムの販売価格と同額か，それ以下の価格で販売することなどが定められた[179]．

こうして，57年12月，政府の出資を含む最初の合成ゴムメーカーである日本合成ゴムが設立された．設立時払込資本金は6億2,500万円で，開銀はその40％相当にあたる2億5,000万円，さらに翌年度中に7億5,000万円の出資を行った[180]．工場は四日市で，操業開始予定は59年10月であったが，工場建設着手が遅れたこともあり，現実には60年1月となった[181]．なお，開銀の所有株式は，特別措置法の改正法「日本合成ゴム株式会社に関する臨時措置に関する法律」に基づき，59年2月に政府に譲渡された．

開銀は，株式譲渡に引き続き，同社に対して15億円の融資を実行したが，

---

179) 同上，pp. 338-339．SBRは，スチレン・ブタジエン・ラバーの略．
180) 当初25億円と計画された資本金は，設立時にはその4分の1で，1958年に入って2度の増資を行い，この額に到達した．内訳は，開銀が40％（10億円），ゴム工業界が40％（10億円），石油および化学関係が20％（5億円）であった．日本合成ゴム株式会社［1979］p. 3.
181) 通商産業省編［1969］pp. 338-339．

表 6-27　合成ゴムの融資実績

単位：百万円

年　度	1958	59	60	61	62	63	64	65	合　計
合成ゴム	1,000	4,000	1,000	300	200	500	800	1,200	9,000

金利については特別の措置を講じた．すなわち，合成ゴム事業は本来石油化学事業の一環で，その事業の性格からも石油化学，合成樹脂と利率を異にする本質的差異はないことから，同社への利率は原則として基準金利年9%を適用することとしたが，当面は採算不調が不可避であり，かつ合成ゴム事業の早期育成という観点から同社の財務基盤を早期に確立すべきことなどを勘案して，財務基盤確立まで期限を限って6.5%を適用することとした．

日本合成ゴムは，営業開始初年度の60年度は販売力不足から赤字経営を余儀なくされたが，その後経営は順調に軌道に乗り，63年9月期には繰越損失も解消し，64年3月期には年10%の配当を実施するまでに至った[182]．このため，64年8月，同社に対する基準金利一部免除措置は打ち切られた．なお，合成ゴムに対する融資の推移は表6-27に示すとおりである．

(6) 国産技術の開発（新技術工業化）

新技術工業化融資制度の概要

国内で開発された新技術を企業化する際の設備投資を融資対象とする新技術工業化融資は，1950年12月に開始された工業化試験に対する見返り資金からの特別融資制度を開銀設立後に継承したものである[183]．以来，この融資制度は，68年度に「国産技術振興」融資の一部として再編成されるまで，「一般機械」などの中で扱われた．以下，便宜上67年度までの同融資制度の概要を示す．

新技術工業化融資は，開銀設立時から62年度までは，①国産新技術によ

---

[182] 1968年7月，日本合成ゴムの政府保有株（90万株）の払い下げが行われ，同社は民間会社に移行した．その後69年4月には「日本合成ゴム㈱に関する臨時措置に関する法律」が廃止された．

[183] この間の経緯は，以下を参照のこと．通商産業省・通商産業政策史編纂委員会編［1991］pp. 217-218．なお，中小企業金融公庫設立（1953年8月）以降，中小企業に対する融資業務は同公庫に移管された．

る新製品の製造設備の新設, ②国産新技術による製造工程の近代化を対象としてきた. その後, 開放体制への移行にともない, 政府の国産技術振興に対する取り組みが強化されたことを受けて, 63年度以降, ①新技術による新規製品の工業化ないし製造工程の近代化, ②同上設備の改良ないし適正規模の拡充, ③外国技術によるものでもノウハウなどが国内で開発されたものの工業化, と融資対象が拡大されていった.

なお, 融資の手続については, 設立から56年5月までは見返り資金の特別融資時代の方式を継承し, 科学技術行政審議会(STAC)が新技術について技術内容を審査し, 各省提出案件を調整して開銀に推薦するという形がとられた. 56年5月に科学技術庁が創設され, STAC事務局がこれに統合されたのにともない, 技術内容の審査の中心は当該業種の主管官庁に移り, 主管官庁と科学技術庁の両者による推薦という形式が採用された.

新技術工業化融資の実績

1951年度以降67年度までの新技術工業化融資の実績の推移は, 上述の63年度を境に2つの時期に区分すると把握が容易である. すなわち, 51～62年度までの12年間の融資総額は53億8,000万円であるのに対し, 63～67年度の5年間の総額はこれを上回る76億6,000万円となっている. 件数でみると, 62年度までの累計が81件であるのに対し, 63年度以降のそれは37件で, 1件当たりの平均融資額は6,600万円から2億700万円に増大している. こうした趨勢は, 63年度以降, 国産技術振興の要請に対応して融資が活発化したことのほか, 対象技術の複雑化および上述の「適正規模の拡充」などによる所要資金の増大の結果と考えられる.

次に, 業種別に融資実績を示した表6-28をみると, 化学・繊維・機械の3業種の合計が全体の8割以上を占めている. なかでも化学のウエイトの大きさが顕著であるが, その背景には, わが国の化学工業技術がその大部分を外国からの輸入技術に依存しており, 国産技術開発の必要性が高かったこと, 技術変化のスピードがとりわけ速く, また, 原料・中間製品・最終製品それぞれのレベルで複雑な代替可能性が存在すること, さらに, 当時急成長を遂げつつあった石油化学工業分野では, 実験室での発見が実用化されるまでに

表6-28 新技術工業化の融資実績

単位：百万円

業　種	1951〜60年度	61〜67年度	合　計	構成比（％）
化　　学	2,154	5,270	7,424	54.7
機　　械	412	1,485	1,897	14.0
繊　　維	480	1,630	2,110	15.5
鉄　　鋼	35	80	115	0.8
非鉄金属	875	0	875	6.4
窯業土石	60	190	250	1.8
その他	414	495	909	6.7
合　計	4,430	9,150	13,580	100.0

出所）　日本開発銀行［1976］p.479，その他．

はとりわけ長い開発プロセスを経なければならないため，その促進を特に支える必要があったこと，等の事情があった[184]．

この時期の代表的融資プロジェクトにはカシミロン設備新設（旭化成工業），アクリル系繊維ベスロン製造設備（東邦ベスロン），千葉工場ナフサ分解設備建設（丸善石油化学），ガラスセラミックス工業化設備（日本電気硝子），研究所建設（富士通信機製造）などがある．

（7）　硫　安

硫安工業に関する政策の推移

化学肥料は戦前来わが国化学工業の最大の分野であり，その中心を占めたのは硫安であった．戦後の深刻な食糧危機を背景に，硫安工業は資材や復金資金の優先配分・価格差補給金制度の適用など政府の手厚い保護を受け，1949年には他産業より早く戦前の水準を回復した．政策的な食糧増産を背景に当初高い伸びを示していた肥料需要は，その後伸び悩みはじめ，業界は海外に市場を求めるようになった．しかし，戦前からの旧技術に依存する日本製品は国際競争での劣位を否めず，抜本的な合理化が不可避の課題となった[185]．

---

[184]　1950年以来65年当時までの化学工業分野での技術導入件数は約1,600件であったのに対し，技術輸出は約150件，金額にしてわずかに5％にすぎなかった．日本開発銀行設備投資研究所［1966b］p.40．

[185]　同上，p.33．硫安は硫酸とアンモニアから製造されるが，アンモニアは水素と窒素から高温高圧下の触媒反応によって合成される．このうち水素の製法としては従来，水の電気分解，

経済審議庁に設置された肥料対策委員会は合理化策の検討を進め，1953年7月に「肥料工業の合理化方策」を答申した．これに基づいて硫安工業界は，第1次合理化5ヵ年計画を策定し，硫安コストを53年度の65ドル/トンから57年度までに50ドル/トンに引き下げることを目標として，肥料形態の変更（硫安から尿素へ）とアンモニアのガス源転換（電解法や固体原料法から流体原料法への転換）を中心とする合理化を推進することとなった[186]．

この合理化には計画をはるかに上回る資金が投じられ，生産規模は大幅に拡大したものの，コスト低下については計画目標を達成できなかった．すなわち，原料炭や購入電力費・労務費の値上がりなどでコストは約55ドル/トンまでにしか下がらず，他方で国際価格は45ドル/トン程度にまで低落していた[187]．さらに，計画ではスクラップ・アンド・ビルドによる質的合理化が目指されていたものの，現実には，旧法によるスケールメリットが大きかったことやガス源転換に対する技術的不安があったことなどにより，既存設備の拡大や部分的手直しなどによる能力増加などが多く，量産による合理化が追求される形となった[188]．その結果，5ヵ年計画終了時のアンモニア生産能力は当初計画の377万7,000トンを大幅に上回る457万5,000トンにまで達した[189]．

大規模化による合理化が先行した背景には，1954年に農業保護の見地に立つ「肥料二法」（「臨時肥料需給安定法」「硫安工業合理化および硫安輸出調整臨時措置法」）が制定され，そこで定められた公定価格制度の下で，硫安メーカーは目先のコストダウンの追求を余儀なくされたという事情もあった[190]．い

　　　水性ガス（コークス）法，石炭のガス化などがあったが，戦後の電力・石炭価格の上昇のため，このような製法による水素の原価は著しく割高となり，原料転換――固体原料（石炭・コークス）から流体原料（石油・天然ガス・コークス炉ガス）――が強く求められた．
186) 詳細は以下を参照のこと．通商産業省・通商産業政策委員会編［1990a］pp.537-539．
187) 同上，p.539．
188) 日本開発銀行設備投資研究所［1967］pp.4-5．アンモニア生産能力のうち固体原料によるものは，1954年度期首に年産52万9,000トンで全体の69％であったが，59年度期首では65万1,000トンに増加し，なお全体の46％を占めていた．
189) 日本開発銀行［1976］p.496．
190) 生産費の低い工場順に生産量を内需予定量まで積み上げ，その範囲内（バルクライン内）の工場群の生産費を加重平均したものが最高販売価格とされた．この算定方式によれば，全供給量のうち「国内供給量の2分の1プラス余剰分」にあたる部分は正常利潤が確保できなくなることから，生産者は利潤確保のためにスケールメリットを追求しようとした．肥料二

ずれにせよ,当初計画をはるかに上回る量が輸出に回される結果となったが,輸出価格は国際競争の激化を受けて低下を続けた.その結果,「肥料二法」の下で輸出を一元管理する窓口として設立された日本硫安輸出㈱には,巨額の赤字が累積することになった[191].

1959年,「肥料二法」はそこから派生する上記のような問題を積み残したまま,5年間期限を延長され,硫安工業界もまた59年度を初年度とする「第2次合理化5ヵ年計画」を進めることとなった.同計画は,5年間で477億円の資金を投じて,合理化効果の高いアンモニアのガス源転換と肥料形態の変更を推進し,63肥料年度の硫安コストを47ドル/トン以下に引き下げることを目的とし,第1次合理化の反省から能力増加は極力抑えることとされた.しかし,第2次合理化計画の開始直後から,国際競争はさらに激化し,日本硫安輸出㈱の赤字も急増していった.このような情勢に対し,政府は61年4月に「租税特別措置法」を一部改正し,メーカーの輸出売掛金を損金として認める措置をとり,さらに,同年9月には,以下のような内容を骨子とする「硫安工業基本対策」を決定した[192].

①合理化計画の改訂

　63肥料年度の目標コストを43ドル/トンと改め,これを達成するために合理化工事を拡大し,能力増加を伴うガス源転換および尿素の新増設等肥料形態の変更をも含め,経営の多角化による企業の強化を図る.

②開銀合理化資金の融資

　61～63年度間のアンモニアおよび尿素設備資金約200億円のうち約80億円を開銀から低利(6.5%),長期(10年)で融資する.59～60年度に行った開銀融資についても,64年8月以降引き続き利率を年6.5%と

　　　法は,5年間の時限法として1954年6月に施行された.同上,p.495.
191) 日本硫安輸出㈱は,輸出赤字分の国内価格へのはね返りを防ぐという農業保護の目的から設立された.同社に対する硫安メーカーの仕切価格は上述の最高価格と定められ,輸出による損益は日本硫安輸出に積み立てられることになった.赤字の場合,硫安メーカーには実際の輸出価格分だけが支払われ,残額,すなわち赤字分は硫安メーカーの売掛として扱われた.同上,pp.495-496.
192) 同上,pp.495-498.日本硫安輸出㈱の赤字は,1959年7月末65億円,60年7月末114億円,61年7月末153億円と膨らみ,62年7月末には200億円に達するものと推定された.

する.
③特別償却措置
重要設備について特別償却制度を適用する.

これを受けて作成された改訂第2次合理化計画にもとづいて進められた合理化によるコストダウンにも関わらず，国内価格の値下がり，輸出価格の低落および輸出依存度の増大により，肥料専業メーカーの経営状態は悪化の一途をたどった．日本硫安輸出㈱の赤字も一層巨額化し，メーカーの財務状態を大きく圧迫していた．こうした中で，63年に期限切れを控えた「肥料二法」を廃止して「肥料工業振興法」を制定しようとする動きもあったが，実現に至らず，代わって62年12月，以下のような内容の「硫安工業対策」が閣議決定された[193]．

硫安工業の再建の基礎を確立するとともに，今後における合理化近代化と体質の改善を一層強力に推進して健全な輸出産業としてこれを育成し，もって，肥料の合理的にして低廉かつ安定した供給を期するため，次の措置を講ずるものとする．なお，現行肥料二法は法定期間内存置することとする．

① 開銀は，可及的速やかに，硫安メーカーが肥料生産のため銀行その他の金融機関から借り入れている設備資金のうち，103億円について，その返済に必要な資金を融資し，または当該借入金に係る銀行その他金融機関の貸付債権を譲り受けることとする[194]．この場合，融資期間は13年（うち5年据置）とし，硫安メーカーの負担する金利は，年6.5％とする．
② 肥料形態の転換，アンモニアの多角利用などによる硫安生産者の合理化

---

[193] 同上, p.498 ほか.
[194] 平田元開銀総裁はこの市中肩替りについて「肩代りにあたっては開発銀行としては，単純な肩代りには賛成できないので，肩代りしたあと確実な見通しがなければ，融資するわけにはいかないという線は，あくまで強硬にがんばりまして，その際に国内の販売価格の強硬な引き上げは避けるとか，輸出についても赤字の出ないようにするというように極力努めるとか，さらに硫安の製造設備の近代化・合理化をすることによってコストを下げるとかいったことについて，いろいろ条件を付けたうえで，賛成したことを覚えております」と回顧している．平田［1970］pp.124-125.

近代化と体質改善のための設備資金（266億円）にあてるため，106億円を1963年度から67年度までに，開銀および北海道東北開発公庫から工事計画の実態に即して融資する[195]．この場合，融資期間は10年以内とし，硫安メーカーが負担する金利は，肥料形態の転換工事に対する開銀融資については年6.5％とする．

③1963年1月1日以降，日本硫安輸出㈱が硫安メーカーから買い入れる硫安の価格は，実際の輸出手取価格（FOB価格）によるものとする．

④1962年12月31日現在における硫安メーカーの日本硫安輸出㈱に対する輸出売掛金は，硫安メーカーにおいて償却させるものとし，10年間の繰延償却を認めるよう措置するものとする．政府としては，この措置をもって硫安の輸出赤字問題は解決したものとし，今後さらに救済および再建のための財政的措置はとらないこととする．

このように，新しい対策は輸出赤字問題にまで踏み込んだ手厚い措置となったが，業界に対する財政的措置としては最終的なものとして位置づけられた．すなわち，上記①の肩替り融資は，62年12月末時点で125億円に上った輸出実損の補塡策として考えられたもので，肩替り融資による金利差メリット分73億円と，第2次合理化に対する開銀融資の金利差メリットおよび税法上のメリット等による52億円とで，輸出赤字の処理はすべて完了したものとみなされ，以後の輸出赤字はメーカーが背負わざるをえなくなった[196]．

63年8月，政府は，「肥料二法」が64年7月末をもって失効を迎えることから，その後の肥料政策のあり方を諮問するため，平田開銀総裁を含む6人からなる肥料懇談会（委員長：東畑精一郎）を設置した．懇談会は，同年12月，①価格については，従来のバルクライン方式を廃し，原則的には生産者と需要者の話し合いで決定する．ただし，農業に及ぼす特殊性を考慮し，ある程度の政府調停は必要である，②肥料工業を輸出産業として育成するため，輸出窓口を一本化し，また肥料工業の合理化は引き続き推進する必要がある，

---

195) 106億円のうち，82億円を開銀が，24億円を北東公庫が融資することとなった．
196) 日本開発銀行［1976］p.498.

③輸出については，国内需要確保の観点から通産大臣の承認と農林大臣の同意を必要とする，という内容を含む答申を行った．政府はこれを踏まえて「肥料二法」に代わる法律を制定することとし，64年7月，「肥料価格安定等臨時措置法」が5年間の時限法として制定された．同法では，上の答申の趣旨を踏まえて，メーカーと販売業者による協定価格制度や日本硫安輸出㈱の存続をはじめ，来るべき輸入自由化への経過的措置が盛り込まれた[197]．

なお，上述の第2次合理化により，かねてからの課題であったアンモニアのガス源転換や肥料形態の転換は着実に進展した．1963年度末には流体原料が全体の89％を占めるまでになり，電解および固体原料による設備は，余剰電力や石炭産地など特殊な立地事情に由来するもののみとなった．また，58肥料年度にアンモニア系肥料全体の63％を占めていた硫安は64肥料年度には37％にまで低下し，尿素，高度化成の比重がそれぞれ38％，15％に増加した[198]．

硫安の融資実績

硫安工業に対する開銀融資を上述の政策の変遷に照らしてみると，①第1次合理化計画（1953～57年度）の下での融資，②第2次合理化計画（59～63年度）および「硫安工業基本対策」に基づくその改訂計画（61～65年度）の下での融資，③硫安工業対策に基づく融資（63～67年度），および④「硫安工業対策」による市中肩替り融資（62年度）の4つに分類できる（表6-29）．

このうち①および②は，尿素新増設およびアンモニアのガス源転換工事を対象とするもので，57年度までに31.3億円，59年度以降65年度までに102億円の融資が行われた．特に第2次以降の合理化ではガス源転換工事が中心となったことから，上に示したように流体法への転換が着実に進展した．なお，「硫安基本対策」に基づいて政府が硫安工業融資の強化を要請してきたことから，61年度の融資方針は，従来対象工事費の20％程度としてきた融資額について40％程度を目途とすることに改められた．

また，③は「硫安工業対策」で示された肥料形態転換とアンモニアの多角

---

197) 日本開発銀行設備投資研究所［1967］p.4.
198) 第2次合理化後の状態については，同上，pp.5-6を参照．

第6章 融資活動の展開

表 6-29 硫安の融資実績

単位：億円

年度	第1次合理化	第2次合理化			体質改善			市中肩替わり融資	合計
		ガス源転換	尿素新増設	小計	肥料形態変更	アンモニア多角化	小計		
1953	7.0								7.0
54	9.4								9.4
55	8.4								8.4
56	2.0								2.0
57	4.5								4.5
58									
59		12.0		12.0					12.0
60		14.0		14.0					14.0
61		12.0		12.0					12.0
62		22.2	16.0	38.2				103.0	141.2
63		4.0	5.9	9.9	5.6	4.0	9.6		19.5
64		15.5		15.5	9.7	17.4	27.1		42.6
65			0.4	0.4	7.6	12.8	20.4		20.8
66					6.5	12.4	18.9		18.9
67					10.0		10.0		10.0
合計	31.3	79.7	22.3	102.0	39.4	46.6	86.0	103.0	322.3

出所）日本開発銀行 [1976] pp. 496, 499.

化のための工事を対象とするもので，67年度までに86億円の融資が行われた．最後に，④の市中借入金の肩替り融資は17件であった．

(8) 造船

　賠償取立ての中止と船腹建造に対する制限の解除が実現した1949年から外航船の建造を再開した造船業界は，朝鮮特需で復活の足がかりを得た．しかし，間もなくブームは終焉し，業界は一転して不況に陥った．政府は，この不況を国際競争力の強化による輸出増強で打開しようと，53年から54年にかけて「造船コスト引き下げに関する暫定措置」を講じた．これは，鋼材を納入する鉄鋼会社向けの開銀貸付および日銀別口外貨貸付の金利を引き下げることにより，その相当額の鋼材価格の引き下げを図るもので，この措置の適用を受けた輸出船は9隻（10万2,000総トン）であった[199]．また政府は

---

[199] 日本開発銀行 [1993] p.100.

54年1月から粗糖リンク制を,さらに同年4月以降は輸出振興税制として輸出所得特別控除制度を造船業に適用した[200].日本輸出入銀行も輸出振興の観点から,いわゆる代金延払いに対応するための長期・低利の資金を造船業に重点的に貸し付けた[201].

　こうした手厚い助成策に支えられながら,造船業界は設備の合理化・近代化および技術革新の導入を推進した.いち早く設備近代化に着手した大手造船所は,50年代前半までに革新的な溶接ブロック建造工法の導入によって低船価・短納期を実現するとともに,船舶の性能を決定づける主機(ディーゼル・タービン)およびボイラーの製造設備の整備をほぼ完了した[202].こうして国際競争力が飛躍的に高まったところに折よく世界的な造船ブームが到来して輸出船の受注は大幅に伸び,56年にはついに英国を抜いて世界一の建造量を記録するに至った.

　やがて50年代後半に入ると,設備近代化の動きは中堅造船所に波及しはじめた.しかし,3,000総トン未満の中小型鋼船の建造・修理を行ういわゆる中小型鋼船造船業は,資金力の乏しさなどから設備合理化に遅れをとった.このため,59年4月に「中小型鋼船造船業振興臨時措置法」が施行され,整備すべき設備の数量と金額が計画によって定められるとともに,船台・ドック・鋼材加工用機械等に対する割増償却制度などの支援措置が実施された.

　タンカーをはじめとする船舶の大型化は50年代を通じて着実に進んでいたが,その傾向は60年代に入るとさらに顕著となった.大型化に対する当初の対応としては,需給のバランスの観点から全体的な建造能力の増大を極力抑制するよう努力が払われてきたが,折しも62年末頃からの新造船需要の急増で輸出船ブームを享受しつつあったわが国造船業界は,この船舶大型

---

200) 輸出所得特別控除制度は,輸出所得の50％と輸出総売上高の5％のうち,小さい方を総所得から控除して残りを法人税賦課の対象とする普通控除と,当該事業年度輸出額と基準輸出額(前年の輸出額の2分の1相当額)との差額の7.5％を総所得から控除する割増し控除の2本建てからなっていた.同制度は,1954年4月から64年3月まで適用された.同上.

201) 輸銀の貸出金利は,当初は7.5％であったが,以後7％(1953年3月〜),6.5％(53年8月〜),4％(54年10月〜)と低下した.最初の輸出船ブームと言われた1956年度においては,輸銀貸付総額の80％が船舶向けに貸し出された.日本開発銀行[1993] p.101,中川[1992] p.131.

202) 詳細は以下を参照のこと.溝口[1991] pp.196-197, 202.

化傾向に対処するために，大型船の量産に適合する建造体制とレイアウトを備えた設備の新設に乗り出した[203]．

1956～65年度の造船業に対する開銀融資の動向は，59および63年度を境に3つの時期に区分できる．56年度以降の3年間（2億8,500万円）の融資対象は中堅造船所の設備近代化・増強で，59年度以降（8億円）は「臨時措置法」の趣旨に沿って中小型鋼船造船業の設備合理化が中心となった．63年度以降（30億1,900万円）は，国際競争力強化の観点から大型ドックを中心とする船舶造修用設備の新設も融資対象としてとり上げた．なお，60年度以降，開銀は一般資金のほかに地方開発資金の活用も図っていった．

3. 地域間の均衡ある発展

地域格差是正問題と地方開発促進法[204]

わが国の地域開発政策の起点をなしたのは1950年に制定された「国土総合開発法」（以下，国総法）で，同法は国土開発計画として全国総合開発計画，都府県総合開発計画，地方総合開発計画，特定地域総合開発計画を定め，これら相互の有機的運営によって全国的観点から各開発を促進するという考え方に立脚していた．しかし，こうした体系が定められたにも関わらず，以後の地域開発は，全国的総合的視野に立ったグランドデザインを欠いたままに，未利用資源の開発に重点を置く特定地域総合開発計画の策定・実施だけが先行する展開となった．

一方，同じ50年には「北海道開発法」が制定され，電源開発・食糧増産・地下資源開発などを内容とする「北海道総合開発第1次5ヵ年計画」（52～56年）が実施に移されたが，これは戦前からの殖産計画の延長上にあり，国総法とは体系を異にするものであった．

50年代の工業の急速な発展にともない，既成工業地帯への産業と人口の

---

203) 海運造船合理化審議会も63年6月の答申の中で，将来の船舶需要の中心は超大型船になるであろうとの見通しを示した．日本開発銀行［1976］p.470.
204) 地方開発政策に関わる記述は，日本開発銀行［1976］pp.133-134, 281-285に依拠している．

集中化傾向が顕著となり，成長から取り残された後進地域との地域格差が問題視されるようになった．上述の北海道総合開発が第1次の計画期間を終え，次期計画策定が検討される過程で，地域格差是正のためには，公共投資による環境整備に加え，長期かつ低利の資金を民間に供給し，地元企業を育成することにより開発を促進することが必要であるとの見方が強まり，財政資金投入を求める声が高まった．また，52年に北海道開発の一翼を担っていた北海道拓殖銀行が都市銀行に転換したこともあり，産業金融上の強化を望む声も高まりをみせた．これに対して，開銀札幌事務所の支店昇格，長期信用銀行の札幌支店開設などの措置はとられたものの，最終的には明治以来の北海道開発の推進という観点から，56年6月，地域開発を目的とする初の政府金融機関として北海道開発公庫が発足した．

これと相前後して，北海道の例に倣った地方別の開発促進法を議員立法の形で制定しようとする気運が高まり，57年には「東北開発促進法」が制定された．東北地方の開発融資は，開銀に東北部ならびに特別の資金枠を設けて担当させるという案もあった[205]が，最終的には北海道開発公庫を北海道東北開発公庫（以下，北東公庫）に改組し，対象地域を拡大することになった．

その後，地方別の開発促進法が，59年3月の「九州地方開発促進法」，60年4月の「四国地方開発促進法」，同年12月の「北陸地方開発促進法」および「中国地方開発促進法」と相次いで制定された．この間，九州を皮切りに各地方に開発促進協議会が作られ，それぞれ独自の開発公庫設立の要望も強くなった．開銀は，各地域の開発促進は重要な政策課題であるが，地域開発プロジェクト推進のノウハウや情報提供，審査能力の蓄積・活用，および財政資金の効率的活用という観点に立って全国的視野から進められるべきことを主張し，大蔵省も開銀の見解を支持した．開銀は，九州地方開発促進法が施行された59年度には地元から多くの要望を受けたこともあり，他の融資制度の予算枠から34億円を調達し，同下期から九州・四国の両地方を対象に地方開発融資を開始した．61年度以降，対象地域は中国・北陸地方へと広がった．

---

205) 平田［1970］p.150.

全国総合開発計画と実施法の制定

　経済の発展過程で生じた地域格差に対する関心は1950年代半ば頃から高まりをみせていたが，他方，60年の「所得倍増計画」とともに打ち出された「太平洋ベルト地帯構想」は，工業のさらなる発展のために先進地域の産業基盤整備に重点を置くものであった．このような情勢の中で60年代に入ると，既成の大都市や工業地帯優先的政策，これら地域への産業や人口のいっそうの集中に対する批判が高まり，都市の過大化抑制，全国的見地に立つ産業立地政策および地域格差の是正が，地域開発の重要課題として認識されるようになった．

　こうした背景の中で62年10月，「全国総合開発計画」（以下，全総）が閣議決定され，これにより50年の国総法制定以来10余年を経てようやく国の地域開発政策の基本方向が明示されるに至った．この計画は全国を3つの地域に区分し，①「過密地域」には集中の規制と再開発を，②「整備地域」に対しては主として工業分散を誘導するための基盤整備を，③「開発地域」に対しては積極的な開発を促進するための基盤整備を行おうとするものであった．また，開発促進の手段としては拠点主義をとり，そのための拠点（工業化拠点，都市化拠点）を選定し，整備することとされた．開銀の地方開発融資の対象地域である九州，四国，中国の3地方は，この計画において開発地域として扱われ，また北陸地方は，整備地域に含まれるものの，当分の間開発地域に準じて扱われることとなった．

　なお，全総の成立に先立つ61年11月，「低開発地域工業開発促進法」[206]（以下，低工法）が成立し，翌62年8月には地方産業開発審議会によって71の「工業開発地区」が指定されたほか，スクラップ・アンド・ビルドを推進する石炭政策に対応した「産炭地域振興臨時措置法」[207]も61年11月に成立した．また，62年5月には，全総にいう拠点開発のうち大規模工業開発拠

---

206) 産業の開発の程度が低く，かつ経済の発展の停滞的な地域（低開発地域）における工業の開発を促進することにより，雇用の増大に寄与し，地域間における経済的格差の縮小を図り，もって国民経済の均衡ある発展に資することを目的とした法律．
207) 1962年5月には，同法の実施機関として産炭地域振興事業団が設立され，同年秋から産炭地域における土地造成事業や地域内に事業所を新設する企業に対する融資などを開始した．

点の開発に関わる「新産業都市建設促進法」[208]（以下，新産法）が成立をみた．これら諸法は，64年7月に制定された「工業整備特別地域整備促進法」[209]（以下，工特法）と並んで，全総の実施法として位置づけられることになった．

また，64年2月には，全総の構想に対応した九州，中国，北陸各地方の開発促進計画が，65年2月には同じく四国地方の開発促進計画がそれぞれ閣議決定されたことにより，「新産業都市」「工業整備特別地域」「低開発地域工業開発地区」などの工業開発拠点を含む広域工業地帯の構想が明らかになったほか，拠点都市として大規模，中規模の地方開発都市が明示された．こうして，全国的視野に立つ各地方の開発計画が，ひとまず形を整えることになった．

先の低工法に基づく「低開発地域工業開発地区」は，63年10月および65年2月にも追加指定や一部変更が行われた結果，65年3月の時点で全国で103地区（うち開銀の地方開発融資対象地域内66地区）となり，国土面積の21％，人口で17％がこの指定下に置かれることになった．また，これに工業開発拠点である新産業都市，工業整備特別地域を合わせると，開発指定地域は，面積で29％，人口で30％を占めるに至った．

大都市圏整備への動き

前述のように，全総は大都市の過大化の抑制を1つの柱とする計画であり，その策定後，これを具体化するための枠組みも徐々に整えられていった[210]．

首都圏に関しては，全総より前に「首都圏整備法」（1956年6月），「首都圏の既成市街地における工業等の制限に関する法律」（59年4月）が施行され，その整備に関する総合的対策が進められていたが，近畿圏に関しても，63年7月に「近畿圏整備法」が施行され，同地域を一体とした整備開発が

---

208) この法律は，国が新産業都市を指定し，地元に設置された建設協議会の審議を経て「建設基本計画」を定め，公共投資の優先的投入を行う他，工場建設を行う民間企業に対し，税法上金融上の優遇を行うという内容の法律である．
209) 同法は，議員立法の形で成立し，全国6地区について新産業都市とほぼ同じ内容の法的基礎が確定された．また，65年2月には，全地区の「整備基本計画」が決定され，65年度から本格的な整備が進められることになった．
210) 以下の記述は，日本開発銀行［1976］pp.134-135に依拠している．

図られることになった.さらに,64年7月には「近畿圏の既成都市区域における工場等の制限に関する法律」,「近畿圏の近郊整備区域および都市開発区域の整備および開発に関する法律」が公布された.これらの法律は,既成都市区域への産業および人口の過度の集中を防ぐための制限措置,ならびに近郊整備区域・都市開発区域の整備開発に関する必要事項を定めるものであった.

これらの法律に基づいて,65年5月に「近畿圏基本整備計画」が決定され,「既成都市区域」「工場等制限区域」「近郊整備区域」「都市開発区域」「保全区域」の地区指定が行われ,近畿圏に関する政策の大綱が明らかにされるとともに,諸施策が本格的に具体化段階に入ることになった.

首都圏についても,65年6月に「首都圏整備法」および「首都圏市街地開発区域整備法」の一部が改正された.これは従来の構想を改訂し,「既成市街地」「近郊整備地帯」「都市開発区域」を設定して,それぞれの整備,建設および工業団地造成,地方税の不均一課税など,近畿圏整備とほぼ同様な特例措置を定めようとするものであった.

地方開発の融資体制

開銀は,1959年度から地方開発融資を開始したが,同融資制度の運用は,他の融資制度とは性格を大きく異にした.すなわち,他の融資制度が,基本的には各省庁の推薦に基づく融資候補案件[211]を開銀が審査し融資を実行するというプロセスで進められたのに対して,地方開発融資は,融資対象に何をとりあげるかを含めて開銀が独自の方針・基準で運用することになった.融資方針を決めるに際しては,政府の定める「運用基本方針」およびこれに基づいて経企庁が作成する「地方開発に関する融資依頼について」[212]が参酌されたが,各年度の融資方針・対象地域・対象企業・対象業種・選定基準などは,あくまで開銀独自の判断に基づいて決定された.したがって,この新しい融資分野は,他の融資分野より開銀の主体性を発揮しやすいものである

---

211) 各省庁による融資候補案件の推薦には,開銀が収集したさまざまな情報も加味されていた.
212) 「地方開発に関する融資依頼について」は,毎年度,融資対象地域,参考とすべき開発法,開発計画および対象事業計画などについて,概括的な指針を示した文書である.

と同時に，より大きな責任が求められるものとなった．

地方開発融資のこのような特殊性ゆえに，また再び各地域の開発公庫構想が持ち上がったこともあり，開銀は61年3月，前年に設けた地方開発部を発展的に解消し，新たに独自の企画・審査・営業各部を擁する地方開発局を設置して，地方開発に関わる諸方針の立案，情報収集から審査・融資にいたる全プロセスを一貫処理する体制を敷いた．また，融資対象地域の拡大に対応して，60年4月に高松支店を，61年4月には広島および金沢支店をそれぞれ開設して，既設の福岡支店とともに各支店が総務・営業・審査各課を擁する体制を整えた．さらに63年4月には鹿児島・松江両事務所を開設した．

なお，これら支店・事務所の開設は，2つの意義をもった．1つは，地方企業との接点および各自治体や地方銀行との連絡の拠点として，これら支店が地方開発融資の遂行に重要な機能を果たしたことで，いま1つは全国をカバーする独自の基盤が確立され，各地方のさまざまな産業の実情に直接に接したことは，その後の開銀の業務展開に豊かな可能性を与える端緒となった[213]．

付言すれば，開銀は地方開発融資という新しい業務に取り組むに際して，それまでの産業融資で蓄積された審査の経験を活かし，将来発展の可能性がある企業の発掘に力を注いだ．各地方支店は，毎月のように管轄する各県に融資相談に出かけ，できるだけ多くの企業と接し，必要に応じて経営のアドバイスをするなどに努め，融資に際しては企業育成の観点を重視し，単に担保の有無によるのではなく，あくまで事業の採算性にこだわって判断を下した．このような規律に基づいて融資を行う姿勢を内外に明示したため，各方面からの融資依頼に翻弄されることも少なかった．

---

[213] 平田元総裁は『開銀十年』の中で，「開銀が地方開発融資をはじめることによって，なんとはなしに全国的に足に地がついたとでも申しましょうか，基盤ができあがってきたように感じられます．率直に言って開発銀行は，初期段階では四重点産業に限り，しかもきわめて大企業の特殊なプロジェクトだけを対象にするといった関係もありましたので，活動分野も著しく極限され，足が地についていないというような感じももっておりました．」と回顧している．平田［1970］p.153．

地方開発の融資対象および融資基準

　開銀は1959年に九州・四国の2地方を対象に地方開発融資を開始し，60年12月の中国・北陸の地方開発促進法成立を受けて，61年度から融資対象地域を4地方に拡大した．地方開発融資の対象地域は，開発促進法の施行されている上記の4地方，ならびに北海道・東北を除く低開発・後進地域（整備地域）であるが，整備地域の概念は徐々に拡大されていった[214]．

　対象事業については，59,60年度は，対象地域における産業の振興開発上特に必要な事業の振興等をとり上げ，61年度に，①産業構造の高度化，②資源の開発および利用，③産業基盤施設の整備，の3つの柱を立て，63年度にはこれら「開発地域」に関わる指標の他に，「整備地域」に関わる④「低開発地域工業開発地区」等の工業開発拠点の工業化促進，⑤過密地帯からの工業の地方分散に資する事業，を追加した．さらに，64年度には開銀法の一部改正[215]にともない土地造成融資が行われることになったため，⑥地域開発上の重要地点で行われる工業用地，港湾埠頭施設用地の造成事業を対象に加えた[216]．

　なお，地方開発融資の充実にともない，他の融資制度による産業政策融資との関連を明確にするため，62年度以降，電力・石炭・外航船・特定機械・硫安尿素・国際観光ホテルの事業計画は原則として地方開発融資の対象としないこととした．また，農林業・商業・不動産業（土地造成を除く）・サービス業（政府登録国際観光旅館を除く）等の業種は対象業種から除外した．

　融資対象の選定基準を最初に明示化したのは61年度で，①対象地域内では後進地帯を優先的に考慮する，②対象プロジェクトは工場等の新設を優先的に考慮する，③業種としては，地域の発展段階や産業立地的特性に応じた適地産業に重点を置くが，特に後進性の著しい地域にあっては資源開発・農業近代化に関連した食品工業を，全般的には機械工業を優先的に考慮する，④地元企業による事業計画を重視する，⑤総合的工業地帯造成計画に基づい

---

214)　詳細は日本開発銀行［1976］p.135を参照のこと．
215)　第4章参照．
216)　その他，土地造成資金融資の対象企業は，①地方公共団体からの出資がある場合は資本金の50％未満であること，②資本金および経営組織が事業遂行に妥当な規模および内容であること，を満たす株式会社とされた．

て進出する新工場等はその誘導的役割を重視して優先的に考慮する，⑥既存地方産業の近代化については根本的な体質改善をもたらすような先駆的計画を重視する，の諸点に留意して選定を行うこととなった．

その後，①の優先地域には，62年度以降産炭地域が加わり，②の対象プロジェクトに関しては，65年度には増設・合理化工事も地域振興上の効果が大きいものは重視することとなった．また，③の業種については，63年度に輸出振興，国際競争力強化，新技術・新規製品の工業化関係事業を優先するという基準が加わった．最も大きく変化した選定基準は④の資本の性格に関する基準で，63年度には「地元企業および提携資本を重視」となり，さらに64年度には，「地域性・拠点性に該当する（すなわち，後進地域の拠点地域）新たに進出しようとする中央企業も重視」という表現が加わった．これは，中央の大企業による誘導効果を地域振興の手がかりとしようとするものであった．

その他，地方開発の業務運営に際しては，関係する各政府機関との協調体制に努めるとともに，民間資金の誘導ならびに開銀資金の効率化を期するという観点から，民間金融機関との協調体制の強化に意を用いた．地方開発に限らず，開銀の融資は単独融資ではなく民間金融機関との協調融資で進められたが，開銀が金融機関に対して事前に直接的な斡旋を行うことは稀で，企業と調整していく中で協調融資を進めていくことが一般的であった．これは，一般に民間金融機関間の競争意識が強く，開銀が表立って協調融資の調整を行うことは不可能に近いという事情などによるものであったが，地方開発融資が地方経済に与える影響の大きさからすると，情報交換や誘導・調整をおろそかにすることはできなかった．そこで開銀は，特に地域経済の振興開発に果たす役割の大きさや地元金融界に占める位置づけなどから地方銀行との関係を重視し，中央ならびに地方においてそれぞれ定期的な懇談会を設けるなど，協調体制の円滑化に努めた．

地方開発融資の実績[217]

1959年度以降65年度までの地方開発融資の件数および融資額の推移は，

---

217) 詳細は，日本政策投資銀行［2002］pp. 211–215 を参照のこと．

表6-30 地方開発融資の推移

単位:件, 百万円

年度	1959	60	61	62	63	64	65	合 計
件　数	46	96	260	254	229	231	275	1,391
対象工事費	15,362	23,544	54,626	87,058	105,883	121,328	119,936	527,737
貸付額	3,357	7,045	16,990	20,028	22,577	28,018	34,026	132,041

注) 1964年度以前は承諾額ベース, 65年度は実行額ベースである.

表6-31 地方開発貸付額地方別構成比の推移

単位:%

地方別	1961	62	63	64	65年度
九州地方	41.0	36.6	35.5	34.4	30.2
四国地方	14.1	11.6	12.9	12.8	12.5
中国地方	20.9	21.7	23.4	25.5	27.8
北陸地方	15.6	15.8	14.8	13.7	11.9
その他地方	8.4	14.3	13.4	13.6	17.6
計	100.0	100.0	100.0	100.0	100.0

注) 1964年度以前は承諾額ベース, 65年度は実行額ベースである.
出所) 日本開発銀行 [1976] p.137.

表6-32 政策拠点別融資額構成比の推移

単位:%

政策拠点	1961	62	63	64	65年度
新産業都市	24.6	27.8	22.9	26.3	29.8
工業整備特別地域	4.5	7.4	3.6	6.9	12.8
低開発地域工業開発地区	20.3	18.9	17.6	17.7	19.7
産炭地域	13.2	22.0	24.3	22.5	13.1
内第6条指定地区	1.5	5.5	10.1	9.0	6.5
奄美群島	2.3	0.6	—	0.9	3.9
首都圏都市開発区域	1.1	3.1	1.6	2.2	2.0
近畿圏都市開発区域	7.9	6.4	6.8	6.6	5.9
拠点計（重複分を除く）	66.9	74.7	70.3	75.0	77.1
そ の 他	33.1	25.3	29.7	25.0	22.9
合　計	100.0	100.0	100.0	100.0	100.0

注) 1964年度以前は承諾額ベース, 65年度は実行額ベースである.
出所) 日本開発銀行 [1976] p.138.

表6-30に示すとおりである．開始当初は微々たる規模でしかなかった地方開発融資も，65年度には340億円の規模に達し，開銀の融資総額の約17%を占める重要な柱に成長した．

対象地域が整った61年度以降の地域別融資額の構成比（表6-31）をみると，九州地方が全体のほぼ3分の1を占めている．九州は「低開発地域工業開発地区」の指定地区数が全国の中で最も多い上に，疲弊した産炭地域[218]も集中し，さらに3地区が新産業都市[219]として指定されていた．このような政策拠点の多さが九州の比重を高める要因となった．

次に政策拠点別に融資額の構成比（表6-32）をみると，新産業都市が全体の3割弱，低工法工業開発地区および産炭地域がそれぞれ2割弱を占めていることが確認できる．なお，これを5年間の累計件数でみると，新産業都市と低工法工業開発地区がそれぞれ約290件で最も多く，約190件の産炭地域がこれらに続いた．

さらに融資の実績を資本性格別にみると，まず件数（表6-33）では5年間を通じて地元資本の占めるウエイトが最大である．しかし，中央資本の占めるウエイトも上昇しており，この傾向は融資額の構成比（表6-34）でみるとさらに顕著である．特に64年度以降は，融資対象の選定に際して，誘導効果を考慮して中央資本も重視するという基準を設けたことがこれに影響しているものと考えられる．他方，対象工事に占める開銀の融資比率をみると（表6-35），地元資本および提携資本への融資の方が中央資本よりも高いことが確認できる．

最後に，地方開発融資の対象工事資金の資金調達内訳を示した表6-36から，開銀の融資がほぼコンスタントに対象工事資金の約4分の1を占め，資金調達をリードしていることがまず確認されよう．また，協調融資の内訳の中で，長信銀のウエイトが次第に高まっているが，これは先に示した中央資本の進出とほぼ連動しているものと考えられよう．

---

218) 産炭地域として指定されたのは，筑豊，筑後，有明，佐賀，長崎，山口，常磐の7地区で5地区が九州にあった．
219) 九州の新産業都市は，大分，日向・延岡，不知火・有明・大牟田の3地区である．

表6-33 資本性格別融資件数構成比の推移

単位：%

資本性格	1961	62	63	64	65年度
地　　元	55.8	54.3	57.6	47.2	46.9
提　　携	15.4	9.9	11.8	11.3	8.0
中　　央	28.8	35.8	30.6	41.5	45.1
計	100.0	100.0	100.0	100.0	100.0

注）　1964年度以前は承諾額ベース，65年度は実行額ベースである．

表6-34 資本性格別融資額構成比の推移

単位：%

資本性格	1961	62	63	64	65年度
地　　元	48.6	34.7	39.1	34.0	31.5
提　　携	13.7	9.2	9.0	7.8	5.2
中　　央	37.7	56.1	51.9	58.2	63.3
計	100.0	100.0	100.0	100.0	100.0

注）　1964年度以前は承諾額ベース，65年度は実行額ベースである．

表6-35 資本性格別融資比率の推移

単位：%

資本性格	1961	62	63	64	65年度
地　　元	37.4	32.6	30.9	30.7	36.6
提　　携	37.8	20.9	31.2	27.0	36.2
中　　央	24.2	19.7	16.5	19.8	25.1

注）　1. 1964年度以前は承諾額ベース，65年度は実行額ベースである．
　　　2. 融資比率＝開銀融資額÷対象工事額

表6-36 対象工事資金調達内訳

単位：%

年度別調達区分		1961	62	63	64	65年度
資金調達	開銀貸付額	31.1	23.0	21.3	23.1	28.5
	自己資金	27.3	34.5	28.0	27.4	23.0
	協調融資額	41.6	37.2	40.5	40.3	39.3
	長期信用銀行	13.9	13.1	17.8	18.8	18.3
	都市銀行	5.9	6.9	7.0	6.6	5.7
	地方銀行	8.1	3.8	4.4	3.5	3.3
	その他金融機関	13.7	13.4	11.3	11.4	12.0
	その他借入	—	5.3	10.2	9.2	9.2
対象工事費		100.0	100.0	100.0	100.0	100.0

注）　1964年度以前は承諾額ベース，65年度は実行額ベースである．
出所）　日本開発銀行［1976］p.138

4. 国際観光施設・私鉄・ガスなど

(1) 国際観光開発

政府は，1956年11月，外貨獲得により国際収支改善に寄与するとともに国際間の親善友好に資することを目的として「国際観光施設整備5ヵ年計画」を策定し，外客受入態勢の整備に力を入れ始めた．その後，ジェット旅客機就航などにより来日外客は年々増加していった．このような情勢を受けて，59年9月，観光事業審議会は63年度の入国外客数35万人，外貨消費額1億9,600万ドルを目標とする「観光事業整備計画」を策定し，宿泊施設の拡充や重点地域の整備による外客誘致などを推進することとした．この計画に基づいて，国際観光ホテルについては58年末有効客室数4,749室に対し，63年には1万2,000室を整備するなどの内容の国際観光施設整備計画が作成された．

これ以降，国際観光ホテルについては順調に客室数の整備拡充が進められたが，さらに63年度になると，翌年の東京オリンピック開催までに総室数3万2,000室を目指して整備を急ぐこととなり，開銀の融資枠も年度途中で30億円が増額されることになった．なお，国際観光ホテルの整備に財政資金を当てることについては当初賛否両論があったが，徐々にその必要性に対する理解が進み，オリンピック開催がそれを加速する結果となった[220]．

開銀は56年度から，外国宿泊客の集中する大都市のホテル整備に若干の融資を行っていたが，59年度に「運用基本方針」ではじめてホテル融資が「国際観光施設」として特記されたことを受けて，外貨獲得への寄与の大きいリゾート地区の主要ホテルおよび政府が外客誘致地域として力を入れた瀬戸内海地区の観光船にも融資を拡大した．61年度からは各観光地域の外客動向や施設の整備状況を勘案した上で国際観光登録旅館も融資対象とし，さらに62年度以降はこれらのうち地方開発融資対象地域のものは同資金を適用することとし，観光以外の産業に乏しい地域の案件を優先的にとり上げることとした．

---

[220] 平田［1970］pp.143-144．政策の推移については，日本開発銀行［1976］pp.521-522他を参照．

国際観光融資制度による融資累計額は59～65年度で約240億円であったが，オリンピック対策で客室整備が急がれた63・64両年度は融資額が急増した．なお，ホテルは初期投資が大きく投資回収に長期を要することが多く長期間の融資となるケースが多かったが，融資に際しては，財務・資金繰りの健全化が確保できるよう，特に建設費に対する資本金などの自己資金の充実を要請することが多かった．

（2） 私　鉄

　1950年代の経済成長の進行とともに，3大都市圏をはじめとする都市への産業・人口の集中が急速に進み，交通分野だけをみても通勤・通学難や交通ラッシュなど深刻な問題を引き起こしていた．都市交通審議会は，56年8月に「東京およびその周辺における都市交通に関する答申」を，58年3月には「大阪市およびその周辺における都市交通に関する答申」をまとめ，大都市およびその周辺部の輸送力の増強と効率的な交通網の形成の必要性と，私鉄と地下鉄との直通運転の実施，運転間隔の短縮，駅施設の改良，踏切の立体交差化・高架化・地下化などの具体策を示した．

　開銀は，59年度から，上記の答申に基づいて東京および大阪で実施されることになった私鉄の都心乗入れ工事を融資の対象としてとり上げることとした．同年度の融資承諾額は合計8億円（私鉄4社，対象工事所要資金31億円余）で，工事の公共性を考慮して貸付期間は20年とした．

　私鉄各社は輸送力増強のため，61年度に第1次3ヵ年計画を，続いて64年度に第2次3ヵ年計画を策定し，各種工事を進めた．開銀はこれに対応して，62年度には踏切の立体交差，63年度には緊要性を有する都心側終端駅（乗換駅）の施設改良，64年度からは都市機能整備の一貫となる新線建設，65年度からは踏切保安・事故防止工事と，融資対象の拡充を図った．

　59年度以降の10年間で私鉄融資の対象となったのは計16社で，総額は約170億円に達した．この間の私鉄融資を通じて大都市問題に関わった経験は，第3部で述べるように開銀が都市開発という新たな業務の柱を立てるに際し，きわめて重要な蓄積となった．

(3) ガ　ス

1952年7月の公益事業委員会廃止にともない，ガス事業に関する行政を移管された通産省は，翌53年度から「都市ガス施設拡充5ヵ年計画」（第1次：53～57年度），「都市ガス普及5ヵ年計画」（第2次：58～62年度），「都市ガス合理化・供給拡大5ヵ年計画」（第3次：63～67年度）を順次策定し，実施に移した[221]．ここでは便宜上，67年度までを記述する．

第1次から第3次の計画期間中に行われた設備投資は総額4,316億円に達したが，第2次までの期間でみると，製造設備および供給設備に対する設備投資がほぼ同じ規模で展開された．このうち，製造設備については，57年に原油，59年にLPG，60年に灯油，61年にナフサをそれぞれ原料とするオイルガス炉が相次いで開発・設置された．オイルガス炉は，石炭系の炉に比して建設コスト・運転コストともに優れていたことから急速に普及した．他方，新規需要の増加と道路事情の悪化などによって，供給設備の建設単価は年々上昇し，第3次計画期間では全設備投資額の6割を占めるに至った．

この間，開銀は地方中小事業者のオイルガス化のためのプロジェクトを多くとり上げたほか，大都市圏の供給設備，一酸化炭素変成装置なども融資の対象とした．53年度以降67年度までに一般資金からの約40億円の融資のほか，59年度以降は地方開発枠でも約35億円の融資が行われた．

(4) 繊　維（合成繊維）

1949年6月，経済安定本部資源調査会は「合成繊維工業の育成」と題する勧告書を発表し，その中で「合成繊維自体としては，他の天然繊維には全く類例の無い高度な利用性をもっているので，創業期における政府の指導よろしきを得れば，曾ての人絹・スフ工業の如く，日本経済の自立化に大きな役割を果たしうるものと確信せられる」という見解を示した．この勧告書を受けて，同年，商工省は「合成繊維工業の急速確立に関する件」を省議決定

---

221) ガス事業に関する記述は以下に依拠している．日本開発銀行［1976］pp. 345-346．なお，公益事業委員会は，GHQの提案にもとづいて作られた公益事業会の下で1950年12月に発足した．詳細は以下を参照のこと．通商産業省・通商産業政策史編纂委員会編［1990b］pp. 579-582.

し，以降，合成繊維産業の育成が始まった[222]．

その後，53年4月には，繊維輸入の抑制による外貨節約，および国産資源による国民衣料と産業用資材の充足を目標とする「合成繊維工業育成5ヵ年計画」が策定され，その育成の姿勢はより明確化された．この育成計画は，ビニロン，ナイロン，サランを対象とし，一部後発参入を認めつつ，最適規模に達していないプラントを最適規模にまで拡張してコスト削減を実現する一方，それによって生じる供給の増大に対して，政府が合繊製品の使用を促進することで需要の開拓を保証しようとするものであった[223]．開銀は，この育成5ヵ年計画の趣旨に則り，53年度以降57年度まで合成繊維製造設備および関連加工部門に対する設備資金供給を行った．

上記5ヵ年計画を経た合成繊維産業は，所期の目標とされた1億ポンドに近い生産をあげるに至ったが，その後も57年に鐘淵化学工業によって初めて企業化された羊毛代替の新繊維であるアクリル系繊維，石油化学の伸長にともなって工業化の目途のついたポリエステル系を中心に，積極的な新増設による能力の拡充が行われた．58年度の開銀融資は，新繊維の育成を図るという観点から，ポリエステル系，アクリル系（国産技術の工業化でSTAC推薦）などに対して実施された．

しかし，57年以降，繊維業界は設備過剰により長期かつ深刻な不況に見舞われ，高率の操短を実施せざるを得ない状況となり，業界の一部からはあまりに手厚い合繊育成措置に対する批判の声が出されるに至った．このため，59年4月，綿紡績を中心とする過剰設備の整理などを目的として56年に制定された「繊維工業設備臨時措置法」[224]が一部改正され，合繊紡糸設備も登録の対象に加えられることになり，以後は毎年繊維工業設備審議会の意見に基づいて必要量の新規登録が認められることになった．繊維業界全体の過剰設備の整理はこれ以後も進展をみず，64年10月に同法を改正強化した「繊維工業設備等臨時措置法」（繊維新法）が施行されるが，新法以後の動きは第

---

222) 鈴木［1991］p. 123.
223) 同上，p. 128.
224) 繊維工業設備臨時措置法の立案過程および概要は以下に記されている．通商産業省・通商産業政策史編纂委員会編［1990a］pp. 658-666.

10章で触れることにしたい．

第2部の起点である56年度から繊維新法施行前の63年度までの開銀融資についてみると，8年間の合計は22億円弱であるが，そのうちの約60％にあたる13億円は上記5ヵ年計画の期間中である56および57年度の実績である．その後の融資は，前述の新技術に対する支援や輸入防遏および経済単位の達成などの趣旨から，特に重要なものに対象が限定された．

5. 外貨貸付および外貨保証

(1) 世銀借款の概観

1953年10月，わが国の産業に対する初めての国際復興開発銀行(International Bank for Reconstruction and Development; 通称世界銀行，以下では世銀と略記) 借款が成立したこと，また，開銀を直接の借入主体とする転貸方式が採用されたことはすでに述べた．55年度までに成立した開銀転貸融資による世銀借款は全8件，契約額は総額5,360万ドルという規模であった．

開銀転貸分の世銀借款一覧は表6-37に示される通りであるが，このうち，本章の対象となる1956年以降では新たに計14件，金額にして2億6,300万ドルの産業向け借款が成立した[225]．業種別にみると，鉄鋼向け借款が9件（1億5,000万ドル），電力向け借款が5件（1億1,300万ドル）で，鉄鋼業が契約額ベースで全体の6割近くを占めている．

この表でひときわ目を引くのは58年度で，この1年間だけで全7件，1億6,600万ドルの借款が成立している．1年度内に7件に及ぶ世銀借款が1国に対して供与されたことは，他に類例のないことであった[226]．このきっかけとなったのは，57年5月に実現したブラック世銀総裁の初来日であった．同氏は，東名高速道路や産業の復興状況などを視察したのち，池田蔵相との会談において，①58年から60年の3年間で対日融資の総額を3億ドルに拡

---

[225] この間，農業開発機械公団，愛知用水公団，日本道路公団，首都高速道路公団等に対する世銀借款も成立した．ここでは開銀が借入機関となったもののみをとり上げる．
[226] これによって，この時点で日本はインドに次ぐ世界第2の世銀借入国となった．日本開発銀行［1993］p.84.

第6章 融資活動の展開

表6-37 世銀借款一覧（開銀の転貸融資分全案件, 1953～61年度）

調印日	発効日	受益企業	対象事業計画	利率(%)	契約額(千米ドル)	償還期間(据置)年
1953.10.15	1953.12.29	関西電力	多奈川火力2基（75千kW）	5	21,500	20(3.5)
1953.10.15	1953.12.29	九州電力	苅田火力1基（75千kW）	5	11,200	20(3.5)
1953.10.15	1953.12.29	中部電力	三重火力1基（66千kW）	5	7,500	20(3.5)
1955.10.25	1956.2.16	八幡製鉄	厚板圧延設備	4 ⅝	5,300	15(2.5)
1956.2.21	1956.3.25	日本鋼管	継目無中継管製造設備	4 ¾	2,600	15(2)
1956.2.21	1956.5.12	トヨタ自動車	挙母工場トラック・バス用工作機械	4 ¾	2,350	12(2.5)
1956.2.21	1957.3.25	石川島重工業	東京工場船舶用タービン製造設備	4 ¾	1,650	12(2.5)
1956.2.21	1957.3.25	三菱造船	長崎造船所ディーゼルエンジン製造設備	4 ¾	1,500	12(2.5)
1956.12.19	1957.3.25	川崎製鉄	千葉工場ホットおよびコールドストリップミル	5	20,000	15(3.5)
1958.1.29	1958.3.28	川崎製鉄（2次）	千葉工場1,000トン高炉およびコークス炉	5 ⅝	8,000	14(2.5)
1958.6.13	1958.8.22	関西電力（2次）	黒部第四水力発電（86千kW3基）	5 ⅜	37,000	25(4.5)
1958.6.27	1958.8.22	北陸電力	有峰水力発電（261千kW）	5 ⅜	25,000	25(3.5)
1958.7.11	1958.9.24	住友金属工業	和歌山工場1,000トン高炉・製鋼分塊設備	5 ⅜	33,000	15(3)
1958.8.18	1958.10.10	神戸製鋼所	灘浜工場新設および関連施設	5 ⅜	10,000	15(2)
1958.9.10	1958.12.12	中部電力（2次）	畑薙第一・第二水力発電（各85千kW）	5 ¾	29,000	25(2)
1958.9.10	1958.11.14	日本鋼管（2次）	水江工場新設および中径管工場拡張	5 ¾	22,000	15(2)
1959.2.17	1959.2.24	電源開発	御母衣水力発電（215千kW）	5 ¾	10,000	25(15)
1959.11.12	1960.1.16	富士製鉄	広畑工場1,500トン高炉1基・転炉分塊	6	24,000	15(2)
1959.11.12	1960.1.16	八幡製鉄（2次）	戸畑工場1,500トン高炉2基	6	20,000	15(2)
1960.12.20	1961.1.20	川崎製鉄（3次）	千葉工場厚板工場新設	5 ¾	6,000	15(3)
1960.12.20	1961.1.20	住友金属工業（2次）	和歌山工場熱間薄板厚板兼用設備	5 ¾	7,000	15(3)
1961.3.16	1961.5.3	九州電力（2次）	新小倉火力発電所1期工事（156千kW）	5 ¾	12,000	20(1.5)

出所）　世界銀行東京事務所［1991］pp.114-117 他.

281

大する，②日本経済の発展を促進する基幹産業である電力，鉄鋼，道路について積極的に融資する，③日本に対してインパクト・ローンを行う，などについて話し合った[227]．

このブラック総裁の来日を機に，その後の世銀の対日融資は極めて積極的になり，したがって開銀が外資導入の上に果たす役割も著しいものになっていった．一方，ブラック総裁一行に対し，開銀は従来の世銀借款の問題点を協議した．開銀の要望点は，①世銀借款において，長期設備資金供給に関し蓄積してきた開銀の知識および経験を積極的に活用すること，②借款成立までの期間の短縮と審査手続の改善をはかること，③世銀が転貸先企業と結んでいた事業計画契約（project agreement）[228]を廃止し，対象企業の過度の負担を軽減することであった．

その後57年7月来日のリップマン世銀審査部工業課長との討議などにより，世銀側も開銀の経験を利用することについて原則的な意見の一致をみた[229]．さらに，57年10月にIMFおよび世銀の総会がインドのニューデリーで開催され，総会に出席した世銀の主要担当者がその往路あるいは帰途で日本に立ち寄ったことで，世銀と開銀との関係も親密度を増した．特に，ローゼン極東部長，カーギル同次長，オールドワールド技術営業部長などの来日は，翌58年度における借款問題を討議するための恰好の機会となった．こうした経緯を経て，以下に述べる58年1月調印の川鉄借款から，従来事業計画契約に含まれていた債権管理上の諸条項は開銀と転貸会社との間で結ばれる転貸契約（subsidiary agreement）に移され，また，契約成立までの期間も短縮された．

ブラック－池田会談で話題となった邦貨費用の融通を目的とするいわゆる

---

227) 世界銀行東京事務所［1991］pp. 31-32．インパクト・ローンを認めても良いという発言の背景には，日本経済の目覚しい復興と健全化があったが，その他にも事情があった．すなわち，第1回の世銀借款を経験した日本の電力業界は，その煩雑さや条件の厳しさから世銀借款を敬遠し，それよりも手続きが平易で条件も柔軟な米輸出入銀行の借款を望ましいものと認識していた．世銀側も，こうした反応に気付いており，米輸銀に傾きかけた対日借款を世銀側に引き戻そうとしていた．

228) 事業計画契約は，世銀が企業の事業計画のみならず，財務・経営など広範囲にわたって管理しようとするものであった．日本開発銀行［1993］p. 73.

229) 日本開発銀行［1963］pp. 363-364.

インパクト・ローンは，58年1月に調印された川崎製鉄の第2次借款で実現した．58年度の7件の借款では，新たに2件（北陸電力，神戸製鋼所）にインパクト・ローンが認められたほか，邦貨費用の充当が主であるが，若干の輸入財貨・役務を賄うための外貨費用を含む混合ローン（関西電力2次，住友金属工業，中部電力2次），輸入財貨・役務の支払に充てる外貨費用のみを対象とするタイド・ローン，対象設備投資資金の一部を調達するための外債発行を借款供与の条件とするものなど，4種類の借款形態がとられることになった．これは，世銀がわが国経済・産業の水準ないし実情についての認識，および対象計画の妥当性などについての理解を深めた結果でもあった．

　59年9月，佐藤蔵相は世銀総会出席の際，ブラック世銀総裁に対して合計13件・3億2,610万ドル余の次期借款の申し入れを行った．この13件は，川崎製鉄および住友金属工業の2次追加借款2,700万ドルのほか，鉄鋼6社に対する第3次借款（6件，1億7,870万ドル）も含まれていた．この申し入れに対し，ブラック総裁は今後日本に対する借款は年間約1億ドル程度のペースとしたい旨を回答し，また，特に鉄鋼業などは民間外資の調達に努力すべきであるとの意向を明らかにした[230]．やがて60年1月，ローゼン極東部長から，「日本の鉄鋼業界に対する世銀貸付は，民間市場で外資調達を行う際，必要不可欠であると考えられた場合にのみ融資する」という世銀の正式決定が伝えられた[231]．既述のごとく日本の鉄鋼業界はすでに民間市場での資金調達を行う力をもっており，民間資金の呼び水として役立つ場合に限り世銀借款を供与すれば十分だというのが，世銀の判断であった．

　後述するように，川崎製鉄および住友金属工業の2社は，この世銀の決定に沿って民間外資導入の方途を探った結果，それぞれ外債発行および外国市中金融機関借入の目処を立てることに成功し，60年12月に世銀借款を成立させた．

　開銀が借入機関として関与した産業向け世銀借款は，60年度の九州電力

---

230) 1950年代末，世銀借入に対する各国の需要が急増したことから，世銀は，経済復興が目覚しい国の産業プロジェクトについては民間外資の積極的導入を指導するという方針に転じていた．
231) 世界銀行東京事務所［1991］p.53.

向け借款が最後となった．しかし，世銀と開銀との折衝は，さらにこれ以降の時期において重要性を増していった．それは，世銀の転貸契約に盛られた財務規制が，旺盛な設備投資を継続しようとする企業にとって足枷となり，60年代半ば，その緩和を求める交渉が開銀を通じて繰り返されたためである．財務規制の概略については後述するが，それをめぐる交渉過程とその結末については，便宜上，第3部でまとめて記述する．

（2）　世銀借款と電力業

　上に示したように50年代後半から60年初頭にかけてのわが国は，巨額の世銀借款の実現に成功したが，個々の借款成立までのプロセスは平坦でないものが多かった．それは，世界に類例のない速度で成長を遂げつつあった日本経済の特殊性と世銀の融資方針との間で生じた軋みというべきものであった．以下，電力業および鉄鋼業それぞれについて例をまじえながら借款成立までの経緯を紹介したい．

　前述の57年5月のブラック世銀総裁の発言を受けて，政府は同年9月，中部・関西・北陸各電力および電源開発の4社の1億6,600万ドルに上る借款計画を世銀に提出した．11月，世銀側から対日電力借款に対する調査団が派遣され，現地視察や事業計画に対する調査が約2週間にわたって行われた．翌58年1月，順調に行けば4月半ばに調印との見通しが世銀から伝えられ，3月末から調印に向けての本格的な交渉が始まった．しかし，その過程で日本の電力業界の「再々編成」問題が新聞紙上で論じられたことなどに起因して，世銀内部では，①日本では電力の再度の編成を意図し，広域運営に切り換えようとしているが，さらに合併にまで進むのではないか，②国際的にみて日本の電力料金は低すぎて赤字を出すのは必至で，融資先としては好ましくない，③日本政府の電力政策は変わりやすく長期借款の対象として不安がある，④電力会社は償却など内部留保が不足している，など電力借款に否定的な意見が生じはじめた[232]．

　これに対して日本政府は，58年5月，通産大臣名で以下のような内容の

---

232)　同上，p.35.

世銀総裁宛の政府書簡を送った[233]．①現在の日本の電力料金制度では，急進する電力需要に応ずる建設資金調達のため大幅な借入をせざるを得ないため，大部分の電力会社は過重な債務負担となろう．②通産省担当者の意見では，財務状況の悪化は世銀の予想ほど急ではないが，会社経営の見通しは内部留保の増大，債務償還増大の対策をとる必要を示している．③電気料金算定の新しい基準を検討するために，通産省に「電気料金制度調査会」が設置されている．④大幅な電気料金値上げを一挙に実施することは困難であるが，政府は59年度中には，電力会社の収益増大を図るため最善の措置をとる．

一方，同月に開かれた閣議で，政府は電力事業者に対して①広域運営の推進によって開発計画を合理化するなどにより資本負担の軽減を図るとともに，電力原価の抑制に努力すること，②将来における資本調達の必要度と可能性を勘案しつつ，社外流出を抑え，社内留保を増大させるため，極力配当の引き下げに努力すること，③公益事業者の経営者として経営の合理化について最大の努力を傾注し，その効果の実現に対する責任を明らかにすること，を強く要請することが了解事項として確認された．なお，同年11月の「電気料金制度調査会」の答申は，上の政府書簡での見解を反映して，原則的には減価償却の定率法を認め，資本に対するフェアーリターンをレートベース方式に替える等の内容となった[234]．

以上のような経緯を経て58年6月，世銀理事会において上記4件の対日電力借款が承認された．とりわけ黒部川の既設5発電所の流量調整のために黒四ダム建設に着手していた関西電力にとって，その意義は大きかった．

最後の電力借款となった九州電力借款（61年3月調印）もまた，成立までに曲折があった．九州電力は，58年9月，一ツ瀬水力発電所を対象に借款を申請したが，世銀の判断により借款の対象を新小倉火力発電所計画に変更した．世銀側は，一ツ瀬水力の建設コストが代替火力と比して割高であることを理由としていたが，その裏側には，財務体質の脆弱な電力会社が借入金に依存しながら大規模水力電源開発を急ぐことへの警戒感があった．

60年2月，政府は先の調査会答申を受けてレートベース方式を取り入れ

---

233) 同上，pp. 35-36.
234) 日本開発銀行［1963］pp. 373-374.

た新しい料金制度の実施を決めた．九州電力は，7月に新料金制度に基づく料金改定を申請したが，池田内閣が11月の総選挙を控えて公共料金値上げ抑制の姿勢を示していたこともあり，その認可にはなお時間を要した．しかし，世銀側は，九州電力の財務体質の改善が借款成立の必須条件であり，その方途の1つである料金値上げが61年3月15日までに実施されない限り，供与を見送るとの見解を固持した．この料金改定は3月8日にようやく認可され，この借款はきわどいところで成立をみた[235]．

（3） 世銀借款と鉄鋼業

本章の対象とする時期で最初に成立した世銀借款は，1956年12月に調印された川崎製鉄向け借款（対象工事：千葉工場ホットおよびコールドストリップミル）であった．同借款の申請は，55年10月に調印された八幡製鉄借款および56年2月調印の日本鋼管借款と同じ54年6月に行われていたが，世銀は川鉄の経営規模および財務体質に対する危惧などから結論を遅らせていた．55年12月頃までの折衝は，主として計画内容の総括的な説明にとどまっていたが，以後は財務問題，すなわち，世銀の懸念する財務構成の改善や資金流出を防ぐための運用規制等に重点が置かれた．その一方で，世銀は米国のコンサルティング会社に依頼して計画の技術面の精査を行った．このような経緯を経て，56年12月，川鉄の第1次借款（2,000万ドル）が成立する．借款金額は川鉄の申請額（2,725万ドル）には及ばなかったものの，千葉計画の実現に大きな力となった．他方で，この川鉄借款には，配当ならびに負債制限など，八幡や鋼管以上に厳しい財務制限が課された．

この第1次借款での財務規制は3社3様であったが，高炉6社がすべて出揃った第2次借款以降，財務規制の内容は負債対自己資本比率と流動比率（流動資産対流動負債の比率）の改善規定に統一された．59年11月に調印された八幡借款を例にとれば，①負債対自己資本の比を64年3月30日までは60：40より悪化させず，3月31日以降は50：50以上を維持すること，②流動比率が少なくとも150％以上となるよう最善の努力を払うこと，がその内

[235) 同上，p.376

容であった．なお，この八幡借款の交渉過程で世銀側は上記②に関して，150％以下になった場合は現金配当の制限というペナルティを課すという意向を示したが，八幡側はこれをきわめて重大な経営干渉として反発し，結果として「最善の努力を払う」という文言に落ち着いた[236]．

鉄鋼借款に対して世銀がこのような財務規制を課した目的としては，少なくとも以下の3つが考えられる．まず1つには，「世銀の債権を保全する」こと，いま1つは，「日本の鉄鋼企業がニューヨークの資本市場にアクセスしやすくなるように，各社の財務状態を改善する」[237]ということであった．さらにいま1つ，世銀は，高炉6社が財務の健全性を保持することで，企業間の競争に望ましい秩序が生まれることを期待していた．すなわち，「世銀は各社が財務規制を遵守することですべての企業に─健全な財務の制約の範囲内で─事業を拡張する上での平等な機会が与えられる」[238]と考えていた．

このうち2つめの目的については，既述のように60年12月に調印された住金および川鉄の借款において，民間外資の導入が果たされることになった．和歌山製鉄所の追加投資を計画した住金は，58年末，所要資金の一部を世銀から調達すべく交渉準備を開始したが，その過程で「日本の鉄鋼業には，世銀借款が民間市場での外資調達に資すると考えられるときにのみ貸与する」という世銀理事会の決定が伝えられた．その後世銀は住金に対して，政府や開銀の保証を必要としない純民間外債の発行を勧めるとともに，外債発行額と同額の借款を与える予定であること，外債発行を極力援助することなどを伝えた．外債発行のエージェントの紹介など世銀の協力を得ながら，最終的には，外債580万ドル，市中借入60万ドル，世銀借款700万ドル，合計1,340万ドルの外資調達が実現した．

千葉製鉄所広幅厚板圧延機の建設資金の一部の借款を世銀に申請した川鉄もまた，世銀の意向を受けて民間外資導入の途を探った．ここでもまた，外債発行（400万ドル）と借入（200万ドル）の目処が立ち，合計額と同額の600万ドルの世銀借款と合わせ，1,200万ドルの外資調達が実現した．

---

236) 鉄鋼借款の財務規制については，日高［1996］［1997］に詳しい記述がある．
237) International Bank for Reconstruction and Development（IBRD）［1967］．
238) IBRD［1964］．

世銀はこの両社の実績を踏まえて，今後日本の鉄鋼業は外国の資本・社債市場で自ら外資を調達し得ると判断した結果，これらが最後の鉄鋼借款となった．初の借款から全11件，総額1億5,790万ドル（568億4,400万円）にのぼる鉄鋼向け世銀借款は，各社が恒常的に直面していた外貨不足という制約を大幅に軽減しただけでなく，内外の民間資金の呼び水ともなった．また，特に国内金融政策が引締めに転じて資金調達環境が急速に悪化しつつあった57年5月，上述のように世銀総裁が来日し，鉄鋼借款重視の姿勢を示したことは，鉄鋼各社が合理化計画を継続していく上での重要なエポックになったと考えられる．

（4）　外貨債務保証

　既述の通り開銀は，国内の企業が海外の優れた技術を体現した設備を輸入する上で外国企業や外国金融機関から多額・長期にわたる外貨による信用供与を受ける際に，わが国民間金融を補完すべく，その外貨債務を保証するという業務を1954年に開始した．第2部の対象である10年間では，外貨保証業務は件数・規模ともに増大した．

　54年度に行われた2件の外貨保証は，設備メーカーからの借入（いわゆるメーカーズ・クレジット），および民間金融機関に対するものであったが，56年度以降は，メーカーズ・クレジットに米国の長期金融専門機関である米輸銀が参加した信用供与に対する保証が中心となった．より具体的に示せば，例えば購入金額の20%をメーカーが，70%および運賃保険料を米輸銀がそれぞれ融資し，残りの10%を日本企業が自己資金で支払うといった形で3社の間に信用供与契約が結ばれる．この際，開銀の行う外貨債務保証とは，日本企業がメーカーおよび米輸銀それぞれに対して発行する約束手形に対して，開銀がその元利金支払いを保証することを指している．

　上記のように米日企業間の取引に米輸銀が融資参加した場合，本来のメーカーズ・クレジットよりも融資期限の延長が図れ，運賃保険料に対してもクレジットを得られるというメリットがあった．このため，日本企業が既往のメーカーズ・クレジットに，あらためて米輸銀の参加を折衝し，融資期限延長を図る例もあった．なお，米輸銀の融資条件は航空機（5.9%，7年）を除

表6-38 債務保証承諾・保証残高

単位：千ドル

項目	業種	年度	1954	55	56	57	58	59	60	61	62	63	64	65
債務保証契約額	電力	火力	11,333	28,234	34,510	58,671	20,608	—	—	19,006	99,872	—	81,000	11,000
		原子力	—	—	—	—	—	34,733	—	—	—	11,799	8,000	—
		小計	11,333	28,234	34,510	58,671	20,608	34,733	—	19,006	99,872	11,799	89,000	11,000
	航空		4,687	—	—	10,267	—	22,915	—	4,230	12,918	28,245	89,000	31,000
	合計		16,020	28,234	34,510	68,938	20,608	57,648	—	23,236	112,790	40,044	178,000	42,000
債務保証残高	電力	火力	—	—	—	—	—	94,878	84,212	93,267	184,216	176,297	217,774	214,442
		原子力	—	—	—	—	—	31,456	29,616	27,277	25,490	35,503	46,937	45,626
		小計	10,084	35,509	62,979	88,087	99,664	126,334	113,828	120,544	209,706	211,800	264,711	260,068
	航空		5,030	2,873	529	10,070	8,221	6,168	23,712	23,588	27,734	42,387	71,006	116,580
	合計		15,114	38,382	63,508	98,157	107,885	132,502	137,540	144,132	237,440	254,187	335,717	376,648

き期間8～20年，金利5～5.75%で，世銀借款同様当時の国内借入に比べ期間・金利とも極めて有利な条件であった．

外貨保証の開始された54年度から65年度までの外貨保証業務は，表6-38に示されるように電力借款および航空機借款に関わるもので占められており，また，60年代以降の拡大が顕著である．このうち，水主火従から火主水従への転換を急いでいた電力業界では，大型火力プラントのための設備を輸入に頼らざるを得ない状況にあった．建設が始まったばかりの原子力発電についても，事情は同様であった．他方，航空業界においても，特に60年代を迎える頃から輸送需要の急増とジェット化の進展という2つの大きな要因によって，多数の航空機の輸入が必要となっていった．既述のとおり50年代末頃になると，日本の産業が新たな世銀借款に期待することは難しくなっていたが，なお当時の国内の技術水準から言えば，このような輸入技術への依存は必至であり，開銀による外貨債務保証の担う役割も重要であった．

第 7 章

経営の成果

　最後に，1956年度以降65年度までの10年間における開銀の経営の成果について簡単に整理する．

　最初に，表7-1によっていくつかを確認しよう．まず，資産の主要部分を構成する貸付金についてみると，10年間で約2.6倍に増加している．資産合計に占める貸付金の比率は84～91％の間で推移している．一方，負債は年を追うごとに著しく増大し，10年間で約4.4倍に達している．これに対して，この10年間資本金は2,340億円と一定であったことから，法定準備金などは増加したものの表7-2に示されるように自己資本比率は年々低下を続け，10年間で半減した．

　このようなバランスシートの構造は，損益計算に反映され（表7-3），この間の利益金の伸びが約2.3倍であるのに対して，損失金は3.6倍に達している．さらに，貸付金利息と借入金利息を比較すると，前者が約2.1倍の増加であるのに対して，後者は約4.2倍もの増加を示している．こうした格差が生じた理由の第1としては，前述のように融資増の大半を借入金で賄ったことが挙げられる．表7-4に示されるように，政府借入金の残高は年々20％前後増大した．次に利幅の縮小，すなわち，貸付金利息の平均金利がほぼ同水準であったにも関わらず，借入金利息の平均金利が上昇したことが挙げられる．

　まず，貸付金利息についてみると，第1部でみたように，設立時の開銀融資にはそのほとんどに基準金利が適用され，翌52年度から7.5％という特別金利が加わった．その後54年2月には特別金利が6.5％に引き下げられ，さらに本部第5章で触れたように質的補完への移行が進むにつれて，特別金

第2部 高度経済成長の進展と政策金融の展開

表7-1 比較貸借対照表

単位：億円

	年 度	1956	57	58	59	60	61	62	63	64	65
資産	貸付金	4,006	4,472	5,110	5,827	6,415	7,060	7,874	8,533	9,277	10,370
	出資金	—	—	—	—	—	—	—	—	—	—
	有価証券	116	99	111	109	129	90	60	76	83	104
	現金預け金	8	10	4	9	7	7	17	11	12	23
	未収収益	—	—	—	—	—	—	—	—	—	—
	雑勘定	190	140	453	337	171	110	108	105	128	118
	動産不動産	4	5	5	5	6	11	24	27	27	29
	繰延勘定	—	—	—	—	—	2	7	6	9	11
	支払承諾見返	229	353	388	477	495	519	855	915	1,209	1,356
	資産計	4,554	5,079	6,070	6,763	7,223	7,798	8,944	9,672	10,745	12,011
負債	借入金	1,525	1,863	2,773	3,290	3,655	4,041	4,598	5,165	5,783	6,669
	寄託金	—	—	—	—	—	—	—	—	—	—
	債券	—	—	—	—	—	—	—	—	—	—
	貸付受入金	18	21	23	44	52	72	216	214	274	334
	未払費用	11	14	23	26	28	80	107	96	88	159
	雑勘定	13	5	4	4	3	30	43	67	88	88
	貸倒引当金	120	134	153	175	192	4	3	2	5	15
							212	233	253	276	306
	支払承諾	229	353	388	477	495	519	855	915	1,209	1,356
	負債計	1,917	2,390	3,365	4,016	4,426	4,958	6,054	6,712	7,724	8,927
資本	資本金	2,340	2,340	2,340	2,340	2,340	2,340	2,340	2,340	2,340	2,340
	準備金	138	170	206	241	282	327	376	432	491	556
	当年度利益金	159	179	160	166	176	174	174	189	191	188
	資本計	2,637	2,688	2,706	2,747	2,798	2,841	2,890	2,960	3,022	3,084
	負債・資本合計	4,554	5,079	6,070	6,763	7,223	7,798	8,944	9,672	10,745	12,011

表7-2 自己資本比率の推移

単位：％，百万円

年 度	1956	57	58	59	60	61	62	63	64	65
自己資本比率	57.7	52.8	45	41.4	39.6	37.5	33.6	31.9	29.5	27.3
負債・資本合計	455,358	507,866	607,040	676,325	722,330	779,848	894,442	967,227	1,074,527	1,201,111
（うち自己資本）	(262,967)	(267,941)	(273,431)	(279,661)	(285,917)	(292,791)	(300,425)	(308,407)	(317,157)	(327,484)

注：自己資本金＝資本金＋法定準備金＋貸倒引当金＋当年度利益金－国庫納付金．

292

第7章 経営の成果

表7-3 損益の状況

単位：百万円

	年　度	1956	57	58	59	60	61	62	63	64	65
利益	貸付金利息	26,724	29,389	31,239	35,731	40,016	43,624	47,640	53,025	49,272	56,266
	保証料	68	45	70	100	114	111	110	171	233	275
	有価証券利息	0	0	0	0	0	0	2	5	0	0
	受入雑利息	6	5	3	3	1	33	24	9	12	41
	債券償還益	—	—	—	—	—	—	3	7	0	6
	外国為替益	—	—	—	—	—	—	0	—	0	—
	有価証券益	961	315	304	302	320	475	314	278	249	210
	受入交付金	—	—	—	—	—	—	—	—	8,620	8,343
	雑益その他収入	59	27	7	14	8	8	118	9	22	7
	未払費用等戻入	855	1,097	1,366	2,287	2,616	2,791	—	—	—	—
	貸倒引当金戻入	88	53	43	74	30	97	63	152	242	79
	合　計	28,762	30,931	33,033	38,510	43,106	47,138	48,274	53,656	58,650	65,227
損失	借入金利息	9,377	10,504	13,860	18,316	22,181	25,389	25,820	29,415	33,316	38,984
	債券利息	—	—	—	—	—	229	787	1,323	1,428	1,766
	事務費	699	777	802	861	978	1,244	1,463	1,529	1,847	2,019
	特別納付金	—	—	—	—	—	—	—	—	—	122
	動産不動産減価償却費	38	40	41	39	41	42	46	127	148	152
	外国為替損	—	—	—	—	—	—	1	—	4	4
	貸付金償却	88	53	43	74	30	97	63	152	242	79
	債券発行差金償却	—	—	—	—	—	159	457	84	103	141
	雑損その他支出	199	228	294	371	492	547	10	7	2	2
	未収収益等戻入	0	0	—	—	—	—	—	—	—	—
	貸倒引当金繰入	2,417	1,450	1,956	2,226	1,795	2,029	2,185	2,161	2,498	3,147
	合　計	12,818	13,052	16,997	21,886	25,518	29,734	30,831	34,799	39,588	46,416
	当年度利益金	15,944	17,879	16,036	16,624	17,588	17,404	17,443	18,857	19,062	18,812
	（法定準備金）	3,189	3,576	3,577	4,079	4,491	4,942	5,512	5,973	6,494	7,259
	（国庫納付金）	12,755	14,303	12,460	12,545	13,097	12,462	11,931	12,884	12,568	11,552

293

第2部　高度経済成長の進展と政策金融の展開

表7-4　政府借入金の増減状況

単位：百万円，％

年度	借入	償還	残高	平均利率
1956		3,634	126,939	6.00
57	38,000	6,013	158,926	6.06
58	40,030	7,696	191,260	6.17
59	45,740	8,853	228,147	6.23
60	43,000	9,766	261,381	6.29
61	51,130	13,173	299,338	6.34
62	79,700	19,331	359,707	6.38
63	87,374	25,247	421,834	6.42
64	89,990	22,430	489,394	6.43
65	121,500	26,983	583,911	6.45

表7-5　利率別貸付残高表（実効金利）

単位：百万円，％

年度末 利率	1951（構成比）	55（構成比）	58（構成比）	61（構成比）	64（構成比）
6.0	—	7,114(1.9)	3,132(0.7)	1,734(0.3)	789(0.1)
6.5	—	311,202(82.8)	431,252(93.7)	523,241(87.0)	621,536(74.1)
7.0	—	—	—	6,989(1.2)	32,092(3.8)
7.5	—	6,291(1.7)	1,560(0.3)	1,172(0.2)	4,094(0.5)
8.7	—	—	—	68,229(11.3)	180,266(21.5)
9.0	—	51,276(13.6)	24,320(5.3)	—	—
9.5	33,603(35.0)	—	—	—	—
10.0	18,951(19.7)	—	—	—	—
10.2	38,362(39.9)	—	—	—	—
10.6	5,147(5.4)	—	—	—	—
合計	96,063(100.0)	375,883(100.0)	460,264(100.0)	601,365(100.0)	838,777(100.0)
平均金利	9.9	6.8	6.6	6.8	6.9

注）外貨貸付金を除く．

利が適用される融資の占める比率は急速に上昇した．金利別融資残高の構成比を示した表7-5からわかるように，60年代に入って特利の最頻値である6.5％の比率は徐々に減少しているものの，他方で基準金利が引き下げされたことなどもあって，平均金利の水準は大きくは変化していない．

他方，政府借入金の平均利率は，56年度の6.0％という水準から一貫して上昇を続けているが，これは，表7-6に示した政府借入金の構成の変化に起因している．すなわち，52年度に始まった産業投資特別会計からの借入金の金利が5.5％であったのに対して，第2部の対象時期を通じて政府借入

表7-6 政府借入金の残高構成比

単位：％

年　度	産投会計	資金運用部	経済援助資金	合　計
1956	55.0	42.5	2.5	100.0
57	41.0	57.3	1.7	100.0
58	31.5	67.0	1.5	100.0
59	24.3	64.4	1.3	100.0
60	19.3	79.9	0.8	100.0
61	15.2	84.3	0.5	100.0
62	11.3	88.3	0.4	100.0
63	11.2	88.4	0.4	100.0
64	8.7	91.1	0.2	100.0
65	6.4	93.4	0.2	100.0

表7-7 利益金処分の内訳

単位：百万円，％

年　度	純利益	利益金処分		納付率
		法定準備金	国庫納付金	
1956	15,944	3,189	12,755	80.0
57	17,879	3,576	14,303	80.0
58	16,036	3,577	12,459	77.7
59	16,624	4,079	12,545	75.7
60	17,588	4,491	13,097	74.5
61	17,404	4,942	12,462	71.6
62	17,443	5,512	11,931	68.4
63	18,857	5,973	12,884	68.3
64	19,062	6,494	12,568	65.9
65	18,812	7,259	11,553	61.4

　金のほぼ100％を占めることになった資金運用部からの借入金利は6.5％と1％高く，借入残高に占める資金運用部借入金の比率が上昇するにつれて平均利率も年々上昇したのである．

　以上のような借入金の増加および借入金利の上昇により年々の損失金が著増したことから，利益金から損失金を差し引いた純利益は伸び悩んだ．なお，利益金の処分については，開銀法第36条に「利益金の100分の20に相当する額」および「毎事業年度末における融資の残高の1,000分の7に相当する額」のいずれか多い方の額を法定準備金として積み立てることが認められている．利益金処分の推移と内訳を示した表7-7のうち，56・57年度の法定準備金金額は「利益金の100分の20」に，また，58年度以降の金額は「融

資残高の1,000分の7」にあたるものである．第36条の後者の方法は，融資残高が年々増加するにつれて積立額も増加する仕組みであるために，この間の開銀は純利益が伸び悩む中でも順調に法定準備金を積み増し，財務体質の健全性を確保することができた．法定準備金の10年間の累計は約490億円であるが，かりに法定準備金の制度がなかったとすると，自己資本比率は，56年度の54.7%から65年度には22.6%となり，実際より4.7%低下する計算となる．一方，純利益から法定準備金を差し引いた額は国庫納付に充てられたが，納付金の10年間の総額は約1,265億円に達した．

なお，先の表7-3に関して若干付言すれば，64年度の貸付金利息は前年度の実績を下回っているが，これはこの年度から海運業の再建整備計画が始まり，第6章でみたように整備計画に参加した海運企業に対する開銀融資の利子には支払猶予措置がとられたことが影響している．また，利子支払猶予分に該当する金額が政府から開銀に交付されることになったが，これが64および65年度に計上されている「受入交付金」である．

他方，損失金のうち事務費に注目すると，この10年間で融資分野が多様化し，また融資件数も顕著に増加したにも関わらず，損失金合計に占める事務費の比率は57年度の6.6%をピークに減少し，59年度以降は4%台で推移した．第5章に述べた事務改善の意義はこのようなところにも認められよう．また，貸倒引当金は56年度より各事業年度末の融資残高の3%以内まで引当ができることとなり，各年度末ほぼ3%の水準を維持している．なお，この10年間の貸倒引当金の繰入額合計は約220億円となった．

延滞状況および債権償却状況

最後に，1956〜65年度の延滞状況を確認すると，元本延滞額（弁済期限を6ヵ月以上経過した元本延滞額．更生計画認可決定会社を含む）は，1956年度の79億円から65年度には53億円へと減少しており，延滞率も同じく1.97%から0.51%へと減少している．これは，初期の56から58年度頃までは石炭を中心とする復金継承債権延滞額が大きかったためであり，延滞額の約6,7割は復金継承債権関係であった．対象期間の後半は，延滞率も0.4〜0.6%程度の範囲に収まってきている（表7-8）．

表7-8 延滞状況の推移

単位:百万円,％

年　度	延滞額	貸付残高	延滞率
1956	7,903	400,634	1.97
57	5,715	447,226	1.28
58	4,252	510,987	0.83
59	5,144	582,725	0.88
60	6,629	641,536	1.03
61	4,472	705,961	0.63
62	4,744	787,366	0.60
63	4,089	853,306	0.48
64	4,025	927,695	0.43
65	5,326	1,037,028	0.51

注) 1. 延滞額の定義は会計検査院の定義によるもの.
2. 延滞額の定義:弁済期限を6ヵ月以上経過した元金延滞額,更生計画認可決定会社を含む.

表7-9 債権償却状況

単位:件,百万円

年　度	1956	57	58	59	60	61	62	63	64	65	56～65年度累計
件　数	26	14	10	17	25	23	18	20	14	5	172
金　額	88	53	43	74	30	97	63	152	242	79	921

　また,この間の債権償却状況をみると,56～60年度に2億8,800万円,61～65年度に6億3,300万円の債権償却が行われたが,その太宗は石炭関係であった(表7-9).

[第2部] 参考文献

飯田賢一・大橋周治・黒岩俊郎編［1969］『現代日本産業発達史　鉄鋼』交詢社出版局.
岡崎哲二・奥野正寛・植田和男・石井晋・堀宣昭［2002］『戦後日本の資金配分　産業政策と民間銀行』東京大学出版会.
大蔵省財政史室編［1991］『昭和財政史―昭和27～48年度』第9巻　金融（1）.
海事産業研究所［1967］『日本海運戦後助成史』.
川崎勉［1968］『戦後鉄鋼業論』鉄鋼新聞社.
機械振興協会編［1967］『機械工業振興臨時措置法規集Ｉ』.
機械振興協会編［1976］『機械振興協会十年史』.
機械振興協会経済研究所［1968］『財政投融資の機械工業に及ぼす影響』機械工業経済研究報告書42-12.
黒田精工株式会社［1995］『黒田精工70年史』.
経済企画庁［1957］『昭和32年度　経済白書』.
経済企画庁［1958］『昭和33年度　経済白書』.
JSR株式会社［2008］『可能にする，化学を。―JSR 50年の歩み』.
新庄浩二［1984］「コンピュータ産業」小宮隆太郎・奥野正寛・鈴村興太郎編『日本の産業政策』東京大学出版会.
鈴木恒夫［1991］「合成繊維」米川伸一・下川浩一・山崎広明編『戦後日本経営史』第Ｉ巻, 東洋経済新報社.
世界銀行東京事務所［1991］『世銀借款回想』.
石炭鉱業合理化事業団［1975］『石炭鉱業30年の歩み』.
石油化学工業協会編［1971］『石油化学工業10年史』.
石油化学工業協会編［1981］『石油化学工業20年史』.
中小企業金融公庫［1964］『中小企業金融公庫十年史』.
通商産業省［1960］『機械工業振興法指定予定業種概要Ｉ』.
通商産業省編［1969］『商工政策史』第21巻　化学工業（下）.
通商産業省重工業局［1956］『機械工業振興の方途』.
通商産業省重工業局［1963］『鉄鋼業の合理化とその成果』.
通商産業省石炭局炭鉱課編［1968］『石炭政策の概観』.
通商産業省・通商産業政策史編纂委員会編［1990a］『通商産業政策史』第6巻.
通商産業省・通商産業政策史編纂委員会編［1990b］『通商産業政策史』第10巻.
通商産業省・通商産業政策史編纂委員会編［1991］『通商産業政策史』第7巻.
通商産業省・通商産業政策史編纂委員会編［1994］『通商産業政策史』第1巻.
特殊鋼倶楽部［1992］『特殊鋼倶楽部三十五年史』.
中川敬一郎［1992］『戦後日本の海運と造船』日本経済評論社.
中村清司［1995］「コンピュータ産業―汎用機の国際競争力」武田晴人編『日本産業発展のダイナミズム』東京大学出版会.
日本開発銀行［1957］『昭和31年度業務概況』.

日本開発銀行［1958］『昭和 32 年度業務概況』．
日本開発銀行［1962］『調査月報』10-12．
日本開発銀行［1962］『日本開発銀行について』（産業構造調査会金融部会提出資料）．
日本開発銀行［1963］『日本開発銀行十年史』．
日本開発銀行［1964］『調査月報』64-1．
日本開発銀行［1965］『昭和 39 年度業務概況』．
日本開発銀行［1968］『開銀の運営と長期的課題―参考資料』．
日本開発銀行［1976］『日本開発銀行二十五年史』．
日本開発銀行［1993］『政策金融―戦後日本の経験』．
日本開発銀行営業第三部編［1963］『特定機械融資とその合理化効果』．
日本開発銀行設備投資研究所［1966a］『日本における技術進歩の動向（4）電子工業の技術進歩』．
日本開発銀行設備投資研究所［1966b］『日本における技術進歩の動向（8）石油化学工業の発展と技術進歩』．
日本開発銀行設備投資研究所［1967］『日本における技術進歩の動向（10）アンモニア工業の技術進歩』．
日本開発銀行調査部［1960］『開発銀行のあり方についての二論考』．
日本開発銀行調査部資料課［1955］『財政投資論の現状について』．
日本工作機械工業会［1982］『"母なる機械" 30 年の歩み』．
日本合成ゴム株式会社［1979］『日本合成ゴム株式会社二十年史』．
日本政策投資銀行［2002］『日本開発銀行史』．
日本精工株式会社五十年史編集室［1967］『日本精工五十年史―ベアリング その発達と技術』．
日本船主協会『船協海運年報』．
日本船主協会［1970］『海運統計要覧』．
日本鉄鋼連盟［1969］『鉄鋼十年史―昭和 33 年～42 年』．
日本電機工業会編［1973］『日本電機工業会 25 年史』．
日本電子工業振興協会［1968］『電子工業の長期展望』．
日本電子工業振興協会［1988］『電子工業振興 30 年の歩み』．
橋本寿朗［1991］「外航海運」米川伸一・下川浩一・山崎広明編『戦後日本経営史』第 III 巻，東洋経済新報社．
橋本寿朗［2001］『戦後日本経済の成長構造』有斐閣．
日高千景［1996］「鉄鋼業の設備投資と世銀借款（上）」『武蔵大学論集』第 44 巻第 2 号．
日高千景［1997］「鉄鋼業の設備投資と世銀借款（下）」『武蔵大学論集』第 44 巻第 4 号．
平田敬一郎［1970］『開銀十年』．
溝口誠吾［1991］「造船」米川伸一・下川浩一・山崎広明編『戦後日本経営史』第

Ⅰ巻,東洋経済新報社.

International Bank for Reconstruction and Development (IBRD) [1964] Loans to Six Japanese Steel Companies, April 6.

IBRD [1967] The Japan Development Bank's Recommendations on Protective Arrangements for the Six Major Companies, Feb. 10.

第3部

成長経済の課題と融資活動の多様化

日 高 千 景

第8章

多様化する政策課題と開銀融資

1. 多様化する政策課題と開銀の認識

　第3部が対象とするのは1966年度から71年度までの6年間であるが，この間の開銀の融資分野は，設立当時はもちろんのこと，第2部の時期と比較しても，大きな隔たりをもつものとなった．

　もとよりこれは，先進工業国の仲間入りを果たしうるまでの急速な成長を遂げた当時の日本経済が，それゆえに新たに立ち向かわざるを得なくなった課題の多さを反映している．第1に，わが国は1964年4月のOECD加盟以来の懸案であった資本自由化の早期実施を求められ，67年6月に「資本自由化基本方針」を定めるに至るが，この資本自由化の日程が迫るにつれて日本企業の国際競争力が問われるようになり，合併・提携・構造改善などによる早急な企業の体質改善・強化が必要であると考えられるようになった．第2に，戦後日本経済の急速な成長は，外国技術の導入に大きく依存してきたが，次第に技術導入の余地は狭まり，国産の技術開発を推し進め，それらによって真の競争力を追求しなければならない局面に立ち至った．第3に，エネルギー構造の変化，産業の国際的地位の変動などにより，停滞から逃れることのできなくなった石炭・繊維等の産業への対策も，急を要する課題となった．第4に，工業生産力の増大による急速な経済成長が進むにつれて，社会資本の立遅れや流通ほかの低生産性部門の残存などが顕在化するようになった．第5に，かつてその解消が唱えられた都市への産業と人口の集中は，1960年代を通じてより加速的に進行したことから，都市への集中を前提とした上での地域開発の政策立案が求められるようになった．第6に，急速な

工業化の進展,人口・産業の都市への著しい集中,急速なモータリゼーションの進展などにより,公害が国民生活に及ぼす影響は,時代が下るにつれて深刻化していった.

上記第1の課題に対しては,第2部で述べた通り通産省は特振法を起案したが,同法案は未成立に終わった.これを含めて,かつてのように特定部門に政策的プライオリティが与えられ,政策が立法化され,その中で開銀融資の根拠が示されるケースは減少していた.他方で,市中の金融機関は高度成長を背景に資金量を増大させ,設備資金の供給力を高めていた.事実,第3部の始点となる1960年代半ばの日本経済は,第2部でみた1950年代半ば当時と同じく金融緩和期にあり,開銀に対する市中金融機関からの批判も再び提起されていた.

それでは,このような環境の中で,当時の開銀は自らが行うべき政策金融をどのように捉え,またそれを円滑に遂行するためにどのようなことが必要であると考えていたのだろうか.以下ではこのことを知る1つの手がかりとして,開銀内部で作成された「開銀の運営と長期的課題」(以下,「長期的課題」と略記)の内容を検討することにしたい.「長期的課題」は,67年5月,前月に第4代総裁に就任した石原周夫総裁が,「開銀の経営上の鏡となるようなヴィジョン」を検討することを企画室に指示したことに端を発するものであるが,その指示の背景には2つの問題意識があった[1].すなわち,1つには,発足から16年を経た開銀の融資対象は,当初のいわゆる重点産業中心から経済および政策の変遷とともに著しく多様化しており,「過去の回顧と今後の展望を通じて,開発資金貸付や本行運営の基本的諸問題に関して,根本的再検討を必要とする時期にいた」ったとの判断があった.また1つには,60年代半ば頃から世論を賑わせはじめていた金融の再編成問題[2]や67年に登場した金融効率化論など,戦後築かれた金融制度の見直しに関わる議論が活発化する中で,政策金融機関の位置づけや開銀独自の存在意義について再検討することが必要であるとの認識が強まっていた.

総裁の指示を受けて,総務部や営業各部からのヒアリング,個別テーマに

---

1) 日本開発銀行総務部企画室 [1968] p.1.
2) 大蔵省財政史室編 [1991] pp.340, 345.

関する討議など企画室内での予備的検討段階を経た67年11月，福地豊副総裁を委員長として3名の理事，総務部長，同次長，企画室からなる「長期経営委員会」が組織され，翌年4月までに計25回の委員会が開催された．同委員会の審議テーマは，①開銀の歴史，②海運・石炭・電力その他主たる融資の回顧と展望，③金利体系，④原資，⑤償還期限・融資比率，⑥経済政策・産業政策の長期展望，⑦融資規模の長期想定，⑧金融制度上の開銀の位置づけ，⑨開銀に対する外部批判，⑩開銀の新規業務分野，⑪諸外国の政策金融機関など多岐にわたった．これらの検討結果は，68年5月1日，役員会に報告された．

　以下では，まず上に示した2つの問題意識のうちの前者，すなわち，経済社会情勢が変化し，政策の多様化が進む中で，開銀は如何にあるべきかに関わる考察を紹介する[3]．

1. 開銀の役割と経営上の基本的理念
　(1) 開銀の初期経営方針
　開銀は，政府系金融機関の中で，政策金融の最も重要な担当機関であるとともに，①財務および収益の健全性，安定性の確保，②独立機関としての合理的・能率的経営への指向，の2点において異色の存在でもある．これは，設立初期の経営方針によって，①きわめて巨額の資本金を獲得したこと，②準備金留保の体制を整えたこと，③借入金利率を下回る貸付金金利を適用しなかったこと，④資本金の一定割合を国庫納付することを経営の基本としたこと，⑤合理的・能率的経営を指向したこと，などが実現され，現在なお守られているからである．

　開銀経営の現状は，運営を通じて蓄積された過去の遺産であり，業務内容は経済・社会情勢の変化，開銀への政策要請の変化とともに変容するとしても，独立性，健全性を維持するという経営上の基本的理念は，不変の

---

[3] 「長期的課題」は，冒頭に要約部分があり，本論は4章から成っている．以下は，要約部分をもとにしているが，完全な引用ではない．なお，「2. 運営上の基本的諸問題」は，ここで示した2項目のほか，資金調達，収支状況および国庫納付金，貸付条件，貸付金利，償還期限および融資比率，財務の検討および内部留保の充実が列挙されているが，ここでは割愛し，必要なことがらについては後段の各論部分で触れることにしたい．

あり方として将来にわたり受継いでいくべきものである．

(2) 変化への適応

開銀は，特定分野での特定の役割を与えられた専門的政府金融機関とは異なり，いわゆる「開発資金」の供給機関として，広く経済成長や産業発展，さらには社会開発のために，政府が積極的に育成し近代化する必要のある部門に長期設備金融を行う機関である．このため，貸付対象・貸付内容は不変的継続的なものではなく，変化し続けていくべきものである．

開銀の貸付内容は，過去かなり変化し，最近とみに多様化してきたが，これは開銀が経済情勢，政策要請の変化に敏感に反応し，適時適切に即応してきた証左ともみられ，将来とも開銀の業務運営は変化に適応しうる弾力性を維持しなければならない．

(3) 政策金融と開銀

政策金融は，特定の目的を持った経済政策実現のために採用される政策手段の1つで，金融という特性から，戦略的に重要な企業やプロジェクトを選択しうる利点をもつ．開銀の役割である「開発資金」供給とは，経済発展を指向するための投資プロジェクトを促進する金融を行うものと解される．これには，経済全体の先導部門あるいは産業の中のリーディング・プロジェクトの戦略的発展的な投資を政策的に誘導ないし助成する金融と，経済の均衡発展という観点から，停滞部門ないし低生産性部門の構造改善を助成する金融とが含まれる．

なお，政策金融は政策課題に対応するが，それが金融である限り，元利金回収に対する責任は銀行にあるので，行政当局が立案する政策そのものを金融的観点から再吟味する必要がある．また場合によっては，開銀業務の運営を通じて得られる課題を政策に反映せしめ，開銀融資を通じて課題解決を実現していくよう行政当局に働きかける必要があろう．

(4) 民間金融機関との関係

政策金融の対象となるプロジェクトも，開銀融資のみでは遂行しえず，民間金融の協力が必要である．また，開銀融資の基本的方向に関しては，初期の民間金融の単なる補完的役割は次第に後退し，逆に金利，貸付期間等において特別な条件を適用し，これに基づき民間金融と協力しながら業

務を行うものが増加している．すなわち，開銀融資が民間金融の誘い水となり，特別な金利，償還期限等の下支えのもとに民間金融を誘導することが多くなっている．

このように，開銀の運営において，貸付分野や規模について常に民間金融との関係に留意し，また実際の貸付に当たっても，民間金融の協力を積極的に求めながら，それとは異なった目的・方法や条件で融資を行う必要がある．要するに，金融機関としての開銀は，その相異を明確にする立場をとりつつ，なお民間金融と密接不離の関連を有する金融界の一員であることを忘れてはならない．

(5) 開銀運営の基本的態度

設立以来の運営を通じて歴史の教訓として引き出され，今後も遵守すべき運営の基本的態度として，①「開発資金」の供給をおこなう政府金融機関として，「経済社会情勢の変化→政策の変化→開銀に対する要請の変化」に適時適切に対応するのみでなく，変化に対する先見的考察を行い，政策当局と打ち合わせながら，課題に早めに対処すること，②独自の経営責任をもつ独立機関として，外部の力に影響されない自らの経営上の鉄則を守り通す経営態度を持続すること，が重要である．

2. 運営上の基本的諸問題

(1) 独立機関としての運営

開銀は，政府金融機関であるが，独立機関である以上，民間企業にみられる企業責任および能率性の原則を貫いていく必要があり，そのためには①財務，収支，資金繰りの健全性を維持する，②業務運営に関し常に主体性を保持し，独自の調査に基く判断を形成する，③能率的・近代的運営を目標とし，遂行する，④「開発資金」を供給する政策金融機関として常に発展的進歩的に業務を行い，保守的退嬰的にならない，⑤日常業務を堅実に処理するとともに，変化に適応する企画力を充実させ，このため人材の育成に努める，など内容充実に努めるべきである．

(2) 政策金融機関としての業務運営

政策金融機関としての評価を決定するのは，①経済条件の変化に応じて，

時々の政策課題にいかにうまく対応していくか，②政府資金の運用機関として，いかに堅実かつ公正な運用を行うか，③公共機関の通弊である官僚的事務処理を排して，いかに近代的合理的経営を実現するか，の3点である．

なお，金融業務自体が経済発展や社会科学の進歩とともに変容し，業務に関連する実態調査や科学的手法による予測などにより金融判断を下す時代が既に到来しており，今後は開発計画や事業計画の計画段階から資金担当者として企画に参加し，構想力や組織力を発揮する企画能力が必要となる事態も生じよう．したがって，日常の金融業務の堅実な遂行はもちろんのこと，産業・企業・経営あるいは特定プロジェクトなどに関する調査，企画および近代的手法に基く計数管理，あるいは企業診断の能力などについて，一層の力の培養に努めなければならない．

この開銀の「経営上の鏡となるようなヴィジョン」の中で再三強調されていることは，①経済発展の進展とともに「開発資金」が供給されるべき対象は必然的に変化するのであり，開銀はその変化に適時適切に対応すべきこと，のみならず，②変化に対する先見性を養い，かつ，自らの業務の中から新たな課題を摘出し，開銀の融資がそれらに対していかなる効果をもち得るかを検討し，政策当局に働きかけていくべきこと，③開銀は，政策金融の担い手として民間金融機関の協力を引き出すとともに，一金融機関として民間金融機関と差別化を図る必要があること，④①〜③に応えるために人材の育成に努め，もって業務の効率性のみならず弾力性の向上，さらに開銀独自の能力の構築を目指すべきことである．これらはいずれも，1967年4月に任期を終えて総裁を辞した平田氏が著した『開銀十年』[4]の中でも繰り返し指摘されていることがらでもあり，当時の開銀において根を下ろした認識であったものと思われる．

「長期的課題」のいま1つの問題意識である金融制度上の開銀の位置づけについての考察はここでは紹介しないが，その結論は当該部分の冒頭に記さ

---

4) 同書は，平田氏が1967年4月に総裁を退任した後，同年7月から8月にわたって口述したものをまとめたものである．平田 [1970]．

れた次の文章が示すように上の指摘の要点と相違はない．すなわち，「近時，資本自由化を契機として『金融の効率化』が強く要請され，また，金融制度再編成が活発に論議されているが，わが国金融制度全体の中での本行の位置づけを考える場合，やはり政策金融機関としての立場から，その特色をどう生かしていくかを中心に考察することが肝要であり，本行として『金融効率化』に資する所以でもあろう」[5]．

既述の通り1965年から66年にかけての日本経済は，1955年当時と同じく金融緩和期にあり，開銀融資に対する市中金融機関からの批判も高まりをみせたが，財政当局はかつてのように開銀貸付額を大幅に削減する動きをみせず，むしろ開銀貸付額は増加した．また，後に示すように，その後も財投に占める開銀のシェアは安定的に推移した．このような結果を生み出した要因の1つとして，「長期的課題」で示されているように，開銀が多様化する政策課題の中でただ受動的に業務を遂行していたのではなく，開銀融資の意義をさまざまに考究し，かつ，独自性を唱えうるだけの能力の構築に意を用い，さらに，自らが主導的に担いうる政策金融分野の摘出に力を注いだことをあげることができよう．第2部でみたように，1959年度に始まった地方開発は開銀自らの働きかけによって創設された融資分野であったが，さらに第3部の対象とする時期には，66年度以降の大都市再開発，67年度以降の原子力発電機器国産化，68年度以降の国産技術振興など，開銀が「主体的に政策金融を推進した」[6]分野が増大した．節を改めて，この時期の開銀融資を概観する．

2. 開銀融資の概観

（1） 財政投融資と開銀融資の概観

表8-1は，第3部での対象時期に前後それぞれ1年度を加えた財政投融資の推移である．第2部でみた通り，60年代前半の財投は毎年高い増加率で推移したが，66年度もその基調は引き継がれた．すなわち，66年度の財投

---
5) 日本開発銀行総務部企画室［1968］p. 46.
6) 同上，p. 22.

第3部　成長経済の課題と融資活動の多様化

表8-1　財政投融資および開銀融資の推移

単位：億円，%

年　　度		1965	66	67	68	69	70	71	72
財政投融資計画（当初計画）	A	16,206	20,273	23,884	26,990	30,770	35,799	42,804	56,350
うち日本開発銀行	B	1,105	1,460	1,600	1,830	2,050	2,390	2,860	3,640
開銀のシェア	B/A	6.8	7.2	6.7	6.8	6.7	6.7	6.7	6.5
財政投融資実績	C	17,764	20,854	24,968	27,833	31,805	37,987	50,694	60,378
財政投融資計画・実績比較	C/A	109.6	102.9	104.5	103.1	103.4	106.1	118.4	107.1
対前年度増減率（当初計画）		20.9	25.1	17.8	13.0	14.0	16.3	19.6	31.6
対前年度増減率（実績）		24.2	17.4	19.7	11.5	14.3	19.4	33.5	19.1
開銀当初貸付計画		1,677	2,080	2,253	2,510	2,700	3,170	3,755	4,730
開銀融資実績		1,997	2,229	2,328	2,734	2,922	3,419	4,251	4,605
対前年度増減率（実績）		37.6	11.6	4.4	17.4	6.9	17.0	24.3	8.3

　計画策定にあたっては，いわゆる「(昭和) 40年不況」からの速やかな回復により，経済を安定成長の路線に導くとともに，経済・社会の各部門間の均衡ある発展を実現するとの政府の基本方針に則り，計画規模の積極的拡大を図り，住宅等国民生活環境の整備拡充，社会開発の推進，低生産性部門の近代化等について，資金の重点的・効率的運用を進めることが基本とされた．

　しかし，景気は66年度に予想を上回るペースで回復したため，翌67年度の財投計画の策定では，国際収支の均衡と物価の安定を主眼として景気に刺激を与えないよう規模を極力抑制する方針がとられた．このため，67年度計画は前年度計画比17.8%増と，62年度以来5年ぶりに20%を下回る伸びとなった．抑制基調は翌68年度にはさらに強まり，①財投計画の規模は極力圧縮する，②政府保証債の発行額は消化可能な限度にとどめる，③財源の適正かつ効率的な配分に努める，④公庫，公団，事業団などの整理統合に努め新設を行わない，⑤財投計画の執行にあたっては，経済情勢の変化に対応し，機動的に対策を講じうるよう，弾力的運用を図る，の5点が基本となった．69・70両年度の計画策定においても財投の規模と経済の均衡が重視され，当初計画の伸び率はそれぞれ15%前後に止まり，毎年財投計画は改訂されたものの，増加の幅はさほど大きくはなかった．

　このように比較的抑制基調で推移した財投計画は，71年度には前年夏以降の景気後退への対策の一環として，大幅な拡大に転じた．さらに，年度途

中，景気対策やドルショック対策として，7回にわたり合計7,890億円の追加が行われた結果，最終的な規模は5兆円を突破した．

この間の開銀の財投に占める比率はほぼ7％前後で推移した．その規模は約1.9倍に増加したが，財投全体の増加に比べればその伸び率は低い．これは，この時期の財投の重点が，上記の通り生活基盤の充実や低生産性部門近代化などに置かれたことによるものであろう．

（2） 資金運用と原資の概観

表8-2は，1966年度以降71年度までの開銀の当初貸付計画と同改訂計画の推移を示している．表からわかる通り，貸付計画はいずれの年度においても途中で変更され，融資規模は当初計画より増大した．

表8-3から明らかなように，この間の追加が最も多かったのは「海運」で，追加額の合計1,520億円の約36％にあたる540億円が「海運」に向けられた．「海運」への追加融資は，国際収支改善のため船腹増強の見地から行われたものであるが，特に68年度以降は，貿易拡大を反映して外航船舶建造が予定を上回って進捗したことに対処するために巨額の資金手当てが行われた．「海運」に次いで多くの追加資金を割り当てられたのは電子計算機で，その総額は370億円にのぼっている．これは，68年にIBM360シリーズに対する国産対抗機種が出揃ったことで日本電子計算機（以下，JECC）のコンピュータ購入代金が急増し，巨額の未払い残高を抱えたことに対処するための措置であった．「大都市再開発および流通近代化」にも総額228億円の追加が行われているが，その中心を占めたのは，都市交通の改善を図るために特にその実施が急がれた私鉄の改良工事であった．

次に，この間の運用原資の内訳をみると，前の10年間と同じく増資は行われず，原資の大宗をなしたのは資金運用部借入金で，この6年間にその依存度はさらに高まった．

先の10年間には5回の外債発行が行われ，350億円近い資金が調達されたのに対し，この6年間の外債発行実績はわずか1回にとどまった．66年度には90億円の外債発行が予定されていたが，国際的な高金利傾向など起債環境の悪化から最終的には見送られ，この外債発行に代えて，産業投資特

表8-2 貸付計画の改訂状況と資金運用原資の推移

単位：億円

年　　度	1966	67	68	69	70	71
貸付計画（当初）	2,080	2,253	2,510	2,700	3,170	3,755
資金運用部借入金	1,370	1,600	1,830	2,050	2,390	2,860
産投会計	—	—	—	—	—	—
外債	90	—	—	—	—	—
自己資金など	620	653	680	650	780	895
貸付計画（改訂）	2,267	2,341	2,617	2,936	3,412	4,415
資金運用部借入金	1,457	1,688	1,890	2,286	2,632	3,520
産投会計	—	—	47	—	—	—
外債	90	—	—	42	—	—
自己資金など	720	653	680	650	738	895

表8-3 貸付計画の改定内容

単位：億円

年　　度	1966	67	68	69	70	71
海　運	150	48	87	61	94	100
石　炭	37	40	20			
電子計算機				90	80	200
大都市再開発				40	68	120
体制整備				20		
国産技術振興				15		30
原子力発電機器国産化						30
地方開発						50
公害防止						130
その他				10		
合　　計	187	88	107	236	242	660

別会計が発行した西独マルク債の手取金85億円を同会計から借り入れた．その後，69年度後半にはスイス市場における起債の見通しがついたことから，70年5月に第6次債5,000万スイスフラン（手取金42億円，期限15年，表面金利6.75%）を発行した．なお，この間2回，開銀の融資残高などの限度額を決めた与信限度倍率に係る開銀法改正が行われ，68年3月に借入および債券発行の限度額は自己資本の4倍から5倍に，さらに70年4月に5倍から6倍に引き上げられた．

（3）　資金運用基本方針と融資分野

次に，政府が年度ごとに決定する「開銀資金運用に関する基本方針」（以下，

運用基本方針）に目を移すと，1966年度以降の6年間ではその内容に大きな変化はない．

66年度の運用基本方針を示すと，わが国経済の健全な発展のための経済基盤の充実を図るとともに，国際経済環境の変化に即応して，わが国産業の構造高度化と質的強化に資するものとして，①エネルギー，輸送力，産業関連施設等，産業基盤の充実・強化，②国際競争力強化のための産業設備の近代化，合理化および国内産業体制の整備ならびに技術開発の推進，③国際収支の改善に寄与する産業の育成・合理化，④産業間および地域間の均衡ある開発発展，⑤大都市再開発および流通近代化の5項目が掲げられている．

65年度と比べて変化した点は，②に「技術開発の推進」という文言が追加されたこと，および⑤大都市再開発および流通近代化という新しい項目が登場したことである．わが国は戦後長らく外国技術の導入によって生産体制の近代化を進めてきたが，資本自由化など本格的な開放体制への移行の中で新しく浮上した問題が技術開発力の遅れであった．他方，急速な経済発展とともに都市の過密，道路・交通事情の悪化，これに関連する流通の非効率性・物価の上昇などの問題は年々深刻さを増し，それらへの対策が政策金融の新たな課題となるに至った．なお70年度以降の主要政策項目には，公害問題の深刻化を反映して，「公害防止」が加えられた．

このような運用基本方針を指針に展開された66年度以降の開銀の融資活動は，以下のように分類することが可能である．

①産業基盤の充実強化：電力・海運・石炭・石油
②国際競争力の強化と技術開発の推進：体制整備（石油化学，乗用車，特殊鋼，繊維，アンモニアなど），特定機械・電子工業，技術開発（新技術工業化，電子計算機など）
③大都市再開発と流通近代化：大都市再開発，流通近代化
④地域間の均衡ある発展：地方開発
⑤その他：産業公害防止，ガスなど

この時期の融資分野に関する主要な動向は，まず，①のグループに石油が

登場したことで，これは後述のように民族系資本の育成が政策上の重要課題となったことに対応している．その後，70年度には石油は電力とともに「エネルギー」として括られ，特掲業種として扱われることになった．なお，かつて①の一角を構成した鉄鋼は，普通鋼部門が50年代後半以降の相次ぐ新鋭一貫製鉄所の建設と新技術の導入によって確固たる基盤を築いたことで融資対象から外れ，国際競争力に不安を残した特殊鋼部門が②の体制整備の対象となった．また石炭については，第4次石炭対策に基づき縮小再建を目指した時期でもあり，69年度に石炭鉱業合理化事業団による無利子融資が開始されたことを機に，開銀融資は補充的役割に転じることとなった．

　企業規模の拡大などによる国際競争力の強化を目的として63年度に開始された「体制整備」融資は，資本自由化対策が喫緊の課題となった60年代半ばから通産省の産業に対する行政指導が活発化したことにともなって本格化し，対象業種も石油化学・乗用車・特殊鋼，さらには繊維やアンモニアに拡大した．また，技術開発の推進への要請が高まる中で，68年度には従来の「新技術工業化」に新たに「商品化試作」を加え，さらに「重機械開発」[7]を統合し「国産技術振興」融資制度が設けられた．

　③の「大都市再開発および流通近代化」は66年度に新たに設けられた融資項目で，従来主として産業開発融資の一環として行われてきた私鉄融資，ターミナルビルなどの空港施設や駐車場建設のための融資，さらに「産業関連施設」枠の倉庫・港湾関連施設を対象とする融資がここに統合され，都市開発という総合的な観点からの融資活動が進められることになった．

　公害対策に関する融資は，66年度以前から産業開発融資の一環として主として「産業関連施設」の枠内で行われてきたが，65年10月に公害防止事業団が発足し，開銀の融資対象は限定されることになった．しかし，その後の公害問題の高まりなどを受けて，再び融資対象は拡大され，開銀融資における重要性を高めていった．

---

7) 重機械開発融資は1964年度に開始され，当初は［その他］の中に立目されたが，翌65年度に大項目として独立した．

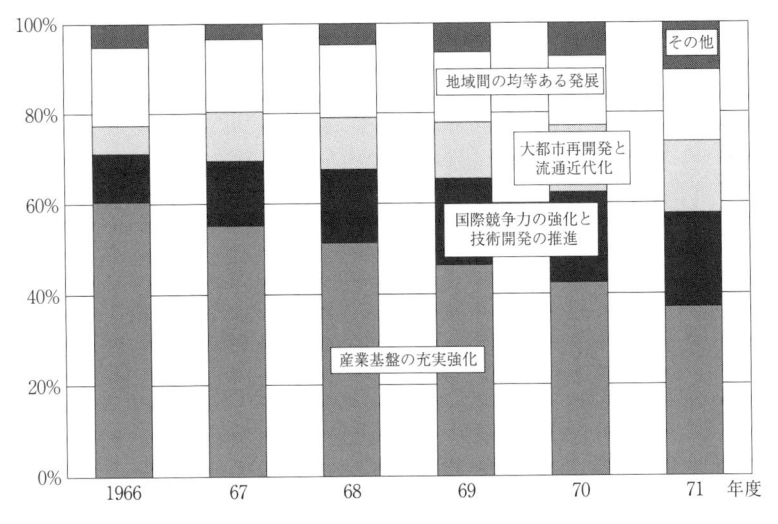

第8章 多様化する政策課題と開銀融資

図8-1 政策分類別融資の推移

(グラフ内ラベル: その他／地域間の均等ある発展／大都市再開発と流通近代化／国際競争力の強化と技術開発の推進／産業基盤の充実強化)

(4) 融資の特徴

分野ごとの融資の展開については第10章で詳述するが，あらかじめ先に示した5つの分類ごとに融資の推移を概観し，若干の特徴を確認しておきたい（図8-1）．

まず，第1番目の産業基盤の充実強化に対する融資額は，66年度の約1,270億円から71年度の約1,585億円へと約25％増加したものの，全融資に占める構成比は大幅に後退した．なお，このグループの4業種の構成比（表8-4）をみると，この6年の間，電力と海運の構成比は安定的であったのに対し，石炭と石油は変動が大きい．全体の1割強を占めてきた石炭は69年度以降急速に縮小しているが，これは同年度から実施された「第4次石炭対策」の下で，石炭鉱業合理化事業団の無利子融資制度が大幅に拡充され，開銀融資は同事業団の補完的位置づけに変わったことに起因している．他方，64年度までは「地方開発」の中で小規模な融資が行われていた石油業への融資は，65年度以降，民族系資本育成の政策に基づいて独立項目となり，共同石油グループへの融資が実施されたことでシェアを伸ばした．

次に，体制整備，特定機械・電子工業，および技術開発などから構成され

315

表8-4　「産業基盤の充実強化」の業種別融資構成比

単位：％

年　度	1966	67	68	69	70	71
電　力	14.8	13.0	13.1	16.2	16.0	16.3
海　運	68.2	68.5	69.1	72.2	73.2	72.7
石　炭	10.9	11.8	9.2	1.3	1.2	0.9
石　油	6.1	6.7	8.6	10.3	9.6	10.1
合　計	100.0	100.0	100.0	100.0	100.0	100.0

る第2のグループをみると，その比率は6年間でほぼ倍増している．とりわけ急速な拡大を遂げたのは，「国産技術振興」や電子計算機などの技術開発関連の分野で，融資額は6年間で6倍以上となった．

第3番目の「大都市再開発および流通近代化」は，年々拡大を遂げ，70年度には「地方開発」のシェアとほぼ肩を並べる水準となった．他方，59年度に始まった「地方開発」融資は，この時期安定的に推移した．

最後にその他のグループについては，特に71年度の増大が目を引くが，これは主として産業公害防止関連融資の拡大によるところが大きい．同年度の公害関連融資額は，融資総額の約6％を占めるものとなっている．

このように70年代を迎えた開銀融資は，かつての基幹産業に重点をおいた構成から様変わりし，多様な政策目的に対応した構成となった．なかでもこの時期の開銀が，急激な経済成長による歪みを是正し，国民生活の改善を図る社会開発の観点から積極的に開拓に取り組んだ，いわゆる社会開発の分野に属する地域開発（地方開発と都市開発）が全体の3分の1を占める1つの柱となったことは注目に値する．また，かつては，各融資項目は特定の産業向け融資を念頭においたものが多かったが，この時期には体制整備，技術開発，公害防止など複数の産業に関係する融資項目が創設されることが多くなった．

（5）　貸付金利と償還期限

本章の冒頭に示した「開銀の運営と長期的課題」においても確認されていた通り，政策金融機関としての開銀はその融資によって政策への誘導を図るという役割を果たすことが求められ，他方，一金融機関としての開銀は金融

界の秩序に配慮しつつ，民間金融機関との差別化を図ることが必要であった．開銀の貸付金利と償還期限は，このいずれの面に関しても周到に配慮すべき問題であった．

「長期的課題」の中では，開銀の金利体系について，以下のような考えが示されている．「政策金利は理論的には政策プライオリティの如何によって，その種類別適用が行われるのが正しいと思われるが，実際には政策プライオリティの判定が極めて困難であるため，関係当局との折衝の結果決定されるものが多い．しかし，政策の重要度については，金利決定前に一応次のような諸点を目安として十分検討する必要があろう．①当該政策の国民経済的重要性，②政府の重要政策課題にもられているかどうか，③政策の目的・手段の明確性（――当該事業に関する法律があるかどうか），④当該プロジェクトの経済的ないし社会的必要性，⑤実行の確認――実行計画（例えば合理化計画等の閣議決定があるかどうか），⑥他の政策手段例えば税制，補助金，政府出資などが併行してとられているかどうか，⑦メカニズムとして政策金利の実際効果が明らかであるかどうか」[8]．また，基準金利については，「本行が金融界の一員である以上，特別の場合を除いて本行金利が，市中の長期金利水準とかけ離れて決定されることは望ましくない．すなわち，本行が市中金利とかけ離れた金利を設定した場合，一般金利水準に対しては，その資金量からみて大きな影響を与えるとは思えないが，長期金利には無視しえない影響をもつであろう．…(中略)…本行の国内原資調達の態様も，将来どのように変化するか予測し難いので，一般市中金利水準と本行金利体系，特に基準金利がかい離することは危険である．したがって，市中の最優遇金利と等しい基準金利の存在は，なお重要な意味を持ち，政策金利としての特利の適用と併行して運用することが肝要である」[9]としている．

続いて実際の金利の適用についてみる．まず開銀の基準金利の推移をみると，第4章で触れたように40年不況対策の一環として行われた金融緩和の中でプライムレートが引き下げられ，開銀の基準金利も66年年頭に年8.7％から8.4％に引き下げられた．その後も金融緩和基調は続き，資本自由

---

8) 日本開発銀行総務部企画室［1968］pp. 92-93.
9) 同上，p. 9.

317

化を控えて企業の国際競争力強化の見地からも長期金利引き下げの要求が強まったことから，民間金融機関は信託・債券に及ぶより広範な長期貸出金利引き下げを10月から実施することを決定し，開銀も，同時に基準金利を0.2％引き下げ，8.2％とした．その後景気の過熱などを背景に物価上昇が加速し，69年9月に公定歩合が引き上げられ，金融政策は引締めに転換した．70年3月以降，事業債，利付金融債の条件改訂，長信銀貸付金利の0.3％引き上げなど長期金利体系が全面的に改訂されたことを背景に，開銀も同年9月1日以降の融資承諾分について基準金利を0.3％引き上げ，年8.5％とすることとした．なおこの改訂の際，従来基準金利の適用対象としていたもののうち，①大都市再開発および流通近代化，②地方開発，および③その他の融資で地方開発対象地域に立地する事業等には年8.3％，さらにこれらのうち公共的色彩の強い事業については年8.2％を適用することとした．その後，国際収支の黒字抑制などを目的に公定歩合は70年10月，71年1月，同年5月，さらに7月と0.25％ずつ引き下げられた．このような背景の中で，開銀の基準金利および上記の都市開発・地方開発関連金利は，71年8月1日以降引き下げられ，8.2％に復した．なお，開銀は71年8月まで金利の引き下げを既存の貸付残高まで全面的に適用していたが，これ以降は残高への適用は行わず，新規貸付のみへの適用となった．

　60年代以降の政策課題の多様化にともない，特別金利（以下，特利）や利息免除措置の適用対象が増加するとともに，政策項目ごとの細かなレベルで金利設定が行われる傾向が出てきたことは第4章で述べたが，60年代後半以降この傾向はさらに強まった．表8-5は，66年度以降の特利および利息免除適用の推移を示している．ここでの特徴の1つは，私鉄，流通業務市街地施設，産業公害防止などの融資分野にも特利の適用対象が広がっていることであり，いま1つは，原子力発電機器国産化，国産電算機振興，重機械開発など，国際的な金利との格差が問題となる対象が増えていることである．

　次に償還期限について，再び先の「長期的課題」での言及箇所を引くと，「本行貸付金の償還期限は，金利とともに政策金融における民間金融との相異を示す重要な貸付条件の要素である．…(中略)…本行借入金の償還期限の平均が15年程度であるところから，貸付金の平均償還期限を15年以内とす

第8章 多様化する政策課題と開銀融資

表8-5 特別金利および利息免除措置適用対象

業　種	適用プロジェクト	変更年月	適用利率	備　考
石　油	民族系企業育成	1966.4	6.5	特別金利
産業公害防止	煤煙防止・汚水処理	66.4	7.5 (免除後7.0)	特別金利および利息免除 (当初3年間0.5%の免除)
電　力	原子力発電機器国産化	66.4	6.5	特別金利
国産電算機振興		67.4	7.5	特別金利
私　鉄	特定工事(注)	67.4	7.0	特別金利
産業公害防止	工業用水転換・海水油濁防止	67.4	7.5 (免除後7.0)	特別金利および利息免除 (当初3年間0.5%の免除)
国産技術振興		68.4	6.5	特別金利
重機械開発		68.4	6.5	国産技術振興に統合 (7.5%から6.5%に)
産業公害防止	汚水処理・煤煙防止	68.4	7.0	特別金利 (68年度とりあげ分のみ)
流通業務市街地施設	都心乗り入れ，立体交差，踏切保安，事故防止	68.4	7.0	特別金利
産業公害防止	重油脱硫	69.4	7.5 (免除後7.0)	特別金利および利息免除 (当初3年間0.5%の免除)
アンモニア		69.4	7.5	特別金利
遠洋漁業		69.4	7.5	特別金利
電　力	重電機延払	69.4	7.5	特別金利 (6.5%より引き上げ)
繊　維	中小紡グルーピング	69.4	7.5	特別金利
〃	染色グルーピング	69.4	7.5	特別金利
電　力	原子力発電機器等製造国産化	69.4	6.5	特別金利
地方開発	特定工事(新産特利)	69.1	7.7	特別金利，新産業都市富山・高岡，中海の基幹4業種
電子工業	3号業種のうちの11機種	70.4	7.5	特別金利 (6.5%より引き上げ)
工場分散	特定工場分散	70.4	7.5	特別金利
繊　維	中小紡量産3交代	70.4	7.5	特別金利
〃	中小紡非量産高級化	70.4	7.5	特別金利
産業公害防止	排煙脱硫	70.4	7.5 (免除後7.0)	特別金利および利息免除 (当初3年間0.5%の免除)
自動車部品安全公害研究所		71.1	7.5	特別金利

注) 都心乗り入れ，立体交差，踏切保安，事故防止.

第3部　成長経済の課題と融資活動の多様化

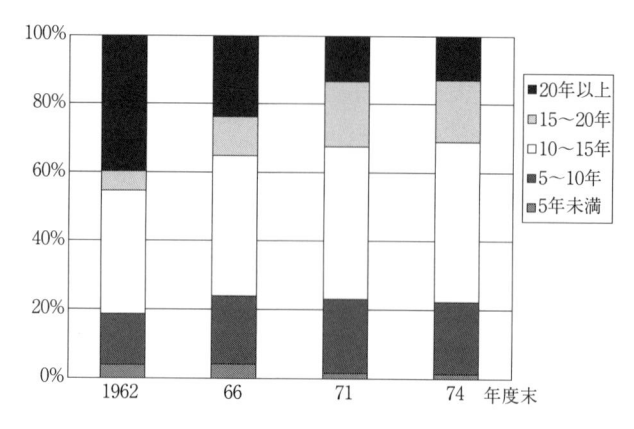

図8-2　開銀融資の貸付期間の分布の推移

ることが本行自体の資金繰上必要である．仮に平均償還期限を15年にとどめるとしたならば，個々の償還期限もおのずから20～25年を限度とすることが考えられよう．本行金利体系との関係で長期の償還期限を設定することは，貸付先に多大のフェーバーを与えることになるので，長期の償還期限によるプロジェクトの誘導効果に着目して，プロジェクトの性格，政策プライオリティいかんによっては，資金繰の許す範囲内で一層長期の償還期限を検討する必要があろう」[10]との考え方が示されている．

　図8-2は，融資期間（償還期限）の分布の推移を示している．30年以内のいわば超長期融資が中心であった電力向け融資残高の総融資残高に占めるウエイトが減少したことなどから，20年以上の融資の比率は趨勢的に減少しているものの，都市開発をはじめとする社会開発関係融資の増加などもあって，15～20年，10～15年の融資はこの時期着実に増加している．上記の誘導効果および民間金融機関との差別化に対する期待が，このような分布に現われているものと考えられる．

---

10)　日本開発銀行総務部企画室［1968］p.10.

第9章

業務体制の効率化と能力構築

　前章の冒頭で触れた「開銀の運営と長期的課題」では，①合理的能率的な業務運営の追求，②変化に適応する企画力の充実，③業務運営に関する主体性の保持，そのための独自の調査に基づく判断力の練磨，などの重要性がそれぞれ強調されていた．本章では，1960年代半ば以降の開銀におけるこれらの課題への取り組みを確認することにしたい．

1. 業務体制の改編——効率化の追求と変化への適応能力の向上

（1） 1966年4月の機構改革

　第2部6章でみたように開銀においては1959年8月の事務改善班発足以来，運営体制について全行規模での見直しが行われ，さまざまな施策が講じられてきた．しかし，図9-1に示すとおり所定の人員で増大する融資を円滑に処理するためには，融資決定プロセスが多段階かつ重複的であること，各職位の責任権限が必ずしも明確ではないこと，またその結果として業務の分担体制が錯綜していることなど，なお取り組むべき多くの課題があった．63年4月に就任した平田総裁は，責任体制の再編，迅速な業務運営体制の確立および人材の積極的活用などをとりわけ重視し，早期の組織改革の実施を求めた[1]．こうした要請を受けて，総務部事務改善課は改革の草案作りに取り組み，その一環として欧米の金融機関の視察も実施した．

　こうして，66年4月，①責任体制の再編，②課制の廃止と主管者制の導入，

---

1) 平田［1970］p. 208.

図9-1　融資件数と定員の推移

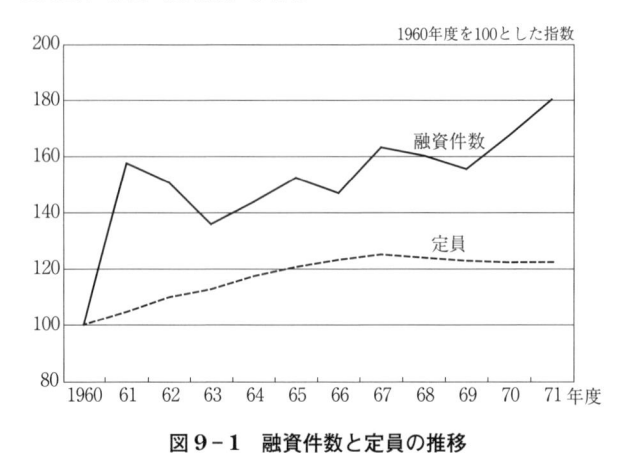

③機構の整備と事務運営の合理化を主たる目的とする機構改革が実施された．その内容は，①役員会運営の重点化，貸付委員会の設置，権限の下部委譲，②主管者制の採用を中心とする職制の改革，③総務部の改組および事務管理部の設置，④審査調査部門などの事務運営の合理化，⑤コンピュータ・システムの開発利用など，広範囲にわたるものとなった．以下，そのうち特に重要なものをとりあげる．

責任体制の再編

　従来開銀の役員会の運営は，個別融資案件の審議に重点が置かれてきたが，1960年代初頭よりこれをできるだけ簡素化し，経営上の政策的問題や総合的問題の審議に重点を移すよう見直しが進められ，63年9月以降は「運営政策など一般問題を中心とする役員会」と「貸付管理関係個別役員会」の区分開催が実施されていた．しかし，政策的問題に関する審議の充実や決裁の能率化をはかるために，役員会運営の方法には一層の改善が求められていた．

　このため，66年の機構改革で，役員会の重点化，権限委譲の主旨に則って，融資業務運営方式は次のように変更された．①申込受付の決定は，役員会付議総裁決定から部店長決定に変更され，半月毎に役員会に一括事後報告する．②審査部（支店審査課を含む，以下同じ）審査済案件は，全件役員会付議から特に問題のあるもののみを貸付委員会に報告し，それ以外の通常案件は審査調書を直

表 9-1　融資決定権限の委譲（1966 年 4 月）

取引区分	案件区分	融資総額区分	委譲前	委譲後
新規取引先	新規工事案件	5億円超	役員会付議総裁決定	役員会付議総裁決定
		5億円以下		貸付委員会付議管掌理事決定
現取引先	新規工事案件	5億円超		役員会付議総裁決定
		1億円超5億円以下		貸付委員会付議管掌理事決定
		5千万円超1億円以下		管掌理事決定
		5千万円以下		部店長決定
	継続工事案件	3億円超		貸付委員会付議管掌理事決定
		1億円超3億円以下		管掌理事決定
		1億円以下		部店長決定

注）　権限が委譲された部分を記載.

接依頼部店に送付し，支店案件についても通常案件の本店報告は行わない．③申込受付案件を審査部審査案件とその他の案件とに分け，後者については融資担当部店において審査を行い（後の営業審査），要点のみを記録した審査調書を作成する．④役員会に付議されなかった融資承諾については，役員会に対して一括事後報告を行う．⑤決定手続きおよび決定権限に関する規程を改定し，担当部店長などの所管業務，決定手続き・決定権限の明確化を図る．なお，上記①の申込受付に関しては，部店間の調整や情報の共有化などの適正化を図るために，新たに総務・地方開発企画・本店営業・管理・審査・地方開発審査・調査各部長および支店長から構成される融資協議会（月1回開催）を設けることとなった．

役員会は，開銀の経営および業務運営に関わる重要な政策的問題と重要な個別融資案件の審議に重点を置き，従来役員会で全件処理していた申込受付や審査報告は原則として役員会には付議しないこととし，融資に関する役員会の機能を補完するため，通常の個別案件の審議を行う「貸付委員会」が設置された．これによって，役員会は，①貸付計画，②業種別または政策目的別融資方針，③資金運用計画，④人事・経理・庶務に関わる基本計画，⑤関係基本法令の制定・改廃に関わる事項などの政策的基本問題の審議に専ら重点を置き，個別案件は原則として融資見込総額が5億円超の新規案件だけが付議されることになった（表9-1参照）[2]．

---

2)　平田元総裁は，開銀の首脳は極力政府の委員会や審議会などに参加して意見を述べるなど，外部との接触により多くの時間を割くべきだとの考えをもっていた．平田［1970］p.190.

上記貸付委員会は理事および総務部などの関係部長によって構成され，同委員会では，①審査の結果，特に問題があると判断された案件の審査報告，②融資承諾（融資見込額が5億円以下の新規取引案件，融資見込額が1億円超5億円以下の現取引先の新規案件，融資見込額が3億円を超える継続工事案件）が審議されることと定められた[3]．また，これとあわせて管掌理事および部店長に融資決定権限が委譲された．

機構の整備と事務運営の合理化

1950年代末以降の全行的な事務合理化の企画・検討は総務部の事務改善課を中心に進められてきたが，66年4月の機構改革で一応の到達点を迎え，コンピュータの導入にともなう関連業務の確立を課題に残すのみとなった．他方，総務部には，64年の企画室の創設に象徴されるように，業務の開発や長期運営計画の企画立案体制の強化が求められていた[4]．

こうした背景からこの機構改革では，総務部から事務管理担当を切り離して新たに事務管理部を設け，両部の分掌事務を以下のように規定することとなった．すなわち，総務部は，①開銀運営にかかる方針計画に関する企画立案およびこれに必要な事項にかかる行内総合調整，②資金の運用にかかる計画の立案，調整，③開銀法等諸法令・定款・業務方法書の整備，④情報の収集および広報に関する業務，⑤上記各事務にかかる外部との連絡折衝，⑥行内統計事務，⑦決定事項の確認に関する事務を掌り，他方，事務管理部は，①組織職制にかかる企画立案および組織管理に関する事務，②規程類の整備，諸手続の統一，ならびに通達事務管理および事務合理化に関する諸計画の企画立案，③コンピュータ・システムの開発および管理に関する業務を遂行することになった．

（2） 1969年4月の機構整備

1966年度に創設された「大都市再開発および流通近代化」の融資業務は，当初，その対象業種別に営業第二部（鉄道・埠頭倉庫）および営業第四部（運

---

3) 貸付委員会には，融資案件は付議されるだけで，融資決定者は管掌理事であった．
4) これらの重要性は，前述の「長期的課題」においても繰り返し指摘されている．

輸関係）で処理されてきた．しかし，その後これらの業務量は次第に増加し，1つの部を設けるにふさわしい規模となった．また，融資対象の多くは一般の産業開発融資とは異なる性格をもつ長期で大規模な開発プロジェクトであることからも，独立の部を設けて統一的に処理することが望ましいと判断され，69年4月，営業第四部が都市開発部に改組された[5]．なお，わが国の金融機関の中で都市開発専門のセクションを創設したのは，開銀が初めてであった．同時に営業各部の担当業種（所管業種）が業種のまとまり，戦略的業種の按分，事務量の平準化などを考慮して再編成され，営業第一部（石炭を含むエネルギー，化学，繊維），営業第二部（鉄道を除く運輸，観光，農林・水産，建設，その他），営業第三部（機械，鉄鋼，金属工業，石炭を除く鉱業）となった．

これら営業部の再編と同時に，2件の機構整備が行われた．その1つは，66年4月の機構改革で新設された事務管理部の一部業務（組織・規程）の総務部への統合で，これは，総合的企画調整機能の一元化と，事務管理部の機能純化という見地からの措置であった．いま1つは，同じく前回の機構改革で設置された貸付委員会の機能の拡大と名称の変更で，同委員会の付議対象に経営および業務運営に関する案件を加えるとともに，業務委員会と改称され，役員会の機能を総合的に補完する役割を担うことになった．

2．独自の能力構築の模索

（1）　コンピュータの導入

開銀では，1962年にPCSを導入し，事務機械化を推進するかたわら，コンピュータの本格的導入の時期を検討してきた．その後，65年2月にコンピュータ導入とそれにともなう事務体系の合理化を円滑かつ機動的に推進するために，石原周夫副総裁（当時）を委員長とする事務合理化委員会が設置され，具体的検討作業がスタートした．

コンピュータ導入の基本方針としては，作業労働の節減を第一義とするのではなく，従来人力のみでは作成困難であった資料を速やかに提供し，判断

---

[5]　都市開発部という名称には，仕事は融資だけではなく，開発の段階から関与するのだという想いが託されていた．

業務の分野においてその機能を高度かつ効率的に活用することが重視された.このような方針が採られた背景には,開銀は民間金融機関に比べ日常的融資業務量も職員数も少なく,融資・回収や給与計算事務のみにコンピュータを利用するのは非効率であったという事情に加え,当時の平田総裁がコンピュータの審査業務への活用にきわめて熱心であったことも影響している[6]. この方針を受けて,65年3月には,66年上期を目途にコンピュータ(FACOM 230-30)を導入することが決定された.

66年4月の機構改革で新設された事務管理部は,事務合理化委員会のまとめたコンピュータ適用業務の枠組みに沿って,①作業事務の機械化(融資・回収事務・融資統計・経理決算・給与関係その他 PCS 適用業務),②審査・調査資料の提供(財務データの蓄積・整理・分析,業界データの蓄積・再編・分析,設備投資アンケート調査データの蓄積・再編・分析),③応用分析(科学的手法による各種分析)の3班に分かれ,メーカー側と協力しながらシステムの開発を進めた.

コンピュータの導入は 66 年 7 月のことであるが,これに先立って設備投資研究所経営研究班により着手されていた有価証券報告書記載データの蓄積・利用を目的とする財務データ・バンクの構築は順調に進み,設備投資研究所での研究活動にも活用されるようになった.このほか,開銀は国産コンピュータ・メーカーと共同で,二段階最小二乗法など計量経済モデル分析用のプログラムパッケージ KEMPF(Kaigin Econometric Program by Fujitsu)や,多変量解析用プログラムの MULVA(Multivariate Analysis Programs)などの科学計算プログラムの開発を行った.この当時の国産コンピュータ・メーカーは,外国メーカーに匹敵するようなソフト開発力をもたなかったこともあり,リードユーザーとして開銀が果たした役割は小さくなかった[7].

---

6) 平田総裁は,コンピュータの利用について,「できる限り事務の機械化,合理化をはかり,それによって余力をもってより難しい仕事に取り組んでいく」こと,「貸付業務はもちろんのこと,将来は審査事務においても,いっそうの合理化,近代化がはかられてしかるべきではないか」などと述べている.平田 [1970] pp. 208-209.

7) 各種業務へのコンピュータ活用の進展とともに,早くも 68 年度には 1 号機の限界が見え始めた.その後の経緯は,日本政策投資銀行 [2002] pp. 263-264 を参照のこと.

(2) 調査・研究活動の充実と経営研究室の発足

　第2部でも述べた通り，調査部は，広く経済全般から個別産業レベルの動向までを網羅するタイムリーな調査，および定期調査である設備投資計画調査という2つの柱をもとに調査活動を展開した．このうち個別産業レベルの調査は，後述のコンテナ船融資の例にみられるように新たな融資分野へ進出する際のデータとしても重要な役割を果たした．

　一方，1964年7月に発足した設備投資研究所は，当初，所長以下，出向者・嘱託研究員を加えて全18名という規模であったが，その後徐々に人員を補充し，66年10月時点では，総勢32名の体制となった．60年代後半に入ると行内外の研究員による研究活動は軌道に乗り，多岐にわたるテーマの研究成果が毎年発表されたほか，コンピュータの導入後はその処理能力を生かしたモデル開発なども手がけられるようになった．

　設備投資研究所発足当初から経営研究班で入力が開始された財務データ・バンクは，研究活動に大いに活用され，また，新人研修の材料としても有用性を発揮したが，先に触れたようにデータ・バンク構築の本来の目的は，行内の融資判断業務の効率化に資するような分析ツールを開発することであった．さらに，特に都市開発など拡大が予想される融資分野においては，融資先企業に対して財務データや新しい経営分析手法を用いたコンサルティング・サービスを提供することが必要となると考えられた．このような要請にこたえるために，68年3月，経営研究班は正式に経営研究室として発足し，①内外の企業別情報の収集・整理，②経営分析・経営計画手法の研究開発，③行員の企業分析実務の研修，④企業などに対するコンサルティングなどをその業務とすることになった．

(3) シミュレーション・モデルの開発と財務データの活用

　審査業務の支援など行内外での利用に供すことを目的とした，長期間の収支や資金計画などを予測するシミュレーション・モデルの開発は，経営研究室発足に先立つ1968年2月に発表された「長期経営計画概算モデル（SMAP 1）」が嚆矢である．その後，68年9月に完成した「都市再開発事業シミュレーション・モデル（SMAP 3）」は，この種のシミュレーション・モ

デルとしてはわが国初のもので,行内外で広く利用された.

　他方,有価証券報告書データを対象に収録が進められてきた財務データ・バンクには,67年度から営業報告書データ・バンクが加わり,収録会社数が大幅に増加した.さらに70年度には,有証データ・バンクの収録項目が239項目に,営報データ・バンクのそれが48項目にそれぞれ拡充された.当時,企業財務のデータベースに関しては開銀の他に有力証券会社も構築を進めていたが,それは速報性を重視した営報ベースのものであり,収録データの豊富さからすれば開銀のデータベースに比肩しうるものは存在しなかった.財務データ・バンクの蓄積情報は個々の融資業務などに活用されただけでなく,68年度からはそのデータを分析し主要産業毎に業界平均の財務比率などの長期的推移をまとめた「主要産業経営指標便覧」が毎年刊行され,企業の財務分析の基礎データとなった.

第10章

多様化する融資活動

1. 産業基盤の拡充強化

(1) 総合エネルギー対策の概要

総合エネルギー政策の模索の始まり

　1966～71年度における電力・石油・石炭産業への開銀融資について述べる前に，60年代のわが国のエネルギー政策を概観しておこう[1]．

　戦後，1960年代前半までのわが国のエネルギー政策は個別産業ごとに講じられ，特に50年代までは国内石炭産業の育成・保護に重点が置かれていた．しかし，低廉豊富な石油供給の増大によりエネルギー革命が世界的に進行し，わが国も60年12月の「国民所得倍増計画」で「油主炭従」への政策転換を明確にした．やがて，エネルギー革命の進展と石油輸入自由化という流れの中での石油・石炭産業のあり方，電力業などのエネルギー関連産業への影響などを総合的に検討し，わが国全体のエネルギー政策を立案すべきであるとの声が高まり，通産省は61年7月にエネルギー懇談会（議長：有沢広巳法政大学総長）を発足させた．同懇談会が相次ぎとりまとめた中間報告書は，後の石油業法や「石炭対策大綱」の基礎となった．

　62年の石油業法案の国会審議に際して，衆参両院が総合的エネルギー政策の樹立の必要性を認める付帯決議を行ったことを受けて，通産省は同年5月，産業構造調査会に総合エネルギー部会を設置した．同部会は，63年12月，①開放経済体制下での産業の国際競争力強化のため，低廉なエネルギー

---

[1] ここでの記述は以下に依存している．通商産業省・通商産業政策史編纂委員会編 [1990] pp. 423-436.

の確保が必要であり，かつ，消費者の自由選択を尊重すべきこと，②経済安全保障の見地から，エネルギーの安定供給の原則が要請されること，③石油の低廉かつ安定的供給の確保のため，わが国石油精製業の国際石油資本に対する自主性を確保すると同時に，供給源の分散化や海外原油の自主開発を推進する必要がある，という総合エネルギー政策の原則を打ち出した．

その後，石油への依存が急速に高まり国内石炭産業の不振が決定的となったため，通産省は総合エネルギー政策再検討のため，65年6月，同部会を発展的に解消し，総合エネルギー調査会を設置した．「総合エネルギー政策は如何にあるべきか」についての諮問を受けた総合エネルギー調査会は，67年2月，①国内系石油企業の基盤を強化し，自主性を確立するため，共同石油（以下，共石）などへの財政的助成，②85年度にわが国の所要原油の30%を自主開発海外原油で供給するために必要な原油開発とその助成，③年間5,000万トンの国内炭生産を維持するために必要な需要の確保，④国内石炭企業の基盤整備の見地から約1,000億円の財政資金による債務肩代わり，⑤石炭対策のための原重油関税を財源とする特別会計の新設，⑥電力については電力負荷の変動に配慮した供給力を確保すべき長期的・計画的電源（発電所）開発のための内部留保の充実と長期低利の外部資金の確保，⑦原子炉機器の早期国産化を図るための原子力プラント建設資金の融資や原子力機器製造設備に対する助成，などを骨子とする第1次「総合エネルギー調査会答申」を提出した[2]．

開銀のエネルギー融資の概観

この間の開銀のエネルギー関連の融資をあらかじめ概観しておく．まず石油については，上記第1次答申に基づき，65年8月に設立された共石を中心とする民族系企業育成のために67年度以降の開銀融資が拡充され，68年度には石油備蓄を促進するための融資も始まった．なお，第1次答申では大

---

2) 平田開銀総裁は総合エネルギー調査会の委員の1人としてこの議論に参加した．同氏は，「日本においても重油発電に依存しすぎるので，原子力発電をもっと大型化し，スピードアップして促進すべきだという，強力な意見を吐いたわけです．その結果，エネルギー調査会の報告も，一年前に比べると原子力発電に対する熱の入れ方は，非常に変わってきました．これには，私も一役買ったつもりです」という述懐を残している．平田［1970］p. 101.

気汚染防止についても触れられていたことから,開銀は67年度から重油の硫黄含有率を下げるための重油脱硫装置設置への融資を開始した.

石炭については,国内石炭産業の自立のため財政資金による融資が強化され,開銀は総設備投資額の40~50%を融資した.しかし,第4次石炭対策(69年度)により国内石炭産業の縮小均衡が決定的となった結果,69年度以降,雇用など地域社会への影響が大きい石炭産業への融資は主として石炭鉱業合理化事業団が担うこととなり,開銀は長期的に採算がとれる企業に融資対象を限定することとなった.

上記第1次答申が促進を強調した原子力発電については,開銀は66年度に原子力機器の国産化を主眼とする国産原子力機器融資を創設し[3],また,核燃料サイクル確立のために,核燃料加工設備に対する融資も開始した.

(2) 電 力

電源開発の進展

1960年代後半の電力需要は,旺盛な産業活動および家電の普及などによる家庭での電力消費の増大に支えられてほぼ一貫して高い伸びを示した.冷房需要の増大の影響もあって夏のピーク時の供給力不足がしばしば懸念され,電力各社,特に大手3社は電源開発のペースを一段と速めることになった.

第2部でみたようにわが国の電源開発は,50年代半ば頃に水主火従から火主水従に移行し,64年度には超臨界圧大容量火力の建設が大手3社でスタートした.これらは当初米国からの機器輸入に頼っていたが,66年度には初の国産機器による東京電力姉崎火力2号機が着工された.また,大型化は急速に進み,70年度には100万kWの超臨界圧火力(東京電力鹿島火力5

---

[3] 平田開銀総裁は,エネルギー国産化の一環として原子力発電機器の国産化の重要性を唱え,この融資制度の創設に大きく関与した.同氏は当時を回顧して以下のように述べている.「最近,電力会社の決算状況は比較的いいので,大蔵省筋あたりは固いことを言って,もう電力会社には,開銀融資はいらないじゃないかと言うのですが,開銀としては,このような新しい事業を推進するということが,本来の大きい役割だから,原子力発電の全体を融資対象にすることが望ましいわけですが,それはむずかしいとしても,少なくとも国産機器に対しては,いろいろ優遇をすべきである.ちょうど,重電機延払い制度をその前から実行していたのですが,それ以上の優遇を与えて国産化を推進すべきだということを言っていたわけです」.同上,pp.102-103.

号機)の着工をみた.これらは石油火力が中心であり,石炭対策との関係で開発が急がれていた石炭火力は,重油と石炭との大きな価格差や出炭量の減少,さらに公害対策費用の増大などの要因から,60年代末以降建設は事実上ストップした.

次に原子力発電をみると,66年7月に国内初の実用発電炉として日本原子力発電のコールダーホール改良型原子炉(東海村)が運転を開始した.しかし,米国では軽水炉による原子力発電の実用化が急速に進み,ゼネラル・エレクトリック(GE)の沸騰水型(BWR)およびウェスティングハウス(WH)の加水圧型(PWR)の2方式が主流となっていた.このためわが国でも軽水炉の導入が図られ,66年4月に日本原子力発電の2号炉敦賀原子力発電所1号機(BWR),12月には東京電力福島原子力発電所1号機(BWR)と関西電力美浜原子力発電所1号機(PWR)の建設がそれぞれ着手され,その後も新規着工が相次いだ.

一方,60年代半ば以降,電源開発はさまざまな課題に直面することになった.例えば,公害問題等の関係で大容量火力発電所を需要地に建設することは極めて困難になった.また,遠隔地に電源立地を確保し得た場合でも,補償交渉などにしばしば長期を要したほか,送変電など流通設備の整備に巨額の負担を負うことになった.

電力融資の実績と意義

1966年度以降の主として電力業への融資を目的とする大項目【電力】(1965〜69年度)および〈石油〉(後述)を除く【エネルギー】(70・71年度)の融資実績は表10-1に示す通りであるが,この間の政策課題の多様化にともない,従来の発電能力の増強に加えて,火力・原子力などの国産重電技術の向上や国内炭対策などが重視されるようになった.

図10-1は電力融資制度の推移を示している.この時期の【電力】融資は〈重電機延払〉〈原子力発電機器国産化〉〈石炭火力〉に大別される.

まず〈重電機延払〉融資は,貿易自由化対策の一環として国内重電機メーカーの保護育成のために62年度に創設されたが,65年度以降は国産化の推進,すなわちメーカーの技術向上を主たる目的として運用された.当初の融

表10-1 電力の融資実績

単位：百万円

	融資先	1966	67	68	69	70	71年度	計
重電機延払	9電力	8,390	9,283	9,229	11,112	7,389	2,830	48,233
石炭火力		7,930	3,010	3,280	2,220	3,500		19,940
	9電力	7,130	3,010	2,280	1,120	0		13,540
	その他電力	800	0	1,000	0	1,500		3,300
	その他の業種				1,100	2,000		3,100
原子力		3,555	4,432	5,827	6,912	12,352	22,876	55,954
原子力機器国産化	9電力	255	2,932	3,727	4,112	11,592	21,336	43,954
原子力発電開発	日本原子力発電	3,300	1,500	2,100	2,100			9,000
原子力発電機器等製造	その他の業種				700	760	1,540	3,000
その他	その他電力	200	100	70	1,870	90	130	2,460
合計		20,075	16,825	18,406	22,114	23,331	25,836	126,587

（参考）電力業への融資

単位：百万円

政策科目	1966	67	68	69	70	71年度	計
重電機延払，石炭火力，原子力，その他の合計	20,075	16,825	18,406	20,314	20,571	24,296	120,487
公害防止						8,570	8,570
国産技術振興	1,627	1,559	329	764	2,200	2,670	9,149
（重機械開発）	(1,627)	(1,559)	(329)	(764)	(1,220)	(1,810)	(7,309)
（新技術企業化）					(980)	(860)	(1,840)
大都市再開発及び流通近代化（共同溝）						390	390
地方開発	1,350	2,550	2,250	2,000	4,200	7,200	19,550
その他		90		500		300	890
合計	23,052	21,024	20,985	23,578	26,971	43,426	159,036

注） 1. 70年度に【電力】枠と【石油】枠は【エネルギー】枠に統合された．
2. 72年度に原子力機器国産化と原子力発電開発により《原子力》枠（中項目）が立目された．
3. 70年度に重電機延払は【エネルギー】枠から独立し，71年度には【その他】枠に移設された．
4. その他は離島発電，共同火力である．70年度に離島発電は【その他】枠に移設された．
5. 電力業の地方開発融資の融資先は9電力以外の電力である．

資対象は20万kW以下の火力発電設備の主要機器であったが，その後政策目的の変更に沿って変更され，68年度以降は40万kW以上となった．重電機延払融資の対象は，当時9電力が建設した火力発電所の3分の1強に当たる31基に及び，わが国の重電技術の向上に貢献した．なお，この融資制度は所期の目的を達成し，70年度に新規とりあげが中止され，71年度を最後に打ち切られた．

333

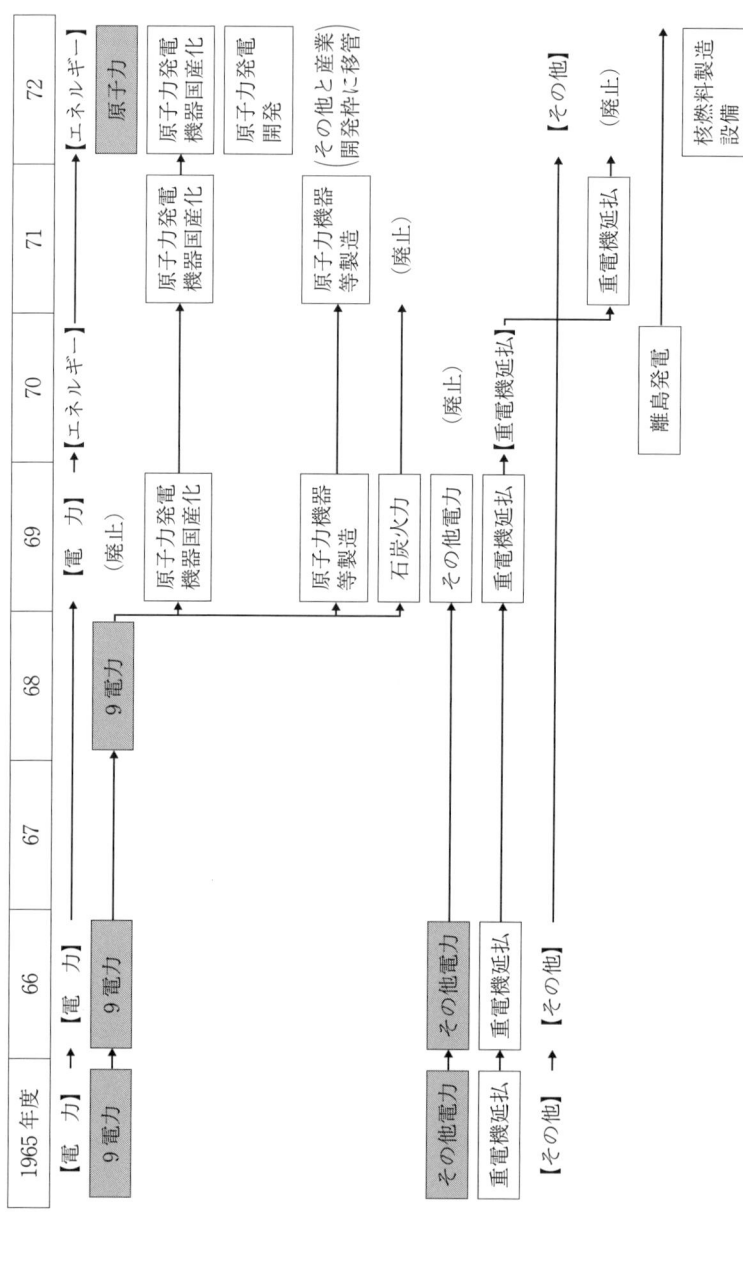

第3部　成長経済の課題と融資活動の多様化

図10-1　電力融資制度の推移

「原子力発電機器国産化」は，上述のように66年度に国内の原子力発電所建設計画が具体化する中で財政資金による融資への要請が高まったことを背景に創設されたものである．開銀は，原子力発電機器について，①準国産エネルギーと目される原子力の発電機器の供給を他国に依存することは，エネルギー供給の安定性確保の見地から種々の弊害を生ずるおそれが強い，②外貨節約の見地からも国産化の必要性が高い，③原子力発電は将来重油火力に代わり重電機需要の主力となると予想される最先端技術であり，産業政策上，その技術開発および製造の早急な体制確立を要するなどの理由から，国産化融資の対象となり得ると判断し，66年度途中に「原子力発電機器国産化」融資制度を創設した．融資比率は対象工事の70％以内とし，融資期間は20年以内とした[4]．融資の第1号は関西電力の美浜1号機（融資は67年3月）であった．

表10-1からも明らかな通り，原子力発電機器国産化融資は年々増加をたどり，70年度以降は9電力向け融資の中核となった．融資先は70年度まではすべて大手3社であったが，71年度には東北電力・九州電力を加えた5社となった．なお，制度発足当初の融資対象は，国内メーカーの製造経験の浅さを反映して，発電所プラントの一部あるいは米国メーカーからの下請け部品などに限られていたが，国産技術の向上により，例えば70年度の新規案件の主機国産化率はいずれも90％強となった．このほか，原子力発電所の建設開始にともない，核燃料サイクルの一部を構成する核燃料加工設備に対する融資（「原子力機器等製造」融資）も開始した．

「石炭火力」融資は，電力会社が石炭政策に協力し，国内炭を引き取って使用することにより重油火力に比べて割高になるコストを抑制することを目的に行われた．66年度に九州電力大岳，67年度に北海道電力奈井江2号機に対して融資が行われたが，69年初めに決定された第4次石炭対策などの影響で出炭量が急減し，新設石炭火力発電所では国内炭を長期に確保することが困難な見通しとなったため，石炭火力建設計画は見送られ，70年度には対象プロジェクトがなくなった．

なお，この他に9電力への主な融資項目には，重機械開発，公害防止，共

---

[4] 融資比率は70年度より50％に引き下げられた．日本開発銀行［1976］pp.201-202他．

同溝などがあった(表10-1付表参照).このうち,1964年度に新技術工業化の一環として設けられた重機械開発は,実質的には重電機延払同様メーカー育成を目的としており,発電用ガスタービンなどへの融資を行った.

この時期(66〜71年度)の9電力は設備投資および債務償還のため総額で約5兆9,000億円の資金を調達しているが,開銀資金のウエイトは調達総額の2.1%,借入金の5.9%を占めるにとどまった.ただし,直接的な融資のほかに,この時期の開銀はGE,WHなどからの原子力発電機器購入のため毎年度外貨保証を行い,原子力発電の開発を支援した[5].

(3) 石 油

原油輸入の自由化と石油業法の成立

1950年1月の原油輸入再開以来,政府は外貨割当制度を軸として,需給調整,石炭政策との調整,消費地精製主義の推進,石油化学工業の育成など,石油業に関連する諸政策を展開してきたが,60年代に入ると,62年10月に実施が決まった原油輸入自由化を控えて,石油政策の根本的な見直しが必要になった[6].

こうした中で61年7月,通産省は既述のようにエネルギー懇談会を設置した.同年12月,同省は「石油業法要綱案」を提出し,懇談会はその直後に概ね要綱案を支持する内容の「石油政策に関する中間報告」を答申した.この中間報告では,石油はわが国エネルギー源の大宗をなす基礎物資であるが,輸入依存度がきわめて高いため,その低廉かつ安定的な供給を確保する必要があり,そのためには国内石油市場の一定割合を国の影響下に置くことを基本として,石油政策を総合的に推進すべきであるという認識の上に,規制法の制定,特殊原油の特別対策,国策会社の設立などの具体策が示された.また,エネルギー懇談会が61年10月に石油政策立案の参考とするために派遣した欧州石油政策調査団も,上記懇談会の中間報告と同日に同主旨の中間報告を発表した.このように,エネルギー懇談会,欧州石油調査団の中間報

---

5) 本章の6節を参照のこと.
6) 日本開発銀行[1976] pp. 398-399.

告は，いずれも石油業法の制定を支持するものであった[7]．

　他方，石油業法要綱案に対する石油業界内の意見は，賛成，条件付賛成および反対の三派に分かれた．賛成の立場をとったのは，当時の過当競争は業界の自主調整では解決困難であり，自由競争は大企業に有利と判断した民族系中小石油会社などであった．62 年 1 月末，石油連盟は，内部に意見の対立を残しながらも，石油業法は，自由化対策を目的とした需給安定のための暫定立法とすべきとの見解を示した[8]．

　しかし，62 年 3 月，国会に上程された石油業法案は，恒久法の形をとったものとなった．これは，時限法では法律の主眼である石油の安定的かつ低廉な供給体制の確立は困難であるという通産省の判断に基づいていた．同年 7 月，石油業法が制定され，以降，石油政策は同法を中心に進められることとなり，石油精製企業の設立，蒸留装置等特定設備の新増設は通産大臣による許可制となったほか，石油需給や設備能力などの計画を定めた「石油供給計画」が通産大臣によって年度ごとに策定されることになった[9]．

共同石油の設立[10]

　石油業法制定以後，石油の需給調整は，設備の新増設・生産調整・標準価格の公示などの行政指導を通じて行われることとなったが，企業間のシェア争いが熾烈であった当時，その効力は限定的で，その内容もすべての企業の利害に沿うものとはなり得なかった．1963 年 11 月，出光興産が生産調整の基準をめぐる対立から石油連盟を脱退したのを機に激しい乱売戦が展開され，製品市況は悪化の一途をたどった．特に痛手を受けたのは，経営基盤の弱い

---

7) 済藤［1990］pp. 237-238．
8) 同上，pp. 238-241．
9) 同上，p. 241，通商産業省・通商産業政策史編纂委員会編［1990］pp. 512-514．石油業法の主要事項は以下の通りである．①石油精製活動を調整することによって，石油の安定的かつ低廉な供給の確保を図る．②通産大臣は毎年度，当該年度以降の 5 年間について石油供給計画を定める．③石油精製業は通産大臣の許可を要する．④設備の新・増設・改造は通産大臣の許可を必要とする．⑤石油精製業は，毎年度生産計画を作成し，通産大臣に届け出るとともに，通産大臣は需給事情の変動等の場合，生産計画の変更を勧告することができる（日本開発銀行［1976］p. 399）．
10) この経緯は，日本開発銀行［1976］pp. 399-400 に依拠する．詳細は，通商産業省・通商産業政策史編纂委員会編［1990］pp. 515-516, 523-525．

民族系中小会社であった．

通産省は，このような石油業界の混乱を解消するため，上述のエネルギー懇談会の中間報告に盛られていた「国内石油市場の一定割合を国の影響下におくこと」の具体化を模索し始めた．64年8月，通産省によって派遣された海外エネルギー調査団は，民族系石油会社の体質強化や共同集約化を強調するとともに，これに対する助成の必要性を主張する内容の中間報告を示した．また，同月，産業構造審議会総合エネルギー部会も，中小精製業者の合理化や企業体質の改善が石油業の緊急課題であり，そのためには合理化効果の大きい流通面の整備が不可欠で，政府としても中小規模の企業を中心とした石油企業の共同販売体制の確立などの集約化を推進すべきであるという内容の中間報告を提出した．

民族系集約化へ向けての通産省の模索は，65年8月，日本鉱業，亜細亜石油，東亜石油の3社の販売部門を集約した共同石油（以下，共石）の設立という形で決着した．その後，共石を中核とする民族系石油会社のグループには，66年に富士石油の参加が決定し，また67年には共石の出資の下に鹿島石油が設立され，グループとしての体制が整った．

通産省は，精製設備と給油所の両面で共石グループを育成支援した．石油業法では特定設備の新増設は許可制とされ，その運用基準は稼働率に重点が置かれていたが，67年に稼働率の規定が削除された．その狙いは共石グループの精製能力の拡大にあり，67年度以降共石グループの精製能力は急速に拡大し，70年度にはエッソ・モービルグループを抜いて最大のシェアを占めるに至った．また，給油所の建設は販売競争緩和のため65年3月から規制されたが，共石に対しては基準による配分枠の他に特別枠を与えるという措置が講じられた[11]．

石油融資の実績と意義

開銀の石油業に対する融資は，1964年度までは「地方開発」枠の中でとりあげられ，累計でも24.5億円と小規模なものであった．しかし，共石が

---
11) 詳細は以下を参照．斉藤［1990］pp. 247-248, 256.

第 10 章　多様化する融資活動

表 10-2　共石グループに対する石油融資実績

単位：百万円

	1965	66	67	68	69	70	71	72年度	66〜71計
流通設備	800	7,400	5,500	3,500	4,000	5,300	4,900	4,400	30,600
精製設備		800	3,200	6,800	9,500	8,500	11,100	9,200	39,900
石油備蓄				1,000	500	200		3,050	1,700
計	800	8,200	8,700	11,300	14,000	14,000	16,000	16,650	72,200

出所：日本開発銀行 [1976] p.405.

表 10-3　石油業への融資額の推移

単位：百万円

政策科目	1951〜61	62	63	64	65	66	67	68	69	70	71	72年度	66〜71計
石　油					800	8,200	8,700	11,300	14,000	14,000	16,000	16,650	72,200
公害防止					70	—	140	875	2,645	2,445	5,255	13,255	11,360
地方開発	640	460	800	550	350	—	1,700	3,790	3,050	800	2,000	4,200	11,340
国産技術振興							700	250	—	—	200	—	1,150
計	640	460	800	550	1,220	8,200	11,240	16,215	19,695	17,245	23,455	34,105	96,050

出所：日本開発銀行 [1976] p.404.

339

発足した65年度に「石油」枠を創設し，民族系石油会社育成政策に沿って，同グループを対象とした大規模な融資活動を展開することになった．

65・66年度は，流通段階の集約化を図るため合理化効果の顕著な設備投資をとりあげ，共石の油槽所，給油所等の石油製品流通施設を融資対象とした．67年度以降は共石およびグループ精製会社の育成強化の観点から，精製設備，原油受入基地の建設なども対象とし，融資額も増加していった．共石グループに対する石油融資の実績は表10-2に示す通りであり，この時期には，共同石油の借入金残高の45%程度を，長期借入金では50%程度を開銀融資が占めた[12]．こうした支援もあって，共石グループの精製能力シェアは急速に増大し，販売面でもグループ結成以来，ガソリンの伸びは比較的低かったもののコンビナート油種（ナフサ，C重油）を中心に全油種とも業界平均を上回る伸びを示した．

なお，共石グループの審査は，個別企業だけでなくグループ全体の関連などを含めた審査部審査が毎年行われ，かつ，共石のグループ審査結果は，審査報告が原則として役員会に付議されなくなった後も役員会に報告された．共石グループの審査項目は，グループ各社の生産・販売や設備投資動向の他，①世界の原油需給・価格動向，②わが国の原油調達事情，③国内の油種別需給動向，④国内各社の設備稼働状況，⑤石油政策などに及び，これらの情報は，共石グループの融資判断に利用されただけでなく，他業種の企業の審査に際してのエネルギー関係の基礎的データとしても用いられた．

なお，68年度に融資を開始した石油備蓄は，72年度に融資制度を整備し，第1次石油危機以降，その融資は本格化する．この他，石油業に対しては地方開発，公害対策などの融資も行われた．このうち地方開発融資は，同融資対象地域に立地する精油所・精製設備・潤滑油設備などの新増設，原油中継・受入基地建設などを対象に，地域経済への影響・雇用効果などを勘案しながら融資が行われた．また，1960年代末以降は，公害対策のため，重油脱硫装置建設などを対象とした融資も増大した（表10-3参照）．

---

12) 1970年代以降は，開銀のウエイトは低下した．

(4) 石　炭
第3次石炭対策

　石炭鉱業に対する政策は，1962年の石炭対策大綱以降大きく転換し，重油に対する石炭の劣位を認めた上で，この産業の終焉にともなう社会的摩擦を可能な限り回避するため，漸次的に撤退できるような条件を整えることに重点が移された．しかし，石炭鉱業の疲弊は政策の想定を超える速さで進んだ．石炭鉱業調査団の第2次答申（1964年12月）では，石炭鉱業の将来に対する不安の増大が労働者の離山ムードを高め，労働者不足が出炭減とビルド計画の遅滞を招くという悪循環の発生への懸念が示されていたが，それは現実のものとなった．この間，離職者への退職金を含む閉山合理化費用は巨額化し，企業の財務基盤は劣化が進んだ．さらに，労働力不足・資金不足の中で出炭の確保を急ぐあまり，65年には夕張・伊王島・山野各炭鉱でガス爆発事故が発生し，これがさらに離山の傾向を拡大させ，労働者不足を加速するという深刻な事態が生じた[13]．

　こうした事態を受けて政府は，1965年6月，石炭鉱業審議会に対して石炭鉱業の抜本的安定策について諮問を行った．同審議会では，石炭企業に累積する巨額の債務を財政資金で肩代わりする措置の是非が議論されたが，国家が民間企業に対して救済措置を講じることの妥当性を示すことは容易ではなかった．そこで，議論の場は，ひとまず総合エネルギー調査会に移され，わが国の総合エネルギー政策において国内炭はいかなる役割を占めるのかが再検討された．総合エネルギー調査会は，66年7月，石炭の位置づけについて取りまとめを行い，5,000万トン程度の出炭規模を維持するのが妥当であるとの見解を示した．石炭鉱業審議会は，形式的にはこの見解を受けた形で，同月，「石炭鉱業の抜本的安定対策について」を政府に答申した[14]．

　1966年8月，石炭鉱業審議会の答申内容をほぼ全面的に採用した「石炭対策について」が閣議決定された．その内容は，①70年度の生産規模は5,000万トン，②需要対策として，（a）電力・鉄鋼両業界に引受数量の増加

---
13) 通商産業省石炭局炭鉱課編［1968］pp.56-57.
14) 同上，pp.57-59, 400-411, 通商産業省・通商産業政策史編纂委員会編［1990］pp.481-482.

を求め，この負担増に対し補塡措置を講じることで長期取引体制を確立する，(b) 電源開発の石炭専焼火力建設を2基追加する，③石炭企業の経営基盤回復のため，1,000億円の債務を財政資金によって肩代わりする（いわゆる「第1次肩代わり」），④債務肩代わりによってもなお解消し得ない赤字を補塡するため，安定補給金を交付する，⑤炭層探査・坑道掘進費補助金制度を創設する，⑥閉山交付金の単価を引き上げる，⑦石炭対策のための財源と支出の内容を明確にするため，原重油関税収入を財源とする「石炭対策特別会計」を設ける，などを中心とするものであった[15]．

③の肩代わり措置については67年7月に「石炭鉱業再建整備臨時措置法」（以下，再建整備法と略記）が公布施行されたほか，特別会計の創設については「石炭対策特別会計法」が制定され，一連の対策のために521億円を超える予算が計上された[16]．

第4次石炭対策

第3次石炭対策の核心部分をなしたのは，再建整備法に基づく債務の肩代わり措置（元利交付金の交付）で，1967年9月，再建整備計画が認定された27社に対して第1回目の元利補給金が交付された．しかし，翌10月，そのうちの1社である大日本炭鉱が閉山を決定し，事実上倒産する．これは，石炭企業の財務内容の悪化が，政府の助成策でカバーし得ないほど進行していることの証左であった[17]．

かくして政府は石炭対策のいま一度の見直しを余儀なくされ，68年4月，石炭鉱業審議会に対策を諮った．同年12月に提出された審議会の答申は，その総論において，「今日の石炭鉱業がもはや自力再建が不可能となっていることは否定しえぬところであ」ること，「石炭企業は，（中略）与えられる

---

15) 肩代わり措置は，重油に対する石炭の競争力回復の施策として国が指示した炭価1,200円引き下げ（1958年度炭基準）政策の実施過程で，企業が負担した59～65年度の閉山合理化費用累計額が1,168億円であったこと，また，65年度末の大手石炭企業の実質累積欠損が1,088億円であったことから，政府は石炭企業の借入金のうち1,000億円について，その元利支払いに補給金を交付することにより，過重な負担を取り除き，石炭鉱業の安定化を企図したものである．日本開発銀行［1976］p.390.

16) 通商産業省石炭局炭鉱課編［1968］p.59.

17) 通商産業省・通商産業政策史編纂委員会編［1990］pp.491-492.

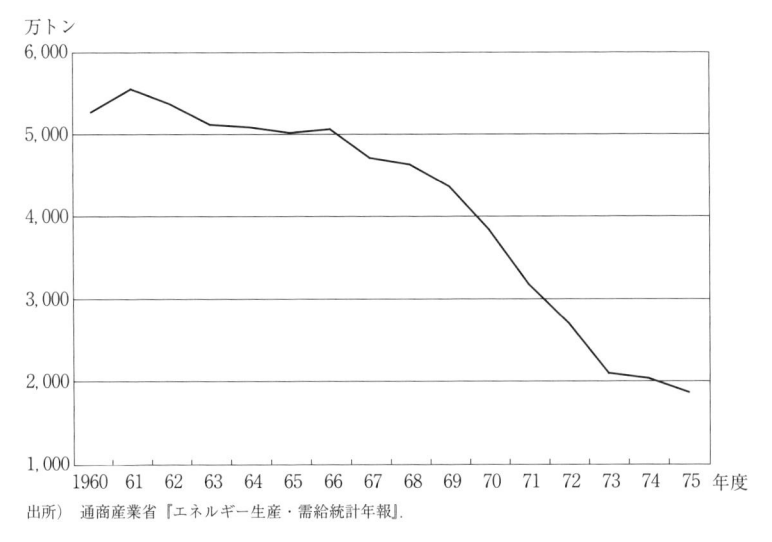

図 10-2　石炭生産量の推移

出所）通商産業省『エネルギー生産・需給統計年報』.

助成によっては，事業の維持，再建が困難となる場合には勇断をもってその進退を決すべきである」こと，「今次の対策が政府が石炭鉱業に投入しうる財政資金の極限である」などの文言が示され，事実上，石炭鉱業再建の断念を表明する内容となった．その上で，先の対策で講じられた再建交付金の再度の交付（第2次肩代わり）や安定補給金の拡充など再建対策の補強，および，「企業ぐるみ」閉山に対する制度の新設と一般閉山の交付金単価引き上げなど，閉山の円滑化を促すための措置の必要性が示された[18]．

これを受けて政府は69年1月，第4次対策として，①約850億円の再建交付金の交付（いわゆる「第2次肩代わり」），②安定補給金の拡充，③合理化事業団の無利子融資制度の拡充，④企業ぐるみ閉山に対する「石炭鉱山整理特別交付金」制度の創設，⑤一般閉山交付金の単価引き上げ，⑥石炭対策特別会計の存続期限の73年度までの延長などを含む助成策を閣議決定し，69年度から実施に移した．

この第4次対策の実施をまって，69年5月以降，明治鉱業，杵島炭鉱，

---

18) 同上，pp. 493-495. 石炭鉱業合理化事業団 [1975] p. 29.

表10-4　年度間稼働炭鉱数の推移

年度	1954	55	56	57	58	59	60	61	62	63	64	65	66	67	68	69	70	71	72
大手		81	84	81	80	81	80	76	72	62	54	51	47	49	41	41	27	28	21
中小		726	759	783	744	673	602	586	536	374	268	236	192	156	127	118	75	65	56
合計	805	807	843	864	824	754	682	662	608	436	322	287	239	205	168	159	102	93	77

注）年度間稼働炭鉱数とは、年度内に出炭の報告があった炭鉱数である。
出所）石炭鉱業合理化事業団［1975］pp.87-89他により、日本政策投資銀行が作成。

表10-5　石炭鉱業の設備投資と開銀融資

単位：億円

年度	1960	61	62	63	64	65	66	67	68	69	70	71	72	73	74	66～71年度累計
設備投資額	303	234	231	218	283	330	335	301	291	269	251	271	289	309	408	1,718
開銀融資額	61	91	125	107	109	142	147	152	130	18	18	14	17	17	16	479

表10-6　石炭生産能率の推移

単位：トン/人・月

年度	1954	55	56	57	58	59	60	61	62	63	64	65	66	67	68	69	70	71	72
大手	12.9	13.0	14.6	15.2	14.0	14.7	17.9	22.3	25.6	32.9	38.5	40.1	42.1	44.1	49.6	57.3	62.2	63.9	65.9
中小	11.6	12.8	13.7	13.7	13.9	15.5	18.2	20.5	23.6	28.4	32.5	34.4	36.7	39.8	43.9	52.2	57.4	61.8	66.1
合計	12.5	12.9	14.2	14.6	13.9	14.9	18.0	21.7	24.9	31.3	36.4	38.1	40.3	42.7	47.9	55.8	61.0	63.4	66.0

出所）石炭鉱業合理化事業団［1975］pp.109-111

麻生産業，雄別炭鉱の大手4社が企業ぐるみ閉山を決めたほか，中堅炭鉱の閉山も相次ぎ，残存稼動炭鉱数は急減した（表10-4）．石炭生産量の推移を示した図10-2からも60年代後半期の石炭鉱業の急速な縮小が確認できる．

開銀融資の役割の変化と国の債務肩代わり

　1961年度以降，石炭鉱業の設備投資額は200億円台で推移していたが，65年度中に炭鉱での大災害が相次いだことを受けて，従来までの機械化促進や坑道掘進強化などのほか，保安体制の充実や労働環境の整備のための重点的な設備投資が行われたこともあって、65～67年度の設備投資額は再び300億円台に達した（表10-5）．石炭生産能率の推移を示した表10-6からは，不採算炭鉱の閉山，残存炭鉱での合理化投資などの影響をみてとれる．

　石炭鉱業に対する開銀融資は65～68年度の間は高水準を維持し，設備投資額に占める融資シェアも40～50％に達したが，69年度以降は急減した．この間，石炭鉱業合理化事業団による無利子融資制度が対象設備・融資規模ともに大幅に拡充されたため，設備資金融資の主力は開銀から合理化事業団の無利子融資に移行し，開銀融資は長期的に採算がとれる企業を対象とした補完的位置づけに変わっていった[19]．また，融資総額の1割前後を占めてきた中小炭鉱向け融資も，68年度で終了した．

　上述の第3次石炭対策における第1次債務肩代わりは，67年8月5日までに再建整備計画の認定を受けた企業を対象に，66年3月31日以前に借入れて67年4月1日現在借入残高を有するもののうち，開銀，中小公庫，合理化事業団（無利子融資を除く），民間金融機関からの借入金について，総額1,000億円の規模で実施された．肩代わりの条件は，財政借入金については期間12年・年利6.5％，市中借入金については期間10年・年利5％であった．各社の肩代わり額は債務額をもとに算定され，肩代わり率の各社平均は65.8％となった（表10-7）．

　続く第4次対策での第2次肩代わりは，69年6月15日までに再建整備計画の認定を受けた企業に対するもので，規模は850億円と第1次より縮小し

19）　日本開発銀行［1976］pp.392-393，日本開発銀行［1993］p.114.

表10-7　第1次債務肩代わり配分状況

単位：百万円

	財　政	市　中	合　計
大手13社	65,039 (39,593)	29,503	94,542 (39,593)
中小14社	3,693 (3,482)	1,765	5,458 (3,482)
合計27社	68,732 (43,075)	31,268	100,000 (43,075)

注）　1. 大手13社：三井，三菱，北炭，住友，常磐，貝島，明治，麻生，杵島，雄別，大日本，日炭，古河．
　　2. 中小14社：朝日，久恒，羽幌，飯野，九州，日曹，重内，埴生，大辻，上尊，大日，中興，新北松，第2豊州．
　　3.（　）内は開銀債権．
出所）　日本開発銀行営業第四部［1974］p.12.

表10-8　第2次債務肩代わり配分状況

単位：百万円

	財　政	市　中	労務債	合　計
大手10社	51,829 (41,197)	16,985	11,381	80,195 (41,197)
中小6社	2,857 (2,740)	1,798	150	4,805 (2,740)
合計16社	54,686 (43,937)	18,783	11,531	85,000 (43,937)

注）　1. 大手10社：三井，三菱，北炭，住友，常磐，貝島，松島，太平洋，雄別，日炭．
　　2. 中小6社：上田，久恒，羽幌，飯野，日曹，第2豊州．
　　3.（　）内は開銀債権．
出所）　同上．

たが，対象債務は，①一般金融債務（68年9月30日以前に借入れた長期借入金の69年5月1日現在の残高），②経過金融債務（68年10月1日から69年4月30日の間に借入れ，69年5月1日現在借入残高のある借入金で，石炭鉱業の運営に特に必要であった旨の認定を受けた借入金），③労務債務（従業員，退職者の未払い退職金を含む預り金）と第1次肩代わり時よりも拡大された．肩代わりの条件は，期間15年，年利3％と定められ，肩代わり額の配分は，債務額ならびに出炭規模に比例して算定され，その結果は表10-8の通りであった．

（5）　海　運

再建整備の進展

　第2部でみたように1963年7月，「海運業の再建整備に関する臨時措置

法」が制定され，64年4月から69年3月末を目途とする再建整備がスタートした．

まず集約計画についてみると，64年5月末の確認日時点で88社を数えた集約参加企業数は，その後の合併による消滅や集約離脱などで69年3月末には72社となった（表10-9）．これは主として，一般にオーナー[20]と呼ばれる専属会社レベルでの再編合理化が顕著で，中核会社の指導と協力によるところが大きかった．

次に，集約後5年以内に償却不足を解消することを目的とする自立計画の達成状況をみると，減価償却不足額662億円と設備債務の延滞934億円は69年3月末までに解消された[21]．

かくして集約による海運業の再建整備は所期の目的を達成することができたわけであるが，その要因として以下の諸点が考えられる．第1は，集約開始のタイミングで，集約が行われた63年度は海運市況が本格的に好転する直前の時期にあたり，海運業の業績は前年度から未曾有の落ち込みをみせていた[22]．そうでなければ，自社の独立性に関わる集約にあえて参加しようとする企業の数も限られ，業界の過当競争体質を本格的に変えることは困難であったかもしれない．第2に，世界の海運市況は整備計画開始と期を同じくして好転したのち堅調に推移し，同じ時期，わが国の貿易量は輸出主導型の産業の発展を背景に世界の平均をはるかに上回るペースで増加した[23]．このため，整備期間中の海運企業の営業収入は高水準で推移した．第3に，整備計画の過程で集約参加企業に集中的に注がれた政府助成はきわめて大規模で，後述する減資とともに集約参加企業の財務体質の強化に大きく貢献した．第4に，企業側の自助努力として，各グループが中核会社を中心に構成企業の

---

20) 船舶貸渡業者はオーナーと呼ばれ，用船者に持船を貸し渡したり，運航業者（オペレーター）に持船の運航を委託する事業者である．

21) 基準日は合併直前の決算日とされ，ほとんどの会社が1963年9月末日であった．減価償却不足および設備債務延滞の解消状況の詳細は以下を参照のこと．日本開発銀行［1976］p.424, 海事産業研究所［1985］p.18.

22) 地田［1993］pp.84-85. 英国海運会議所発表の不定期船運賃指数（1960年=100）の推移をみると，62年（年平均）89.1, 63年109.0, 64年112.1, 65年126.5である．

23) 同上，p.88. 1964年から74年の間に，世界の貿易量は2.1倍増加したのに対して，日本のそれは3.6倍であった．

表10-9　海運企業の集約状況

	確認日(1964/5末)現在			確認日(1969/3末)現在		
	社数	隻数	千D/W	社数	隻数	千D/W
中核会社	6	343.8	5,370	6	536.6	14,691
系列会社	27	149.5	2,525	29	225.7	6,312
専属会社	55	164.5	1,469	37	145.8	1,766
合　計	88	657.8	9,364	72	908.1	22,769

出所)　海事産業研究所［1985］p.15.

経費節減や収益向上のためにさまざまな対策を講じたこと，また減資や資産処分により財務体質の強化に努めたことも重要であった[24]．再建整備計画で特に大きな課題となったのは企業基盤の脆弱な専属会社の対策であったが，合併などによる営業基盤の拡大，中核会社との共有船方式の採用などによって漸次体質の改善が図られたのである[25]．

新海運政策とその改訂

　再建整備期間の終了を控え，再建整備後の海運対策の諮問を受けた海造審は，1968年11月，いわゆる「新海運政策」を答申した．この答申に基づき，貿易物資の安定輸送と国際競争力維持，ならびに海運国際収支の均衡を図るため，69〜74年度の6年間に2,050万総トンを建造し，そのうち1,650万総トンを計画造船で建造することが決定され，74年度までの年度別建造目標が策定された（表10-10）．また，再建整備の終了にともない，融資比率の引き下げ，融資期間の短縮，船主負担金利の引き上げ，利子補給率の引き下げなど，助成の見直しが行われた[26]．こうして，69年度以降，再建整備期間中は財政融資の対象外とされた非集約企業も加えての大規模な計画造船が展

---

[24] 政府助成の効果については，海事産業研究所［1967］p.164．収益向上策の顕著な例として，1964年3月に，ニューヨーク航路を経営する5中核会社の共同出資によってニューヨーク航路運営㈱が設立され，同航路の徹底的な合理化が行われたことがあげられる（同上，p.163）．また，整備計画過程で386億円に上る減資が行われた（地田［1993］p.89）．

[25] 専属会社は，整備計画で定められた減価償却不足の解消について，中核会社や系列会社より進捗が遅かった．専属会社は，営業収入をもっぱら用船料収入に依存していることから，海運争議や諸経費増による損失を営業収益面でカバーする余力に乏しく，また，一般に船隊構成も劣弱であった．海事産業研究所［1967］p.165．

[26] 日本開発銀行［1976］pp.427-428.

表10−10　新海運政策における計画造船の建造目標

単位：千総トン

	1969年度	70	71	72	73	74	合計
建造量	2,500	2,600	2,700	2,800	2,900	3,000	16,500

出所）　日本開発銀行［1976］p.428.

表10−11　改訂新海運政策における計画造船の建造目標

単位：千総トン

	1969年度	70	71	72	73	74	合計
建造量	2,500	2,600	3,000	3,400	3,800	4,200	19,500

出所）　同上，p.429.

開されることになった．

　上記の答申から2年を経た70年11月，海造審は69〜74年度の建造目標を750万総トン増やして2,800万総トンとするとともに，計画造船を1,950万総トンに引き上げるなど，「新海運対策」を一部改訂する答申「今後の外航海運対策について」（いわゆる「改訂新海運政策」）を行った．ここにおいて，計画造船による船腹拡充の目的は，国際収支改善から貿易物資の安定輸送へと切り換えられた．この転換は，わが国の輸出の増加によって国際収支の黒字基調定着が確かなものとなり，持続的な経済成長の制約要因であった「国際収支の天井」が除かれたことが背景にあった．また，荷主である主要産業も原材料の安定輸送確保のために日本船の拡充を求めていた[27]．

　この答申に基づいて先の各年度の建造目標は表10-11のように改められ，71年度（第27次）以降の計画造船が開始されたが，第4部で述べるように73年の第1次石油危機などによる世界経済の大きな情勢変化の影響で，72年度をピークに建造規模は大幅に縮小することになった．なお，開銀融資の融資比率の引き下げなど，海運助成はさらに縮小された．

計画造船と開銀融資の実績および意義

　表10-12は，1966〜71年度までの計画造船による建造量と建造資金の融

---

[27]　鉄鋼業は，鉄鉱石・原料炭などの輸入量の50%以上を，石油業は石油輸送の72%を，それぞれ安定的に輸送するために，計画造船による日本船の拡充を求めた（地田［1993］pp.160-161，海事産業研究所［1985］p.47）．

表10-12 計画造船年次別建造・融資実績

単位：千総トン，百万円

年度			1966	67	68	69	70	71	合計
計画造船次別			22次	23	24	25	26	27	
貨物船の内訳	定期コンテナ船	隻数		5	1	5	6	8	25
		千G/T		83	17	96	252	280	728
	定期船	隻数	20	5	11	9	6	1	52
		千G/T	191	50	92	80	55	7	475
	一般貨物船	隻数	18	23	13	15	13	3	85
		千G/T	234	359	240	338	304	85	1,560
	専用船（含兼用船）	隻数	26	13	21	16	8	17	101
		千G/T	857	662	910	898	623	1,454	5,404
貨物船 計		隻数	64	46	46	45	33	29	263
		千G/T	1,282	1,154	1,259	1,412	1,234	1,826	8,167
油槽船(含LPG)		隻数	11	10	11	12	12	12	68
		千G/T	627	879	1,049	1,062	1,390	1,392	6,399
合計		隻数	75	56	57	57	45	41	331
		千G/T	1,909	2,033	2,308	2,474	2,624	3,218	14,566
契約船価			119,719	114,116	126,425	156,695	175,132	216,891	908,978
開銀資金			91,149	87,099	97,964	96,990	107,230	115,390	595,822

注） 計画造船の次別に集計した．
出所） 日本船主協会『船協海運年報』ほか．

資状況を示している．64年度に始まった外航船舶建造4ヵ年計画以降急拡大していた財政資金は，さらに上述の新海運政策および改訂新海運政策と相次いで船舶拡充計画が打ち出されたこともあり，この6年間で約6,000億円もの規模に達した．この間（22～27次船）の計画造船への開銀融資は，計画造船契約船価（建造費）の65.5%，自己資金船を含めた契約船価総額（1兆5,153億円）の39.3%を占めており，外航船舶整備にきわめて大きな役割を果たしたといえる．日本籍船の規模は，再建整備計画の始まる前年である63年央の685万総トンから68年央の1,361万総トンへほぼ倍増し，71年央には2,413万総トンに達した．また，こうした強力な整備計画により，外国用船を含むわが国商船隊の積取比率は，輸入では64年度の55.0%（日本籍船44.3%）から68年度の59.4%（同47.8%）に，さらに71年度には65.5%（同45.5%）に上昇した．一方，輸出では，日本経済の急成長による輸出増のため同じ時期に54.4%（同47.3%），55.5%（同36.7%），52.6%（同34.2%）と推移した．

船種別にみた場合，この時期の最大のトピックは，輸送システムにおける革新ともいうべきコンテナ船の建造が67年度から始まったことであろう．コンテナ船は，荷役の機械化，碇泊日数短縮などにより輸送コストの節減に大きく寄与するとともに，コンテナを媒介とする海陸一貫輸送体制の途を開くものであった．65年10月，米国シーランド社が翌年4月から北大西洋航路でのコンテナ輸送を開始する計画を発表したことを契機にコンテナ化の動きはにわかに高まった．海上輸送のこの新たな動向に対応するため，運輸省は66年5月，海造審に「わが国の海上コンテナ輸送体制の整備について」を諮問し，同年9月，政府の助成措置を講じて海上コンテナ輸送体制を早急に整備する必要がある旨の答申を得た[28]．こうして67年度（第23次）計画造船からコンテナ船の建造が推進されることになった．

　コンテナ船への融資は，開銀の各セクションの機能を有機的に活用して開始に至った事例の1つである．融資担当部店や調査部は取引先との接触や審議会活動などからコンテナ船の動向を早い段階から把握しており，調査部は「米国海運助成策変更をめぐる最近の論議」（65年度），「日米−北米定期航路事情」（66年度）などの調査レポートの作成に加え，世界初のコンテナ船（米シーランド社）就航直後の66年7月，①アメリカ，ヨーロッパにおけるコンテナ輸送の動向，②コンテナ船の種類・船型とコンテナヤードの構成，③コンテナ輸送に適する航路，④海上コンテナ輸送の利点，⑤今後検討すべき問題などをまとめた「海上コンテナ輸送について」を役員会に報告し，コンテナ輸送の動向と開銀がコンテナ船融資を開始するに当たって留意すべき事項を明らかにした．この調査報告などに基づきコンテナ船融資の準備が進められ，67年度に融資対象に加えられたのである．なお，コンテナ船の審査は，その投資規模が他の船種よりも大きいことに鑑みて審査部が担当し，従来船

---

28) 答申では，「この世界の定期航路活動における輸送革新に対処し，わが国の貿易および海運の国際競争力の維持，強化を図ることが強く要請されるので，早急に海上コンテナ輸送体制を整備する必要がある」ことから，「政府において所要の助成措置を構ずべき」であるとし，さらに海上コンテナ輸送体制整備の方向性として，①外国企業との提携は航路によっては必要だが，日本海運業の地位を低下させるような提携は避けるべきであること，②コンテナ輸送のメリットを十分に活かすため，セミコンテナ船ではなく，フルコンテナ船を就航させるべきであること，などが示された（海事産業研究所［1967］pp. 357-361）．

表 10-13　計画造船平均船型の推移

単位：千重量トン

年　度	1966	67	68	69	70	71	72	72/66(%)
鉱石船	51.1	85.0	85.4	107.6	148.8	151.4	137.8	269.7
兼用（鉱油）船	71.7	92.2	95.5	114.6	168.1	185.0	171.4	239.1
油槽船	107.4	154.5	171.0	194.5	232.9	225.4	239.5	223.0

出所）　海事産業研究所［1985］p.6.

種以上に詳細・綿密な審査を行い，その経済性・将来性などを吟味し，融資担当部店はこれらの情報に現実の海運動向を勘案して融資を行った．

また，50年代末からの趨勢であった油槽船および鉱石・石炭等専用船の建造増加と大型化は，60年代後半以降一層顕著となった（表10-13）．とりわけ大型化の進んだ油槽船は総建造トン数に占める比重を高め，66年度の約33%から70年度には53%にも達した．71年度には，油槽船と専用船の総建造トン数に占める比率は88%を超えるものとなった．

上述の通り再建整備計画期間中，開銀は計画造船融資の対象を「海運業の再建整備に関する臨時措置法」に定めた集約企業に限ることとし，企業体力判断の指標として，①所有船舶の減価償却実施状況，②船舶設備借入金の返済実績，③所有船舶の平均残存耐用年数内での船舶設備債務の償還可能性などを重視した．さらに，整備計画終了を2年後に控えた67年度には，整備計画目標の確実な達成を促す意味から申込資格条件の厳格化を図った[29]．なお，64～68年度の積荷または運賃保証のある船舶を建造する場合の融資条件は，①減価償却前利益（利息支払猶予後）が本船の契約船価の30%以上，②積荷運賃保証期間が5年以上，③融資対象船の投資回収年数は竣工後10年程度などとした．整備計画が終了し，「新海運政策」の初年度となった69年度には，融資対象を非集約企業に拡大したが，財務内容の健全性重視の観点から，審査資料として長期財務計画の提出を求めた．一方，同年度以降，建造船舶の条件であった長期積荷運賃保証条件は緩和された．

29)　①申込企業の新造船建造借入後の長期債務額が当該企業の年間償還力の10倍以下であること，②長期借入金返済実績が，年度末に概ね80%以上であり，かつ延滞があるときは相当の余裕をもって整備期間内に解消すること，③年度末において，税法上の普通定率法により減価した有形固定資産の価額が，資産のすべての償却引当金を控除したときの帳簿価格に対し概ね80%以上とし，無保証船申込企業については原則として100%とする，などとした．

なお，60年代後半以降の計画造船が大型船中心の傾向を強めたのにともなって，中小型船の分野を受け持つ専属会社は老朽不経済船を抱えたまま，計画造船による新船建造から取り残されていく懸念があった．このため開銀は，69年度以降，海外売船した不経済船の代替建造資金として，計画造船と別枠で計12隻51億円余の融資を行った．

ところで，海運業では市況の変動が企業経営に大きく影響したことから，海運審査は各グループ全体の審査部審査が毎年行われ，役員会に報告された．開銀総裁はこの審査報告に基づき中核体6社およびオペレーターの社長と面談し，各社の経営方針などを確認するとともに開銀の考えを伝え，海運業の振興に力を注いだ．また，海運のグループ審査は，個別企業の審査に加えて，①船腹規模，運航状況，損益状況などのグループ全体としての動向，②グループ間の比較調査のほか，③世界の荷動き，④航路別の動向，⑤コンテナ船，仕組船，局地紛争などその時々の重要事項，⑥各国の海運政策などに及んだ．これらの情報は海運融資の判断だけでなく，他業種の審査においても経済動向の基礎的情報として活用された．なお，海運融資の審査は原則として，企業およびグループ審査は審査部が，プロジェクト審査は融資担当部店がそれぞれ担当した．

2. 国際競争力強化と技術開発の推進

（1） 体制整備

体制整備融資の概要と意義

1950年代以降，日本の主要産業はコストや品質面での競争力を着実に高めてきたが，開放経済への移行を控えて，企業規模は欧米に比べ格段に小さく，また多くの産業で過当競争が懸念されていた．資本自由化後の経済基盤強化のためには，企業規模の拡大などを通じて国際競争力強化を図る「産業体制整備」が必要であるとの認識は高まっていたが，その政策への反映は難しく，例えば通産省が提案した「特定産業振興臨時措置法」（以下，特振法）は大方の賛同を得られず，成立にはいたらなかった．

特振法法案作成の過程で，「産業体制整備」の金融面からの支援，いわゆる「体制整備」金融が産業構造調査会産業金融部会（部会長：中山素平日本興

業銀行頭取）で検討され，62年10月に中間報告「産業金融のあり方について─当面の体制金融施策─」が作成された[30]．この中間報告では，①開銀などの政府金融機関の活用と②金融面における協調体制の強化が指摘された．①は，「国際競争力が特に問題となり，かつ競争力強化のためには，早急な産業体制の整備が必要である業種および技術革新，自由化等から早急な転換を迫られている業種の設備投資について，開発銀行等における誘導的投資の拡充を図る」とされ，具体的には，「(i) 国際競争力強化のための量産体制の確立，分野調整による生産集中体制の整備，その他合併・共同会社等の推進に伴う設備資金，(ii) 原料生産方式等の転換，衰退部門より新分野への進出による労務者の配置転換を伴う経営多角化等のための設備資金，(iii) 国産新技術の企業化のために必要な設備資金」を，開銀を通じて融資すべきであるとの内容であった[31]．また②については，各種懇談会や審議会，連絡会を総合的に運用すること，および政府金融機関と民間金融機関，民間金融機関相互の協調関係をより一層強化し，政府金融機関のもつ誘導機能をより効果的に発揮すべきであることが示された．

「体制整備」金融は，上記の中間報告を裏付けとして，63年度財政投融資計画から具体化されていった[32]．しかし，「体制整備」金融の前提となる特振法が成立せず，金融面での協調体制強化のための連絡会なども設置されなかったため，乗用車と石油化学を対象に63年度に発足した開銀の「体制整備」金融は，図10-3に示されるように順次対象業種を拡大したものの，その誘導効果は限定されたものとならざるを得なかった[33]．また体制整備融資

---

30) 産業構造調査会は，1961年12月に産業体制部会（部会長：有沢広巳東京大学名誉教授）を設置し，新しい産業体制の議論を始めた．開銀からは平田敬一郎副総裁（当時）が同部会に参加していた．平田 [1970] p.118.
31) 通商産業省・通商産業政策史編纂委員会編 [1990] pp.65-66.
32) 同上，p.83.
33) 平田元総裁は体制整備融資開始時を回顧して以下のように述べている．「最初，体制金融をはじめる際にも，資金の枠については，私も大蔵省の当局にしばしば説明して理解を求めることに努力しましたが，大蔵省は市中の金融界の意向の反映もあり，もともと公共部門に対しては，開銀融資を極力押えるという空気が強かった関係があって，なかなか思うように枠の獲得ができなかったことを記憶します．それでも（昭和）38年度の資金要求においては，私もそうとう強く大蔵省に折衝して，枠の獲得に努めたことがありました」．平田 [1970] p.120.

第10章 多様化する融資活動

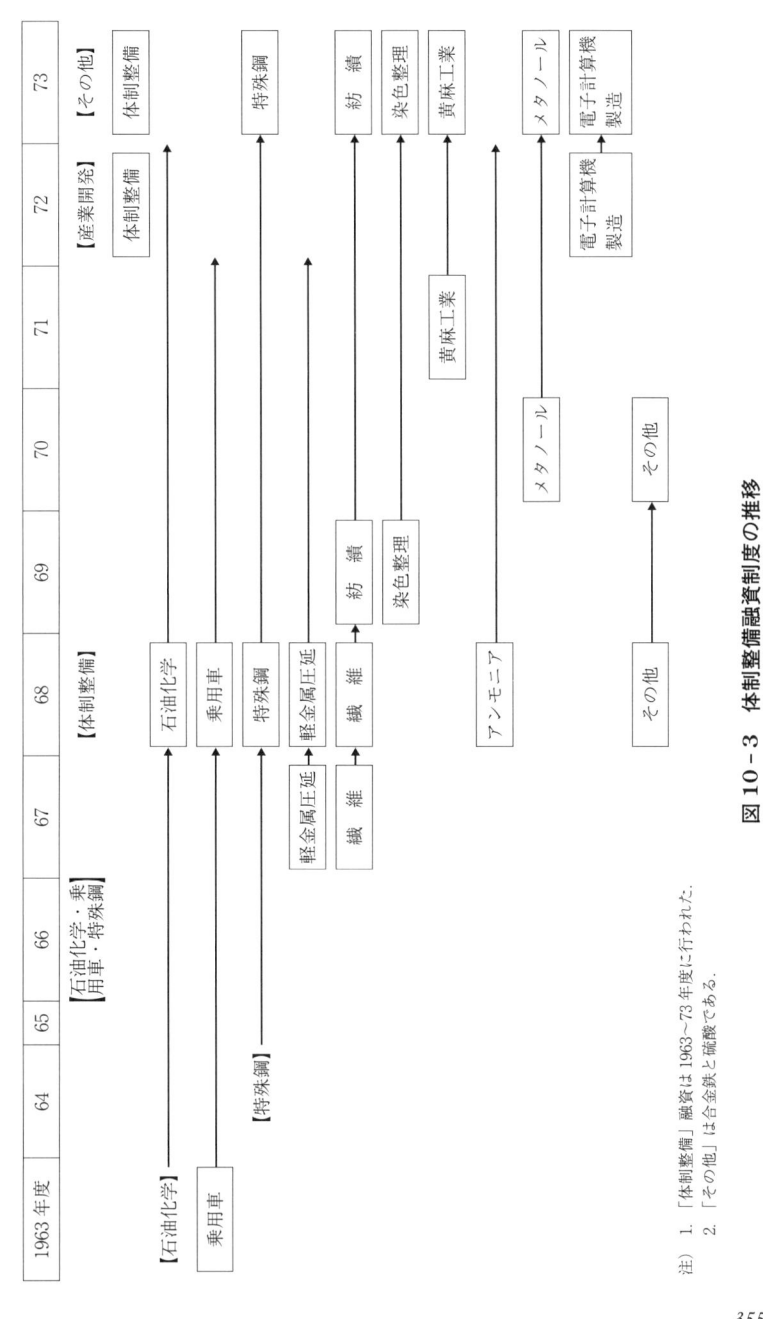

図10-3 体制整備融資制度の推移

| 1963年度 | 64 | 65 | 66 | 67 | 68 | 69 | 70 | 71 | 72 | 73 |

【石油化学】石油化学 ────────────────→
【乗用車】乗用車 ────────────────→
　　　　　　　　【石油化学・乗用車・特殊鋼】
【特殊鋼】　　　　　　　　　　　特殊鋼 ──────────────────→
　　　　　　　　　　　　軽金属圧延
　　　　　　　　　　　　繊維 →
　　　　　　　　　　　　　　紡績 →
　　　　　　　　　　　　　　染色整理
　　　　　　　　　　　　アンモニア
　　　　　　　　　　　　　　　　　黄麻工業
　　　　　　　　　　　　　　　　メタノール
　　　　　　　　　　　　　　　　　　　【体制整備】
　　　　　　　　　　　　　　　　　　　体制整備
　　　　　　　　　　　　　　　　　　　【産業開発】
　　　　　　　　　　　　　　　　　　　体制整備
　　　　　　　　　　　　　　　　　　　【その他】
　　　　　　　　　　　　　　　　　　　体制整備
　　　　　　　　　　　　　その他 →
　　　　　　　　　　　　　電子計算機製造 →
　　　　　　　　　　　　　　　電子計算機製造

注 1．「体制整備」融資は1963～73年度に行われた。
　 2．「その他」は合金鉄と硫酸である。

表10-14 体制整備の融資実績

単位：百万円

年度	1963	64	65	66	67	68	69	70	71	72	73	合計	66～71年度累計
石油化学	1,500	1,500	4,000	550	4,000	5,500	6,800	6,600	4,500	2,400		37,350	27,950
乗用車	—	—	—	4,000	5,000	—	1,000	1,500	400			11,900	11,900
特殊鋼		600	500	400	2,100	1,800	600	300	—	—	195	6,495	5,200
繊維					650	4,690	2,810	4,415	5,485	2,960	6,525	27,535	18,050
黄麻工業									880	160	40	1,080	880
染色整理						—	—	—	—		2,555	2,555	—
アンモニア						2,100	4,300	4,300	5,200	600		16,500	15,900
電子計算機製造										680	860	1,540	
軽金属圧延					700	300	100	300	400			1,800	1,800
メタノール								1,000	800	400	—	2,200	1,800
その他						100	1,710	600				2,410	2,410
合計	1,500	2,100	4,500	4,950	12,450	14,490	17,320	19,015	17,665	7,200	10,175	111,365	85,890

注）「その他」は合金鉄と硫酸である．表10-15も同じ．

表10-15 体制整備の融資件数

単位：件

年度	1963	64	65	66	67	68	69	70	71	72	73	合計	66～71年度累計
石油化学	6	4	11	2	6	9	9	10	7	4		68	43
乗用車	—	—	—	1	2	—	1	2	1			7	7
特殊鋼		2	1	2	6	3	2	1	—	—	2	19	14
繊維					5	38	22	37	36	17	18	173	138
黄麻工業									2	2	1	5	2
染色整理						—	—	—	—		10	10	—
アンモニア						2	5	6	4	1		18	17
電子計算機製造										4	3	7	
軽金属圧延					2	1	1	1	1			6	6
メタノール								1	1	1	—	3	2
その他						1	5	2				8	8
合計	6	6	12	5	21	54	45	60	52	29	34	324	237

が合併・提携を前提とする融資条件を課していたことも一因となって，融資実績は少なく，予算枠に到達しなかった[34]．

開銀の体制整備融資は63～73年度に行われた．表10-14はこの間の業種別の融資実績を，表10-15は業種別の融資件数を示している．11年間の融資合計額は約1,114億円で，当初予算枠（1,304億円）の85％にとどまった．主な融資業種は石油化学・繊維・アンモニアで，この3業種で全融資額の約73％，融資件数の約80％を占めた．なお，融資は67～71年度に集中しており，この5年間で11年間の融資額の約73％に当たる809億円の融資が行われた．このうち67年度は石油化学・乗用車・特殊鋼，68～71年度では石油化学・繊維・アンモニアへの融資が大半を占めた．なお，開銀は体制整備の促進の実効性を上げるためには特別金利の適用が望ましいと考えていたが，大蔵省の反対もあり，ごく一部を除き実現しなかった[35]．

石油化学

1950年代半ばに輸入防圧の目的から育成が始まった石油化学工業は，その後10年を経て生産規模では米ソに次ぐ地位に達していた．しかし，その実態は，企業乱立・競争激化にともなう収益率の低下を旺盛な需要に支えられた量産効果で補うというもので，企業体質の脆弱性は否めず，資本自由化に備えて経営基盤を強化し，国際競争力を高めることが大きな課題として残されていた．通産省はこうした課題の克服を図るため，特振法案の成立を目指してきたが，既述の通り同案は64年6月に廃案となった．このため，特振法案で示された協調方式を模索する手段として，同年12月に官民協調による石油化学協調懇談会が設置され，ここでの結論に基づいて国際競争力強化のための政策が推進されることになった[36]．

---

34) 通商産業省・通商産業政策史編纂委員会編［1990］p. 84.
35) 平田元総裁の回顧によれば，「大蔵省筋は，自動車会社のような成績がいい会社に，金利を負ける必要ないという考え方が強くて，この考え方は開銀が一方的に強行するわけにもいかないので，金利の引下げは実現をみなかった」．平田［1970］p. 135.
36) 通商産業省・通商産業政策史編纂委員会編［1990］p. 348. 同懇談会は，通産省代表2名，業界代表3名，第三者代表3名から構成され，平田開銀総裁もメンバーの一人となった．平田氏は懇談会設置の経緯を「体制金融を石油化学にやるについては，いままでのような漫然としたやりかたでは不充分だというので，特振法の名残りともいうべき1つの組織というか

357

石油化学協調懇談会は，65年1月，「エチレン製造設備新増設の方針」を策定し，新立地のエチレンセンター計画については，当初より国際競争力を確保し得る規模として年産10万トン以上とするなどの認可方針を打ち出した[37]．通産省はこれに基づき，三井石油化学（千葉，エチレン12万トン），住友化学（千葉，10万トン），大阪石油化学（泉北・堺，10万トン），昭和電工（大分，10万トン）の4コンビナートの新設を認可した[38]．しかし，ほどなく通産省は，本格的な資本自由化を前に「脆弱な企業体質を改善し国際市場裡で一本立ち」するためには新たな基準が必要と考え，懇談会に働きかけた．その結果，懇談会は67年6月に以下に示す「エチレン製造設備の新設の場合の基準」を決定した[39]．

「エチレン製造設備の新設の場合の基準」

　エチレン製造設備の新設に係る外国投資家からの技術援助に関する契約の認可申請については，次の基準に適合している場合に認可するものとする．
1. 大規模な設備であって，当該設備より製造されるオレフィン留分等について適正な誘導品計画があること．
   (1) エチレンの製造能力が年産30万トン以上のものであること．
   (2) 誘導品の生産，販売計画について確実性があり，かつそれぞれの誘導品の生産分野を混乱させるおそれのないものであること．

場が，そこに生まれたわけです」と回顧している．また，同氏は懇談会の中で「化学工業のような技術革新の激しい部門では，先々進む必要がある」ため，「極端に言えば，いま世界の化学会社が実験室における研究段階で，なにをやっているか．（中略）これからなにを作ろうとしているか，どういう規模のものを考えているか調べて，それと競争して負けないためには，どうすべきかということを，頭においてやるべきではないかということ」を主張し，また常にスケールメリットを強調して，「大型化によるコストダウンというのが，この分野ではそうとう激しい勢いで行われつつあることを認識して，私も極力そういう方針で，日本の企業が合理的に設備を作っていくことを考えるべきではないかということを，しょっちゅう言った」と述べている．平田［1970］pp. 127-129．

37) 65年1月の認可方針は，①既存センターの能力拡充推進，②新立地センター計画については，i）誘導品計画が国際競争力および業務秩序の維持上適切であること，ii）当初より国際競争力規模のセンターを建設すること（エチレン年産10万トン以上）を骨子としていた．なお，日本政策投資銀行［2002］では同方針の策定年月等に誤記があった．ここにお詫びして訂正する．
38) 通商産業省・通商産業政策史編纂委員会編［1990］p. 349．
39) 同上，pp. 352-353．

2. 原料ナフサの相当部分についてコンビナートを構成する製油所からパイプによって入手できる見込みがあること．
3. 当該企業の技術能力，資金調達能力等が国際競争力のある石油化学コンビナートを形成するにふさわしいものであること．
4. コンビナートを構成する製油所および発電所を含めて工場の立地について用地，用水，輸送等の立地条件が備わっており，かつ公害防止の上で所要の配慮がなされていること．

以上の基準の運用に当たっては，企業規模の拡大および石油化学コンビナート各社の連けいの強化について配慮するとともに，あわせて地域開発効果についても考慮するものとする．

　新たに設定された30万トン基準は，「相当高い」ハードルとみられていたが，すでに15〜20万トン設備の建設に着手していた2社を除く既存9社と新規参入1社の計10社が30万トン設備建設の申請を出した．企業にとっては確かに高いハードルであったが，業界で存続するためには超えざるを得ないハードルでもあったのであろう．その後通産省の指導もあって，企業間の共同投資や輪番投資が実現し，表10-16に示す9社の30万トンエチレンプラントが建設されることになり，69年以降順次生産を開始した[40]．

　開銀は，国際競争力強化のために集約化を促進しつつエチレン30万トン体制を確立するという上記67年6月の懇談会の方針に沿って，67年度以降，①エチレン年産30万トン設備で，共同投資か輪番投資によるもの，または老朽設備の休廃止をともなうもの，②過渡的措置としてエチレン年産30万トン設備に準じて認可された15〜20万トン設備，③①および②に関連した誘導品設備で，ガス消化に著しく寄与し，共同投資，原料転換，または需給上緊急やむを得ない工事，を融資対象に体制整備融資を行った．63年度に体制整備融資が開始されて以来，融資対象は後発メーカーのみであったが，この新しい融資方針では，共同投資ないしは輪番投資の条件を満たしていれば先発メーカーも融資対象とし，また，上記③の条件を満たし，特に地域開

---

40) 通商産業省・通商産業政策史編纂委員会編［1990］pp. 350, 353-354.

表10-16 エチレン30万トン計画

企 業	実施形態	内 容	立 地	完成年(見込み)
丸善石油化学	単 独	既存誘導品会社の増設が中心	千 葉	1969
浮島石油化学	共同投資	三井石油化学と日本石油化学との折半出資	川 崎	70
住友千葉化学	輪番投資	最初は住友化学，次期増設は東燃石油化学	千 葉	70
大阪石油化学	共同投資	三井東圧化学と宇部興産等の関西石油化学グループとの折半出資	泉 北	70
水島エチレン	共同投資による輪番投資	山陽石油化学（旭化成，日本鉱業の共同出資会社）と三菱化成の折半出資，山陽エチレンとの輪番（先番）	水 島	70
三菱油化	単 独		鹿 島	71
新大協和石油化学	輪番投資	最初は三菱油化（四日市）が20万トン/年設備を建設（1968年），第2期として新大協和石油化学が建設	四日市	72
東燃石油化学	輪番投資	住友千葉化学に続いて建設	川 崎	71
山陽エチレン	共同投資による輪番投資	山陽石油化学と三菱化成の折半出資，水島エチレンとの輪番（後番）	水 島	72

出所）日本石油化学工業協会［1981］p.48ほかより作成．

発上大きな意義が認められる誘導品設備に関しては地方開発枠から融資を実行した（表10-17）．

　30万トンセンターのうち5ヵ所が69年度末から70年度上期にかけて相次いで完成をみたことから，エチレン生産能力は一挙に増大した．しかし，折悪しく同じ70年度下期以降，プラスチック公害の問題や家電・自動車等関連需要産業の停滞から内需は伸び悩み始め，71年度に入ると，景気の悪化にともなって需要の落ち込みはほぼ全製品へと広がった．エチレン30万トンセンターは72年1月を最後にすべて完成したが，このような事情から極端な需給ギャップが生じ，各製品とも稼働率の大幅低下と価格の急落に見舞われ，各社の収支は著しく悪化した．この未曾有の不況に対処するため，72年には，エチレン・塩ビポリマー・中低圧ポリエチレン・ポリプロピレンの4製品について不況カルテルが結成され，生産調整が実施されることになる．

　こうした事態は，国際競争力確保のために各社が同時期に大型化設備投資

表10-17 体制整備の融資実績（石油化学）

単位：百万円

年度	1965	66	67	68	69	70	71	72	73	66～71年度累計
設備規模大型化	—	—	2,900	4,900	6,800	6,600	4,500	2,400	2,350	25,700
エチレン	—	—	2,800	4,300	6,300	5,900	3,600	1,900	2,350	22,900
誘導品	—	—	100	600	500	700	900	500	—	2,800
その他	—	—	—	300	—	—	—	—	—	300
後発育成	4,000	550	1,100	300	—	—	—	—	—	1,950
合計	4,000	550	4,000	5,500	6,800	6,600	4,500	2,400	—	27,950

（参考）石油化学工業への体制整備以外の融資実績

単位：百万円

年度	1965	66	67	68	69	70	71	72	73	66～71年度累計
新技術	700	900	1,000	3,950	4,200	2,050	3,700	6,630	550	15,800
設備規模大型化(誘導品)	—	—	1,000	1,800	3,200	850	3,200	6,130	350	10,050
その他	—	300	—	—	1,000	—	500	500	200	3,000
後発育成	700	600	—	2,150	—	1,200	—	—	—	2,750
地方開発	2,850	3,000	2,490	5,450	5,280	5,670	2,350	1,100	—	24,240
設備規模大型化(誘導品)	—	—	1,190	3,650	4,630	5,220	1,400	600	—	16,090
その他	300	300	600	650	650	450	950	500	—	3,600
後発育成	2,550	2,700	700	1,150	—	—	—	—	—	4,550
公害防止	—	—	—	—	—	—	210	2,220	3,310	210
その他	1,300	—	—	—	450	1,000	1,050	150	—	2,500
合計	4,850	3,900	3,490	9,400	9,930	8,720	7,310	10,100	6,210	42,750
体制整備融資を併せた合計	8,850	4,450	7,490	14,900	16,730	15,320	11,810	12,500	6,210	70,700

注：1965年度のその他は合成ゴム融資である。
出所：日本開発銀行［1976］pp.506, 509など。

を行った結果として不可避な側面もあるとはいえ，それまでの量的拡大のみに依存した競争のあり方に警鐘を鳴らすものでもあった．すなわち，石油化学工業は単なる量的拡大競争から脱却して，より付加価値の高い製品の開発など，新しい次元の競争力を構築すべき段階を迎えていたといえる．このような観点から，開銀は，石油化学工業に対して，新技術工業化枠による融資を積極的に展開した（表10-17）[41]．

乗用車

1960年代を迎えた自動車産業の乗用車部門には，8社がひしめき，さらに参入準備を進めている企業もあった．また，当時各社の生産規模は，最大級のトヨタ自動車工業（以下，トヨタ）・日産自動車（以下，日産）でも，欧米大手メーカーとは比較できない水準にとどまっていた．このような状況で，開放経済体制への移行を控えて乗用車部門の国際競争力強化を急務と判断した通産省は，量産体制の確立を目指し，61年半ばにいわゆる3グループ化構想を打ち出したが，後発メーカーなどの反発により，同構想は立ち消えとなった．しかし，集約化による量産体制の確立を目指す通産省のスタンスは，その後も変わらなかった．

産業構造調査会に設けられた乗用車政策特別小委員会は，62年12月の答申で，「量産体制を早急に確立して，生産の相当部分を輸出に向けうると期待しうる企業，および提携，合併を行って量産体制の効果を期待しうる企業に対し，重点的に財政投資を投入する」ことを示唆した．これを受けて，開銀は63年度から提携・合併により量産効果を期待しうる設備投資を体制整備融資の対象としたが，体制整備の趣旨に沿う融資は直ちには現実のものとならなかった．その理由としては，前述の通りこの融資の前提となる特振法が成立をみなかったこともあるが，当時の乗用車市場が急速な成長期にあり，上記委員会が想定していたより車種も増え，メーカーの関心が集中生産より

---

[41] 既述の通り石油化学協調懇談会のメンバーであった平田総裁は66年に欧州経済使節団に参加して，以後の日本の石油化学工業について，規模の大型化による思い切ったコストダウンを図るべきであるし，日本独自の技術を自主的に開発すべきであるとの考え方を強くするに至った．平田［1970］p.130．

も多車種展開に向かっていたこと，各社の業績が好調を保っていたことなどもあげられるであろう[42]．

自動車産業での提携・合併が進展するのは1960年代後半以降のことで，その嚆矢となったのは，日産とプリンス自動車工業の合併（66年8月）であった．このほかトヨタと日野自動車工業（以下，日野）（66年10月），いすゞ自動車（以下，いすゞ）と富士重工業（以下，富士重工）（66年11月），トヨタとダイハツ工業（以下，ダイハツ）（67年11月），日産と富士重工（68年10月）などの業務提携が実現した．開銀は上記の体制金融の主旨に則り，66年度に日産（追浜工場サニー専用生産設備および本社工場のエンジン・アクセル増産設備等）に，翌67年度には日産（横浜・追浜・村山・吉原工場乗用車生産設備および本社研究開発機構）と，日野（羽村・日野工場小型車製造設備新増設）に対して融資を行った．

自動車生産は67年には約314万台に達し，西独を抜いて世界第2位となり，輸出も米国市場を中心に毎年高い伸び率で増加を続けた[43]．このようなわが国の自動車産業の隆盛にともない，早期自由化に対する米国からの要求は年々強まっていった．他方では，自動車業界に対する過保護論も聞かれるようになった．このような情勢から，開銀は69年度に融資対象を限定し，①合併が具体化しているか，その確度が高いもの．ただし，トヨタまたは日産が他社を合併する場合は被合併会社だけを対象とする，②業務提携が具体的に進行している場合で，(a) 将来提携解消の事態が生じる可能性がない，(b) 乗用車の量産体制が実現され，国際競争力の強化に寄与する，という条件を満たすものとした．この基本方針に照らして，69年度には，トヨタのパブリカの一部受託生産を行うこととなったダイハツに対して融資を実行した．

資本自由化の実施を前に，70年2月に三菱自動車工業とクライスラー，

---

42) 小委員会の答申については，通商産業省・通商産業政策史編纂委員会編［1990］pp. 296-297．開銀の平田元総裁は当時を回顧して，自動車各社に対して合併・提携の方向へ向かうように促進を図ったが，「業績が上がっているあいだは，合併といっても，なかなかやれないのが，日本の通弊のようで」あったとしている．平田［1970］p. 133.

43) 67年の自動車生産台数について，日本政策投資銀行［2002］では記載に誤りがあった．ここにお詫びして訂正する．

363

同年10月には東洋工業とフォード，いすゞとGMがそれぞれ提携を決定し，米国ビッグスリーの対日戦略が明らかになった．こうした情勢を受けて，70年度の融資は，国内メーカーのグループ化を促進することで経営基盤の安定を図り，国際競争力を一層強化することに主眼を置くこととし，70年3月からパブリカの受託生産を開始した日野，69年12月にサニークーペの受託生産を開始した富士重工に対して融資を行った．

資本自由化対策の一環として開始された乗用車工業の体制整備融資は，自動車工業の資本自由化（71年4月）により71年度をもって終了した．この間の融資は，4社・7件，計119億円（前掲表10-15）であった．

特殊鋼

特殊鋼はさまざまな機械製品の品質や価格に大きく影響する重要な素材であり，特に開放経済体制への移行期においては，自動車を中心とする機械工業の国際競争力強化のために製品の良質性，価格の低廉性に対する要請が強まった．1960年代初頭の特殊鋼業界は，こうした要請と需要の急増とに対応するため，産業合理化審議会特殊鋼部会（62年8月答申）および産業構造調査会重工業部会特殊鋼小委員会（63年2月答申）の示した合理化の方向性に沿って，粗鋼年産50万トン規模をモデルプラントとする全工程にわたる大型化と合理化を実施した．他方，普通鋼を上回る需要の伸びをみせる特殊鋼に対して，資本力によって量産体制を確立しやすいこと，転炉鋼製造技術の飛躍的進歩によって特殊鋼の製造が容易になったことなどから高炉メーカーの参入も活発化した（図10-4）．

こうして業界全体の供給能力が急速に増加した64年度，金融引締めを契機とする大口需要家の在庫調整を主因として内需が伸び悩み，前年度まで順調であった輸出も低調に転じた．国内市況は軟化の一途をたどる一方，合金鋼の主原料鉱石の高騰なども追い討ちをかけ，専業各社の採算は極度に悪化し，64年12月に日本特殊鋼が，65年3月には山陽特殊製鋼が会社更生法適用を申請するという深刻な事態に立ち至った[44]．

---

[44] 日本開発銀行［1976］pp.447-448．かかる状況を招いた直接の要因は，需給のアンバランスであるが，より根本的な原因としては，普通鋼メーカーの参入激化および自由化対策を

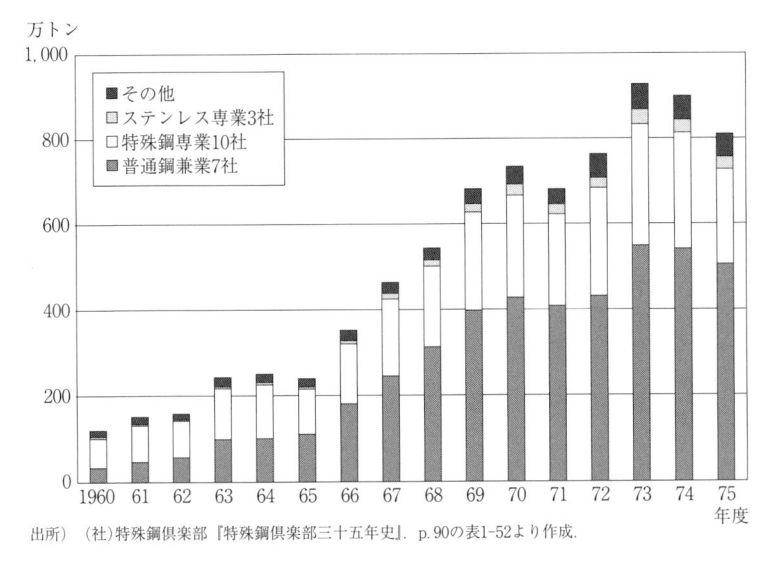

図10-4　特殊鋼熱間圧延鋼材企業形態別生産推移

このような事態を打開するため，65年年初から行政指導による生産調整，構造用合金鋼の数量カルテル，価格カルテルなどの不況対策が講じられたが，これらはあくまで当面の不況対策にすぎず，特殊鋼業界の構造自体に内在する問題を解決しうるものではなかった．このため，65年6月，産業構造審議会（以下，産構審と略記）重工業部会に特殊鋼政策小委員会が設けられ，業界の構造改善が再検討されることになり，同年11月の答申で，次に示すような体制整備の基本的方策が示された[45]．

①生産体制の整備
　ⅰ）量産鋼生産が主力の企業および量産鋼・高級鋼生産比率が半々の企業については，普通鋼一貫メーカーを中心としてグループ化を行い，グループ企業内で鋼種別生産集約化を行う．
　ⅱ）高級鋼生産が主力の企業については特色ある品種を中心に専門生

理由とする自動車メーカーの熾烈な値下げ要求に対して，特殊鋼各社の協調が整わず，無秩序な競争に走り，企業体質を悪化させていたことが指摘できる．
45）通商産業省・通商産業政策史編纂委員会編［1990］pp.159-160．

表10-18 特殊鋼体制整備融資の主要プロジェクト

年度	会社名	工事内容
1967	東海特殊鋼	70トン×2転炉新設
	特殊製鋼	蒲田→川崎工場集約合理化
	八洲特殊鋼	棒鋼線材ミル新設
	三菱製鋼	大島→深川工場集約(第Ⅰ期工事)
	同　上	同　　　(第Ⅱ期工事)
	水島合金鉄	フェロマンガン用電気炉増設
68	大同製鋼	知多工場製造設備増強(第Ⅲ期工事)
	三菱製鋼	大島→深川工場集約(第Ⅲ期工事)
	東海特殊鋼	転炉工場新設
69	大同製鋼	知多工場特殊鋼増設(第Ⅲ期工事)
	山陽特殊製鋼	軸受鋼鋼管設備増強(4,200トン/月)および合理化工事
70	山陽特殊製鋼	軸受鋼鋼管設備増強合理化

産体制を確立する．
ⅲ）ステンレス鋼板生産が主力の企業については普通鋼一貫メーカーの系列化を強める．
②企業の合同と生産の集中化
　グループ内企業の合併を行い，合理化向上への生産集中を図る．
③鉄源コストの引き下げ
　量産鋼種の鉄源を鉄屑から溶銑に転換し，コストの引き下げを図る．

　この答申の基本線に沿って，66年1月には八幡グループ4社（愛知製鋼，三菱製鋼，特殊製鋼，日本特殊鋼）が合同覚書に調印し，また，同年5月には富士グループ3社（富士製鉄，東海製鉄，大同製鋼）が共同出資により東海特殊鋼を設立し，それぞれ転炉を新設し，溶銑利用による鉄源転換を図ることになった[46]．このうち東海特殊鋼の転炉建設計画は67年5月，富士製鉄名古屋製鉄所構内で着工をみた．一方，八幡グループによる君津特殊鋼センター計画は，途中八幡製鉄・富士製鉄の合併問題との絡みでペンディングとなった．

[46) 東海特殊鋼には，のちに山陽特殊製鋼および愛知製鋼も資本参加した．

開銀は，67年度以降，上記の答申の線に沿った合理化工事計画をとりあげ，特に普通鋼大手メーカーと専業メーカー，または専業メーカー間の共同投資（利用）による工事計画，および専業メーカーの合同を前提とする工場の集約・移転計画について配慮し，業界の体制整備促進を金融面から支援した．また，体制整備を側面から支援するため地方開発融資も活用された．表10-18は，特殊鋼体制整備融資の主要なプロジェクトを示している．

繊　維

第2部で述べた通り，紡績業における過剰設備を整理するため，1956年に「繊維工業設備臨時措置法」が制定されたが，その後も状況は改善されず，64年10月には同法を改正した「繊維工業設備等臨時措置法」（以下，繊維新法）が施行された[47]．繊維新法は，設備の設置および使用の規制や過剰精紡機の廃棄促進などにより，繊維工業の合理化と繊維製品の秩序ある輸出の発展に寄与することを目的とするもので，この法律を支える関連措置の一環として，繊維は64年度に開銀の体制整備融資の対象に加えられた．

しかし，その後も依然として企業乱立や過剰設備など構造的脆弱性は払拭されず，加えて労働力需給の逼迫による賃金コストの上昇，さらには開発途上国の繊維工業の攻勢や先進国繊維工業における構造改善の進展など，内外環境は厳しさを増していった．こうした情勢を受けて66年年初以降，繊維工業審議会および産業構造審議会の合同体制小委員会において繊維工業の構造改善対策をめぐる審議が進められ，同年9月には答申がまとめられた．この答申を踏まえて，67年7月，設備の近代化，規模の適正化，過剰設備の計画的処理を軸とする「特定繊維工業構造改善臨時措置法」（以下，構改法）が成立，翌月施行された[48]．これに基づいて71年度の紡績糸生産数量を約120万トンとするなどの「特定紡績業構造改善基本計画」が定められ，以下のような経営規模の適正化，紡績設備の近代化と過剰紡機の処理が行われることとなった．すなわち，①量産品種については1企業または1グループ当

---

47) 繊維新法成立までの詳細は以下を参照のこと．通商産業省・通商産業政策史編纂委員会編[1990] pp. 407-411.
48) 詳細は以下を参照のこと．同上，pp. 413-415.

たりの精紡機錘数を約5万錘以上とする，②71年度までに総額500億円を投じて，紡績工程の自動連続化，ラージ・パッケージ化，紡績工程の省力化，などを骨子とする基本計画に基づき68年度以降各年度の実施計画が策定され，紡績業の本格的な構造改善策はようやく実行段階に入った．

この基本計画は，その後の合繊紡績糸の大幅な伸長や労賃の急上昇など情勢の変化によって69年9月に改訂され，71年度における構造改善目標は，生産数量131.8万トンとなったほか，この目標達成のための設備近代化として総額750億円を投じて，量産品種の自動連続化，ラージ・パッケージ化などを進めることが定められた．

構改法は71年度を最終年度としていたが，同年度早々に発生した対米繊維輸出規制問題や国内需要の不振など経営環境の著しい悪化により，構造改善期間は74年6月まで延長されるに至った．この間，中堅以上の企業の設備近代化は相当程度進んだが，50年代後半来の課題であった過剰設備の整理については，なお十分な成果を得られなかった．

開銀は64年度以降，繊維新法の趣旨に沿って，過剰精紡機の廃棄促進・企業の体質改善・業界の体制整備などを進めるため，中堅紡績企業を中心に，過剰精紡機の廃棄を条件として，①合繊紡転換または品種転換工事，②紡績設備の自動化・連続化工事，③生産の集中化，専門化工事などの合理化工事に対して融資を行った．さらに，構改法の成立した67年度以降は，同法の趣旨に則り，特定紡績業者に対して体制整備融資を行った[49]．

アンモニア

アンモニア工業の課題は，1965年を境に，ガス源転換，肥料形態の変更，アンモニア多角化などを軸とする体質改善合理化から，大型プラントの新増設へと大きく転換した．その背景には，英国ICIがナフサ改質法による大型アンモニア製造技術を開発して以来，欧米で大型設備の建設が活発化したと

---

49)「構改法」では，わが国の繊維工業の中核である紡績業と織布業のうち，構造改善が必要な，①純綿糸，純スフ糸，純合繊糸およびそれぞれの混紡糸生産を「特定紡績業」，②綿，スフ，合繊，人絹，絹の各織物生産を「特定織布業」とし，両者をあわせて「特定繊維工業」とした．「特定織布業」は各地域の中堅・中小企業が多かったため，開銀は地方開発融資で対処した．

いう事情があった．わが国においても，体質改善計画を実施中の各社が相次いでアンモニア・尿素の新増設計画を立案する動きがみられた．こうした状況を受けて，通産省は65年3月に具体的な設備調整要領を盛った「アンモニア設備調整について」を発表した[50]．スクラップ・アンド・ビルドによる大型化（日産500トン以上）を骨子とする同要領に基づいて，65年度中に5社の大型プラント設備が認可された．

この第1次大型化により，アンモニア設備に占める日産500トン以上の大型設備の比率は約30％に達することになった[51]．しかし，これらの完成と相前後して，64年以来好調であった海外市場は軟調に転じ，輸出比率を高めていたわが国の肥料業界に大きな打撃を与えた．しかも，60年代半ばの欧米諸国では，すでに日産1,000トンプラントの建設が始まっていた．この日産1,000トンプラントは，規模の経済性のみならず遠心圧縮機の採用や排熱回収蒸気の利用による電力費の節減などのコストダウンが見込まれたことから，国内各社は強い危機感を抱き，日本硫安工業会は設備大型化を中核とする構造改善の検討を開始した[52]．

この問題について行政指導の要請を受けた通産省は，設備の大型化によって構造改善を推進し，国際競争力の強化を図ることが必要と判断し，68年1月，「大型アンモニア設備調整要領」を決定し，第2次大型化を推進することとした[53]．通産省の示したプランは，既存設備日産9,071トンの3分の1に当たる3,145トンをスクラップするとともに，共同投資方式を大幅に採用して7基7,550トンを建設し，あわせて尿素設備についても大型化を図ろうとするものであった．なお，「肥料価格安定等臨時措置法」は69年7月を期限としていたが，内需不振や輸出市場での競争激化など環境は一段と厳しさを増したことから，期限は5年間延長されることになった．

開銀は，第2部でふれた「硫安工業対策」に基づき，63〜67年度までの間，肥料形態の転換やアンモニア多角化等体質改善を目的とする工事に対して融

---

50) 通商産業省・通商産業政策史編纂委員会編［1990］pp. 368-369.
51) 同上，p. 370.
52) 同上．
53) 詳細は同上，pp. 370-371，日本開発銀行［1976］p. 500.

資を行い，その総額は 86 億円にのぼった．他方，第 1 次大型化に対しては積極的な関与を手控え，地方開発の観点から有効と考えられるもののみをとり上げることとした．続く第 2 次大型化に対しては，国際競争上大型化の推進は必要であるとの判断から，通産省の前記「要領」に基づく計画であり，①日産 1,000 トン以上のアンモニア製造プラントで，新設設備の概ね半分の能力に相当する既存設備を廃棄し，かつ生産の半分以上を肥料生産に使用する，②このアンモニア製造プラントと一体となって運用される尿素製造設備で，国際競争力の強化に資する，という基準に合致する工事計画を体制整備の融資対象とした．

68～71 年度の体制整備融資の総額は，159 億円に上る規模となった．アンモニア・尿素設備の第 2 次大型化は，71 年 10 月にすべて完了し，第 1 次の設備と合わせて全設備日産約 13,000 トンの約 80% に当たる約 10,300 トンが大型化されるに至った．

（2） 特定機械

機械工業振興臨時措置法の改正と第 3 次機振法の課題

機械工業の振興のために 1956 年 6 月に公布された機械工業振興臨時措置法（以下，機振法）は，61 年 3 月の法律改正で 5 年間延長されたことは第 2 部で述べたが，国際競争力強化の観点から再度 5 年間延長されることとなり，66 年 6 月に改正法（以下，第 3 次機振法）が公布された[54]．法律の条文上の改正は，①期限を 71 年 3 月末日まで延長する，②生産技術に関する試験研究を特に促進する必要があるものについて，業種を指定し，技術振興計画（基本計画と年度ごとの実施計画）を定める，の 2 点にとどまったが，その運用や基本計画についてはかなりの変更が加えられた．

運用面では，①従来の 39 業種のうちプラスチック機械等 7 業種が削られた一方で工業用ミシン等 4 業種が追加され，36 業種が対象となり，②従来の「指定機械」制度が廃止され，「重点設備」と「その他合理化に必要な設備」の 2 本建てとなり，指定設備の範囲が実質的に拡大された．また，基本

---

54) 改正までの経緯は以下を参照のこと．通商産業省・通商産業政策史編纂委員会編［1990］pp. 196-197.

計画についても機械工業をとりまく環境の変化を反映して，①基本計画の目標数値がほとんどの業種で過去5年間よりも比較的低目に算定されたほか，②資本自由化対策の一環として体制整備が前面に打ち出され，業種ごとのグループ化の推進，生産分野の調整，規格の制限・標準化，原材料の共同購入等の方向が示され，さらに，③これまでの機械工業振興政策の総仕上げとして，振興措置の実効性を高めるために中間の68年度目標を設定し，その時点で見直し作業を行うこととなった．

業種別の振興基本計画の一例として66年8月に策定された「自動車部品製造業振興基本計画」を示せば，自動車部品およびその関連工業の「振興をはかるため，部品生産の量産化および総合化を推進し，あわせて設備の合理化，および技術開発力の強化を促進することによって，製品の品質または性能の改善および生産費の引き下げを行う」という目標が示され，特に適正生産規模についての提言や指導が盛られたことが特徴であった[55]．

上記③の方針に沿って，68年6月，機械工業審議会は振興基本計画の抜本的な見直しを行い，計画を改訂した[56]．改訂計画では，資本自由化の本格化等の情勢に対応して，業界の体制整備のためのグループ化，生産品種の調整，共同事業の推進等の構造改善を強力に推進することが強調されたほか，対象業種についても，各業界の体制整備の進捗状況などを勘案して見直しが行われ，船用クレーン，精密測定器，鉄道信号保安機およびクロスバー電話交換機の4業種が除外され，プラスチック機械が再び対象に加えられた．

第3次機振法は71年3月末に期限を迎えたが，日本経済の国際化の進展，公害・安全対策および省力化等の新しい社会的要請に対応した施策の展開が必要との判断から，71年4月，「特定電子工業及び特定機械振興臨時措置法」が施行されることになった．

---

55) 通商産業省・通商産業政策史編纂委員会編［1990］p.303. 第3次機振法下では，部品工業の再編成が急速に進んだ．同上，pp.303-304.
56) この改訂は，67年6月の閣議決定「対内直接投資等の自由化について」で，「機械工業振興臨時措置法をはじめ，特定の法律に基く各般の近代化・合理化計画等について，これら法律のあり方を含めて全面的に再検討を行い，必要なものについては政策手段の強化も考える一方，計画実施の繰上げ等の見直し措置をとることが必要である」とされたことを受けて，各業種の構造改善計画の策定に重点がおかれた．同上，p.197.

第3次機振法に基づく融資の実績と意義

　第3次機振法が公布された66年度,開銀は,わが国の機械工業が技術水準の遅れ,生産面の合理化の不徹底,生産体制整備の立遅れなどによって国際競争力がなお不十分な点を改善することを特定機械融資の基本方針として,特に国際競争力強化に著しく寄与する機械の生産設備の近代化・合理化と技術水準の向上の推進を主眼におき,重点的かつ効率的に融資を行うこととした.具体的には,対象業種の中核企業で,技術面・経営面で主導的地位にある企業を選別し,また,対象工事についても,各業種の基本計画・実施計画の趣旨をふまえ,かつ,①国際競争力強化への貢献度,②技術開発ないし技術水準向上への貢献度,③設備の老朽化,需要動向などから判断される設備近代化・合理化の必要度など,を総合判断して選定を行った.

　その後,68年に基本計画が改訂されたため,上記の方針を基調としつつ,新たに「生産体制の抜本的整備を促進すること」を主眼に加えて融資を展開した.さらに,70年度には同年7月に出された機械産業政策に関する産構審の答申の趣旨をも盛り込み,技術水準の向上,生産設備の合理化,環境改善および生産体制の整備を主眼とし,技術水準が高く,技術的特色を持つ企業,生産設備の大幅な合理化および公害防止に寄与する企業,合併提携を通じ生産体制の整備に著しく寄与する企業などを優先的に取り扱うこととした.

　表10-19は,第3次機振法に基づく特定機械融資の実績を示している.最終年度の70年度にかけて融資額は縮小しているが,これは,機械工業に対する融資の比重を,一般的にかなりの水準に達したとみられる特定機械業種から,依然未成熟の段階にあり,将来の発展が期待される電子工業に移したためであった.なお,1件当たりの平均の融資額は,第2次機振法下の5年間では5,300万円であったが,この5年間では9,900万円と大幅に増大した.第3次機振法における融資条件は,金利年7.5%(特別金利),融資期間は平均6年程度であった.

　特定機械融資の実績を業種別にみると,第2次でその比率を高めた自動車部品が第3次ではさらに比率を高め,5年間の総額では全体の約54%を占めている.これは,自動車産業の発展の側面からの支援と自由化対策という2つの要因を反映しており,特に67・68両年度においては自動車部品の特

表10-19 第3次機振法に基づく融資の推移

年度	1966	67	68	69	70	合計
融資額(百万円)	5,120	7,490	5,880	6,495	5,755	30,740
融資比率(%)	36.5	23.8	21.5	27.4	26.2	24.9
1件当たり平均融資額(百万円)	80	96	113	101	106	99

表10-20 第3次機振法による特定機械の融資案件

融資回数	全体		自動車部品	
	会社数	構成比(%)	会社数	構成比(%)
7	2	1.4	0	0.0
6	1	0.7	1	2.2
5	14	10.0	11	24.5
4	14	10.0	8	17.8
3	21	15.0	10	22.2
2	27	19.3	5	11.1
1	61	43.6	10	22.2
合計	140	100.0	45	100.0

定機械融資に占める比率は60%を超えるものとなった．また，この波及効果で，軸受・ねじ・銑鉄鋳物などへの融資も多かった．一方，育成がほぼ終了した工作機械，工具などの基礎機械への融資は減少した．

　第3次機振法に基づく開銀融資では，各分野の中核企業を育成するという目的から，第2次同様，同一企業に複数回の融資を行うケースが多くみられた．表10-20に示したように，66年度以降の5年間に融資を行った140社のうち，4割弱に当たる52社に3回以上の融資を行っている．また，この52社への融資総額は全体のほぼ4分の3の235億円に達した．単純計算をすれば，この52社への平均融資額は4億5,000万円余ということになる．第3次機振法融資の中心となった自動車部品に対しては，このような融資の重点化傾向はさらに顕著で，この時期に融資を行った45社の3分の2にあたる30社に3回以上の融資を行い，この30社への融資総額は同時期の自動車部品への融資総額の90%以上に達した．4回以上の融資を行った企業も20社あるが，その融資総額は自動車部品の融資総額の約70%を占めており，既述の中核的企業への重点的融資という方針が実践されていたこと

がわかる．4回以上融資を行った自動車部品メーカーには，日本電装，愛三工業，曙ブレーキ，小糸製作所などがある．

なお，70年度を最後に機振法に基づく融資は終了したが，15年間の特定機械融資の融資累計は，件数で1,362件，全額で768億円余に達した．件数の多さゆえ融資業務の機動性が必要とされ，また，特に初期においては企業育成的アプローチが求められたこの特定機械融資は，開銀の能力構築にも少なからぬ意義をもったと言えよう．

（3） 電子工業
電子工業振興臨時措置法の改正

1957年6月に公布施行された電子工業振興臨時措置法（以下，電振法）は64年6月を期限としていたが，電子工業振興の必要性は，貿易自由化，資本自由化の進展という時代背景の中で，かつてより高まっていた．このため，通産省は，64年2月，電振法の期限を延長する法案を国会に提出し，5月の国会通過を経て，同法は71年3月末日まで7年間延長されることになった（第2次電振法)[57]．

64年6月の電子工業審議会において3号機種の指定変更が行われ，財政資金融資対象機種は従来の20機種から21機種となった（表10-21）．対象機種は，その後2度にわたって見直され，集積回路が2号機種（工業生産の開始または生産数量の増加を特に促進する必要があるもの）から3号機種（生産の合理化を特に促進する必要があるもの）に指定変えになるなどの変更を経て，67年6月時点では2号機種1機種，3号機種20機種となった．

上記全21機種の振興基本計画は68年度で終了し，69年7月には，IC化の進展，新製品・新技術の方向を反映した新たな基本計画（69〜70年度）が策定された．2号機種では，半導体LSI（1,000素子以上）および混成IC（200素子以上）が追加されたほか，コンピュータ用磁性薄膜メモリーは3号機種に指定変えされた．また，3号機種では，数値制御装置，超音波応用装置，テレビ用ICチューナーの3機種が追加される一方，すでに合理化の行われ

57） 通商産業省・通商産業政策史編纂委員会編［1990］pp. 261-262.

第10章　多様化する融資活動

表10-21　電子工業の対象機種一覧（3号機種：64年6月時点）

従　来　機　種		新　規　追　加
削除された機種	延長された機種	
テープレコーダー用テープ ブラウン管陰極 コネクター P.H.メーター電極 電子式自動調節装置 シンチレーター及び光学結晶 継電器	抵抗器 蓄電器 ○水晶振動子 サーボモーター ○マイクロスイッチ ○チョッパー ○トランジスタ及びダイオード ○電子管用タングステン製品 　及びモリブデン製品 ○フェライト製品 高周波測定器 電子計算機用入出力装置 ○極小型直流電動機 複合部品	医用電子装置 産業用T.V.装置 高純度シリコン 蓄電器用タンタル 人工水晶 電子管 磁気テープ 放射線測定器
7	13（うち　○7）	8

注）　○は特別償却の継続のみを目的として延長された機種．
出所）　日本開発銀行［1976］p.453ほか．

た人工水晶など3機種が対象から除かれ，対象機種は2号機種1，3号機種21となった[58]．

電振法は71年3月末に期限を迎え，同年4月には電子工業と機械工業の一体化時代に即応するための新たな振興政策として「特定電子工業及び特定機械工業振興臨時措置法」が施行された．66年度に1兆円産業の仲間入りを果たした電子工業は，さらにその後，予想をはるかに上回る成長を遂げていった．

第2次電振法に基づく融資の実績と意義

1960年代後半の電子工業における生産は，民生用機器，産業用機器，電子部品全般にわたって活況を呈した．輸出額も毎年大幅に増加したが，製品分野でみるとテレビ，テープレコーダーなどの民生用機器が全体の過半を占めた．他方，輸入においては，産業用機器の占める割合が圧倒的で，とりわ

---

58)　指定機種の推移については，第6章第2節(2)の表6-21を参照のこと．

表10-22 電子工業の融資実績（第2次電振法：1964～70年度）

単位：百万円，％

年度	1964	65	66	67	68	69	70	合計 金額	合計 構成比
抵抗器	80	50	30	95	40	80		375	3.1
蓄電器	125	285	340	210	140	75		1,175	9.7
フェライト製品		400	330	120	150	350	400	1,750	14.5
コネクター			80			190	180	450	3.7
人工水晶		120	30	40	30			220	1.8
高純度シリコン				200	220	520	1,090	2,030	16.8
集積回路			110		400	620		1,130	9.3
半導体LSI							1,160	1,160	9.6
多層プリント基盤			100	40		170	245	555	4.6
電子計算機周辺装置						540	750	1,290	10.7
計数型電子計算機用入出力装置	180							180	1.5
電子計算機器		80			100			180	1.5
電子計算機用薄膜内部記憶装置			120		80			200	1.7
磁気テープ		160		100				260	2.1
その他	145	25	160	35	90	320	360	1,135	9.4
合計	530	1,120	1,300	840	1,150	2,965	4,185	12,090	100.0

注）その他は卓上電子計算機，医療用電子機器，変成器など．

け国内技術の未成熟と供給力不足を反映して，コンピュータ関連機器や集積回路（IC，LSI）などの輸入依存度が年を追うごとに高くなった．

このような事情を反映して電子工業に対する融資は，産業用電子機器，集積回路やコンピュータ関係を中心に展開された（表10-22）．なお，第1次電振法の成立以来，開銀の電子工業融資は3号機種のみに限定されていたが，66年度からは2号機種についても考慮することとなった．これを受けて開銀は，70年度に2号機種のLSIの工業化を促進するため，3件・11億6,000万円（1件平均3億8,600万円）の融資を行った．これは，同年度の1件平均融資額の1億3,500万円に照らせば，かなり重点的な融資であった．なお，第2次電振法下での融資条件は，金利年6.5％，平均融資期間5.5年，融資比率は40％であった．

第2次電振法による融資実績は121億円（64社・129件）で，第1次における22億円の5.5倍となった．また，電子技術の高度化の進展にともなっ

て投資が大型化したことや技術集約度の高い機種が多くなったことなどを反映して，大手メーカーへの融資が増加するとともに，1件当たりの平均融資額も第1次の3,200万円から9,400万円に増大した．また，融資先64社のうち15社に対しては，期間中3回以上融資が行われた．この間，世界の電子工業は目をみはるスピードで発展したが，開銀融資は，カラーテレビ，コンピュータなどの部品のIC化，その材料である高純度シリコンなどの生産設備の増強・合理化を資金面から促し，わが国電子工業の国際競争力の強化に一定の役割を果たしたといえよう[59]．なお，電振法に基づく融資は，57年度以来累計198件・143億2,600万円であった．

（4） 技術開発の推進

この時期の開銀の技術開発関連の融資は，国産技術の振興と電子計算機を中心として展開された．前者は経済発展の原動力となる自主技術の開発を，後者は経済・社会に大きな影響を及ぼすことが予想されたコンピュータの国産化を目的とするものである．

自主技術開発に対する要請と国産技術振興融資の創設

戦後，日本の産業の急速な成長は，外国技術の導入を中心とする技術革新を基軸に展開されてきた．それは先進諸国へのキャッチアップを図る上で不可欠の条件でもあったが，この間本格的な研究開発は劣後に置かれ，そのことが国産技術の水準に投影されていた．

資本取引の自由化を控えた1960年代後半，技術開発力の国際的格差に対する危機感はいよいよ現実的なものとなり，自主技術の開発を資金面から誘導するような施策の強化が要請されるに至った．これに対して，新技術開発事業団（現・科学技術振興事業団）の事業拡充や新機関の創設などの構想も出たが，最終的には，新技術工業化に関わる融資に実績をもつ開銀がこれを担当することとなった[60]．開銀は，企業の自主技術の開発とその企業化をいっ

---

59) 通商産業省・通商産業政策史編纂委員会編［1990］p.265.
60) 石原元開銀総裁は，副総裁時代の65年8月から5期にわたり新技術開発事業団開発審議会の委員を務め，国産技術振興融資の創設に非常に熱心に取り組んだ．

そう積極的に誘導・奨励するため，従来の新技術融資を抜本的に改め，68年度に「国産技術振興」融資制度を創設して資金量を大幅に増やすとともに，特利6.5%（最優遇金利）を適用することとした[61]．

「国産技術振興」融資は，独創的な国産新技術で，生産性の向上，品質性能の著しい向上，または資源の効率的活用に資するもので，企業化の実現性の高いものを対象とし，技術的先導性または波及効果，国際収支改善，産業構造高度化および国民生活の福祉向上への寄与などの効果を期待できるものを優先的にとり上げることとした．

融資対象分野は，①国内で開発された新技術の企業化に係る設備を対象とする〈新技術企業化〉，②国内で開発された新技術により商品化を目的として試作される機械等の設備を対象とする〈商品化試作〉，③重機械類の自主開発第1号機のユーザーに対して購入資金を融資する〈重機械開発〉の3種から構成されたが，このうち①は開銀設立以来の融資制度で，③は機械工業の国際競争力強化の観点から64年度に設けられた融資制度であった[62]．②の商品化試作は，①の対象となる「企業化段階」の一歩手前の「試作段階」を助成する目的で68年度に新しく設けられた項目である．

従前の新技術工業化融資においては，各業種の主管官庁と科学技術庁が融資対象を選定し，開銀に推薦するという方式がとられていたが，手続きの迅速化・簡素化の要請から，68年度以降，新技術企業化と商品化試作の各融資の対象については，官庁推薦は弾力的に扱うとともに，開銀が独自に技術調査を行い，その結果をもとに選定することになった[63]．このため，技術面の審査の充実を期して，①新技術性を審査する「技術調査」，②新技術性につき大学教授など各分野の外部の専門家から意見を聞く「技術専門委員」（69年度設置），③部長クラスで構成され，融資の経験や業界動向も踏まえて新技術性を最終的に判定する「技術開発選定協議会」の各制度を新設した．

---

61) 【国産技術振興】が創設されるまでの開銀の技術開発関連の融資および新技術工業化融資は，64年度［その他］枠の小項目〈新技術企業化〉および65年度［重機械開発］の立目までは，大項目［一般機械］など各融資項目の中で行われ，独立の融資項目にまとまっていなかった．
62) 従来重機械開発の金利には7.5%が適用されていた．
63) 企業側は，審査の一元化・迅速化を強く希望していた．

技術専門委員制度は，新融資制度の開始とともに制度を充実したもので，技術調査の公平性，客観性を維持する上で重要な役割を果たした．

また，新技術案件の選定に当たっては，毎年2月の設備投資アンケート時に技術開発に関する融資期待の有無を調査するなど借入希望者のニーズを把握した上で，まず融資担当部，審査部，総務部が共同で，融資対象候補技術に関するヒアリングを行った．その内容は，①研究の沿革，研究体制，新製品の概要，新技術の特徴，新技術の効果，特許・実用新案などの融資対象技術の概要，②国内他社の技術動向，海外の技術動向などの業界動向，③工事内容，生産販売計画，資金調達などの申込対象工事の概要，④融資期待額，⑤企業の概要などであった．次にこの共同ヒアリングにより絞り込まれた融資対象候補技術について，審査部が機密保持に万全を期しつつ，技術専門委員など外部の技術専門家2人以上の意見を参考にしながら「技術調査」を行い，評価を行った．技術調査における技術評価は，①独創性・革新性，②発展の方向性，③国民経済的意義，④技術開発力・実績の4項目の総合点で行われ，この結果をもとに技術開発選定協議会が融資対象として適当か否かの検討を行った．この検討の結果，新技術性が高いと評価された技術については，その後，他の案件と同様の審査・融資手続きを経て融資が行われた．

なお，65年度から新技術工業化融資の対象に加えられた「研究所」融資は72年度まで継続され，基準金利が適用された．また，これとは別に70年度からは，自動車部品メーカーが共同で安全・公害関連の研究を目的として設立した研究所に対して特別金利で融資を行う「自動車部品安全公害共同研究所」融資制度もスタートした[64]．

国産技術振興融資の実績

国産技術振興融資の実績は表10-23に示す通りである．第2部でみたように，新技術工業化融資は1951年度から67年度までの間，総額で130億円余，件数でも累計118件にすぎなかったが，新しい融資制度となった68年度以降71年度までの4年間では総額約466億円，累計件数も113件と著しい拡

---

64) 通商産業省・通商産業政策史編纂委員会編［1993］p. 568.

表10-23 技術開発関連の融資実績と主要融資プロジェクト

単位：百万円

年度	融資額合計	国産技術振興					その他			国産技術振興の主要プロジェクト	
		計	商品化試作	新技術企業化	重機械開発	自動車部品安全公害共同研究所	研究所	商品化試作	新技術企業化	重機械開発
1965	3,265	3,115		1,050	2,065		150			揚水式水力発電装置購入 (66~69)
66	3,498	3,498		1,200	2,298					
67	4,583	4,193		1,730	2,463		390			
68	11,556	10,416	152	7,490	2,774		1,140	大型放電電解研削盤	トリニトロン方式カラーテレビ／ロータリーエンジン(68·69)／キシレン分離異性化設備	
69	13,279	12,819	0	10,165	2,654		460		排煙脱硫装置 (70~72)	
70	15,010	14,030	170	12,170	1,690	500	480	水中ブルドーザー・水陸両用ブルドーザー		計算機制御据式完全連続冷間圧延設備購入 (71·72)
71	22,690	21,160	290	16,760	4,110	810	720	超高速度漢字情報処理システム	大型無人倉庫 (71·72)／LNG地下貯蔵タンク (71·72)／インプレッシブマシーン (71·72)	重油燃焼式ボイラー設備新設 (71~72)
72	18,030	17,040	110	14,490	2,440	790	200	血液自動分析装置		DNC大型立旋盤購入
66~71累計	70,616	66,116	612	49,515	15,989	1,310	3,190			

注：1. 1968年度に〈新技術工業化〉を〈新技術企業化〉に名称変更した。
　　2. 65年度より研究所を〈新技術工業化〉の中でとりあげ、68年度より【その他】枠に移設した。
出所　日本開発銀行 [1976] pp.478-479の表1-132より作成。

大を遂げた.

この間の新技術企業化の融資対象を業種別にみると，化学が総額272億円余で全体の6割近いウエイトを占め，日本瓦斯化学工業水島工場キシレン分解異性化設備に代表されるような，この時期建設が進んだエチレンセンターにおける各種誘導品関係の企業化に対する融資がその主要な部分を構成している．第2位は，2割弱のウエイトを占める機械で，融資総額は88億円余であった．

戦後長らくわが国は，外国技術輸入と国産技術輸出の著しい不均衡を抱えてきたが，新技術企業化の融資対象となった技術の中には，その後海外に技術輸出されたものも少なくない．また，融資対象の中には，ソニーのトリニトロン方式カラーテレビ[65]や東洋工業のロータリーエンジンなど，まさに画期的な技術革新も含まれている．

コンピュータ需要の増大と日本電子計算機への融資

コンピュータ需要の急増を背景に，日本電子計算機（以下，JECC）のレンタル用コンピュータ購入額は，表10-24に示されるように60年代後半も年率20％以上で増加した．特にIBM360シリーズに対する国産の対抗機種が出揃った68年度は，購入台数が一挙に1,000台を超える勢いとなったため，購入額は665億円余と前年度に対し80％の増加をみた[66]．

69年度においては，メーカー各社が直販やリースなどの活用を図ったことから，JECCの購入額の伸び率は比較的落ち着いた水準に戻ったが，下期の金融引締めの影響で民間金融機関からの調達が困難になり，68年度に続き再び資金不足に陥った．これに対して，メーカーに対する未払い金の圧縮の要請から，開銀の補正予算（90億円）と市中協調融資の追加措置が講じられることになった．同様な状態は70年度にも繰り返されたが，こうした措置を通じてもなお，メーカーに対する未払い残高は表10-25に示されるよう

---

65) 国産技術振興融資枠創設時の最初の申込みが，ソニーのトリニトロンであった．
66) 1964年に発表されたIBM360シリーズは，コンピュータの演算回路に初めて集積回路を使用した画期的なもので，総合的なデータ処理システムの中枢として位置づけられうるものであった．国内のコンピュータ・メーカーは66年から集積回路を使用したコンピュータの製造を開始し，68年以降のすべての新機種には集積回路が使われた．

表 10-24　JECC のコンピュータ購入金額及び借入額の推移

単位：百万円

年　度	1965	66	67	68	69	70	71	72
コンピュータ購入額	20,792	26,862	36,789	66,577	82,504	92,226	87,414	89,166
前年度増減率(％)	77.9	29.2	37.0	81.0	23.9	11.8	-5.2	2.0
借入合計	14,643	21,392	21,604	29,132	41,334	50,582	95,064	46,979
開　銀	5,500	7,000	7,000	9,000	15,500	21,500	39,000	15,000
（うち補正追加額）	(2,000)	(2,000)	(-)	(-)	(9,000)	(8,000)	(20,000)	(-)
市中ほか	9,143	14,392	14,604	20,132	25,834	29,082	56,064	31,979
（うちインパクトローン）	(-)	(-)	(1,080)	(806)	(3,771)	(2,880)	(1,080)	(-)

出所）　日本電子計算機［1973］p.50．72年度は日本開発銀行［1976］p.448．

表 10-25　JECC の各年度末コンピュータ代金未払い残高の推移

単位：百万円

年　度	1965	66	67	68	69	70	71	72
金　額	6,067	4,709	8,499	28,901	43,474	50,545	9,118	10,465

出所）　同上．

表 10-26　汎用コンピュータ実働状況年度別推移

	年　度	1967	68	69	70	71
国産機	セット数	2,484	3,538	4,958	6,711	8,544
	金額(百万円)	144,528	226,851	328,884	492,986	622,613
	対前年度増加率(％)	42.5	57.0	45.0	49.9	26.3
外国機	セット数	1,062	1,331	1,760	2,771	4,265
	金額(百万円)	156,632	214,376	288,275	398,235	513,607
	対前年度増加率(％)	27.0	36.9	34.5	38.1	29.0

注）　セット数及び金額は各年度末現在のもの．
出所）　日本電子工業振興協会［1988］p.143．

に増大し，その一部をメーカー借入に振り替えるなどの方法が採られた．

　71年度は不況の影響でコンピュータ需要が沈滞したことなどにより，JECC のコンピュータ購入金額は設立以来初めて前年度比マイナスとなった．金融も緩慢に転じ，市中借入も潤沢となったが，巨額に膨らんだメーカーへの未払い金を早急に圧縮する必要から開銀の補正予算措置（200億円）が講じられた結果，71年度末の未払い残高は大幅に縮小した．

　開銀は，経済社会におけるコンピュータ利用効果の拡大，および国内コンピュータ・メーカーの生産基盤の強化と輸入の防圧という観点から，JECC

のレンタル用コンピュータ購入資金を積極的に融資してきたが，上述のように68年度以降JECCの資金需要が増大したため，融資額は大幅に増加した（表10-24参照）．融資対象機種については，特にデータ通信，オンライン・システムの導入などコンピュータ利用の高度化にともない，70年度以降は重点を大型機においた．なお，金利は，67年度以降はそれまでの基準金利から特別金利（7.5%）の適用対象とした．

なお，上記のようにレンタル用コンピュータ購入金額が毎年膨らみ続けたため，JECCの資金調達手段の多様化・機動化を図ることが必要となった．このためJECCは，67年度以降海外金融機関に借入の一部を求め，ファースト・ナショナル・シティ・バンク，モルガン・ギャランティなどからインパクトローンを導入した．開銀はこれらに対して債務保証を行うことによって，海外からの調達ルートの構築に協力した．

最後に，67年度以降71年度までの汎用コンピュータ実働状況の推移を表10-26に示す．この間海外メーカーによる販売攻勢は強力であったにも関わらず，年間の増加率は国産機が外国機を上回っている．表中71年度末の国産機実働金額は6,226億円であるが，同じ時点でのJECCのレンタル資産残高はその約45%にあたる2,822億円に達していることからも，国産機の普及に果たしたその役割の大きさを確認できよう．

3．地域間の均衡ある発展

新全国総合開発計画の策定

第2部で述べたように，1962年10月に策定された全国総合開発計画（以下，全総）の下で，地域格差の是正，産業立地の見直し，都市の過大化抑制などの観点に立った地域開発が進められてきたが，60年代半ばに至っても人口と産業の都市への集中は解消されず，むしろその勢いを加速させていた．こうした情勢の中で，60年代半ば以降の地域開発は，都市への人口の集中というある意味で必然の趨勢を認めた上で，将来の望ましい経済社会をどのように構築するかを模索することが必要となった．

このような動きの発端となったのは，65年10月に国土総合開発審議会

（以下，国総審）に設けられた全国開発部会である．同部会は地域開発をめぐる諸問題を検討した結果，全総を含め，現行の制度と内容に多くの問題点が内包されていることを指摘し，66年10月に全総の改訂を決定した．

続いて，経済審議会地域部会が66年11月に提出した中間報告では，地域開発の課題を，①過密なき集中の実現，②過疎問題の解消，③地域格差の是正と捉え直し，都市への人口と産業の集中という大勢を素直に受けとめ，「都市機能の純化」と「土地利用の効率化」を通じて過密の解消を図るという新しい視角が提示された．67年10月に提出された同地域部会の最終報告書「高密度経済社会への地域課題」では，20年後のわが国の経済社会の姿を描き出し，その実現のための地域開発政策の指針が示された．今後20年の日本列島全体としての変化の基調は「都市化」にあり，したがって今後の地域開発政策は，集中か分散かという捉え方ではなく都市政策として捉えるべきで，都市化の傾向を肯定した上で国民福祉の尊重を図るという観点に立つべきであるというのがその内容であった．

このような議論を踏まえて，68年4月以降，新計画策定のための準備が着手された．同月の国総審（会長：平田敬一郎開銀前総裁）では，経済企画庁の「新全国総合開発計画の基本的考え方試案」を受けて，新計画の検討を行う特別部会が発足した．18回に及ぶ審議と5次にわたる新計画試案の検討の後，69年4月末，答申案がまとまり，翌月の閣議決定を経て，「新全国総合開発計画」（以下，新全総）が成立した．

新全総は，65年を基準年次とし，68年を初年度，85年を目標とする長期の計画で，かつての全総がいわば「経済計画の地域編」という位置づけであったのに対し，経済社会の発展の中心課題として計画を位置づけたところに大きな特徴があった．その骨子は，まず，国土開発の新しい骨格として全国的規模で交通・通信体系を整備し，次にこの新たなネットワークに関連させながら，各地域の特性を生かした自生的・効率的な産業開発ならびに環境保全に関する戦略的な大規模開発プロジェクトを策定・実行していくことによって地域の発展を図り，漸次その効果を全国土に及ぼし均衡ある国土の発展を図ろうというものであった．これ以降，国総審を中心として，新全総を踏まえた大規模プロジェクトの具体化に関する検討が進められることになり，

69年11月，国総審に総合調整部会が設置された．同部会には6つの研究会（総合交通体系，大規模畜産基地，大規模工業基地，大規模レクリエーション，ニュータウン，大都市交通網整備）が設置され，個別テーマ毎にプロジェクト推進にともなう問題点等の検討が進められることになった[67]．

地域開発諸施策の動向

1960年代後半の地域開発は基本的には60年代初頭に成立した諸法が基軸となったが，以下に示す新法の制定も含め，いくつかの施策が追加された．

1960年代半ばに各地方の開発促進計画が相次いで決定され，その中での拠点都市として大規模および中規模地方開発都市が指定されたが，これらへの実質的な育成策は講じられていなかった．これに対し，関係15県が「全国地方開発都市建設促進協議会」を結成して育成措置の実施を働きかけた結果，経企庁の主導で地方都市建設の動きが活発化することになった．

他方，人口の都市への集中とともに深刻化していた過疎地域について，その経済振興を図るための「過疎地域対策緊急措置法」が議員立法により70年4月に成立した．同法は，① 60年から65年にかけて人口減少が1割以上であり，②財政力指数が0.4未満である全国の776市町村を過疎地域として指定し，国の補助率アップ，過疎債の発行等の特例措置を認めるもので，これにより国としての過疎対策が具体化することになった[68]．

また，71年5月には，農業の構造改善と農業地域の再開発などを目的とした「農村地域工業導入促進法」が成立した．同法は，国，地方自治体が農村地域における工業導入計画を定めることとし，定められた工業導入地域について租税特別措置や農林中金の融資等の措置を講じるもので，同年11月には75年を目標年次とする農村地域工業導入基本方針が策定された．

一方，大都市圏整備に関しては，首都圏・近畿圏に次いで，66年7月に「中部圏開発整備法」が制定された．その1年後には「中部圏の都市整備区

---

67) 本項での記述は，主として以下に依拠している．国土庁編［2000］pp.67-69，日本開発銀行［1976］pp.285-286．
68) 776団体が全国に占める比率は，面積で約28％，人口で約6％というものであった．同法成立後，交通，教育，医療，文化等住民生活の確保のための措置，農林水産業等生産活動の振興対策等の総合的な対策が進められた．同上，p.69．

域，都市開発区域及び保全区域の整備等に関する法律」が制定され，68年6月には「中部圏基本開発整備計画」が発表された．また，68年10月には，75年を目標年次とする「新首都圏整備計画」が発表された．

地方開発融資の方針と融資実績

　1966年度以降の地方開発の融資の基本方針は，各年度の「政府資金の運用基本方針」（以下，運用基本方針）および地域開発政策の動向をもとに決定された．66年度の運用基本方針は地方開発について，①後進地域の経済振興開発を図ることを基本とする，②全総の趣旨に則り，地域開発諸施策との関連について配慮することとされたが，67年度には②に「最近の地方における都市化の進展に適応するよう留意すること」が加わり，また，新たに③工場の地方分散の促進に配慮することが追加された．さらに新全総策定を経た69年度には，③の工場分散について，「事業の選定にあたっては，国民経済総体の観点からみた経済性ならびに当該地域における雇用効果および所得効果について留意する」こととなった．

　融資対象事業は，66年度には，①産業構造の高度化及び近代化，②資源の開発及び利用ならびに農林水産の近代化，③産業関連施設の整備ならびに生活環境施設の充実・近代化，④工業の地方分散に資する事業計画とし，67年度には，「基幹的観光施設の整備」および「地方都市の開発整備ならびに流通機構近代化」が加わり，さらに70年度には「農村地域の工業化」が加わった．なお，各年度とも，①業種あるいは企業規模からみて他の政府金融機関の融資対象となる事業計画，②業種別産業政策に基づいて開銀の地方開発以外の融資項目の対象となる事業計画，については原則として対象から除外することとされた．

　また，地方開発業務の運営にあたっては，関係各官庁，各府県はもとより，地方銀行，長期信用銀行その他の民間金融機関および政府金融機関と緊密な連絡を保つこと，関係各審議会，各協議会等とも積極的に緊密な接触を図り，開発計画の推進や民間の開発動向の把握に努めることなどが重視された．

　次に地方開発融資の実績に目を移すと，融資額は着実に増大し，71年度には66年度の1.7倍となったが（表10-27），開銀の融資総額に占める比率は，

表 10-27　地方開発融資の推移

単位：件，百万円

年度	1966	67	68	69	70	71	計
件数	278	311	298	299	273	287	1,746
融資額	38,527	37,296	43,878	45,064	52,087	66,510	283,362

表 10-28　地方開発の政策拠点別融資額の構成比

単位：％

	1959〜65年度累計	66〜71累計
新産業都市	26.1	39.1
工業特別整備地域	7.4	12.6
低開発地域工業開発地区	19.4	12.5
産炭地域	18.7	16.0
奄美群島	2.3	0.2
地方開発都市	0.0	6.8
首都圏都市開発区域	1.8	4.7
近畿圏都市開発区域	6.1	5.2
中部圏都市開発区域	0.0	10.9
拠点計（重複分を除く）	73.4	86.6
その他	26.6	13.4
合計	100.0	100.0

66年度の17.3％をピークとして漸減し，ほぼ15％台で推移した．一方，融資件数では，66〜71年度の間の開銀融資全体の37％を占める最大の融資分野であった．

この時期は，高度成長下で，企業の地方立地が活発化するとともに，地方の製造業の設備投資意欲も旺盛で，恒常的な資金不足が続いていた．重点が置かれた融資対象は，新産業都市や工業整備特別地域における化学・金属・機械などの工業開発プロジェクトであり，地方開発の融資額全体の45％強を占めた．一方，既述の都市施設・交通・流通施設を中心とする地方都市圏の機能整備を目的とした融資の比率も高まっていった．

政策拠点別・資本性格別・資本金規模別融資実績

表10-28は，地方開発の政策拠点別融資額の構成比を，また表10-29は，融資件数の構成比を示している．これらの表からもわかる通り，この時期の

表10-29 地方開発の政策拠点別融資件数の構成比

単位：％

	1959～65年度累計	66～71累計
新産業都市	22.6	27.4
工業特別整備地域	5.6	11.2
低開発地域工業開発地区	23.8	20.1
産炭地域	15.0	14.5
奄美群島	2.1	0.5
地方開発都市	0.0	8.9
首都圏都市開発区域	1.7	3.8
近畿圏都市開発区域	6.7	6.4
中部圏都市開発区域	0.0	9.7
拠点計（重複分を除く）	69.3	84.0
その他	30.7	16.0
合　　　計	100.0	100.0

表10-30 地方開発の資本性格別融資実績

(1) 融資額構成比　　(2) 件数構成比

単位：％

資本の性格	1959～65年度累計	66～71累計	1959～65年度累計	66～71累計
地元資本	36.2	27.4	52.3	44.4
提携資本	9.6	9.9	12.2	9.7
中央資本	54.2	62.6	35.4	45.9
合　計	100.0	100.0	100.0	100.0

表10-31 地方開発の資本金規模別融資実績

(1) 融資額構成比　　(2) 件数構成比

単位：％

資本金	1959～65年度累計	66～71累計	1959～65年度累計	66～71累計
50百万円未満	16.6	4.2	31.1	9.1
50～100未満	11.9	8.9	18.6	17.4
100～500未満	23.7	23.4	25.8	34.6
500～1,000未満	13.3	13.8	7.3	13.4
1,000～	34.6	49.6	17.2	25.5
合　計	100.0	100.0	100.0	100.0

地方開発融資は，融資額・融資件数ともに，新産業都市，工業特別整備地域，産炭地域，低開発工業開発地区に集中している．この4拠点地域への融資累計額の地方開発融資に占める割合は，新産都市の39.1%を筆頭に合計80.2%（一部重複を含む）に達し，件数についても73.2%を占めている．

次に地方開発の融資を資本性格別（地元資本・提携資本・中央資本）にみると，工業再配置の進展の結果，融資件数，融資額とも中央資本の割合がそれ以前の時期（59～65年度）に比べて66～71年度では増加した（融資件数：35.4%→45.9%，融資額：54.2%→62.6%）．地元資本，提携資本への融資はこの時期減少したが，引き続き融資件数は両者で過半を占めていた（表10-30）．

また，資本金規模別に融資先を分類すると，融資額では資本金10億円以上の大企業への融資が増加し49.6%を占めたが，融資件数ベースでは大企業への融資は25.5%にとどまった（表10-31）．

4. 大都市再開発と流通近代化[69]

過密の弊害の深刻化とその対応

高度成長の進展とともに産業と人口は急速に都市へと集中し，それが最も著しい大都市においては，住宅難や通勤難など過密の弊害が深刻化していた．また，都市化の急速な進行に対して流通機構の整備には遅れが目立ち，そのことが都市部の消費者物価の高騰の一因となっていた．

こうした問題に対する初期の取り組みの1つとしては，都市交通審議会による「東京及びその周辺における都市交通に関する第1次答申」（1956年8月）や「大阪市及びその周辺における都市交通に関する答申」（58年3月）があり，大都市と周辺部の輸送力の増強や交通網の形成の観点から，郊外私鉄と地下鉄との直通運転の実施，踏切の立体交差化・高架化・地下化等の具体策が示された．

大都市の再開発については，62年，建設省都市局に「大都市再開発問題懇談会」が設置された．同会委員となった平田開銀副総裁（当時）は，大都

---

69) 本節の記述は，日本開発銀行［1976］，平田［1970］のほか，内部資料やヒヤリング記録などに依拠している．

市，特に東京の問題は道路など個別の視点からではなく，高所から見た都市づくりが必要であり，何が東京に不可欠で，何が近郊に展開可能か，何が積極的に移転を図るべきものかの観点から検討すべきであると主張し，議論の流れに重要な影響を与えた．懇談会はこの主張に沿って，東京・大阪各部会で報告を出すことになり，63年10月には「東京の再開発に関する基本構想」がまとめられた．そこでは，都心に集中混在する諸機能を再配分することで総合的都市機能の近代化を図るべきことが提案され，過密対策の一環としての流通センター設置構想が明らかにされた．他方，大阪でも70年の万博開催を念頭に置いた公共的施設の整備計画が進められていたが，その中にも流通センター構想が含まれていた．

こうして流通センターの整備は大都市再開発の1つの柱として位置づけられ，65年には建設省主導で「大都市における流通業務市街地の整備に関する法律」の制定作業が進められるに至った．他方，通産省でも商業流通機構の近代化に関する検討が進められ，65年12月には産構審流通部会において「卸総合センター」についての報告がまとめられた．

第2部で触れたように，開銀は，倉庫・港湾関連施設，私鉄の都心乗り入れ，駐車場，空港ターミナルなどの空港施設，トラックおよびバスターミナルなど都市開発に関連する融資をすでに手がけていた．ただ，それらの一部は産業開発融資の一環として行われ，またその他は高度成長のひずみの是正として行われてきたもので，共通の目的の下での融資ではなかった．しかし，上記のように大都市の再開発を総合的な観点から見直そうとする動きが現われ，また，その中で流通センターの建設など大型のプロジェクトが現実化しようとしていることにかんがみ，66年度に「大都市再開発および流通近代化」を新設し，都市開発に積極的に取り組むこととした．これを機に，上述の都市開発関連融資は1つの融資枠に一本化されるとともに，これまではその周辺のみを扱っていた流通分野に本格的に進出することになったのである．

この「大都市再開発および流通近代化」に対する融資は，時代の強い要請を背景に急速に増大し，71年度には総額約675億円，開銀の総融資額の約16%を占めるに至った（表10-32）．融資業務の拡大に対応するため，69年に都市開発部を設けたことは前章で触れたとおりである．

表10-32 大都市再開発および流通近代化の融資実績

(1) 融資額 単位：百万円

年度	1966	67	68	69	70	71	合計
私鉄輸送力増強	6,940	12,800	14,760	20,000	28,300	34,400	117,200
大都市再開発	1,880	4,920	6,673	6,356	5,990	18,750	44,569
流通近代化	5,580	7,030	8,800	9,360	12,395	11,140	54,305
工場分散	90	550	1,050	700	3,900	3,300	9,590
合計	14,490	25,300	31,283	36,416	50,585	67,590	225,664

(2) 融資件数 単位：件

年度	1966	67	68	69	70	71	合計
私鉄輸送力増強	14	23	26	28	52	68	211
大都市再開発	8	11	14	20	20	52	125
流通近代化	20	22	23	21	20	23	129
工場分散	1	3	4	2	10	4	24
合計	43	59	67	71	102	147	489

　この時期の都市開発関連融資は，①都市交通の改善整備（私鉄輸送力増強），②市街地の開発整備（大都市再開発），③流通機構の近代化促進（流通近代化），④工場分散の4つに大別される．66年度に「大都市再開発および流通近代化」が立目された時点では，市街地の開発整備の分野では，特定街区，駐車場，ターミナルビルなどの空港施設が，流通機構の近代化促進では，埠頭倉庫，流通センター，卸総合センター，ボランタリー・チェーンなどが融資対象であった．その後，70年度に市街地の開発整備に地域冷暖房とガス特定導管が，71年度に宅地開発と共同溝がそれぞれ追加され，流通機構の近代化促進の分野では，時代の要請に応じて，対象の追加や改編が随時なされた．大都市再開発および流通近代化の融資制度の推移は，図10-5に示す通りである．

　なお，「大都市再開発および流通近代化」は，経済の急速な発展にともなって生じた大都市圏の過密問題の解消を融資の目的としていたので，基本的には融資対象地域は3大都市圏とされた．3大都市圏以外でも私鉄の整備や街区整備などは行われたが，3大都市圏のそれが過密解消を目的としていたのに対し，地方圏では地方都市圏の機能整備，すなわち都市機能の集積を目的とした．したがって，これらに対する融資は，地域開発の一環と位置づけ

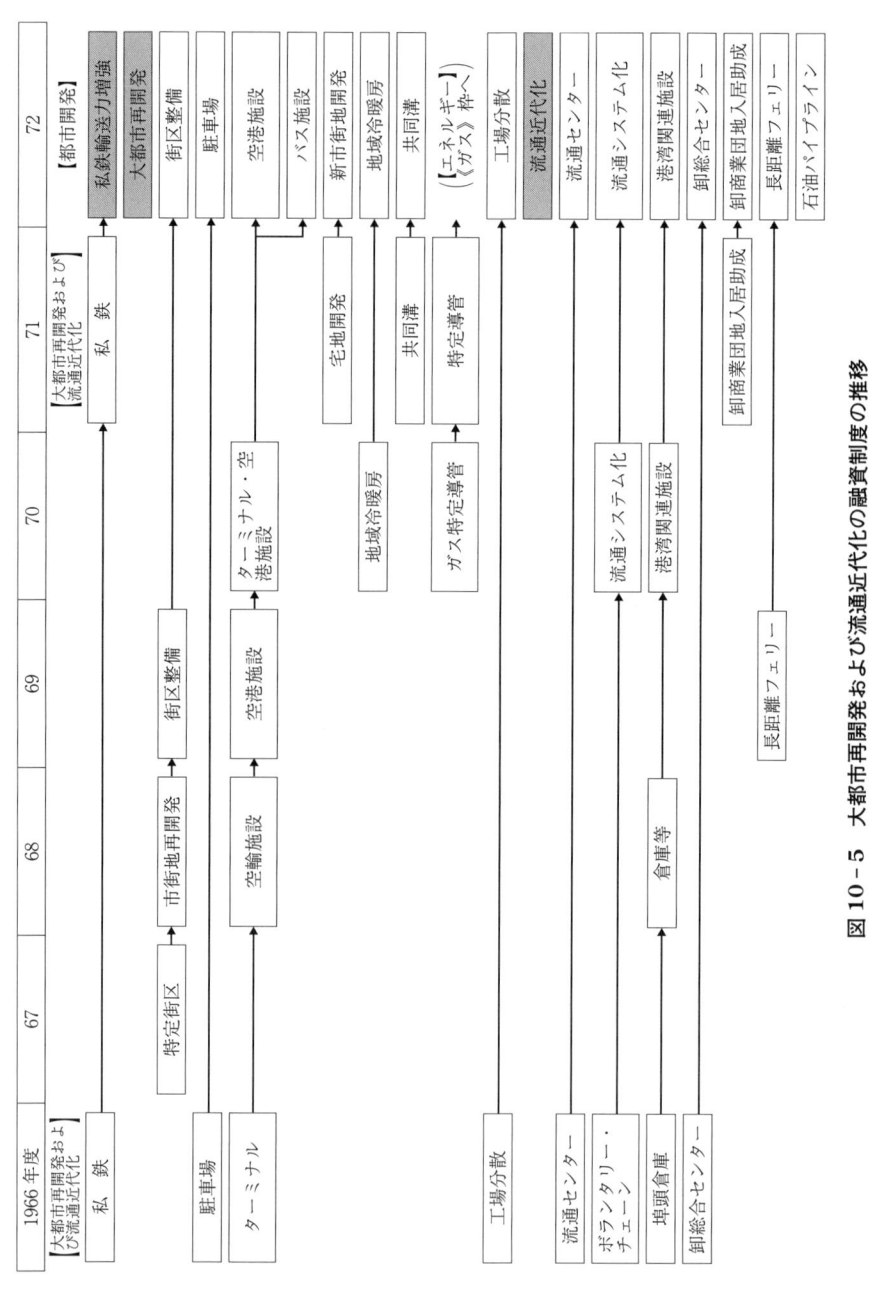

第3部 成長経済の課題と融資活動の多様化

1966年度	67	68	69	70	71	72
【大都市再開発および流通近代化】					【大都市再開発および流通近代化】	【都市開発】
私 鉄	→	→	→	→	私 鉄	私鉄輸送力増強
						大都市再開発
駐車場	特定街区	市街地再開発	街区整備	→	→	街区整備
						駐車場
ターミナル	→	空輸施設	空港施設	ターミナル・空港施設	→	空港施設
						バス施設
				宅地開発	→	新市街地開発
				地域冷暖房	→	地域冷暖房
				共同溝	→	共同溝
				ガス特定導管	特定導管	【エネルギー】《ガス》枠へ
工場分散	→	→	→	→	→	工場分散
						流通近代化
流通センター	→	→	→	→	→	流通センター
ボランタリー・チェーン	→	→	→	流通システム化	→	流通システム化
埠頭倉庫	→	倉庫等	→	港湾関連施設	→	港湾関連施設
卸総合センター	→	→	→	→	→	卸総合センター
					卸商業団地入居助成	卸商業団地入居助成
			長距離フェリー	→	→	長距離フェリー
						石油パイプライン

図10-5 大都市再開発および流通近代化の融資制度の推移

られ,「地方開発」枠で行われた.

　以下では項をあらためて,上に示した4つのカテゴリーそれぞれにかかわる政策等の概要と開銀の融資の展開やその内容について示していくことにしたい.

都市交通の改善整備融資

　大都市における人口の集中が激化するのにともない,輸送力の増強,混雑緩和,事故防止など大都市および周辺地区における交通網の整備強化に対する要請は年々高まりをみせていた.これに対して私鉄各社も61年度以降輸送力増強計画を策定し,新線建設や複線化,立体交差化などを進めてきたが,首都圏を中心に事態はいっそう深刻化していた.こうした中で都市交通審議会は,66年10月,「都市交通緊急整備対策」を建議し,大都市圏の交通機関の緊急整備に対する国の助成を強調した.また,67年12月には,運輸経済懇談会が「首都圏における交通体系のあり方について」の答申を提出し,大都市周辺の開発と私鉄の整備を一体的かつ効率的に進めるべきであること,そのためには新線の建設,既設線の複線化の促進が必要であることなどを強調した.この答申を受けて,私鉄各社への財政資金の投入による資金調達の円滑化や金利負担の軽減が要請されることとなった.

　このような情勢を受けて,開銀は,私鉄の都心乗り入れ,乗換駅改良,新線建設・複線化,立体交差化,踏切保安,事故防止などの各工事に対する融資を拡大していった.特に各社の第3次輸送力増強計画が策定された67年度以降は,特定工事と一般工事の区分を設け,融資比率35％,基準金利(8.2％)適用の一般工事に対し,特定工事は融資比率50％,特利7.0％を適用し,安全対策と輸送力増強工事を促進することとした.特定工事の対象となったのは,都市中心部乗り入れ工事,立体交差工事および踏切保安・事故防止工事で,69年度には新住宅市街地乗り入れ工事も加えられた.この他,68年度には万博会場に直接乗り入れを行う新線建設工事も特定工事に準じて取り扱うこととした.表10-33に示される通り,私鉄に対する融資額は年々増加し,開銀の総融資額に占めるウエイトも66年度の約3％から71年度の8％へと急速に高まった.

393

表10-33　私鉄の融資実績

単位：百万円

年　度	1966	67	68	69	70	71	合　計
特定工事	4,890	10,870	13,650	18,890	21,110	16,035	85,445
一般工事	2,050	1,930	1,110	1,110	7,190	18,365	31,755
合　計	6,940	12,800	14,760	20,000	28,300	34,400	117,200

市街地の開発整備融資

　市街地の開発整備（大都市再開発）は記述のとおり融資対象が追加され，71年度には，①街区整備，②宅地開発，③駐車場，④ターミナル，⑤地域冷暖房，⑥共同溝，⑦ガス特定導管の7分野となった．分野別の融資額と融資件数を示したものが表10-34である．

　既成市街地の開発整備に関する融資は，都市計画法に基づく特定街区融資から始まった．「特定街区」制度は，1963年の建築基準法の改正によって設けられた制度で，街区（四方を道路で囲まれたブロック）の整備と都市空間の有効利用を図るため，都市計画上の規制の下に高層建築物の建設を促進することを目的としている．開銀は，大都市の既成市街地における過密地区の再開発を行い，土地の高度かつ合理的な利用と都市環境の改善を図るという観点から，67年度の東京浜松町の世界貿易センタービルおよび神戸商工貿易センタービルを皮切りに，特定街区整備事業に対する融資を開始した．また，70年度からは「防災建築街区造成法」（61年施行）に基づく防災建築街区整備事業も融資対象となった．これは，都市を街区で仕切り，その街区単位を防火区域とすることによって，防災効果の向上を図ると同時に街区整備の一助とするという考え方に基づくものであった．

　69年6月には，新「都市計画法」が施行された．これは，大正9年施行の都市計画法が人口の都市への集中，無秩序な市街化，過密による都市機能の麻痺などで実情と合わなくなったため，全面改正によって都市とその周辺の土地利用を規制し，計画的で秩序ある都市づくりをしようとするもので，新法では，都市計画区域を「市街化区域」と「市街化調整区域」に区別し，それぞれに適した都市開発・整備を行うことになった．このうち，市街化区域については用途の混交を避けるため用途地域が定められ，「都市再開発法」ではこれを受けて用途地域の1つである「高度利用地区」の再開発を促

表 10-34　大都市再開発の融資実績

(1) 融資額　　　　　　　　　　　　　　　　　　　　単位：百万円

年度	1966	67	68	69	70	71	合計
街区整備		2,000	4,000	4,000	1,700	4,200	15,900
宅地開発						6,690	6,690
駐車場	1,130	490	1,673	1,156	1,220	2,140	7,809
ターミナル	750	2,430	1,000	1,200	870	2,130	8,380
地域冷暖房					1,200	200	1,400
共同溝						590	590
ガス特定導管					1,000	2,800	3,800
合計	1,880	4,920	6,673	6,356	5,990	18,750	44,569

(2) 融資件数　　　　　　　　　　　　　　　　　　　　単位：件

年度	1966	67	68	69	70	71	合計
街区整備		2	3	3	1	7	16
宅地開発						13	13
駐車場	5	6	10	14	13	22	70
ターミナル	3	3	1	3	2	5	17
地域冷暖房					2	1	3
共同溝						2	2
ガス特定導管					2	2	4
合計	8	11	14	20	20	52	125

進するため,「市街地再開発事業」についての詳細が規定された．この市街地再開発方式は，市街地の高度利用のため立体化を促進した点，開発事業には地方公共団体や公団だけでなく民間組織も行えることとした点など，再開発の促進に有効な特徴を備えたものであった．開銀はこれらの法律の趣旨に則り，民間の活力を計画的な再開発事業に誘導するため，70年度に市街地再開発事業に対する融資制度を開設し，翌年度から融資を開始した．

　開銀の街区整備融資は，特定街区などに限定されており，ビル融資全体に占めるシェアは小さかったが，特定街区・再開発ビルのように投資回収に長期を要するプロジェクトに安定的資金調達の道を開いた意義は大きかった．また，これらのプロジェクトは懐妊期間が長く，新設の建築制度等を利用するものであったことなどから，プロジェクト実現に計画の早い段階から協力することもしばしばであった．これには，設備投資研究所が都市開発プロジェクトの審査・コンサルティングなどのために開発したシミュレーション・

モデルSMAP3が活用されることも多かった．SMAP3は，各プロジェクトの運転資金の総額がどの程度借入可能か，あるいはこの借入負担を軽減し，投資回収年数を短縮するには資本金の規模や家賃などをどのように設定すればよいのかなどの予測・シミュレーションに用いられた．

また，開銀は，渋滞解消の一手段として駐車場施設整備の必要性に着目し，62年度以降，公共の用に供する駐車場のうち都市計画事業として設置される駐車場を対象として融資を行ってきたが，66年度以降は，都市計画事業に準ずる事業として行われる立体駐車場についても融資対象とし，拡充に努めた．62年度以降71年度までの駐車場融資の総額は98億円余で，うち約78億円は66年度以降のものである．

さらに，都市交通の総合的かつ円滑な機能の発揮を目的として，バスターミナルや空港関連施設の整備に対する融資も拡充が図られた．空港施設に対する融資が初めて行われた61年度から71年度までの融資額は約88億円であるが，66年度以降の増加が著しく，71年度までの6年間の合計は約84億円に達している．このほか，70年度に地域冷暖房およびガス特定導管，71年度に宅地開発および共同溝への融資がそれぞれ始まった．

流通近代化促進融資

流通近代化促進に関する融資は，流通業務市街地施設融資，物流施設融資，流通システム化・卸売業務施設融資の3つに括ることができる．

まず，流通業務市街地施設融資は，66年に成立した「流通業務市街地の整備に関する法律」に基づく融資で，「大都市再開発および流通近代化」の一環として位置づけられた．同法の目的は，都市周辺部に流通センターを整備して，都心部に集中している倉庫・市場・問屋・トラックターミナルなどの流通機能を既成市街地の周辺部に計画的に配置し，交通の効率化と貨物流通機構の再編成を図ろうとするもので，開銀もこの趣旨に沿い，流通センター地点の用地造成および流通業務施設整備を融資対象とした．

物流施設融資は，従来産業関連施設の枠内で行われてきた倉庫・港湾施設と連続性をもつものである．60年代半ば以降，貨物量が大幅に増大するのにともない，京浜・阪神・名古屋等特定重要港湾の総合的整備，ならびに内

陸における物流拠点の整備による物流効率化への要請はいっそう高まっていった．これらに関連して，「港湾整備新5ヵ年計画」(64〜68年度)，「第1次倉庫整備5ヵ年計画」(65〜69年度) および「第2次倉庫整備5ヵ年計画」(68〜72年度) などの諸政策も打ち出された．開銀は，このような状況に対応して，重要港湾など流通拠点の倉庫の整備，穀物のバラ流通を促進するためのサイロ建設，低温流通機構の整備の一環としての冷蔵倉庫の整備等に対する融資を拡充するとともに，69年度以降は外貿埠頭（除く専用埠頭）およびコンテナ化に対応するための付帯荷役施設建設，70年度以降は物流の省力化に寄与する内陸貨物のストックポイントも融資の対象とした．また，港湾倉庫に関しては，70年度以降，本牧埠頭団地倉庫のような大規模で共同性のある施設も融資対象とした．

　流通システム化および卸売業務施設融資は，既述の通産省における商業流通機構の近代化に対する関心の高まりなどを背景とするものであるが，開銀は，流通の近代化の推進は大都市の過密化対策や物価対策の一環として意義をもつとの判断から，この分野に対しても融資を行った[70]．融資対象となったのは，卸・小売業の再編成と流通の簡素化・大規模化のためのボランタリー・チェーン，卸売業者の集団化・共同化を促進し，あわせて都市交通の混雑緩和を図るための卸センター，農林水産物の流通近代化の一環として中央卸売市場の能力不足を補完する民営卸市場などで，さらに70年度以降は，流通業務および情報処理のシステム化・共同化の要請に対応するため，スーパーなどの大量消費財配送センターや複数メーカーが共同で保管・配送を運営する配送センターなども加わった．66〜71年度の流通近代化促進融資の推移は，表10-35に示す通りである．

工場分散

　第2部でみたように1962年に策定された全国総合開発計画は，全国を過密地域・整備地域・開発地域に区分し，このうち「整備地域」に対しては工

---

[70] 流通機構の近代化は，本来，国民経済的見地から大規模な計画を立て，開銀融資でそれを促進するという形が望ましいと考えられたが，中小企業対策の問題とも絡み，抜本的な近代化には困難がともなった．平田［1970］p.158を参照されたい．

表 10-35 流通近代化の融資実績

(1) 融資額

単位：百万円

年　度	1966	67	68	69	70	71	合計
流通センター	3,600	1,000	3,930	4,720	6,820	3,700	23,770
埠頭倉庫	1,370	3,050	2,450	1,740	3,750	4,800	17,160
ボランタリー・チェーン	260	380	20	—	25	—	685
卸総合センター	350	2,600	2,400	2,400	—	—	7,750
流通システム化					400	2,640	3,040
長距離フェリー				500	1,400	—	1,900
計	5,580	7,030	8,800	9,360	12,395	11,140	54,305

(2) 融資件数

単位：件

年　度	1966	67	68	69	70	71	合計
流通センター	2	2	5	5	6	3	23
埠頭倉庫	13	14	15	13	10	13	78
ボランタリー・チェーン	3	4	1	—	1	—	9
卸総合センター	2	2	2	2	—	—	8
流通システム化					2	7	9
長距離フェリー				1	1	—	2
計	20	22	23	21	20	23	129

注)「埠頭倉庫」は68年度「倉庫等」に，70年度「港湾関連施設」に名称変更した．

表 10-36 工場分散の融資実績

単位：百万円

年　度		1966	67	68	69	70	71	合計
一般資金	特定工場分散					2,800	2,800	5,600
	一般工場分散	90	550	1,050	700	1,100	500	3,990
	計	90	550	1,050	700	3,900	3,300	9,590
地方開発資金			290	570	690	910	1,200	3,660
合　計		90	840	1,620	1,390	4,810	4,500	13,250

出所）日本開発銀行 [1976] p.326.

場分散を誘導するための基盤整備を推進することとした．開銀においても工業の適正配置および過密・過疎問題の解消という観点から，63年度以降，「過密地帯からの工業の地方分散に資する事業」を地方開発融資の対象事業としてとり上げてきた．ただし，そこでの融資対象は，工場の移転先が地方開発融資の対象地域であるものに限定されていた．

しかし，大都市における過密の是正や公害防止および工場跡地の再開発という時代の要請に照らせば，地方開発融資の対象とならない地域への工場分散も促進する必要があり，66年度以降は，このような近距離分散に対しても融資を行うこととした．66年8月に開銀が行った工場分散に関するアンケート調査（調査対象 2,600 社）によると，東京・大阪・名古屋地区所在工場 1,917 のうち，102 工場が地方分散を考えており，移転先は「大都市再開発および流通近代化」の対象地域が過半（56.3%）を占めていた[71]．

さらにその後の公害問題の深刻化に対応して，70年度以降は，公害防止をいっそう推進し，都市生活環境の改善を図るため，新工場移転先の如何に関わらず一元的に公害工場分散を都市開発融資の対象とし，特利 7.5% を適用することとした（表10-36）．

大都市再開発融資の意義

最後に，この新しい融資分野における開銀融資の意義を考えるために，当該時期の代表的プロジェクトの融資条件をまとめた表10-37をみることにしたい．

表から明らかなように，各プロジェクトにおける開銀の位置づけはいずれも特徴的である．特徴の1つは超長期ともいえる融資期間にあり，長信銀等の融資が最長でも12年であるのに対し，開銀の場合は最長25年となっている．また，いま1つの特徴は金利にある．特にB〜Dについては，貸出金利の低さが際立っているが，これは68年度以降，流通業務市街地整備の一部に特利が適用されたことによるものである[72]．

「大都市再開発および流通近代化」融資の対象プロジェクトは，一般に収益性が低く投資回収に長期間を要する．開銀融資は，投資回収に長期を要するプロジェクトに対して超長期の融資を実施することによって「期間補完機能」を果たしたと同時に，収益性の低いプロジェクトに対して低利で融資を

---

71) 分散計画工場数が多い業種は，機械，化学，金属で，この3業種で全体の8割を占めた．なお，工場分散の主な理由は，「用地，用水，労働力の入手困難」「公害問題」などであった．
72) 開銀の基準金利は長期プライムレートと同一水準であったため，基準金利による融資であっても民間金融機関より長期の融資を行った場合には，実質上は民間金融機関よりも低利の融資を行ったことになる．

表 10-37　都市開発プロジェクトにおける融資条件の例

プロジェクト	銀行名	金額(百万円)	金利(%)	期限(年)
A	開　銀	2,200	8.4→8.2	25年
	都銀1	800	8.76→8.4→8.21	7年
	都銀2	800	〃	〃
	都銀3	800	〃	〃
	長信銀1	500	〃	12年
	長信銀2	500	8.7→8.4	〃
	長信銀3	500	8.76→8.4→8.21	〃
B	開　銀		7.0	20年
	長信銀他		8.6	12年
	市　中		9.0	7年
	協力金		2.0	20年
C	開　銀	2,700	7.0	25年
	市　中	1,630	9.0	10年
D	開　銀	1,300	7.0	18年
	市　中	1,362	9.0	10年
E	開　銀	380	8.2	20年
	市　中	470	8.7	10年

注)　プロジェクトBの融資金額は資料の制約により不明である．

　行うことによる「収益補完機能」を果たしたといえるであろう．仮に開銀によるこのような融資が行われなかったとすれば，大部分のプロジェクトは実施そのものが困難であったはずであるし，あるいは実施がかなったとしても，その施設の利用料金は割高な設定を余儀なくされたはずである．また，市街地再開発については，69年6月の新「都市計画法」で再開発を促進するため，民間のデベロッパーの参加も認められることになったが，仮に開銀による融資が実施されていなかったとすれば，市街地再開発の進展は遅れ，民間デベロッパーの育成も進まなかったものと考えられる．
　また，街区整備などの都市開発プロジェクトは，開業後数年間はフル稼働に達せず，加えて民間金融機関からの借入が投資回収年数に比べて短いことから，赤字補塡，借入金返済などのため，多額の運転資金を必要とする場合が多い．開銀は長期を含め運転資金の供給機能をもたず，プロジェクト遂行に不可欠なこの面では民間金融機関の強力なバックアップを必要とした．すなわち，民間金融機関はその得意とする分野でプロジェクトをサポートし，

その不得意な部分を開銀が補完することでプロジェクトの実現を図ろうとしたのが「大都市再開発および流通近代化」融資の特徴である．

5. 公害対策およびその他の融資

（1） 公害対策[73]

公害問題の深刻化と公害防止事業団の設立

　高度経済成長の進展とともに大気汚染，水質汚濁，騒音など公害問題は深刻さを増し，全国的な広がりを見せ始めた．国や地方自治体は公害に対する施策の整備や強化を図ったが，それらはいわば応急処置的で，かつ，規制の基準も緩く，公害被害の深刻化をくいとめうるものではなかった．

　公害問題に対する政府の総合的な検討が始まったのは公害審議会が設置された1965年頃からで，翌年10月には同審議会による「公害に関する基本施策について」の報告や，産業構造審議会産業公害部会による「今後の産業公害のあり方について」の中間報告が行われた．これらの検討結果は67年8月に制定された「公害対策基本法」に織り込まれ，ここにおいて環境基準の設定，公害防止計画の策定，各種規制法の立法強化，被害者救済制度の確立などを含む包括的な公害対策の原型ができあがった．同じ67年8月には，海洋汚染に関わる「船舶の油による海水の汚濁の防止に関する法律」[74]が，68年6月には大気中の硫黄酸化物を量的に規制する「大気汚染防止法」がそれぞれ制定された．

　また，65年6月制定の「公害防止事業団法」に基づき，同年10月には公害防止対策のための専門機関である公害防止事業団が発足した．同事業団の目的は，公害多発地域における公害の防止に必要な業務を行い，生活環境の維持改善および産業の健全な発展に資することとされ，業務の範囲は，①建設・造成および譲渡業務（共同公害防止施設，工場アパート，移転工場群の土地

---

73) 公害対策に関する記述は，日本開発銀行［1976］およびその他の行内資料に依拠している．
74) 同法は，1954年に採択された「油による海水の汚濁の防止に関する国際条約」が66年5月に改正強化されたことを受けて制定された．一定の総トン数以上の船舶から海上に油を廃棄することを規制し，加えて廃油処理事業の運営の適正化と廃油処理施設の整備を促進するもの．70年成立の海洋汚染防止法に内法を吸収した．

造成および公害防止設備,共同保健福祉施設),および②融資業務(共同施設その他政令で定める設備)と定められた.

その後政府の公害対策は70年に大きな展開をみせ,同年12月のいわゆる「公害国会」では,公害対策基本法の改正および関連の公害関係14法の整備が行われ,さらに翌年7月には環境行政を一元化するために環境庁が設置された.71年度以降,環境対策に関する財政支出は大幅に拡充され,60年代後半以降増加を続けていた民間企業における公害対策設備投資も,急ピッチで進められることになった.

公害対策施設に対する融資

開銀は66年度以前から公害対策に対する融資を展開していたが,公害防止事業団の発足にともない,当面の融資分野は次のように調整された.まず,同事業団の融資対象は,煤煙防止設備と汚水処理設備の2種類とされ,開銀はこれらに地盤沈下を防止するための工業用水転換設備を加えた3種類を扱うこととなった.また,融資対象地域は,同事業団は「指定地域及びこれに準ずる地域であって特に公害の著しく又は著しくなるおそれのある地域」に限定されたことから,煤煙防止と汚水処理については,開銀はその他の地域における融資を対象とすることになった.さらに,公害防止事業団は,事業団法施行日の65年6月1日前に設置された工場を融資対象とし,それ以降の新しい工場については開銀が担当することとなった.

67年度には,「船舶の油による海水の油濁の防止に関する法律」の制定を受けて,海水油濁防止施設が開銀の融資対象となったが,68年度以降は公害防止事業団が処理することとなった.同じ68年度以降は新たに石油精製業者の重油脱硫設備に対する融資が開始された.この背景には,硫黄酸化物削減対策として,石油審議会が67年度以降の石油精製の特定設備許可基準に「低硫黄化計画」を加えたことにより,重油脱硫設備の開発が促され,67年12月にわが国初の設備が完成したという事情があった.重油脱硫設備に対する融資は,68年度は石油融資資金によって行われたが,翌年度以降は公害対策融資の対象となった.さらに70年度には,重油使用者側における低硫黄化技術である排煙脱硫設備への融資も対象に加わった.

表 10-38　公害防止の融資実績

単位：百万円

年　度	1965	66	67	68	69	70	71	72	66～71累計
煤煙防止・汚水処理等	1,415	952	550	65	—	—	17,825	23,653	19,392
工業用水転換	50	80	—	110	—	60			250
海水油濁防止			70	215	45	315	355	235	1,000
排煙脱硫						350	400	965	750
廃棄物処理							510	1,870	510
ガソリン無鉛化							2,680	2,700	2,680
石油低硫黄化					2,600	2,350	2,500	9,300	7,450
液化天然ガス発電								3,130	0
無公害工程転換								300	0
合　計	1,465	1,032	620	390	2,645	3,075	24,270	42,153	32,032

出所）　日本開発銀行［1976］pp. 329, 335.

　先に示したように70年度から71年度にかけて公害問題に対する法律および行政機構の整備が急速に進み，国の公害対策は本格化した．開銀は，このような情勢に対処して融資対象を拡大し，ガソリン無鉛化設備，廃棄物処理施設および煤煙汚水等処理設備（粉塵処理設備，騒音防止設備，悪臭防止設備および低硫黄燃料タンク）を新たに融資の対象とした．

　表10-38は公害防止融資の推移を示している．71年度の融資額が大幅に増加していることが注目されるが，72年度以降の融資額はさらに拡大していく．

(2)　ガ　ス

　第2部でみたようにガス業界は1953年度以降3次にわたる5ヵ年計画を実施し，ガス源の転換と供給拡大を推進してきた．68年4月，通産省がガス事業に対する新たな重点施策として，①普及の拡大（供給責任の達成），②保安の確保と公害防止，③サービス水準の向上，④広域供給体制の確立，⑤中小ガス事業者の体質改善を省議で決定したことを受けて，68年度から第4次計画にあたる「都市ガス事業新5ヵ年計画」（68～72年度）が開始された．

　この第4次計画における大きな注目点はLNGの導入であった．これは供給の安定化，大気汚染の防止，導管効率の向上による供給設備の節減など，この時代のさまざまな要請に対応し得るもので，とりわけ大都市圏において

はその意義が大きかった．ただ，その反面，LNG工場の建設や特定導管をはじめとする供給幹線網の建設などに巨額の資金を要した上，計画期間途中で資材や賃金が高騰したこともあって，事業者の外部資金依存度は第3次計画時に比して上昇を余儀なくされた．

　開銀は，この第4次計画が大都市のインフラ整備に果たす役割，および計画途中での資金需要の増加という事情をも考慮して，積極的に融資を行うこととした．特に70年度以降，特定導管や共同溝など，大都市における長期的かつ広域的なガス供給体制の構築や都市機能の整備に資する工事を，「大都市再開発および流通近代化」の融資枠の中でとりあげ，大規模な融資を実行した．

6. 外貨貸付および外貨保証

（1） 世銀借款

世銀鉄鋼借款の財務規制

　第2部で触れた通り，わが国の電力および鉄鋼業は世銀借款によって大きな恩恵を受け，また，開銀はそれら民間企業向け借款の一元的な転貸機関として重要な役割を演じてきた．世銀の民間向け新規借款は60年度をもって終わり，開銀の担う転貸融資も同年度で終了したが，62年から67年にかけて，開銀は既存の借款に課された財務規制の緩和を求める企業と規制の緩和に難色を示す世銀との間に立って，困難な交渉を展開することになった．

　高炉メーカーが世銀借款を得て建設した設備の完成は，前年の金融引締めの影響を受けて鉄鋼価格が未曾有の安値に落ち込んだ62年に集中し，この不況で収益を大幅に悪化させた鉄鋼各社は，64年3月末を期限とする財務改善は困難であると判断し，62年12月，6社協議の上，開銀を通じて期限猶予を申し入れた．世銀は，翌年1月から2月にかけて調査団を派遣し，各社の状況を詳細に調べた後，期限の3年間の延長を認めた．63年3月および4月に調印された期限延長の合意書の中で，各社は設備投資を一定の制限内にとどめること，および目標の自己資本比率を達成するために増資を積極的に進めることを約束した．他方世銀は，鉄鋼各社と開銀に対して，「世銀

は今後厳密に事態の推移を追う構えであること，特に続く2年間は厳しく観察する」[75]旨を伝えた．

　世銀は，64年1月から3月末にかけて日本に再度調査団を派遣し，各社の財務改善状況を調査した結果，財務の健全性に対する世銀の考え方は必ずしも日本の企業には受け入れられておらず，市場シェアの拡大維持に注力するあまり，投資収益率には十分関心が払われていないとの印象を強くした．世銀は，こうしたシェア重視の経営方針が鉄鋼各社の強気の設備投資の最大の原因であり，今後数年間，日本の鉄鋼業では過剰能力が深刻な問題となると判断し，過剰能力が鉄鋼価格に及ぼす悪影響，さらに価格の低下が収益に及ぼす悪影響を各社に説いた．しかし，各社の反応は，「日本のように成長過程にある経済においては，内需および輸出需要の急増に対応するために設備は常に実需より過剰な状態にならざるを得ない．したがって，恒常的に過剰能力となることはむしろノーマルである」というものであった．他方，通産省は世銀調査団との議論の中で，高炉6社の設備投資計画に対する懸念を示していたが，各社の設備投資の調整は困難であった．以上のような状況から世銀調査団は，以後も財務規制の遵守について定期的な調査が必要であるとの結論に達した[76]．

　64年の鉄鋼生産量は相次ぐ新鋭設備の稼働で前年を大幅に上回ったが，この年の後半には年初来の金融引締めの影響が現われはじめ，需給のギャップは漸次拡大し，販売価格は再び低迷に転じた．65年に入ると，国内の鉄鋼需要は一段と落ち込み，鉄鋼不況は深刻の度合を増していった．他方，企業が世銀との間で実行を約していた増資による自己資本の増強は，株式市場の低迷により，きわめて困難な状況となった[77]．また，年10%配当を慣行としていた鉄鋼各社にとっては，増資はさらなる配当負担を意味するものであ

---

75) IBRD [1965].
76) IBRD [1964].
77) 株式市場の極度の低迷を受けて，1964年10月，増資等調整懇談会は65年2月以降の増資の全面的停止を決定した．その後経団連をはじめ産業界からの増資の早期再開の要請が出されたことにより，対外信用上または国内の特殊事情がある企業——世銀借款にともない増資による財務比率改善を約している企業，増資をしないと社債発行枠に限度が来る企業，外債発行にともなって財務比率改善を迫られている企業など——の増資を65年6月以降順次認めることになったが，大蔵省や証券界はこの決定を時期尚早とみていた．

った[78].

開銀の平田総裁は，65年9月，世銀を訪問した折に以上のような状況について説明し，少なくとも一部の企業にとっては67年3月を期限とする財務比率の達成は困難であることを伝えた．平田総裁の訪問後，世銀はこの問題を検討し，借款償還までに適用すべき，世銀が納得でき，かつ，鉄鋼各社が遂行しうる新たな規定[79]を提案するよう開銀に求めた．

財務規制をめぐる交渉とその後の経緯

65年10月頃を境に景気は再び上昇に転じ，鉄鋼業界も66年8月には粗鋼減産措置を打ち切り，増産体制に入った．さらに，この年の12月，鉄鋼連盟は9年後の75年度の粗鋼生産を7,740万トンと予測し，これを受け鉄鋼各社は，君津（八幡），福山（鋼管），水島（川鉄），鹿島（住金）など，超大型製鉄所の建設に向けて動き始めた．一方，各社に課された財務改善の期限は67年3月末に迫っていた．

このような状況の中で，上述のように世銀から新たな財務規制の設定を求められていた開銀は，思い切って財務比率を下げるという案を提案した．すなわち，開銀は世銀に対して，①67年1月半ば，鉄鋼6社は，世銀と交わした財務規制なしでも約定どおりに債務を返済する能力をもっていることを説明した上で，関係各社がもっとも受け入れやすい財務規制は，①67年3月31日以降，負債対資本比を2：1とすること，②現行の流動比率規制（130％以上）は継続するが，1年以内に期限が来る長期借入と短期借入の合計は比率の計算から除くこと，であると回答した．

この提案を受けた世銀は，これを受け入れるべきか，さまざまな角度から検討を行った．つまり，世銀が一部の鉄鋼企業への融資を斡旋した米国内の金融機関にとっては，財務規制の緩和は当然好ましくない選択肢であったし，一方，アジアにおける世銀の開発援助の重要なパートナーである開銀との関

---

78) 鉄鋼各社が慣行としていた10％配当について，世銀は「配当は業績が好調なときだけ，財務状態がそれを行うに足るときにだけ支払うべきもの」であり，「日本が先進諸国から自国の産業のために資本を獲得しようとするのであれば，国内の習慣にではなく，広く世界で受け入れられている経済的・財務的慣行に従うべき」と指摘していた．

79) IBRD [1967b]．

係を考えれば，その主張に大きな異議を唱えることも好ましくはなかった[80]．

財務規制問題を解消する最も簡単な方法は貸付金を期限前返済させるというものであり，少なくとも形式的には，67年3月末時点での転貸契約条項不履行を理由に，世銀が期限前返済を求めることは可能であった．しかし，日本政府との関係を考慮すれば，この選択肢は現実的ではなかった．すなわち，貸付金の期限前返済（総額9,700万ドル）は日本の外貨保有のバランスを損なうため，それを政府が歓迎するはずはなかったし，また，ちょうどこの交渉の前年の66年に，世銀は日本政府との間で新たに1億ドルの借款を同意したばかりであった[81]．

結局，鉄鋼各社の設備拡張は既成の事実であることを踏まえて[82]，世銀は，「開銀に対して，鉄鋼各社の拡張計画に関するコメントは行わないが，われわれは提示された資金計画はあくまで不健全だと考えている旨を伝えた上で，今後の各社への規制の設定を開銀に委ねる」[83]という道を選択した．67年3月3日，世銀は，開銀代表者を交えた会議において，世銀の開銀に対する融資と開銀の鉄鋼各社に対する融資との間のリンクを断つこと，以後は鉄鋼各社の財務規制に一切関与しないことを決定した．

このような経緯を経て，開銀は鉄鋼各社に対して世銀への上述の提案と同じ財務改善規定を設定することになった．その内容は，当面の間負債対資本比を2：1，流動比率は少なくとも130%を守るというものであったが，やがて，相次ぐ設備投資による先行投資負担の増大，株式市況の悪化にともなう増資の遅延，販売代金回収条件の悪化などにより，その維持が困難になり，各社は開銀に対して比率達成の一時猶予を申し入れることになった[84]．70年2月，開銀は，融資残高が少ないことなどを考慮した上で，この財務規制を

---

80) 以下の世銀の資料には，開銀との関係について次のような記述がある．「開銀は，インドやパキスタンへの借款団においても大きな貢献を果たしている政府の一機関であり，アジア開発銀行の主導メンバーでもある．より保守的な負債比率に固執することは，重要な国の政府機関の財務的判断に対する不信を意味することになるし，われわれが日本に対して開発事業にいっそうの大きな貢献を求めている現状では，開銀の判断を疑っているというような姿勢を示すことは望ましくない」．IBRD [1967a]．
81) IBRD [1967b]．
82) Ibid.
83) Ibid.
84) 新日本製鐵㈱ [1981] p.626.

すべて撤廃した．

世銀借款の意義と開銀の役割

　高度成長期，特にその前半における日本経済は，外貨の保有量に大きな制約を受けていた．そうした中で世銀借款がいかに重要な役割を果たしたかについては，贅言を要しない．

　他方，開銀にとっても，世銀借款への関与，特にその審査方法に接し得たことは貴重な経験となった．例えば，当時の鉄鋼企業はすでに日本を代表する大企業で，日本国内の金融機関に対して大きな力をもっており，各社が世銀に提出したような詳細な資料は他では見る機会を得られないものであったと同時に，開銀はそうした資料をもとに世銀がどのような観点から審査を行うのかをつぶさに学ぶことができた[85]．特に，世銀の審査においては財務分析がその中心を占め，事業計画と当該企業の財務状態とのバランスや借款の償還可能性をめぐって，長期的視点に立ち，かつ，きわめて緻密な検討が加えられていた[86]．

　なお，開銀は，政府に対する独立性や審査水準の高さなどから世銀との間に良好な関係を構築することに成功したが，このことは後の世銀借款にもプラスの影響を与えたといえる．例えば，旧国鉄が東海道新幹線建設資金の借款を世銀に申し入れた際，世界的にみればもはや成熟段階を終えていた鉄道業の建設計画に消極的であった世銀の担当者は，非公式に平田元開銀総裁の意見を求めている[87]．戦後，さまざまな意味で欧米先進諸国とは異なる成長軌道をたどった日本経済に対する認識のギャップを埋める上で，このような相互の信頼関係が果たした役割を軽視することはできないであろう．

（2）　外貨債務保証

　外貨債務保証業務の概要についてはすでに第2部で述べたが，1966年度

---

85)　平田［1970］pp. 16-17.
86)　日本開発銀行審査部［1957］p. 8.
87)　平田［1970］pp. 17-18. 最終的に1961年5月，日本国有鉄道の東海道新幹線計画に対する8,000万ドルの世銀借款が成立した．

第10章　多様化する融資活動

表10-39　外貨債務保証承諾・保証残高の推移

単位：千ドル

項目	業種		1966	67	68	69	70	71年度
債務保証契約額	電力	火力	—	—	—	—	—	41,850
		原子力	103,000	87,000	74,823	47,456	61,100	35,040
		計	103,000	87,000	74,823	47,456	61,100	76,890
	航空		49,600	44,400	53,379	71,900	88,800	191,700
	電算機		—	3,000	—	5,000	5,000	3,000
	合計		152,600	134,400	128,202	124,356	154,900	271,590
債務保証残高	電力	火力	195,512	181,086	159,963	142,301	125,179	153,777
		原子力	85,596	152,772	220,508	261,557	312,915	331,389
		計	281,108	333,858	380,471	403,858	438,094	485,166
	航空		118,894	142,613	169,315	209,584	258,850	386,570
	電算機		—	3,000	2,625	6,875	11,125	12,664
	合計		400,002	479,471	552,411	620,317	708,069	884,400

以降の6年間の外貨債務保証額は表10-39にあるように先の10年間よりも大規模なものとなった[88]．

まず，電力についてその内訳をみると，火力と原子力の主役交代が顕著である．すなわち，かつて外貨保証の中心であった火力発電は，発電機器の国産化が達成されたことにより後退し，代わって原子力機器輸入のための保証が主流となった．

航空機については，依然米国からの輸入に依存せざるを得なかったため，開銀保証による米輸銀資金の導入が活発に行われた．特にジャンボ機の導入が促進されたため，借款規模は年々大型化し，71年度には2億ドル近い規模の保証が実行された．

また，67年度以降，コンピュータ産業振興のため，JECCの国産コンピュータ購入資金のインパクトローンに対する保証が行われた．電算機関係の保証は，金額的には電力や航空機より小規模であったが，国内の設備調達に充当できるインパクトローンであるという点で，開銀の外貨保証業務として新

---

[88] 米輸銀側は，鉄鋼その他の工業会社の借款については日本の市中銀行の保証を認めたものの，電力や航空機など公益的色彩の強い企業の借款については，原則として開銀一本の保証に統一するという方針を採った．平田［1970］p. 21.

分野に属するものであった.

第11章

経営の成果

　最後に1966年度以降の6年間における開銀の経営成果について触れる．

（1）　延滞および債権償却
　経営の成果の1つのメルクマールである元本延滞額（年度末時点での返済期限を6ヵ月以上経過した元本延滞額）は，石炭の第2次肩代わりや大手炭鉱の廃業などにより，1969年度に前年度54億円から112億円に増加し71年度には200億円を超えたが，融資残高に占める割合は1%以下にとどまった（表11-1）．

　石炭の延滞をやや詳しくみると，70年前後に閉山が相次いだことから，国の債務肩代わりや閉山交付金の支給にも関わらず，企業自身に残された債務，いわゆる「自弁口」は不良債権化し，石炭企業の延滞額（元本）は，65年度末の22億円から71年度末には175億円に増加し，開銀全体の延滞債権の86%を占めた．

　これらの債権管理および回収は，主として管理部が担当し，担保物件であった鉱業財団に含まれた土地などの担保処分と保証人の代位弁済などにより債権回収を行い，66～71年度に10億円余の債権償却が行われた（表11-2）[1]．

（2）　損益・財政状況
　表11-3は，6年間の開銀の事業収支を示している．この間，貸付金利息を主体とする事業益金は約1.88倍に増加したが，借入金利息・外貨債券利

---
1)　1972～85年度には40億円の債権償却が行われた．

表 11-1　延滞状況の推移

単位：百万円, %

年度	延滞額	貸付残高	延滞率
1961	4,472	705,961	0.63
62	4,744	787,366	0.60
63	4,089	853,306	0.48
64	4,025	927,695	0.43
65	5,326	1,037,028	0.51
66	6,171	1,155,729	0.53
67	5,512	1,282,760	0.43
68	5,405	1,443,317	0.37
69	11,180	1,613,954	0.69
70	16,335	1,814,029	0.90
71	20,302	2,068,928	0.98
72	20,739	2,324,258	0.89

注）延滞額の定義は会計検査院の定義によるものである．延滞額の定義：弁済期限を6ヵ月以上経過した元金延滞額，更生計画認可決定会社を含む．

表 11-2　債権償却状況

単位：件，百万円

年度	件数	金額
1965	5	79
66	2	205
67	11	170
68	12	276
69	4	404
70	5	30
71	1	2
72	—	—
66～71累計	35	1,087
72～84累計	16	4,011

表 11-3　事業収支の推移

単位：百万円

年度	事業益金	事業損金	利益金処分			
			純利益	法定準備金	国庫納付金	納付率(%)
1966	82,890	63,908	18,982	8,090	10,892	57.4
67	92,923	70,310	22,613	8,979	13,634	60.3
68	103,133	81,096	22,037	10,103	11,934	54.2
69	115,331	93,240	22,091	11,298	10,793	48.9
70	131,601	103,956	27,645	12,698	14,947	54.1
71	156,162	124,678	31,484	14,482	17,002	54.0

注）納付率は，国庫納付金/純利益×100．

息・事務費および貸倒引当金などの事業損金の増加率がこれをやや上回り，純利益の増加率は約1.65倍にとどまった．

　利益金処分のうち法定準備金については，いずれの年度においても開銀法第36条にいう「毎事業年度末における貸付金の残高の1,000分の7に相当する額」が「利益金の100分の20に相当する額」を上回ったことから，前者が適用され，結果として法定準備金の増加率は純利益のそれよりも高いものとなった．法定準備金は，6年間で総額約656億円を積み立て，累計では1,285億円という規模に達したが，これは後述の貸倒引当金の積立てと相俟って開銀の財務体質を良好に保つ重要な基礎となった．また，同じく開銀法

表 11-4　政府借入金の残高構成比

単位：%

年　度	産投会計	資金運用部	経済援助資金	合　計
1966	4.7	95.2	0.1	100.0
67	4.3	95.6	0.1	100.0
68	3.5	96.4	0.1	100.0
69	2.4	97.5	0.1	100.0
70	1.8	98.2		100.0
71	1.3	98.7		100.0

第36条に定めるところにより，純利益から準備金を差し引いた残額は国庫に納付することになっていたが，その総額は6年間で約792億円，設立以来の累計でみると2,400億円余に達した．このような政府系金融機関の中でも突出した規模の国庫納付の実績は，償還確実性と収支相償の原則が貫徹された結果であり，開銀の経営の独立性を確保する上でも極めて大きな意味をもった．

　以上のように，この6年間の事業収支は比較的落ち着いた推移を示したが，その要因の1つとして重要なのは，事業損金の9割近くを占める借入金利息が安定的であったことである．すなわち，表11-4に示される通りこの間の政府借入金の太宗を占めた資金運用部からの借入金利は6.5%という水準が維持されていたため，借入金の平均利率は6.47%から6.51%の間で安定的に推移した．また，すでに第8章で触れたように当該時期の貸付金利については，政策項目の細目レベルできめ細かい金利設定が行われ，特別金利も従来までの6.5%に加えて7.0%あるいは7.5%という金利が適用された[2]．このことも収支の安定にいくばくかの寄与を果たした要因の1つであろう．この結果，この時期には基準金利引き下げの影響が大きかった66年度を除き，0.4～0.5%台の利幅を確保することができた（図11-1，図11-2）[3]．

　しかしながら，収益力は徐々に低下していった．開銀の融資実績は66年度の2,229億円から71年度の4,251億円に増加し，融資残高も65年度末の

---

[2] 特利が底上げされた背景には，1962年にガリオア・エロア資金の返済条件が決まったことを受けて，開銀の国庫納付金に対する大蔵省の要請が高まったという事情もあった．日本開発銀行［1968］p.211.

[3] なお，開銀は，貸付金利息の計上方法を1967年度より5年間の経過期間を経て，現金主義から発生主義に変更した．この計上規則変更が，67年度の平均貸付金利上昇の一因である．

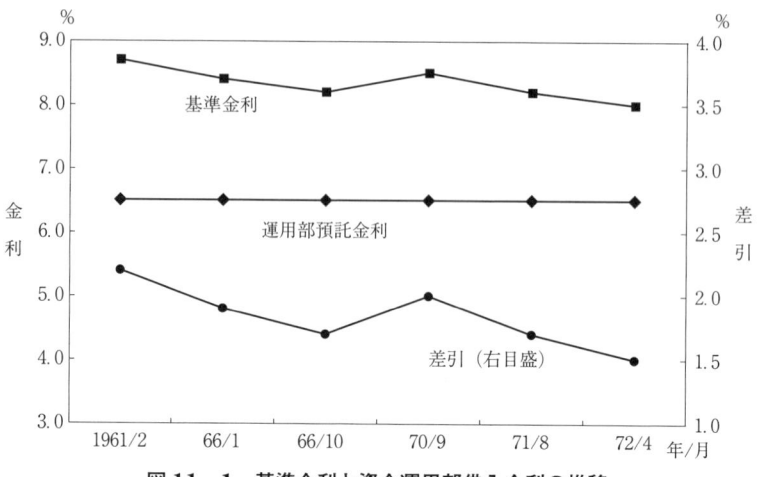

図 11-1 基準金利と資金運用部借入金利の推移

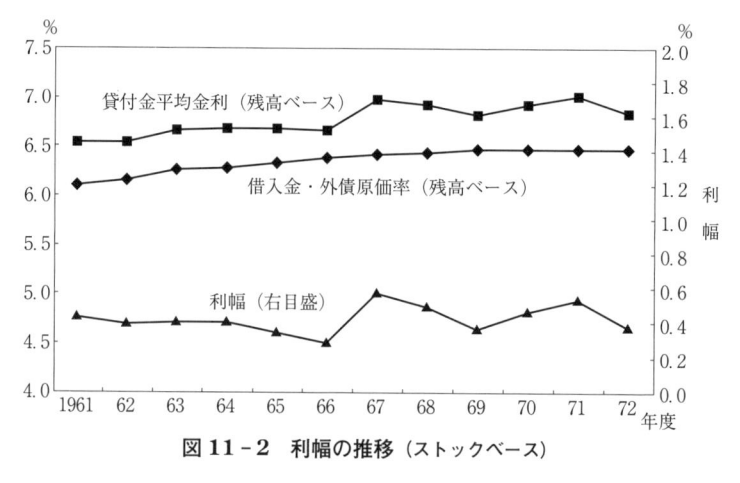

図 11-2 利幅の推移（ストックベース）

1兆370億円から71年度末の2兆689億円に増加したが（図11-3），この間増資は行われず，自己資本の増加は，法定準備金の積立増に限定されたため，貸倒引当金を含めた自己資本比率［｛資本金＋法定準備金＋（当年度純利益－国庫納付金）＋貸倒引当金｝÷資産合計］は66年度の25.5%から71年度には17.1%に低下した．すなわち，融資原資の外部依存度が高まったわけで，71年度末の融資残高は，65年度末の2.0倍となったのに対し借入金残高（借入金＋外債）は2.4倍となり，相応の利益は確保したものの，60年度以降に

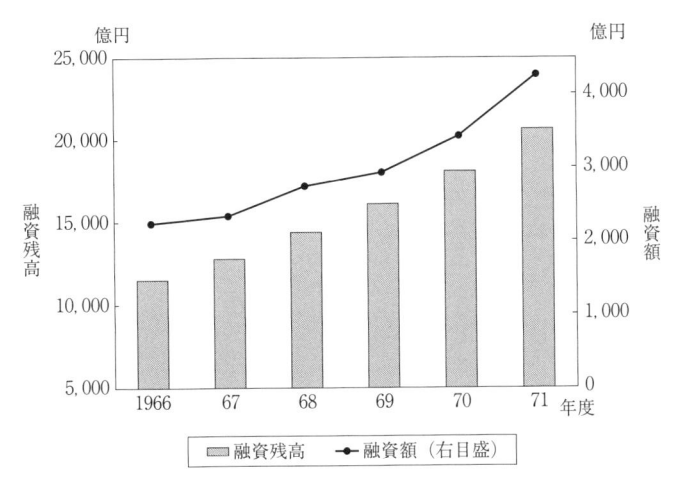

図11-3 融資額と融資残高の推移（1966～71年度）

みられた「規模の拡大→収益力の低下」が引き続き進んだ（表11-5）．

　最後に事業損益の詳細を示した表11-6をみよう．利益金のうち66年度から69年度にかけて計上されている受入交付金は，海運の再建整備にともなう利子猶予分の交付金である（第2部参照）．一方，損失金のうち，事務費は66～71年度の6年間で1.7倍強に拡大したが，この間の融資残高が約2.3倍の増加をみせていることを勘案すれば，その伸びは大きなものとはいえまい．各年度でみると，損失金のうち事務費の占める比率は66年度の4.3%から71年度の3.3%と減少傾向をたどっていることがわかる．

　なお，上述の貸倒引当金は「日本開発銀行の国庫納付金に関する政令」第1条第3項に基づき，大蔵大臣の定めるところ（銀行局通達）により，当該事業年度末の融資残高の3%以内の金額を積み立てうることになっている．70年度には一時的に引当率が低下したが，66年度から69年度までの4年間においては融資残高の0.3%強にあたる金額が，また71年度においても0.25%にあたる金額が，それぞれ準備金として繰り入れられた結果，71年度末には550億円余が蓄積された．なお，財政協力のため，70年度に35億円，71年度に25億円の貸倒引当金の繰入れ留保が行われた．

第3部　成長経済の課題と融資活動の多様化

表11-5　連続貸借対照表

単位：百万円

	年　度	1965	66	67	68	69	70	71	72
資産	貸付金	1,037,028	1,155,728	1,282,760	1,443,317	1,613,954	1,814,028	2,068,928	2,324,258
	有価証券	10,438	10,179	3,319	4,107	8,276	6,695	7,292	28,240
	現金預け金	2,280	2,393	8,790	8,056	1,245	8,479	12,949	2,281
	未収収益	—	—	2,802	4,409	7,915	12,195	17,423	19,357
	雑勘定	11,797	11,244	11,662	11,100	69,161	70,958	66,233	60,785
	動産不動産	2,907	3,079	3,127	3,278	3,508	3,663	4,306	4,485
	繰延勘定	1,068	907	745	584	423	434	314	222
	支払承諾見返	135,593	144,001	172,609	198,868	223,314	254,905	269,672	336,915
	合　計	1,201,111	1,327,531	1,485,815	1,673,718	1,927,796	2,171,356	2,447,118	2,776,543
負債	借入金	666,903	763,075	884,671	1,037,867	1,199,574	1,383,541	1,626,893	1,878,525
	債券	33,408	31,787	30,249	28,262	26,275	28,147	22,075	19,893
	貸付受入金	15,877	28,798	20,035	14,826	16,664	25,822	30,306	30,827
	未払費用	8,818	8,385	7,867	7,388	6,825	6,384	5,948	5,414
	雑勘定	1,476	1,845	4,949	7,696	61,111	59,446	57,563	56,087
	貸倒引当金	30,635	33,808	37,882	42,855	47,919	50,146	55,159	60,803
	支払承諾	135,593	144,001	172,609	198,868	223,314	254,905	269,672	336,915
	合　計	892,709	1,011,699	1,158,262	1,337,761	1,581,682	1,808,391	2,067,615	2,388,463
資本	資本金	233,971	233,971	233,971	233,971	233,971	233,971	233,971	233,971
	準備金	55,620	62,879	70,969	79,948	90,052	101,349	114,048	128,530
	当年度利益金	18,812	18,982	22,613	22,037	22,091	27,645	31,484	25,579
	合　計	308,402	315,832	327,553	335,956	346,114	362,965	379,502	388,080

表 11-6 連続損益計算書

単位：百万円

	年　　度	1965	66	67	68	69	70	71	72
利益	貸付金利息	56,266	65,089	77,799	90,775	105,956	123,853	144,920	163,520
	保証料	275	292	294	290	315	352	389	422
	有価証券利息	0	1	1	2	1	2	2	2
	受入雑利息	41	24	41	48	52	90	61	72
	債券償還益	6	50	69	106	155	195	183	120
	外国為替益	—	—	—	7	10	14	152	37
	有価証券益	210	254	253	231	153	222	140	247
	受入交付金	8,343	6,263	4,436	3,517	869	—	—	—
	雑益その他収入	7	48	143	14	29	19	3,929	38
	未払費用等戻入	—	—	—	7,867	7,388	6,825	6,384	5,948
	貸倒引当金戻入	79	205	171	276	404	30	2	—
	合　　計	65,227	72,227	83,206	103,132	115,331	131,601	156,162	170,406
損失	借入金利息	38,984	44,980	51,303	67,305	76,558	86,423	99,296	113,811
	債券利息	1,766	1,984	1,889	2,317	2,162	2,138	2,203	1,831
	事務費	2,019	2,301	2,594	2,771	3,077	3,700	4,056	4,513
	特別納付金	122	58	53	44	288	1,057	1,251	1,201
	動産不動産減価償却費	152	164	169	162	178	217	224	220
	外国為替損	4	8	6	3	1	0	—	1
	貸付金償却	79	205	171	276	404	30	2	—
	債券発行差金償却	141	161	161	161	161	176	120	92
	雑損その他支出	2	5	4	935	534	43	316	91
	未収収益等戻入	—	—	—	1,872	4,409	7,915	12,195	17,423
	貸倒引当金繰入	3,147	3,379	4,244	5,249	5,468	2,258	5,015	5,644
	合　　計	46,416	53,245	60,593	81,095	93,240	103,957	124,678	144,827
	当年度利益金	18,812	18,982	22,613	22,037	22,091	27,645	31,484	25,579
	（法定準備金）	7,259	8,090	8,979	10,103	11,298	12,698	14,482	16,270
	（国庫納付金）	11,552	10,892	13,634	11,934	10,793	14,947	17,002	9,309

[第3部] 参考文献

大蔵省財政史室編［1991］『昭和財政史―昭和27～48年度』第10巻 金融（2）．
海事産業研究所［1967］『日本海運戦後助成史』．
海事産業研究所［1985］『続日本海運戦後助成史』．
国土庁編［2000］『国土庁史』．
済藤友明［1990］「石油」米川伸一・下川浩一・山崎広明編『戦後日本経営史』第II巻，東洋経済新報社．
新日本製鐵㈱［1981］『炎とともに―八幡製鐵株式会社史』．
石炭鉱業合理化事業団［1975］『石炭鉱業30年の歩み』．
地田知平［1993］『日本海運の高度成長』日本経済評論社．
通商産業省石炭局炭鉱課編［1968］『石炭政策の概観』．
通商産業省・通商産業政策史編纂委員会編［1990］『通商産業政策史』第10巻．
通商産業省・通商産業政策史編纂委員会編［1993］『通商産業政策史』第11巻．
日本開発銀行［1968］『開銀の運営と長期的課題 資料編』．
日本開発銀行［1976］『日本開発銀行二十五年史』．
日本開発銀行［1993］『政策金融―戦後日本の経験』．
日本開発銀行営業第四部［1974］『石炭管理』．
日本開発銀行審査部［1957］『世銀審査調書に就てのメモ』．
日本開発銀行総務部企画室［1968］『開銀の運営と長期的課題』．
日本政策投資銀行［2002］『日本開発銀行史』．
日本石油化学工業協会［1971］『日本石油化学三十年史』．
日本電子計算機［1973］『JECC十年史』．
日本電子工業振興協会［1988］『電子工業振興30年の歩み』．
平田敬一郎［1970］『開銀十年』．
IBRD [1964] Situation, Prospects and Common Problems of the Six Japanese Steel Companies, April 20, 1964.
IBRD [1965] Project Supervision Mission-Six Japanese Steel Companies, March 1, 1965.
IBRD [1967a] Japan-The Japan Development Bank's Recommendations on Protective Arrangements for the Six Major Steel Companies, February 10, 1967.
IBRD [1967b] Japan-Loans to the Japan Development Bank for the Six Major Japanese Steel Companies, February 27, 1967.

編著者紹介

［編　者］

宇沢弘文（うざわ　ひろふみ）

　東京大学名誉教授・日本学士院会員．

武田晴人（たけだ　はるひと）

　東京大学大学院経済学研究科教授．

［著　者］

岡崎哲二（おかざき　てつじ）　第1部

　東京大学経済学部卒業．東京大学大学院経済学研究科博士課程修了．東京大学経済学部助教授，同大学院経済学研究科助教授を経て，現在東京大学大学院経済学研究科教授．経済学博士．専門分野は日本経済史．〔主要著書・論文〕『日本の工業化と鉄鋼産業——経済発展の比較制度分析』（東京大学出版会，1993年）．『戦後日本の資金配分——産業政策と民間銀行』（共著，東京大学出版会，2002年）．『生産組織の経済史』（編著，東京大学出版会，2005年）．" 'Voice' and 'Exit' in Japanese Firms during the Second World War : Sanpo Revisited," *Economic History Review*, May 2006, 59(2) : 374-395. "Micro-aspects of Monetary Policy : Lender of Last Resort and Selection of Banks in Pre-war Japan," *Explorations in Economic History*, October 2007, 44(4) : 657-679.

日高千景（ひだか　ちかげ）　第2部，第3部

　横浜国立大学経営学部卒業．東京大学大学院経済学研究科第2種博士課程修了．武蔵大学経済学部専任講師，助教授，教授を経て，現在首都大学東京大学院社会科学研究科教授．博士（経済学）．専門分野は経営史．〔主要著書・論文〕『英国綿業衰退の構図』（東京大学出版会，1995年）．"A Re-examination of Japan's Postwar Financing System," in Etsuo Abe and Terry Gourvish (eds.), *Japanese Success ? British Failure ? : Comparisons in Business Performance since 1945*, (Oxford University Press, 1997).

日本の政策金融 I
──高成長経済と日本開発銀行

2009 年 9 月 28 日　初　版

[検印廃止]

編　者　宇沢弘文・武田晴人

発行所　財団法人　東京大学出版会

代 表 者　長谷川寿一

113-8654　東京都文京区本郷 7-3-1 東大構内
http://www.utp.or.jp/
電話 03-3811-8814　Fax 03-3812-6958
振替 00160-6-59964

印刷所　株式会社三秀舎
製本所　牧製本印刷株式会社

© 2009 Development Bank of Japan Inc.
Research Institute of Capital Formation
ISBN 978-4-13-040241-5　Printed in Japan

Ⓡ〈日本複写権センター委託出版物〉
本書の全部または一部を無断で複写複製（コピー）することは，著作権法上での例外を除き，禁じられています．本書からの複写を希望される場合は，日本複写権センター（03-3401-2382）にご連絡ください．

宇沢弘文 細田裕子 編	地球温暖化と経済発展 持続可能な成長を考える	4000円
宇沢弘文 薄井充裕 前田正尚 編	都市のルネッサンスを求めて 社会的共通資本としての都市1	3600円
宇沢弘文 國則守生 内山勝久 編	21世紀の都市を考える 社会的共通資本としての都市2	3600円
宇沢弘文 花崎正晴 編	金融システムの経済学 社会的共通資本の視点から	4000円
宇沢弘文 國則守生 編	制度資本の経済学	3800円
宇沢弘文 茂木愛一郎 編	社会的共通資本 コモンズと都市	4600円
宇沢弘文 國則守生 編	地球温暖化の経済分析	4400円
宇沢弘文 堀内行蔵 編	最適都市を考える	4000円
宇沢弘文 編	日本企業のダイナミズム	3800円
鈴村興太郎 長岡貞男 花崎正晴 編	経済制度の生成と設計	5800円

ここに表示された価格は本体価格です．御購入の際には消費税が加算されますのでご了承下さい．